NA CONTRAMÃO DO BOM SENSO

# MARXISMO NA CONTRAMÃO DO BOM SENSO

## CARLOS EDUARDO BRECHANI

**maquinaria** EDITORIAL

**BURKE**
INSTITUTO CONSERVADOR

© 2020 por Carlos Eduardo Brechani / Burke Instituto Conservador.
Todos os direitos desta publicação são reservados por Maquinaria Editorial.

É vedada a reprodução total ou parcial desta obra sem a prévia autorização, salvo como referência de pesquisa ou citação acompanhada da respectiva indicação. A violação dos direitos autorais é crime estabelecido na Lei n. 9.610/98 e punido pelo artigo 184 do Código Penal.

**Publisher**
Guther Faggion

**Editor**
Wesley Felipe dos Santos

**Conselho Editorial / Burke Instituto Coservador**
Rafael Thomas Schinner
Diego Luiz Victório Pureza
Wesley Felipe dos Santos

**Capa e Projeto Gráfico**
Leandro Rodrigues

**Diagramação e Arte Final**
Matheus Costa

**Revisão**
Lídia Pereira Schinner

**1ª Edição – Janeiro de 2020**

BRECHANI, Carlos Eduardo
　　　Marxismo: Na Contramão do Bom Senso
　　　Brechani, C.E. - 1 ed. - São Paulo - Maquinaria Editorial, 2020.
　　　320p. 23 cm.
　　　Inclui Bibliografia
　　　ISBN: 978-85-94484-02-4
1. Ideologias Políticas | 2. Filosofia Do Direito
ÍNDICE PARA CATÁLOGO SISTEMÁTICO: 1. Ideologias Políticas

CDD: 320.5
CDU: 340.12

# Dedicatória

A Deus, pelo dom.
A José Carlos, *in memorian*, e a Leni Isabel, pelo amor incondicional.
A todos aqueles que, direta ou indiretamente, participaram das discussões, ideias e revisões que culminaram com o texto final.

# SUMÁRIO

| | |
|---|---|
| Prefácio | 10 |
| Introdução | 15 |

## PARTE I
### Como o marxismo corrompeu os valores ocidentais — 19

**CAPÍTULO 1**
**Karl Marx: influências filosóficas** — 20
- O materialismo filosófico — 23
- A filosofia clássica alemã — 26
- A economia política inglesa — 29
- O socialismo utópico francês — 31

**CAPÍTULO 2**
**A doutrina marxista** — 35
- O materialismo histórico marxista — 36
- A dialética marxista — 41
- O socialismo científico marxista — 46
- A economia política marxista — 48
- O materialismo histórico, dialético, socialista e econômico marxista — 51
- A revolução socialista — 60
- A sociedade comunista — 67

**CAPÍTULO 3**
**O marxismo dogmático em decadência** — 71
- O desastre comunista na prática — 81

| | |
|---|---:|
| A revolução na Rússia | 81 |
| A revolução na China | 94 |
| A revolução no Camboja | 101 |
| A revolução em Cuba | 107 |
| Avaliação das experiências práticas | 109 |
| Os marxistas diante das falhas teóricas e dos desastres práticos | 113 |
| A crise da ortodoxia | 118 |

## CAPÍTULO 4
### O marxismo ocidental — 122

| | |
|---|---:|
| Karl Korsch | 122 |
| György Lukács | 125 |
| Antonio Gramsci | 130 |

## CAPÍTULO 5
### A Escola de Frankfurt — 151

| | |
|---|---:|
| História | 152 |
| A Teoria Crítica | 156 |
| A primeira geração da Escola de Frankfurt | 165 |
| Max Horkheimer | 166 |
| Theodor Adorno | 168 |
| Herbert Marcuse | 171 |
| Walter Benjamin | 182 |
| Erich Fromm | 185 |
| A segunda geração da Escola de Frankfurt | 191 |
| Jürgen Habermas | 191 |
| A Escola de Frankfurt e o marxismo | 196 |
| A herança da Escola de Frankfurt | 202 |

# PARTE II
Por que as ideias do marxismo permanecem
influenciando a atual geração     207

## CAPÍTULO 6
**A moral comunista**     208

## CAPÍTULO 7
**A propaganda marxista**     216
    A propaganda     217

## CAPÍTULO 8
**A desinformação**     228
    A desinformação soviética     232
    A arte comunista de criar demônios     239
    A arte comunista de criar santos     242
    Efeitos da desinformação     260

## CAPÍTULO 9
**Imposturas intelectuais**     270
    Modalidades     272
    Paralaxe cognitiva     274

## CAPÍTULO 10
**A sacralização do marxismo**     278
    O marxismo como religião secular     279
    O teísmo cristão (acidental) de Marx     292

**Conclusão**     304
**Bibliografia**     310

# PREFÁCIO

De acordo com as previsões mais otimistas, o comunismo matou cerca de 100 milhões de pessoas, em tempos de paz, dos seus próprios cidadãos. Isso quer dizer que a própria organização estatal realizou um massacre nunca antes imaginado na história da humanidade de pessoas comuns, como eu e você, caro leitor, em nome de uma ideia, de um abstrato sentimento de um futuro paradisíaco na Terra.

Mas como isso foi possível? O que levou a humanidade a criar um conjunto de ideias tão genocidas, tão violentas e absurdamente sem sentido, que pudesse guiar a política ao extermínio de seus próprios cidadãos? Buscar as raízes do mal nunca será fácil, até porque ele se esconde e tem a esperteza de fingir que não existe. Compreender a própria essência do marxismo não é uma tarefa plausível para apenas um livro, quiçá um prefácio, mas o reconhecimento e a identificação do problema sugerem os primeiros passos à solução.

A quantidade de pesquisa, fontes e informações dispostas neste livro soma-se à sistematização das diversas contribuições lavradas pelos teóricos marxistas e constituem uma obra de imenso valor pedagógico. Livros e mais livros foram condensados para que o leitor tire as suas próprias conclusões de como ocorreu esse processo social no qual estamos mergulhados, onde ainda há espaço para crenças absurdas, com consequências nefastas, que infestam a nossa cultura e a própria civilização ocidental. Logo nas primeiras páginas, Brechani já mostra a que veio: a exposição clara e direta dos absurdos promovidos pela ideologia marxista, motivo e desculpa para as ações revolucionárias mais misantropas conhecidas pela humanidade.

Explicando a filosofia materialista, além do idealismo, da Grécia antiga, ele passa pelo empirismo e o racionalismo dos séculos XVII e XVIII, trazendo-os como releituras do antigo materialismo e idealismo, respectivamente. A partir desse *insight*, mostra a visão quase autofágica da história, conforme sugere o paradigma hegeliano. Sempre com muitas citações, o que transforma este livro num ótimo referencial de pesquisa, demonstra como Marx bebeu da fonte hegeliana e transformou-se no criador dessa ignomínia chamada filosofia materialista histórico-dialética. Explicando os passos tomados, demonstra como Marx, então com Engels, chegou à seguinte proposição: "logo, e de acordo com a nossa concepção, todos os conflitos da história têm a sua origem na contradição entre as forças produtivas e o modo de trocas".

Adicionalmente, o livro apresenta detalhes das inomináveis atrocidades cometidas pelas revoluções socialistas — Rússia, China, Camboja e Cuba — e, tendo o desastre humanitário como consequência — milhões de mortos, fome e agonia —, finalmente alguns pararam para refletir e questionar: será que há algo de errado com essas ideias perfeitas e maravilhosas que desafiam a realidade na busca de um paraíso na Terra?

Alguns atores desta comédia trágica serão citados na obra.

Theodor Adorno, com formação musical elitista, trouxe abordagem mais estética à Teoria Crítica para censurar a reificação e o fetichismo da sociedade, onde se vive para consumir e a qualidade dos bens culturais é determinada pela quantidade de pessoas que a consomem. Quase a totalidade da produção intelectual bebe dessa fonte, resumindo o homem comum a um bruto que não possui refinamento suficiente para entender o quanto o marxismo é bom para ele.

Herbert Marcuse, autor do famoso *Eros e civilização*, promoveu uma libertinagem sem limites à sociedade, cuja ideia repousa em que todos os impulsos sexuais teriam sido reprimidos apenas para que os indivíduos trabalhassem melhor. Com as suas teorias, justificou a perdição, a ausência de modéstia e a castidade como meros frutos da atividade alienante de uma sociedade de consumo reificada e submissa.

Walter Benjamin, outro *playboy* de vida desregrada, que teve participações esporádicas, utiliza o marcuseano conceito do Homem Unidimensional, indevidamente limitado pelas suas necessidades materiais. Usando preciosismos vernaculares, afirma que o mal do mundo decorre do fato de que o homem não é livre o suficiente para cometer o mal, inclusive a si mesmo.

Já Erich Fromm, especialista em psicanálise, trouxe estofo intelectual (alguns chamariam hoje de "lastro"), para justificar a influência econômica diante da psique humana. Afinal, para essa escola, o ser humano poderia ser tudo, caso não fosse limitado por suas condições econômicas e materiais.

Raymond Geuss, na obra *Teoria Crítica*, resume: "os membros da Escola de

Frankfurt estão, em geral, profundamente comprometidos com o princípio da 'negatividade'. Dado o mal radical do mundo, qualquer forma de afirmação, mesmo do tipo artístico ou utópico altamente mediado, poderia ser equivalente à cumplicidade. A única via é o criticismo incansável do presente".

Jürgen Habermas já faz parte da chamada segunda geração da Escola de Frankfurt. Tentando superar o pessimismo de Horkheimer e Adorno, sem participar dos devaneios de Marcuse, buscou uma racionalidade instrumental. Denominando-a Razão Comunicativa, Habermas estabeleceu a estratégia de persuasão como tecnologia política, fazendo dos homens seres passíveis de serem convencidos dos postulados trazidos pela Teoria Crítica.

Claro que tudo isso é um resumo inicial à guisa de apresentação, mas demonstra a relevância da pesquisa produzida neste livro. Nada acontece por acaso e as razões devem ser buscadas em cada ação social humana que pretenda impor seu poder perante os outros indivíduos. Para os marxistas, as ideias revolucionárias precisam circular, pois quanto mais incautos sorverem desse chorume azedo, mais partidários de "um mundo paradisíaco" teremos. E, como já sabido, sem ação humana não há resultados sociais.

Consequentemente, a propaganda mundial, minuciosamente planejada pelo Comintern desde 1928, busca aliciar os indivíduos com promessas impossíveis; promover insatisfações normais da vida humana; e cooptar partidários, ampliando a esfera de influência revolucionária, tendo como estratégia fundamental despertar o interesse pelo literalmente diabólico "mundo perfeito", que só existe nas cabeças irresponsáveis dos que fomentam o mal em nome do bem.

A desinformação, arma essencial da estratégia revolucionária, tem o enquadramento como forma de destruir a história de um indivíduo, quiçá de uma nação. O livro também aborda a Vila de Potemkin, técnica para exagerar vitórias e atenuar derrotas ou condições desfavoráveis, fazendo da inteligência estratégica um instrumento de mentira e dominação. Afinal, quantas pessoas que proclamam "eu amo o Che" (um assassino covarde, racista e homofóbico) você conhece?

Por fim, o autor conclui com o aspecto religioso do marxismo — basta ver os marxistas fanáticos para não ter dúvidas de que este se trata de falsa, materialista e secular religião —, com as palavras de Vladimir Tismăneanu, no *Do comunismo, o destino de uma religião política*: "essa pretensão profética conduziu à crença fanática, quase mística dos adeptos, que abraçaram a visão apocalíptica, quiliástica da matemática revolucionária do comunismo. Assim, o comunismo era, ao mesmo tempo, uma escatologia (uma doutrina de salvação da humanidade) e uma eclesiologia (uma ideologia do partido/do movimento revolucionário)".

Melhor exposto por Roger Scruton: "antes de examinar este programa revolucionário, no entanto, devemos observar um aspecto importante da definição supracitada. Ela é, na verdade, a combinação de obviedades inúteis ('estes prognósticos podem mostrar-se corretos ou incorretos') e saltos de pensamento radicais e injustificados. O que começa como 'ação instrumental', de repente se transforma em 'escolha racional' que, por sua vez, assume a forma de 'regras técnicas', fundadas no 'conhecimento empírico'." Boa leitura!

*Dr. Maurício Marques Canto Junior*

# INTRODUÇÃO

São usuais e rotineiras, nos dias de hoje, as conversas sobre o atual estado moral da sociedade brasileira. Saudosos da cultura do passado, muitos tecem comentários sobre o estado deturpado dos costumes modernos: cenas de cruel violência compõem o núcleo do noticiário escrito e televisivo; a sexualidade explícita inunda as telenovelas, o teatro e o cinema; a beleza é extirpada das obras artísticas; o modelo de família tradicional é ridicularizado; as escolas ocupam-se de doutrinar crianças acerca do gênero. O que aconteceu com os mais fundamentais princípios morais da humanidade? É esse o questionamento diuturnamente feito por aqueles que, ainda não alienados, porém indoutos e inertes, testemunham espantados a absoluta relativização dos valores que, por séculos, senão milênios, sustentaram a civilização mundial.

A corrupção moral não é acidental. Não é mero fruto do acaso, da evolução natural do homem e tampouco do aperfeiçoamento das relações sociais. Trata-se, em vertente diametralmente oposta, de uma atividade ideológica deliberada, reiterada e constante, diretamente direcionada à destruição das colunas da civilização ocidental, especialmente da cultura judaico-cristã, da herança social e jurídica romana e da filosofia clássica grega. Ela está compreendida no contexto maior e mais amplo de um golpe que nos é silenciosamente imposto.

Após a Primeira Guerra Mundial, quando as profecias de Karl Marx e Friedrich Engels sobre a inevitável extinção do capitalismo e acerca do necessário advento do comunismo foram definitivamente sepultadas, o marxismo ortodoxo entrou em crise. Para salvá-lo, uma linha revisionista foi gestada: resgatando a fonte filosófica hegeliana, novos teóricos passaram a advogar o estratagema de uma insurreição pacífica, através da infiltração dissimulada no corpo social de conceitos destrutivos daqueles sustentáculos da civilização ocidental. Quando todos seus vestígios fossem implodidos, assistir-se-ia ao cataclismo do sistema posto e, então, seria finalmente possível a implantação do regime comunista. Abandonou-se, destarte, a ideia de uma revolução armada que permitiria a tomada de poder por parte do proletariado.

Essa "revolução cultural" vem ocorrendo, silenciosamente, principalmente após a década de 1960. Desde então a história nacional tem assistido a uma demasiada relativização de valores éticos, que passaram a ser zombados e deixados à margem da sociedade.

A relativização alcançou um nível kafkiano, consolidando a impressão de que qualquer juízo ético seria subjetivo, de que a concepção de "bem" ou "mal" e de "certo" ou "errado" variaria de acordo com a consciência íntima de cada ser humano. Nessa ótica, nenhuma opinião acerca de qualquer norma de conduta poderia ser considerada como mais nobre do que a comungada por outra pessoa. Firmou-se a convicção de que não existe um padrão universal de amor, amizade, justiça e fraternidade.

Nesse contexto, nasceu a ideia de rascunhar breves linhas, para lançar atenção à maquinação ideológica cultural a que somos diariamente submetidos, uma vez que, apenas com a dissipação do véu ilusório que tapa a visão e a consciência dos brasileiros, há várias décadas, será possível resistir a tão nefasta doutrinação comunista, que vem sendo engendrada pela propaganda e desinformação promovidas pelos seus adeptos.

Em última análise, pretende-se provar que, "sob qualquer aspecto que se examine, o socialismo não é, de maneira alguma, uma ideia decente, que se possa discutir tranquilamente como alternativa viável para um país, ou que se possa, sem crime de pedofilia intelectual, incutir em crianças nas escolas. É uma doutrina hedionda, macabra, nem um pouco melhor que a ideologia nazista, e que, para cúmulo de cinismo, ainda ousa falar grosso, em nome da moral, quando condena os excessos e violências, incomparavelmente menores, que seus adversários cometeram no afã de deter sua marcha homicida de devoradora de povos e continentes"[1].

O mais triste é constatar que várias pessoas, inclusive profissionais que militam em áreas fundamentais para o bom desenvolvimento da sociedade, declaram-se marxistas sem nem mesmo saberem o que isso de fato significa.

Depois de mais de cem anos da primeira experiência social-comunista no mundo, seria uma presunção por demais exagerada imaginar que haveria algo de novo a ser escrito acerca dos marxismos ortodoxo e ocidental. Estudiosos mais competentes e melhor preparados já se debruçaram na análise crítica desses movimentos. A proposta, portanto, é meramente sistematizar, em um só ambiente, algumas das

---

[1] Carvalho, Olavo de. O Mínimo que Você Precisa Saber para Não Ser um Idiota. São Paulo: Editora Record, 2015. 18ª edição, p. 125.

diversas contribuições já redigidas por esses teóricos. Por isso, o estudo é despido de qualquer pretensão filosófica ou pedagógica.

O conteúdo foi estruturado em duas grandes partes: a primeira compreende a incursão no comunismo ortodoxo e no marxismo cultural, com o objetivo fundamental de demonstrar como foi concebida e criada a estratégia de corrupção dos valores ocidentais, bem como ela hodiernamente opera; na segunda parte, a redação é dedicada ao porquê de as ideias negativas do comunismo permanecerem influenciando a atual geração, embora de modo sorrateiro e mascarado.

Há inúmeras citações nos capítulos que serão apresentados a seguir. Aquelas que foram lançadas no bojo do próprio texto são fundamentais para a assimilação plena do conteúdo. As demais, embora igualmente relevantes, por serem complementares, estão tipograficamente separadas, no rodapé das páginas, evitando que a leitura fosse embaraçada.

Várias das referências utilizadas pertencem a obras literárias que já estão sob domínio público. Nestes casos, optou-se por buscar os textos em sítios eletrônicos governamentais, preterindo-se os exemplares impressos, porque, assim, o leitor pode facilmente acessar o seu conteúdo para ampliar o conhecimento ou para certificar que a redação aqui lançada é idêntica ao conteúdo original.

# PARTE I

Como o marxismo corrompeu
os valores ocidentais

# CAPÍTULO 1

## Karl Marx: influências filosóficas

Karl Marx nasceu em 5 de maio de 1818 na cidade de Trier, Renânia, oeste da Alemanha. Filho do casal de judeus Hirschel Marx[2] e Henriette Pressburg, o pretenso advogado intentava seguir a profissão do pai, porém, derivou a carreira para a Filosofia. Conquistou uma legião enorme de fãs pelo mundo por ter, no entender dos seus devotos, inferido o vetor movimentador de toda a história e esboçado a fórmula definitiva para a paz e a harmonia mundiais.

Em que pese ser desmedida e desarrazoada a idolatria que lhe é consagrada, é de ser reconhecido que suas teses foram o sustentáculo de significativos episódios históricos, todos de triste lembrança. A Revolução Russa, a Revolução Comunista Chinesa, a Revolução do Khmer Vermelho, a Revolução Cubana e diversos outros movimentos de insurreição contra o capitalismo pela Europa e Ásia Oriental: todos gozam de inspiração marxista. Além disso, praticamente toda a Europa Oriental esteve um dia sob o manto de seus princípios teóricos, no período da dominação da União Soviética Stalinista. Por isso, conhecer as influências que levaram à formação do pensamento desse personagem e a sua própria doutrina é essencial para compreender a história da humanidade — afinal, um terço da população mundial já se viu sob os tentáculos de suas máximas filosóficas e sociológicas.

O pai de Marx teve brilhante carreira jurídica, alcançando o posto de Conselheiro da Justiça. Entre 1792 e 1793, a Renânia foi tomada pelos franceses como consequência das Guerras Revolucionárias. Em 1815, foi adquirida pela Prússia. Esse era o contexto histórico-social da família de Marx, que viveu os efeitos da convulsão política e social vigente.

Em 1835, quando ainda nutria o propósito de seguir a carreira jurídica do pai, Karl Marx foi para a Universidade de Bonn estudar jurisprudência e, em 1836,

---

[2] Posteriormente, quando de sua conversão ao Cristianismo, Hirschel alterou seu nome para Heinrich Marx.

transferiu-se para a Universidade de Berlim³. Então capital da Prússia, Berlim possuía uma população de cerca de quatrocentos mil habitantes e era centro de grande agitação intelectual. Os apaixonados por Política, Filosofia e Teologia reuniam-se em cafés para seus debates, formando o chamado "Clube dos Doutores". As discussões giravam principalmente em torno das ideias que consubstanciavam a Filosofia Clássica Alemã, de raízes ancoradas especialmente em Hegel.

Os encontros representaram uma mudança radical na formação curricular de Marx, fazendo-o, em 1839, abandonar definitivamente o Direito e se dedicar à Filosofia, iniciando o doutorado na área. Karl Köppen que era provavelmente o seu mais próximo amigo nessa época, e, também, membro do "Clube dos Doutores", possuía uma convicção materialista que o afetou diretamente⁴. Entre 1839 e 1841 Marx também se aproximou de Bruno Bauer, professor da Faculdade de Teologia de Berlim, que ficara famoso pela censura bíblica exposta principalmente nos livros "Crítica do Evangelho de João" e "Crítica dos Evangelhos Sinóticos". Bauer era um ateísta declarado que elaborava panfletos anticristãos, embora, anteriormente, tivesse sido um teólogo protestante ortodoxo. Ludwig Feuerbach, por fim, que fora aluno de Hegel e que escrevera "A Essência do Cristianismo", foi outro personagem que esteve intimamente ligado ao seu pensamento ideológico⁵.

---

3 Foi na época da universidade que Marx ganhou o apelido de "Mouro". "Mouro era o modo como Marx era chamado em família e pelos companheiros de luta mais próximos: 'Jamais era chamado de Marx, tampouco de Karl, mas apenas Mouro, assim como cada um de nós tinha um apelido; onde terminavam os apelidos, terminava também a intimidade mais estreita. Mouro era seu apelido desde os tempos da universidade; e também na Nova Gazeta Renana foi sempre chamado assim. Se eu me dirigisse a ele de outro modo, ele certamente acreditaria haver algum mal-entendido a ser esclarecido' ('Friedrich Engels to Friedrich Theodor Cuno', 29 de março de 1883, em MECW, v. 46, p. 467). A esse propósito, dois outros testemunhos valem ser citados, ambos de 1881. August Bebel escreveu: 'A mulher e as filhas chamavam Marx sempre de 'Mouro', como se ele não tivesse outro nome. O apelido havia nascido por causa da cor negra dos cabelos e da barba, que agora, ao contrário do bigode, já estavam grisalhos' (Hans Magnus Enzesberger [org.], Gespräche mit Marx und Engels, v. 2, Frankfurt, Insel, 1973, p. 528). Bernstein relatou: "Eu queria despedir-me, mas Engels insistiu: Não, não, venha você também à casa do Mouro.— À casa do Mouro? E quem é o Mouro? — Marx. E quem mais poderia ser? — replicou Engels — como se aquela fosse a coisa mais óbvia do mundo' (ibidem, p. 418)" (in Musto, Marcelo, O Velho Marx, p. 97).

4 "A proximidade dos pontos de vista de Karl e Bauer durante esse período é atestada pelo prefácio da sua tese, no qual Karl declara seu ódio contra 'todos os deuses celestes e terrenos que não reconheceram a autoconsciência humana como a mais alta divindade" (Gareth Stedman Jones, Karl Marx, p. 115).

5 "Quando Marx estava na Universidade de Berlim, juntou-se a uma escola de esquerda de hegelianos, seguidores do filósofo alemão Georg Wilhelm Friedrich Hegel. Naquele momento, toda a energia desse grupo era consumida pelo desejo de liquidar o cristianismo. David Friedrich Strauss havia publicado sua Vida de Jesus em 1835 e chocado toda a Alemanha com a afirmação de que os evangelhos não eram documentos históricos verdadeiros, mas sim meros mitos que ele cria se haverem desenvolvido a partir do imaginário comum entre cristãos primitivos. Um companheiro próximo de Marx, Bruno Bauer, escreveu sobre o mesmo tema em 1840, sob o título de Crítica Histórica dos Evangelhos Sinóticos. Nessa obra, o autor alegou que os evangelhos haviam sido forjados, que Jesus nunca havia existido e era uma figura ficcional e que, portanto, o cristianismo era uma fraude. A essa altura, Bauer e Marx resolveram criar coragem para publicar uma revista de ateísmo, mas o empreendimento não obteve patrocínio e morreu na gestação. Todavia, a campanha anticristã

Embora Marx tenha, posteriormente, criticado acidamente tanto Bauer como Feuerbach, não há dúvida que eles o aproximaram do materialismo filosófico — tanto que sua tese de doutorado, concluída na Universidade de Jena em 1841, discorria sobre as diferenças entre Demócrito e Epicuro, dois dos grandes filósofos gregos que proclamaram as máximas materialistas. O título da tese era "As Diferenças entre a Filosofia Natural de Demócrito e Epicuro".

Outra linha filosófica que enraizou em sua mente foi o socialismo francês, que ele e Engels, posteriormente, denominaram de Socialismo Utópico Francês. Essa corrente de pensamento contou com muitos adeptos porque se atentava às condições dos empregados que, desde a Revolução Industrial Inglesa, trabalhavam até vinte horas por dia sem uma contraprestação razoável, vivendo, assim, em condição de extrema exploração e pobreza. Marx imergiu nessa filosofia, principalmente quando abandonou a Alemanha e instalou-se em Paris (1843-1845) e Bruxelas (1845-1848), em razão do agravamento dos conflitos decorrentes da Guerra Franco-Prussiana. Nessa ocasião, tanto o socialismo quanto o proletariado tomaram conta das atenções de Marx que, em suas obras, revelou a profunda crença de que o operário, corporificador do ideal de ser humano perfeito, era o único capaz de promover uma revolução que traria paz à Terra.

Estudando o proletariado e as relações econômico-sociais que o envolviam, Marx aprofundou-se na Economia Política Inglesa, escrevendo "Crítica da Economia Política", em 1844[6]. Aqui habitam os seus ataques ao trabalho burguês, à propriedade privada e à mais-valia, ou seja, aos pontos básicos do capitalismo. Estas críticas estão condensadas principalmente no trabalho "O Capital", festejado como seu livro de maior expressão.

No decorrer do texto acima alguns trechos foram destacados: o materialismo filosófico, a filosofia clássica alemã, a economia política inglesa e o socialismo utópico francês.

---

ganhou outro eloquente protagonista, chamado Ludwig Feuerbach, que em 1841 publicou seu Essência do Cristianismo. Ele não apenas ridicularizava o cristianismo, mas também apresentava a tese de que o homem é a mais elevada forma de inteligência do universo. Esse exótico lampejo de especulação fascinou Marx, que já incluíra a mesma ideia em sua tese de doutorado. Marx havia dito abruptamente que era necessário reconhecer como a mais alta das divindades a própria autoconsciência humana" (Skousen, W. Cleon. O Comunista Exposto. Desvendando o Comunismo e Restaurando a Liberdade. Campinas, SP. Vide Editorial, 2018, p. 54).

6 "Nove cadernos escritos no primeiro semestre de 1844 mostravam o primeiro envolvimento de Karl com a economia política. Ele tomou notas sobre o Tratado de economia política de Jean-Baptiste Say e seu Curso completo de economia política prática, textos básicos na França, bem como sobre A riqueza das nações, de Adam Smith, Princípios de economia política e tributação, de Ricardo, e a história da economia política de McCulloch, juntamente com as obras dos economistas e filósofos Skarbek, Destutt de Tracy e Boisguilbert" (Stedman Jones, Gareth. Karl Marx, p. 198).

Os realces foram propositais, porque um breve estudo de cada uma destas fontes teóricas do marxismo é essencial para compreender com clareza essa linha filosófica.

## O MATERIALISMO FILOSÓFICO

Várias mentes na história da humanidade dedicaram-se ao estudo dos fenômenos naturais e, procurando compreendê-los, inquiriram suas origens e seus vetores norteadores. Assim é que uma linha de filósofos concluiu que a única coisa cuja existência poderíamos realmente comprovar seria a matéria. Essencialmente, todas as coisas seriam dela compostas e todos os fenômenos seriam decorrência das alterações do seu estado. Para essa corrente, portanto, não existiria espaço para o sobrenatural no mundo.

Em termos filosóficos, a conclusão estabelecida foi a de que, apesar da complexidade da natureza, os objetos, seres e fenômenos possuiriam uma existência em si mesmos, ou seja, um ser. Eles estariam presentes no mundo independentemente dos demais e sem que fosse necessário que um homem viesse a constatar a efetiva realidade ou não.

Sendo assim, deveria haver algo que os definisse intrinsecamente, ou seja, uma propriedade que lhes conferiria vida em si mesmos. Fincados nessa premissa, concluíram que deveria haver uma matéria-prima fundamental do Cosmos que lhes daria essa composição e nortearia todas as transformações. Tentaram identificá-la.

Tales, que nasceu e viveu em Mileto, na atual Turquia, foi um dos que empreendeu essa tarefa. Embora nada tenha sobrado de seus escritos, sabe-se, com base em menções a ele feitas por Aristóteles e por biógrafos posteriores, que ele detinha conhecimentos profundos de Astronomia e Geometria. No seu ponto de vista, a água seria o elemento fundamental.

Demócrito, por sua vez, sustentou que tudo no mundo seria composto por micropartículas indivisíveis e imutáveis, que denominou de átomo — palavra grega que indica algo que não pode ser cortado. Para ele, haveria um espaço vazio entre essas substâncias atômicas elementares, no qual elas se moveriam livremente, compondo novas disposições de formas.

Esses filósofos gregos pré-socráticos são dois exemplos de linhas materialistas para a explicação da realidade: tudo se resumiria à matéria, ao natural.

O materialismo, enfim, é a doutrina que considera o mundo como um todo material, sendo tudo explicado a partir da matéria, recusando qualquer tendência ao espírito. Esse tipo de materialismo é muitas vezes chamado de materialismo reducionista, pois reduz tudo a uma base física.

Uma vertente filosófica, oposta ao materialismo, é o idealismo. Seus precursores exclamavam que a explicação de toda a realidade estaria fora do mundo natural, ou seja, no espiritual, onde uma força sobrenatural suprema guiaria todas as transformações. Embora alguns sustentassem que esse viés filosófico apenas teria iniciado com René Descartes, no século XVII, foram, em verdade, os pré-socráticos que lançaram seus assentos.

Heráclito de Éfeso, por exemplo, rompeu a tradição de pensamento dos filósofos de Mileto ao concluir que não haveria um elemento substancial, mas sim uma força suprema, o logos divino, que governaria toda a transformação do mundo. A essência não poderia ser uma matéria porque o universo está em constante mudança. Para explicar sua teoria, ele deu o conhecido exemplo de que ninguém poderia ser banhar duas vezes no mesmo rio, uma vez que as águas são constantemente substituídas por novas, diversas daquelas em que a pessoa se banhou.

Platão também era idealista. Em seus estudos, combinou a análise do natural com reflexões de natureza moral para estabelecer que deveria existir um mundo totalmente ideal, separado e diverso do concreto, uma espécie de "forma ideal" das coisas. Esse mundo não seria perceptível pelos sentidos, mas sim pela nossa razão, uma vez que tudo que nele existe seria uma mera projeção imperfeita da realidade metafísica. Foi assim que nasceu o "Mito da Caverna", por ele descrito no livro "A República".

O empirismo e o racionalismo dos séculos XVII e XVIII, que dominaram os estudos dos filósofos da época, foram, na verdade, meras releituras do

# materialismo e do idealismo.[7 8]

7 Nos séculos XVII e XVIII, o aprimoramento dos princípios renascentistas e o nascimento da ciência moderna trouxeram à humanidade o desejo de procurar explicações detalhadas sobre todos os aspectos da vida humana e da natureza. Houve início, então, a um processo de reflexão sobre o que poderia ser conhecido e sobre como poderíamos obter esse conhecimento: essa linha investigativa filosófica é denominada de epistemologia. Os empiristas — do grego "empeiria", experiência — sustentavam que o conhecimento deriva somente da experiência concreta. Os racionalistas, por sua vez, afirmavam que o conhecimento também poderia ser adquirido por meio da reflexão — da razão — independente de qualquer experiência sensorial. O empirismo está intimamente ligado ao materialismo, por lecionar que o conhecimento depende da percepção da matéria, por meio dos sentidos, e apenas assim. Não há nada fora da natureza, não há Deus, não há nem mesmo ideias desvinculadas das sensações. Já os idealistas entendiam que havia uma preconcepção mental humana, independente da experiência sensorial, provavelmente provinda de uma força sobrenatural suprema, que nos permitia alcançar conhecimento, o que os liga profundamente ao idealismo. Foram expoentes do empirismo os britânicos Francis Bacon (nascido em Londres, desenvolveu um método de experimentação prática que deu origem ao "Método Científico"), John Locke (que afastava a possibilidade de o ser humano ter qualquer tipo de conhecimento: ao nascer todo homem é absolutamente vazio, sem qualquer informação pré-registrada, com apenas uma potencialidade de obtenção de conhecimento, que virá através das experiências obtidas ao longo da vida) e David Hume (escocês, foi uma das figuras geniais da história da humanidade: entrou na Universidade de Edimburgo com apenas doze anos de idade e, com seu "Tratado da Natureza Humana", recusou a existência de ideias inatas afirmando que nós temos dois tipos de conteúdos mentais, as "percepções diretas", por ele chamadas de sensações, paixões ou emoções, e as "ideias", ou seja, os pensamentos, reflexões e imaginação; algumas de nossas "ideias" não são sustentadas por nossas "percepções", ou seja, há dois juízos mentais, os "demonstrativos", que são autoevidentes e não dependem de constatação perceptiva, como os raciocínios matemáticos, da lógica e o dedutivo, e os "prováveis", que não são evidentes em si, por envolverem questões empíricas de fato, e por isso demandam uma constatação pela percepção). De outro lado, foram ícones do racionalismo René Descartes (sustentava que os nossos sentidos não são confiáveis e, por isso, não podem ser tidos como o único caminho possível para a obtenção do conhecimento: as ilusões de ótica são provas disso; ademais, há verdades que podem ser perfeitamente adquiridas e compreendidas sem qualquer uso da razão, como as máximas da matemática) e Gottfried Leibniz (dizia que o conhecimento somente poderia ser obtido pela reflexão racional, porém não afastava a possibilidade de obtenção de conhecimento pelos sentidos, assim como alegava Descartes, especialmente por causa das deficiências que o homem possui a sua razão; com essas premissas, ele classificou dois tipos de verdades: as "verdades da razão" e as "verdades de fato"; ele ainda arquitetou a tese de que tudo no Universo é composto por substâncias simples chamadas "mônadas" que carregam em si, individualmente, uma completa representação de todo o Universo: como toda mente humana é uma dentre milhões de mônadas, e como cada mônada traz em si a representação plena do universo, é possível para cada pessoa, em princípio, investigar o conteúdo do Universo apenas explorando a sua própria mente; essa é a forma de alcançar as "verdades da razão"; em sentido oposto, porém, como há um número limitado de "verdades da razão", é imprescindível que as sensações sejam o norte para a obtenção de outras partes do conhecimento, as "verdades de fato") e o holandês Bento de Spinoza.

8 "A grande questão fundamental de toda a filosofia, especialmente da moderna, é a da relação entre pensar e ser. Desde os tempos muito remotos, em que os homens, ainda em total ignorância acerca da sua própria conformação corporal e incitados por aparições em sonho, chegaram à representação de que o seu pensar e sentir não seriam uma atividade do seu corpo, mas de uma alma particular, habitando nesse corpo e abandonando-o com a morte — desde esses tempos, tinham de ter pensamentos acerca da relação dessa alma com o mundo exterior. Se, na morte, ela [alma] se separava do corpo [e] continuava a viver, não havia nenhum motivo para lhe emprestar ainda uma morte particular; surgiu, assim, a ideia da sua imortalidade que, naquele estádio de desenvolvimento de modo nenhum aparece como uma consolação, mas como um destino [Schicksal] contra o qual nada se pode, e, bastante frequentemente, como entre os Gregos, como uma positiva infelicidade. Não foi a necessidade religiosa de consolação, mas o embaraço proveniente da estreiteza igualmente geral [de vistas] acerca do que fazer com a alma — uma vez admitida [esta] — depois da morte do corpo, que levou, de um modo geral, à fastidiosa imaginação da imortalidade pessoal. Por uma via totalmente semelhante, surgiram, através da personificação dos poderes da Natureza, os primeiros deuses que, na ulterior elaboração das religiões, tomam cada vez mais uma figura extramundana, até, finalmente, por um processo, que ocorre naturalmente no curso do desenvolvimento espiritual, de abstração — eu quase diria, de destilação — surgir na cabeça dos homens, a partir dos muitos deuses mais ou menos limitados e limitando-se reciprocamente, a representação de um único e exclusivo deus das religiões monoteístas. A questão da relação de pensar com o ser, do espírito com a Natureza — a questão suprema da filosofia no seu conjunto —, tem, portanto, não menos do que todas as religiões, a sua raiz nas representações tacanhas e ignorantes do estado de selvajaria. Mas, ela só podia ser posta na sua plena agudeza, só podia alcançar toda a sua significação, quando a humanidade europeia acordasse da longa hibernação da Idade Média cristã. A questão da posição

Os estudos materialistas foram aprofundados e difundidos durante o período do "Iluminismo", também chamado de "Esclarecimento" ou "Ilustração", quando toda a herança mítica foi abandonada e, estando o homem no centro das atenções, todas as explicações dos fenômenos físicos passaram a ser fundadas em uma base material.

Karl Marx era materialista. Não acreditava no sobrenatural. Para ele, todos os fenômenos da natureza tinham uma explicação natural e toda a matéria do mundo exterior nos seria perceptível pelos sentidos.

## A FILOSOFIA CLÁSSICA ALEMÃ

Georg Wilhelm Friedrich Hegel, nascido em Stuttgart, na Alemanha, foi certamente o mais importante filósofo alemão da primeira metade do século XIX, fundando as raízes do que se convencionou denominar "Filosofia Clássica Alemã". De leitura difícil, seus livros, até os tempos modernos, suscitam conflitos: há várias correntes, por exemplo, para definir qual a natureza do seu idealismo[9]. As linhas interpretativas de suas obras são tão variadas que, após sua morte, tanto filósofos de esquerda, como de centro e de direita, no que concerne ao tema teológico, utilizaram o método por ele criado para fomentar as suas teses, em que pese serem essencialmente antagônicas[10].

Abstraindo essas complicações exegéticas, interessa especialmente em Hegel o conceito por ele esboçado que, no seu entender, seria o "método

---

do pensar em relação ao ser — que, de resto, na escolástica da Idade Média também desempenhou o seu grande papel —, a questão: que é o originário, o espírito ou a Natureza? — esta questão agudizou-se, face à Igreja, nestes [termos]: criou deus o mundo ou existe o mundo desde a eternidade? Conforme esta questão era respondida desta ou daquela maneira, os filósofos cindiam-se em dois grandes campos. Aqueles que afirmavam a originariedade do espírito face à Natureza, que admitiam, portanto, em última instância, uma criação do mundo, de qualquer espécie que fosse — e esta criação é frequentemente, entre os filósofos, por exemplo, em Hegel, ainda de longe mais complicada e mais impossível do que no cristianismo —, formavam o campo do idealismo. Os outros, que viam a Natureza como o originário, pertencem às diversas escolas do materialismo. Originariamente, ambas as expressões — idealismo e materialismo — não significavam senão isto" (Engels, Friedrich. Ludwig Feuerbach e o Fim da Filosofia Clássica Alemã. Junho de 1886. Disponível em <https://www.marxists.org/portugues/marx/1886/mes/fim.htm, acesso em 06 de julho de 2018).>

9 "Tudo isso sugere a dificuldade de se alcançar um entendimento claro e preciso acerca do idealismo de Hegel. Com efeito, um comentador recente termina uma discussão sobre o idealismo de Hegel com a conclusão pessimista de que nós ainda temos de encontrar um sentido ao mesmo tempo preciso, substantivo e interessante no qual Hegel deve ser considerado um idealista" (Thomas E. Wartenberg, em Beiser, Frederick C (org). Hegel. São Paulo: Editora Ideias & Letras, 1993, p. 125).

10 David Friedrich Strauss é considerado o fundador da "escola hegeliana "de esquerda", sendo acompanhado por Ludwig Feuerbach, Bruno Bauer e Karl Marx, com posturas fortemente ateístas e humanistas. Karl Rosenkranz e Karl Ludwig Michelet adotaram opinião de "centro", reinterpretando os dogmas religiosos à luz de Hegel. Por fim, H. F. W. Hinrichs e Johann Erdmann utilizaram a filosofia de Hegel para defender o cristianismo tradicional, adotando vertente "de direita".

absoluto do saber". Esse sistema foi denominado pelos seus estudiosos de "Método Dialético de Hegel" ou, simplesmente, "Dialética Hegeliana".

A "Dialética", do grego *Dialektiké* é um termo que exprime a arte do diálogo e da persuasão. Pelo Método Dialético, duas ou mais pessoas, com pontos de vista necessariamente divergentes, estabelecem um diálogo para, através do confronto entre as ideias conflitantes, alcançarem a verdade por meio de argumentos fundamentados. Na Dialética, as categorias implicitamente contraditórias (teses e antíteses) seriam contrapostas para formarem um resultado final verdadeiro (síntese).

O propósito da Dialética é a busca da verdade. Hegel apropriou-se desse método para desenvolver a sua peculiar lógica de formação da consciência e da apreensão da realidade. Para ele, toda premissa – ou "tese" –, deve incorporar em si mesma uma contradição – a "antítese" –, como um modo de assegurar a própria evolução, considerando que, depois de entrarem em conflito esses dois opostos, germinará uma conclusão nova e aperfeiçoada – a "síntese".[11]

Todas as coisas, portanto, possuem uma explicação imanente (ou interna), na medida em que trazem dentro de si mesmo uma contradição que, do movimento conflituoso entre ambas, gera um resultado melhor e mais aperfeiçoado. A resolução da tese com a antítese é apenas o início do processo dialético, que se prolonga *ad infinitum*, gerando resultados cada vez mais contínuos, elevados. A história se explicaria desse modo[12]. Nessa constante evolutiva, o resultado

---

[11] "Começando a partir de uma categoria A, Hegel procura mostrar que, na análise conceitual, a categoria A mostra conter uma categoria contrária B, e, de modo converso, que a categoria B mostra conter uma categoria A, e que, então, isso mostra que ambas as categorias são autocontraditórias. Ele procura mostrar, então, que esse resultado negativo tem um efeito positivo, uma nova categoria C (referida, às vezes, como o "negativo do negativo", ou a "negação determinada"). Essa nova categoria unifica — conforme diz Hegel — as categorias A e B precedentes" (Michael Forster, em Beiser, Frederick C (org). Hegel. São Paulo: Editora Ideias & Letras, 1993, pp. 158-159).

[12] "Mas, a verdadeira significação e o caráter revolucionário da filosofia de Hegel (temos que nos limitar aqui a considerá-la como o fecho de todo o movimento desde Kant) residia, precisamente, em que ela, de uma vez por todas, deu o golpe de misericórdia no caráter definitivo de todos os resultados do pensar e do agir humanos. A verdade, que se tratava de conhecer na filosofia, não era mais para Hegel uma coleção de proposições dogmáticas prontas que, uma vez encontradas, apenas requeriam ser apreendidas de cor; a verdade residia agora no processo do próprio conhecer, no longo desenvolvimento histórico da ciência, que se eleva de estádios inferiores do conhecimento para estádios sempre superiores sem, porém, chegar alguma vez, pelo achamento de uma pretensa verdade absoluta, ao ponto em que ela não pode avançar mais, em que não lhe resta mais do que ficar de braços cruzados e olhar de boca aberta para a verdade absoluta alcançada. E isto no domínio do conhecimento filosófico, assim como no de qualquer outro conhecimento e no do agir prático. Tão pouco quanto o conhecimento, pode a história encontrar um fecho pleno num estado ideal perfeito da humanidade; uma sociedade perfeita, um estado perfeito, são coisas que só podem existir na fantasia; pelo contrário, todos os estados históricos que se seguem uns aos outros são apenas estádios transitórios no curso de desenvolvimento sem fim da sociedade humana do inferior para o superior. Cada estádio é necessário, portanto, está justificado para o tempo e as condições a que deve a sua origem; mas torna-se caduco e injustificado face a novas, superiores, condições que gradualmente se desenvolvem no seu próprio seio; tem de dar lugar a um estádio superior ao

final é o alcance da plena liberdade, um estado em que toda a potencialidade humana é realizada em um contexto de autonomia moral, com equilíbrio e harmonia nas relações sociais.

Traduzindo essa filosofia em uma noção concreta mais clara, tome-se como exemplo a democracia. Para Hegel, o governo do povo ("tese") incorpora em si elementos que são contrários e antitéticos à sua própria existência ("antítese"). Nesse conflito "tese" versus "antítese" inevitavelmente há, em determinado momento, a própria destruição da democracia. Daí necessariamente germinará algo melhor no qual a própria democracia estará contida, porque assim tem sido em toda a história[13].

Pelo seu mecanismo, a dialética hegeliana foi chamada também de "Princípio da Contradição". Ela revolucionou o pensamento filosófico alemão daquele tempo. David Friedrich Strauss, Bruno Bauer, Ludwig Andreas Feuerbach e Johann Kaspar Schmidt (mais conhecido como Max Stirner), além do próprio Karl Marx, foram alguns dos pensadores que adotaram o pensamento de Hegel e o adaptaram aos seus próprios pontos de vista[14]. Tão importante e fundamental foi o legado de Hegel que ele e seus seguidores compuseram o que se denominou convencionar "Filosofia Clássica Alemã", "Escola de Hegel" ou, meramente, "Hegelianismo".

---

qual, por seu lado, voltará a chegar a vez do declínio e da decadência" (Engels, Friedrich. Ludwig Feuerbach e o Fim da Filosofia Clássica Alemã. Junho de 1886. Disponível em <https://www.marxists.org/portugues/marx/1886/mes/fim.htm acesso em 06 de julho de 2018)>.

13 "O que distinguia o modo de pensar de Hegel do de todos os outros filósofos era o enorme sentido histórico que lhe estava subjacente. Por abstrata e idealista que fosse a forma, o desenvolvimento do seu pensamento não deixava de ir sempre em paralelo com o desenvolvimento da história universal, e esta última, propriamente, não deverá ser senão a prova do primeiro. Ainda que, por este fato, a relação correta tenha sido também invertida e posta de pernas para o ar, o seu conteúdo real penetrou, contudo, por todo o lado, na filosofia; tanto mais que Hegel se diferenciava dos seus discípulos em que não se gabava, como eles, da sua ignorância, mas era uma das cabeças mais sábias de todos os tempos. Foi ele o primeiro a procurar mostrar um desenvolvimento, um encadeamento interno, na história e, por estranha que agora muita coisa na sua filosofia da história nos possa parecer, a grandiosidade da própria visão fundamental é ainda hoje digna de admiração, quando se lhe comparam os seus predecessores ou mesmo aqueles que depois dele se permitiram reflexões universais sobre a história. Na Fenomenologia, na Estética, na História da Filosofia, por toda a parte perpassa esta grandiosa concepção da história e, por toda a parte, a matéria é tratada historicamente, numa conexão determinada, ainda que também abstratamente distorcida, com a história. (Engels, Friedrich. "Para a Crítica da Economia Política", Primeiro Fascículo, Berlim, Franz Duncker, 1859. Disponível em <https://www.marxists.org/portugues/marx/1859/08/15.html>, acesso em 02 de julho de 2018).

14 "A filosofia alemã moderna encontrou sua culminância no sistema de Hegel, em que pela primeira vez — e aí está seu grande mérito — se concebe todo o mundo da natureza, da história e do espírito como um processo, isto é, em constante movimento, mudança, transformação e desenvolvimento, tentando além disso ressaltar a íntima conexão que preside esse processo de movimento e desenvolvimento. Contemplada desse ponto de vista, a história da humanidade já não aparecia como um caos inóspito de violências absurdas, todas igualmente condenáveis diante do foro da razão filosófica (hoje já madura), e boas para serem esquecidas quanto antes, mas como o processo de desenvolvimento da própria humanidade, que cabia agora ao pensamento acompanhar, em suas etapas graduais, e, através de todos os desvios, demonstrar a existência de leis internas que orientam tudo aquilo que, à primeira vista, poderia parecer obra do acaso cego" (Engels, Friedrich. Do Socialismo Utópico ao Socialismo Científico, acesso em 01 de julho de 2018)

Ao discorrer sobre o desenvolvimento histórico da humanidade, Hegel valeu-se de termos metafísicos como "espírito", "providência" e "ideia". Haveria, para ele, um "Espírito" (Geist) que guiaria toda a história da humanidade, dela sendo o sujeito principal. Ninguém, em verdade, sabe ao certo o que significa esse "Espírito": se Deus, se uma divindade qualquer, se a cultura de um povo, se a formação da personalidade do homem ou se o próprio Hegel. O fato é que, incorporando no seu discurso uma figura sobrenatural, ele conferiu ao pensamento um ar metafísico e idealista filosófico.

Toda a história do mundo seria governada pelo sobrenatural Geist, que agregaria em si eventos negativos para gerar a síntese histórica evolutiva. Esse Espírito, portanto, seria a "tese" que, em si mesmo, com a finalidade de evolução e de aperfeiçoamento, conteria as "antíteses" que, com os opostos, seria aperfeiçoada. Esse pensamento explicaria o porquê das guerras, pois assim viria, ao mundo, o resultado final evoluído.

Nesse ponto idealista — em que tudo que conhecemos por mundo é um aspecto desse grande "Espírito Universal Absoluto" — é que ele foi criticado por Marx. Para ele, essa conotação metafísica da doutrina não deveria ser mitigada, mas abolida.

Marx e Engels acolheram a Dialética de Hegel, mas dele discordaram ao inserirem um novo elemento norteador de todas as transformações históricas: a luta de classes[15].

## A ECONOMIA POLÍTICA INGLESA

O escocês Adam Smith foi o maior expoente da Economia Política Inglesa e, para muitos, é o próprio pai da economia moderna. Na sua época, havia um conceito disseminado de que a riqueza dos países tinha relação direta com a reserva de metais preciosos que se possuísse no território ou nas colônias. Smith revolucionou o mundo quando, ao publicar "A Riqueza das Nações", provou que a verdadeira riqueza provinha do trabalho da população.

Ele raciocinou que, embora os seres humanos busquem frequentemente a satisfação dos próprios interesses, há momentos em que barganham

---

15 "Mas a velha concepção idealista da história, que ainda não havia sido removida, não conhecia lutas de classes baseadas em interesses materiais, nem conhecia interesses materiais de qualquer espécie; para ela a produção, bem como todas as relações econômicas, só existia acessoriamente, como um elemento secundário dentro da história cultural" (Engels, Friedrich. Do Socialismo Utópico ao Socialismo Científico, acesso em 01 de julho de 2018).

reciprocamente, ou seja, demandam bens e serviços uns dos outros. Assim, no decorrer da história, o homem produziu o básico para sua subsistência e de sua família, mas, quando necessitava de produtos de que não dispunha, procurava por terceiros que os tivessem para trocá-los. A consolidação desse sistema de trocas recíprocas, uma característica exclusivamente humana, fez extinguir a exigência inicial de que o ser humano fosse autossuficiente, de que produzisse todo o necessário para sua sobrevivência. Com isso ele pôde se aperfeiçoar na produção de um único bem ou na realização de um único serviço, usando-o como mecanismo de permuta para com terceiros.

A propensão para barganhar o que lhe sobra com o que excede da produção de outra pessoa fez nascer a divisão do trabalho, consistente na especialização em realizar um determinado serviço ou em produzir um certo bem. O nível do aperfeiçoamento depende do tamanho do mercado: quando há poucos interessados em sua atividade a especialização não pode ser muito intensa, mas, quando existem muitos, ela pode ser profunda. Exemplificando: em uma cidade pequena um habitante deve ser padeiro, serralheiro e jardineiro, mas em uma cidade grande pode ser apenas ferreiro, porque a procura por seu serviço é maior. A divisão do trabalho aumenta fortemente a produção, pois permite maior destreza no labor e significativa economia de tempo.

Adam Smith provou essa conclusão com o elucidativo exemplo de uma indústria de alfinetes: vários operários, que se ocupam da fabricação de um alfinete completo, gastam muito tempo para, ao final, produzirem uma quantidade muito pequena de produtos por dia. Afinal, são várias as etapas a serem percorridas até se alcançar uma peça perfeita. Quando a manufatura é dividida entre vários homens, cada um cuidando de um aspecto específico — o primeiro estica o metal, o segundo o corta, o terceiro o pole, o quarto afia a ponta, o quinto coloca a cabeça — a produção é aumentada exponencialmente.

As trocas livres dos produtos excedentes do trabalho de pessoas especializadas, portanto, permite que todas as necessidades dos cidadãos sejam atendidas plenamente. A própria sociedade, livre para as negociações, transforma-se em mercantil. A invenção do dinheiro substituiu os bens ou serviços no sistema de permutas. A partir de então, a barganha não mais ocorreu com serviços e bens, mas entre serviços e bens com dinheiro.

Smith ainda cuidou de explicar em que consistia o preço real de um produto, as parcelas que o compunham e quais as variantes para seu aumento ou sua diminuição. Influenciado pela Revolução Industrial, também apontou a impactante transformação trazida na sociedade com a adoção do sistema fabril, concluindo que, se a sociedade fosse bem organizada e coordenada, dado o imenso ganho de produtividade decorrente da maquinofatura, a riqueza universal poderia ser concretamente alcançada. Em condições de perfeita igualdade, com cada pessoa desenvolvendo plenamente suas habilidades de trabalho, a igualdade entre as pessoas seria uma questão de tempo, pois a sociedade seria unida pela repartição, entre todos, dos produtos reciprocamente necessários, sem exigência de competição. Em um ambiente tal, o governo seria praticamente desnecessário: apenas cuidaria de aspectos essenciais como a educação, a segurança e a justiça. O Estado não teria motivos para interferir na economia, na livre-concorrência e na propriedade privada, pois o mercado se autorregularia. Caberia aos próprios indivíduos, como "seres econômicos", a tomada das decisões de ordem econômica em um país. Esses são, justamente, os princípios do *Liberalismo Econômico*, sintetizados na máxima francesa do *laissez faire, laissez passer* (deixai fazer, deixai passar).

O londrino David Ricardo, outro expoente da Economia Clássica Inglesa, aprimorou os pilares econômicos lançados por seu compatriota bretão Adam Smith, distinguindo o conceito de valor e riqueza e afinando a concepção de preço, dentre outras contribuições.

Marx conhecia cada uma dessas variantes, discordava de grande parte delas. Era contra a economia liberal e não via a possibilidade de se alcançar a justiça universal sem uma intervenção direta no modo de produção. No seu entender, as obras de Adam Smith e de David Ricardo eram contaminadas pela ideologia burguesa e, por isso, não seriam suficientes para alcançar uma visão global do problema econômico. Rejeitando-as como verdade científica, criou sua própria doutrina de economia política, como será oportunamente visto.

## O SOCIALISMO UTÓPICO FRANCÊS

A Revolução Industrial nasceu na Inglaterra, porém logo alcançou os demais países europeus, inicialmente a França e, posteriormente, a Alemanha, a Itália e a Rússia. A alteração do processo de manufatura, com a introdução da máquina a vapor, trouxe profundas mudanças na ordem econômica, social e trabalhista. Novos postos de trabalho foram abertos e, com isso, um grande êxodo rural foi verificado em direção às cidades. Como não estavam preparadas para receber um contingente tão grande de pessoas, as moradias em condições pouco dignas proliferaram. Os salários encolheram pelo excesso de mão de obra, as condições de trabalho ficaram péssimas.

Em síntese: enquanto as condições sociais da população em geral decaíam drasticamente, a elite industrial enriquecia rapidamente.

Diante da progressão da miséria, vários pensadores passaram a idealizar uma nova sociedade, mais justa, igualitária e fraterna — lemas, aliás, da Revolução Francesa, que nunca chegaram a se concretizar. A essa teorização foi dado o nome de "socialismo". O movimento socialista, desse modo, nasceu no final do século XVIII e no início do século XIX como crítica aos efeitos sociais da Revolução Industrial. Seus arquitetos pregavam a construção de uma sociedade igualitária, com oportunidades equivalentes para todos os seus integrantes. Na França, Saint-Simon e Charles Fourier foram expressões importantes do socialismo.

Claude Henri de Rouvroy, o "Conde de Saint-Simon", nasceu em Paris em 1760. Filho de uma família de aristocratas, entendia que sua época padecia de um individualismo exagerado e, por isso, defendia a orientação da produção em prol do interesse geral. Para a construção de um mundo mais equilibrado, os capitalistas deveriam criar uma nova ordem industrial, em que os peritos em cada área assumiriam as funções diretivas e em que a ciência e tecnologia se desenvolveriam em busca de melhores condições da população. Embora Saint-Simon não acreditasse em uma sociedade igualitária, na medida em que os homens são desiguais por natureza, cria que o capitalista deveria assumir responsabilidades sociais. Somente assim seriam admissíveis a livre empresa e o lucro. Uma grande associação entre industriais e trabalhadores permitiria a atenuação dos conflitos sociais e garantiria a paz e o desenvolvimento universais.

François Marie Charles Fourier, nascido em 1772 em Besançon, na França, observou os problemas sociais da sua época e pregou uma reforma ampla para solucioná-los. Crendo que os homens eram essencialmente bons, sugeriu a criação de comunidades em que pudessem exercer sua bondade ínsita, trabalhando cada qual em sua vocação. Essas comunidades, que refletiriam uma organização societária ideal, chamavam-se "Falanstérios" e deveriam abrigar mil e seiscentas pessoas. Fourier foi um dos primeiros a defender o cooperativismo.

Embora ambos criticassem a ordem capitalista, nenhum demonstrou, passo a passo, o caminho pelo qual seria viável a criação da sociedade ideal.

Não explicaram, no entender dos ideólogos do comunismo, como convencer a burguesia a aceitar as transformações. Ficaram, assim, presos às ideias, sem que houvesse um aspecto prático executável. Quando, eventualmente, arriscavam-se a imaginar rotas, criam na instrução da população e na persuasão moral dos exploradores como meios de alcançar seus ideais. Por isso é que, posteriormente, esse movimento foi chamado por Marx e Engels de "Socialismo Utópico"[16].

"Da mesma maneira que os enciclopedistas não se propõem emancipar primeiramente uma classe determinada, mas, de chofre, toda a humanidade. E assim como eles, pretendem instaurar o império da razão e da justiça eterna. Mas entre o seu império e o dos enciclopedistas medeia um abismo. Também o mundo burguês, instaurado segundo os princípios dos enciclopedistas, é injusto e irracional e merece, portanto, ser jogado entre os trastes inservíveis,

---

16 "Às vésperas do século XIX, os conflitos que brotavam da nova ordem social mal começavam a desenvolver-se, e menos ainda, naturalmente, os meios que levam à sua solução. Se as massas despossuídas de Paris conseguiram dominar, por um momento, o poder, durante o regime de terror, e, assim, levar ao triunfo a revolução burguesa, inclusive contra a burguesia, foi só para demonstrar até que ponto era impossível manter, por muito tempo, esse poder nas condições da época. O proletariado, que apenas começava a destacar-se no seio das massas que nada possuem, como tronco de uma nova classe, totalmente incapaz, ainda, para desenvolver uma ação política própria, não representava mais que um estrato social oprimido, castigado, incapaz de valer-se por si mesmo. A ajuda, no melhor dos casos, tinha que vir de fora, do alto. Essa situação histórica informa também as doutrinas dos fundadores do socialismo. Suas teorias incipientes não fazem mais do que refletir o estado incipiente da produção capitalista, a incipiente condição de classe. Pretendia-se tirar da cabeça a solução dos problemas sociais, latentes ainda nas condições econômicas pouco desenvolvidas da época. A sociedade não encerrava senão males, que a razão pensante era chamada a remediar. Tratava-se, por isso, de descobrir um sistema novo e mais perfeito de ordem social, para implantá-lo na sociedade, vindo de fora, por meio da propaganda e, sendo possível, com o exemplo, mediante experiências que servissem de modelo. Esses novos sistemas sociais nasciam condenados a mover-se no reino da utopia; quanto mais detalhados e minuciosos fossem, mais tinham que degenerar em puras fantasias" (Engels, Friedrich. Do Socialismo Utópico ao Socialismo Científico, acesso em 01 de julho de 2018).
"Com efeito, o socialismo anterior criticava o modo de produção capitalista existente e suas consequências, mas não conseguia explicá-lo nem podia, portanto, destruí-lo ideologicamente; nada mais lhe restava senão repudiá-lo, pura e simplesmente, como mau. Quanto mais violentamente clamava contra a exploração da classe operária, inseparável desse modo de produção, menos estava em condições de indicar claramente em que consistia e como nascia essa exploração. Mas do que se tratava era, por um lado, de expor esse modo capitalista de produção em suas conexões históricas e como necessário para uma determinada época da história, demonstrando com isso também a necessidade de sua queda e, por outro lado, pôr a nu o seu caráter interno, ainda oculto" (Engels, Friedrich. Do Socialismo Utópico ao Socialismo Científico, acesso em 01 de julho de 2018).
"A literatura revolucionária que acompanhava esses primeiros movimentos do proletariado teve forçosamente um conteúdo reacionário. Preconizava um ascetismo geral e um grosseiro igualitarismo. Os sistemas socialistas e comunistas propriamente ditos, os de Saint-Simon, Fourier, Owen etc., aparecem no primeiro período da luta entre o proletariado e a burguesia, período acima descrito. Os fundadores desses sistemas compreendem bem o antagonismo das classes, assim como a ação dos elementos dissolventes na própria sociedade dominante. Mas não percebem no proletariado nenhuma iniciativa histórica, nenhum movimento político que lhe seja próprio" (Manifesto do Partido Comunista. Marx, Karl e Engels, Friedrich. Disponível em <www.dominiopublico.gov.br>, acesso em 01 de julho de 2018).
"Eram utopistas, pois, como temos dito, porque não podiam ser outra coisa, numa época em que a produção capitalista começava a desenvolver-se. Não tinham outra solução senão tirar da cabeça os elementos de uma nova sociedade, pelo simples fato de que na sociedade antiga esses elementos não se manifestavam ainda em caráter geral" (Engels, Friedrich. Prefácio da Segunda Edição de Anti-Dühring. 1877. Publicado: en Vorwärts, 3 de janeiro de 1877 - 7 de julho de 1878. Fonte: The Marxists Internet Archive. Disponível em <www.dominiopublico.gov.br>, acesso em 07 de julho de 2018>.

tanto quanto o feudalismo e as formas sociais que o antecederam"[17]. O que de relevante esse trecho revela é que os comunistas não buscavam uma verdadeira igualdade entre os homens, mas o absoluto fim da sociedade industrial capitalista para, com o vácuo criado com seu extermínio, o proletariado tomar o poder econômico e, na sequência, o político, científico, jurídico e cultural.

Marx vivenciou de muito próximo o socialismo francês porque permaneceu em Paris, quando exilado. Apesar de não crer que esse socialismo pudesse ter resultados concretos úteis, serviu-se de várias de suas lições para sustentar as teorias comunistas, especialmente no que diz respeito à identificação dos males do capitalismo[18]. Em contraposição a esse tipo de socialismo teórico-utópico, ele gestou o que denominou de "Socialismo Científico".

---

[17] Engels, Friedrich. Do Socialismo Utópico ao Socialismo Científico, acesso em 01 de julho de 2018.

[18] "Mas essas obras socialistas e comunistas encerram também elementos críticos. Atacam a sociedade existente em suas bases. Por conseguinte, forneceram, em seu tempo, materiais de grande valor para esclarecer os operários. Suas propostas positivas relativas à sociedade futura, tais como a supressão da distinção entre a cidade e o campo, a abolição da família, do lucro privado e do trabalho assalariado, a proclamação da harmonia social e a transformação do Estado numa simples administração da produção, todas essas propostas apenas anunciam o desaparecimento do antagonismo entre as classes, antagonismo que mal começa e que esses autores somente conhecem em suas formas imprecisas. Assim, essas propostas têm um sentido puramente utópico" (Marx, Karl e Engels, Friedrich. Manifesto do Partido Comunista. Disponível em www.dominiopublico.gov.br, acesso em 01 de julho de 2018).

# CAPÍTULO 2

## A doutrina marxista

Convencionou-se denominar marxismo todo o sistema teórico desenvolvido por Marx e, em menor expressão, por Engels. Com a adoção de seus ensinamentos práticos por diversos países, que procuraram implantar o estado social ideal por eles concebido, o termo passou a compreender também os meios que deveriam ser utilizados para alcançar tal condição. Nessa ótica, o marxismo é "um sistema coerente de pontos de vista científicos sobre as leis gerais que regem o desenvolvimento da natureza e da sociedade, sobre o triunfo da revolução socialista e as vias para a edificação do socialismo e do comunismo"[19].

Karl Marx cresceu em um ambiente fortemente inspirado em Hegel, porém logo se revelou crítico ao hegelianismo. Entendia que os filósofos da época eram excessivamente abstracionistas, restringindo-se a observar a realidade e a pouco propor para a efetiva mudança. Eram mais contemplativos do que atuantes. Além disso, as incursões idealistas, presentes no recurso à figura do "Espírito Universal", perturbavam intensamente sua visão ateísta do mundo. Assim é que ele decidiu tomar a lógica dialética de Hegel e conjugá-la com o materialismo filosófico, extirpando por completo qualquer alusão ao sobrenatural. A evolução, assim, seria dos próprios homens, não de um espírito imaterial.

O passo seguinte foi aplicar esse materialismo evolutivo à história, como um teste de validade de seu pensamento. Como resultado, concluiu que o trabalho e as relações sociais dele decorrentes estavam na gênese da existência e evolução humanas. Profetizou a aproximação de uma grande revolução, gerada e conduzida pelo proletariado, que destruiria o modo de produção capitalista-burguês e criaria uma nova ordem econômica e social, marcada pela propriedade comum, pelo aumento natural da produção e pela

---
19 Chakhanazárov, G. e Krássine, Iú. Fundamentos do Marxismo – Leninismo, p. 11.

distribuição livre dos resultados do trabalho humano. Essa sociedade ideal foi chamada de "sociedade comunista".

Para alcançar esse estado de paz e harmonia, porém, seria imprescindível previamente destruir violentamente a burguesia e todas as instituições que a sustentavam.

A compreensão destas máximas marxistas é o objeto do presente capítulo.

## O MATERIALISMO HISTÓRICO MARXISTA

Karl Marx era materialista, não acreditava no divino. Todos os fenômenos da natureza tinham uma explicação natural e todo o conteúdo do mundo exterior nos seria perceptível pelos sentidos. Ainda que admitisse a existência de uma consciência humana, que não é física, ela não existiria fora de um corpo humano material. Rejeitando todo e qualquer idealismo, procurou, em fatos concretos, o vetor das mudanças históricas, estabelecendo, como será melhor compreendido abaixo, que a produção, a troca de produtos entre os homens e as condições materiais daí decorrentes estavam no cerne das transformações.

"A concepção materialista da história parte da tese de que a produção, e com ela a troca dos produtos, é a base de toda a ordem social; de que em todas as sociedades que desfilam pela história, a distribuição dos produtos, e, juntamente com ela, a divisão social dos homens em classes ou camadas, é determinada pelo que a sociedade produz, e como produz, e pelo modo de trocar os seus produtos. De conformidade com isso, as causas profundas de todas as transformações sociais e de todas as revoluções políticas não devem ser procuradas nas cabeças dos homens nem na ideia que eles façam da verdade eterna ou da eterna justiça, mas nas transformações operadas no modo de produção e de troca; devem ser procuradas não na filosofia, mas na economia da época de que se trata (o materialismo histórico)"[20].

Sua base materialista veio certamente dos estudos que fez para sua tese de doutorado, quando distinguiu a filosofia da natureza de Epicuro daquela de Demócrito. Para Epicuro, "o corpo é material, a alma também é material, e até os deuses são materiais — havendo apenas, entre estes três níveis de seres, a diferença de maior para menor densidade da dita 'matéria'. Como tudo é material, só o que é material chega ao nosso conhecimento. Logo — pelas leis

---

20 Engels, Friedrich. Do Socialismo Utópico ao Socialismo Científico, acesso em 1.º de julho de 2018.

da silogística epicúrea, tudo o que chega ao nosso conhecimento tem, por esta mesma razão, existência material"[21].

A crítica de Marx aos materialistas filosóficos clássicos iniciou com a rejeição da visão estática da natureza, por eles muitas vezes concebida como uma entidade inerte e sem mobilidade. Eles entendiam, em suma, que toda a natureza havia sido criada e que, a partir daí, nenhuma transformação se operava verdadeiramente. Aos materialistas tradicionais, dizia Marx, escaparia a percepção da dinâmica da vida: "Como quer que a própria natureza se tenha feito: uma vez dada, permanece tal como era, enquanto subsistir. Os planetas e os seus satélites, uma vez postos em movimento pelo misterioso 'primeiro impulso' giram sem parar nas elipses que lhes estão prescritas para toda a eternidade ou, em qualquer caso, até ao fim de todas as coisas. As estrelas repousam para sempre fixas e imóveis nos seus lugares, sustentando-se neles umas às outras pela 'gravitação universal'. A Terra havia permanecido imutavelmente a mesma desde todos os tempos ou também (segundo a opinião) desde o dia da sua criação. As 'cinco partes do mundo' atuais subsistiram sempre, tiveram sempre as mesmas montanhas, vales e rios, o mesmo clima, a mesma flora e fauna, a menos que pela mão do homem tivesse tido lugar mudança ou transplantação. As espécies das plantas e dos animais foram fixadas de uma vez por todas no seu nascimento, o mesmo engendrou continuamente o mesmo, e já foi muito quando Lineu admitiu que, aqui e além, podiam possivelmente gerar-se novas espécies por cruzamento. Em oposição à história da humanidade, que se desenvolve no tempo, era atribuído à história da natureza apenas um desdobramento no espaço. Era negada toda a mudança, todo o desenvolvimento, na natureza. A ciência da natureza, no começo tão revolucionária, estava de repente perante uma natureza, de uma ponta à outra, conservadora, na qual tudo ainda hoje era tal como era desde o começo e na qual — até ao fim do mundo ou para a eternidade — tudo devia permanecer tal como desde o começo tinha sido"[22].

Marx intencionava corrigir essa distorção, dando vida à filosofia materialista ao guarnecê-la com um aspecto prático transformador. Afinal, para ele de nada adiantaria compreender a origem de todos os fenômenos com um único viés teórico

---

21 Carvalho, Olavo de. O Jardim das Aflições. De Epicuro à ressurreição de César: ensaio sobre o materialismo e a religião civil. Campinas, SP: Vide Editorial, 2015. 3ª edição, pp. 56-57.

22 Engels, Friedrich. Introdução à Dialética da Natureza. 1876. Disponível em <https://www.marxists.org/portugues/marx/1876/dialetica/int_dialetica.htm, acesso em 01 de julho de 2018>.

e contemplativo: era necessário caminhar para a transformação. A *práxis* comunista, destarte, foi um marco distintivo do materialismo por ele adotado. "Para o materialista prático, ou seja, para o comunista, é mister revolucionar o mundo existente, atacar e transformar praticamente o estado de coisas que encontra"[23].

A publicação da obra "A Origem das Espécies" e a consolidação do evolucionismo no meio acadêmico corroboraram esse pensamento. Para o naturalista britânico Charles Robert Darwin, as espécies evoluiriam ao longo dos séculos de um ancestral comum por meio da seleção natural. Os organismos mais bem adaptados a um determinado ambiente em que viviam tinham uma probabilidade de sobrevivência maior do que aqueles que não estavam plenamente integrados: haveria uma seleção natural dos mais preparados, que perpetuariam a espécie. Durante esse movimento de triagem e depuração, os espécimes inferiores evoluíam para condições superiores, aprimorando a convivência no seu *habitat*. Assim é que ocorreria a evolução dos seres.

Essa seleção evolutiva, retomando o pensamento de Marx, ocorreria em razão de um movimento ínsito à natureza, ou seja, a energia potencial transformadora que cada corpo possuía em si mesmo o conduziria a um patamar superior. Se essa dinâmica estava presente nos seres, por que também não seria uma característica das relações estabelecidas entre eles?

"O modo de existência da matéria é pelo movimento. Observando a grande diversidade de fenômenos da natureza, é fácil perceber que nela tudo está em movimento e em contínua mudança. É impossível encontrar um objeto em estado de quietude absoluta. É certo que os corpos podem se encontrar em estado de repouso, mas esse mesmo repouso é sempre relativo. Considerando mesmo a forma mais simples de movimento, a mecânica, não é possível encontrar objetos em estado de quietude absoluta e só se encontram em estado de repouso em relação a um determinado sistema de coordenadas. Por outro lado, operam-se continuamente nos corpos mudanças físicas e químicas: o movimento dos átomos, moléculas e partículas elementares. Mais intrincado ainda é o movimento na natureza orgânica e na sociedade. No organismo do homem e dos animais operam-se complexos processos fisiológicos. Na história humana tem lugar um contínuo desenvolvimento e renovação de todas as

---

23 Marx, Karl e Engels, Friedrich. A Ideologia Alemã. Disponível em www.dominiopublico.gov.br, acesso em 01 de julho de 2018.

esferas da vida social: a economia, a política, a cultura. A atividade cognoscitiva do homem não se interrompe um único dia. Com o desenvolvimento das relações sociais, modifica-se o próprio homem, quer dizer, o seu modo de vida, as suas opiniões e ideias, os seus traços morais, o seu comportamento, etc. Logo, o movimento concebido como mudança, como eterno processo de renovação, é um atributo inerente à matéria, inseparável dela, a sua forma universal de existência. Do mesmo modo que não se concebe matéria sem movimento, não se concebe movimento sem matéria. Se dispusermos as formas fundamentais do movimento da matéria por ordem de complexidade, obteremos a seguinte sucessão: forma mecânica (deslocação no espaço de corpos e partículas materiais); física (movimentos términos, elétricos, intra-atômicos e intranucleares); química (combinação e desagregação das moléculas); biológica (funcionamento e desenvolvimento dos organismos); social (processos da vida social e do desenvolvimento da sociedade). Todo o conjunto de ciências estuda cada uma das formas do movimento da matéria. Ao mesmo tempo que descobrem os processos de movimento, mudança e desenvolvimento dos objetos materiais, as referidas ciências investigam as suas propriedades e estruturas"[24]. Se a natureza nunca está em repouso, igualmente a sociedade não permaneceria jamais em estado inerte[25].

---

[24] G. Chakhnazárov e Iú Kkrássine. Fundamentos do Marxismo – Leninismo, p. 19.

[25] "Porém, antes de tudo, há três grandes descobertas que fizeram avançar a passos de gigante o nosso conhecimento da conexão dos processos naturais: em primeiro lugar, a descoberta da célula, como a unidade a partir de cuja multiplicação e diferenciação se desenvolve todo o corpo vegetal e animal, de tal modo que, não apenas o desenvolvimento e o crescimento de todos os organismos superiores é reconhecido como processando-se segundo uma única lei universal, como também, na capacidade de mudança da célula, está mostrado o caminho pelo qual os organismos podem mudar a sua espécie e, assim, percorrer um desenvolvimento mais do que individual; em segundo lugar, a transformação da energia que nos mostrou todas as chamadas forças que atuam, antes do mais, na Natureza inorgânica — a força mecânica e o seu complemento, a chamada energia potencial, calor, radiação (luz, ou calor radiante), eletricidade, magnetismo, energia química — como diversas formas de manifestação [Erscheinungsformen] do movimento universal que, em determinadas relações de quantidade transitam de uma a outra, de tal modo que, para a quantidade de uma que desaparece volta a aparecer uma determinada quantidade de uma outra, e de tal modo que todo o movimento da Natureza se reduz a este incessante processo de transformação de uma forma noutra; finalmente, a prova, desenvolvida com conexão, pela primeira vez, por Darwin, de que o efetivo de produtos orgânicos da Natureza que hoje nos rodeia, incluindo os homens, é o resultado de um longo processo de desenvolvimento, a partir de uns poucos germes unicelulares originários, e que estes, por sua vez, provieram do protoplasma ou albumina, surgidos por via química. Graças a essas três grandes descobertas e aos restantes poderosos progressos da ciência da Natureza, chegamos, agora, ao ponto de, a grosso modo, poder demonstrar a conexão entre os processos na Natureza, não apenas nos domínios isolados, mas também dos domínios isolados entre si e de, assim, poder dar uma imagem abarcante da conexão da Natureza, numa forma aproximativamente sistemática, por meio dos fatos fornecidos pela própria ciência empírica da Natureza. Fornecer esta imagem de conjunto era, anteriormente, a tarefa da chamada filosofia da Natureza. Só o podia fazer na medida em que substituía as conexões reais ainda desconhecidas por [conexões] ideais [ideelle], fantásticas, [na medida em que] completava os fatos que faltavam por imagens de pensamento, [na medida em que] preenchia lacunas reais na mera imaginação. Neste procedimento, teve muitos pensamentos geniais, anteviu muitas descobertas ulteriores, mas também trouxe à luz do dia consideráveis

Portanto, "aprofundando e desenvolvendo o materialismo filosófico, Marx levou-o até o fim e estendeu-o do conhecimento da natureza até o conhecimento da sociedade humana"[26]. Os corpos e a sociedade estão em constante mudança pela própria essência da matéria, e exatamente nisso o marxismo difere do materialismo anterior, estático, em que a natureza seria invariável e dotada de matéria eterna imutável. Repudiou, portanto, todo o saber teórico até então construído e instituiu no seu comunismo uma ode ao agir[27].

O que, porém, *guiaria* e *nortearia* esse movimento social? Qual a verdadeira *força motriz* orientadora das transformações? Marx atribuiu a si mesmo o mérito de descobrir a verdadeira causa de todos os fenômenos que ocorreram até hoje em toda a história do mundo: a disputa entre as forças produtivas e as relações

---

contrassensos, como não podia deixar de ser. Hoje, que só é preciso apreender dialeticamente — isto é, no sentido da sua conexão própria — os resultados da investigação da Natureza para chegar a um «sistema da Natureza» suficiente para o nosso tempo, [hoje] que o carácter dialético desta conexão se impõe às cabeças metafisicamente formadas dos naturalistas, mesmo contra a sua vontade, hoje, a filosofia da Natureza está definitivamente posta de parte. Qualquer tentativa para o seu ressuscitamento não seria apenas supérflua, seria um retrocesso. Porém, aquilo que vale para a Natureza, que também aí é reconhecido como um processo histórico de desenvolvimento, vale também para a história da sociedade em todos os seus ramos e para o conjunto [Gesamtheit] de todas as ciências que se ocupam de coisas humanas (e divinas)" (Engels, Friedrich. Ludwig Feuerbach e o Fim da Filosofia Clássica Alemã. 1886. Disponível em <https://www.marxists.org/portugues/marx/1886/mes/fim.htm, acesso em 06 de julho de 2018>).

26 Lenin, V. I. As Três Fontes e as Três Partes Constitutivas do Marxismo. Março de 1913. Disponível em <https://www.marxists.org/portugues/lenin/1913/03/tresfont.htm>, acesso em 08 de julho de 2018.

27 Olavo de Carvalho explicita a diferença entre a teoria e a práxis, apresentando a sua crítica a esta última, em um texto que, pela lucidez e brilhantismo, merece ser transcrito. "Qual a diferença essencial entre a atitude contemplativa — ou interpretativa — e a atitude transformante, isto é, entre a teoria e a práxis? A teoria, ao elevar o objeto até o nível da sua ideia, essência ou arquétipo, capta o esquema de possibilidades do qual esse objeto é a manifestação particular e concreta. Por exemplo, o arquétipo de 'cavalo', a possibilidade 'cavalo', pode manifestar-se em cavalos pretos ou malhados, árabes, percherões ou mangalargas, de sela ou de trabalho etc. Pode manifestar-se em prosaicos cavalos de carroças ou em cavalos célebres e quase personalizados como o cavalo de Alexandre. Pode manifestar-se em seres míticos que 'participam de cavalidade', como o pégaso ou o unicórnio, cada qual, por sua vez, contendo um feixe de significações e intenções simbólicas. Enfim, a razão, ao investigar o ser do objeto, eleva-se até o seu núcleo superior de possibilidades, resgatando-o da sua acidentalidade empírica e restituindo, por assim dizer, seu sentido 'eterno'. A consequência 'prática' disto é portentosa. Ao conhecer um arquétipo, sei, não apenas o que ela poderia ser, mas toda a sua latência de possibilidades, que ela pode manifestar, e que se insinua por trás da sua manifestação singular, localizada no espaço e no tempo. A práxis, ao contrário, transforma a coisa, isto é, atualiza uma dessas possibilidades, excluindo imediatamente todas as demais. Por exemplo: uma árvore. Se investigo o objeto 'árvore' para captar o seu arquétipo, tomo consciência do que ela é, do que poderia ser, do que ela pode significar para mim, para outros, em outros planos de realidade etc. Porém, se a transformo em cadeira, ela já não pode transformar-se em mesa ou estante, e muito menos em árvore. De cadeira, ela só pode agora transformar-se em cadeira velha, e depois em lixo. Para o filósofo, portanto, o fenômeno, a aparência sensível imediata é, sobretudo, um signo ou símbolo de um ser. Para o homem da práxis, a aparência é sempre matéria-prima das transformações desejadas. A investigação teórica insere o ser no corpo da possibilidade que o contém, e o explica e integra no sentido total da realidade. A práxis, ao contrário, limita suas possibilidades, realizando uma delas, sem via de retorno. Para a teoria, o ente é sobretudo a sua forma, no sentido aristotélico, isto é, aquilo que faz com que ele seja o que é; para a práxis, o ente é sobretudo matéria, isto é, aquilo que faz com que ele possa tornar-se outra coisa que não aquilo que é" (Carvalho, Olavo de. O Jardim das Aflições. De Epicuro à ressurreição de César: ensaio sobre o materialismo e a religião civil. Campinas, SP: Vide Editorial, 2015. 3ª edição, pp. 145-146).

de produção[28]. Para a compreensão desse lampejo, porém, é necessário agregar ao materialismo histórico o método dialético de Hegel, o Socialismo Científico e a Economia Política.

## A DIALÉTICA MARXISTA

Hegel, como já apontado acima, entendia que a Dialética de Sócrates, Platão e Aristóteles poderia ser utilizada para explicar a história da natureza e dos eventos sociais. Toda premissa, ou "tese", incorporaria em si mesma uma contradição — a "antítese", como um modo de assegurar a própria evolução, considerando que, depois que esses dois opostos entrassem em conflito, germinaria uma conclusão nova e aperfeiçoada — a "síntese", que Hegel denominou de "Ideia Absoluta". A resolução da tese com a antítese é apenas o início do movimento dialético, que se prolongaria *ad infinitum*, gerando resultados cada vez mais contínuos e elevados. A história se explicaria desse modo. O "Espírito Universal" presente no Cosmos ("tese") agregaria a si fatos que lhe seriam contrários ("antíteses") para que evoluísse a si mesmo, rumo à perfeição.

Marx seguia essa mesma lógica. O movimento característico da matéria tem como origem o conflito entre os opostos, que estão sempre em disputa consigo mesmos. "No caso do movimento mecânico dos corpos, a causa da sua deslocação é um impulso externo. Talvez possamos admitir que a fonte do movimento em geral é o impulso que transmite o movimento de um objeto ao outro. Neste caso, há que admitir a ideia da existência de um impulso primeiro que inicia o movimento. E assim temos que, a princípio, a matéria estaria inerte até que apareceu uma força sobrenatural que a impulsionou. Na natureza dão-se com efeito impulsos exteriores; mas estes não fazem mais do que transmitir o movimento de um corpo a outro; não são sua origem. Quer dizer que essa origem deve ser procurada nos próprios fenômenos naturais, e não fora deles. Consideremos o princípio de funcionamento do motor a jato. Ao decomporem-se, as substâncias especiais escapam, com uma força imensa, do bocal do foguete e atuam neste com a

---

28 "A primeira premissa de toda a história humana é, naturalmente, a existência de indivíduos humanos vivos (...) Podemos distinguir os homens dos animais pela consciência, pela religião — por tudo o que se quiser. Mas eles começam a distinguir-se dos animais assim que começam a produzir os seus meios de subsistência (Lebensmittel), passo esse que é requerido pela sua organização corpórea. Ao produzirem os seus meios de subsistência, os homens produzem indiretamente a sua própria vida material" (Marx, Karl e Engels, Friedrich. A Ideologia Alemã. São Paulo: Editora Expressão Popular, 2009, pp. 23-24, acesso em 01 de julho de 2018).

mesma força e em sentido contrário. É evidente que a existência das forças contrapostas, o conflito entre elas é uma condição *sine qua non* para um foguete voar. Este exemplo revela a causa interna do movimento dos corpos. Todos os objetos materiais comportam aspectos contrários. Se alguns parecem absolutamente homogêneos, é porque, até esse momento, os aspectos, elementos e tendências contrapostos permanecem ocultos aos nossos olhos, e, basta penetrar mais profundamente nestes objetos, para descobrirmos neles princípios contraditórios. O simples movimento mecânico é inconcebível sem os contrários: ação e reação; atração e repulsão; forças centrífugas e centrípetas. O mesmo acontece com as formas físicas mais complexas do movimento, no qual, a cada passo, encontramos a polarização das cargas elétricas positiva e negativa, dos campos elétrico e magnético, da substância e do campo. Todo átomo consta de dois polos opostos: a carga positiva do núcleo e a envoltura de elétrons, com carga negativa. O próprio núcleo do átomo é uma unidade de partículas contrárias, para desunir as quais é preciso gastar muita energia. As formas fundamentais da associação química-atômica e iônica baseiam-se também numa unidade de contrários. Observemos a natureza orgânica: também aqui se operam, em todos os organismos, processos contrários de assimilação de umas substâncias e eliminação de outras, de criação e destruição de substâncias vivas, de assimilação e desassimilação. Na sociedade existem igualmente forças contrapostas: de um lado as avançadas e revolucionárias; de outro, as retrógradas e conservadoras. Os aspectos contraditórios não estão isolados entre si, antes pelo contrário, manifestam-se num mesmo fenômeno, aparecem na sua unidade, pois não podem existir um sem o outro. Se na nossa imaginação separamos os contrários, por exemplo, a assimilação e a desassimilação, chega-se à conclusão de que tal coisa acarretaria a morte do organismo, quer dizer, a destruição do próprio fenômeno. De qualquer modo, e apesar de estarem indissoluvelmente unidos, não podem permanecer em paz e concórdia precisamente por serem antípodas"[29].

---

29 Chakhnazárov, G e Kkrássine, Iú, em Fundamentos do Marxismo – Leninismo, pp. 27-28.

Nota-se, aqui, que o materialismo em movimento de Marx é essencialmente unido à Dialética. A junção dos dois explicaria indubitavelmente todos os fenômenos histórico-sociais. Os dois conceitos, assim, são absolutamente indissociáveis no marxismo, e é por isso que ele é denominado de materialista-histórico-dialético[30].

A tese de Marx é essencialmente a mesma de Hegel, pois ambos entendiam que a evolução decorreria do choque entre os opostos e da evolução daí resultante. A diferença primordial, e esse aspecto é importante reiterar, está

---

[30] "Contrariamente à ideia da natureza que imperava entre os franceses do século XVIII, assim como em Hegel, em que esta era concebida como um todo permanente e invariável, que se movia dentro de ciclos estreitos, com corpos celestes eternos, tal como Newton os representava, e com espécies invariáveis de seres orgânicos, como ensinara Lineu, o materialismo moderno resume e compendia os novos progressos das ciências naturais, segundo os quais a natureza tem também sua história no tempo, e os mundos, assim como as espécies orgânicas que em condições propícias os habitam, nascem e morrem, e os ciclos, no grau em que são admissíveis, revestem dimensões infinitamente mais grandiosas. Tanto em um como em outro caso, o materialismo moderno é substancialmente dialético e já não precisa de uma filosofia superior às demais ciências. Desde o momento em que cada ciência tem que prestar contas da posição que ocupa no quadro universal das coisas e do conhecimento dessas coisas, já não há margem para uma ciência especialmente consagrada ao estudo das concatenações universais. Da filosofia anterior, com existência própria, só permanece de pé a teoria do pensar e de suas leis: a lógica formal e a dialética. O demais se dissolve na ciência positiva da natureza e da história" (Engels, Friedrich. Do Socialismo Utópico ao Socialismo Científico, disponível em <www.dominiopublico.com.br>, acesso em 01 de julho de 2018).

na absoluta rejeição de qualquer aspecto metafísico e idealista de Hegel[31 32 33].

---

[31] "Hegel era idealista. As ideias de seu cérebro não eram, para ele, imagens mais ou menos abstratas das coisas e dos fenômenos da realidade, mas coisas que, em seu desenvolvimento, se lhe apresentavam como projeções realizadas de uma 'ideia', existente não se sabe onde, antes da existência do mundo. Este modo de ver tudo subvertia, revirando pelo avesso, toda a concatenação real do Universo. Por mais justas e, mesmo, geniais que fossem muitas das concepções concretas concebidas por Hegel, era inevitável, pela razão que acabamos de aludir, que muitos de seus detalhes tivessem caráter acomodatício, artificioso, arbitrário, falso, numa palavra. O sistema Hegel foi um aborto gigantesco, porém o último de sua espécie. Com efeito, sua filosofia padecia ainda de uma contradição interna incurável, pois que, se, por um lado, considerava como suposto essencial da concepção histórica, segundo a qual a história humana é um processo de desenvolvimento que não pôde, por sua própria natureza, encontrar solução intelectual no descobrimento disso que se chama de verdades absolutas, por outro, se nos apresenta precisamente como resumo e compêndio de uma dessas verdades absolutas. Um sistema universal e compacto, definitivamente plasmado, no qual se pretende enquadrar as ciências da natureza e da história, é incompatível com as leis da dialética. Isso, entretanto, não exclui, mas, ao contrário, faz com que o conhecimento sistemático do mundo exterior, em sua totalidade, possa progredir, a passos gigantescos, de geração em geração" (Engels, Friedrich. Prefácio da Segunda edição de Anti-Dühring. 1877. Publicado: en Vorwärts, 3 de janeiro de 1877 - 7 de julho 1878. Fonte: The Marxists Internet Archive. Disponível em <www.dominiopublico.gov.br, acesso em 07 de julho de 2018>).

[32] "Hegel não foi simplesmente posto de lado; partiu-se, pelo contrário, do seu lado revolucionário acima desenvolvido, do método dialético. Mas, este método, na sua forma hegeliana, era inutilizável. Em Hegel, a dialética é o autodesenvolvimento do conceito. O conceito absoluto não apenas está dado deste a eternidade — desconhece-se onde —, como também é a alma viva própria de todo o mundo existente. Ele desenvolve-se para si próprio, através de todos os estádios preliminares [Vorstufen], que são amplamente tratados na Logik, e que estão todos contidos nele; depois, 'exterioriza-se', transformando-se em Natureza, onde ele, sem consciência de si próprio, disfarçado de necessidade natural, passa por um novo desenvolvimento e, por fim, volta de novo, no homem, a autoconsciência [Selbstbewusstsein]; esta autoconsciência elabora-se de novo na história, a partir do [estado] bruto, até finalmente o conceito absoluto voltar de novo completamente a si próprio na filosofia de Hegel. Em Hegel, o desenvolvimento dialético que vem à luz na Natureza e na história — isto é, a conexão causal do progredir do inferior para o superior que se impõe através de todos os movimentos em ziguezague e retrocessos momentâneos — é, portanto, apenas o decalque do automovimento do conceito que se processa desde a eternidade, não se sabe onde, mas, em qualquer caso, independentemente de qualquer cérebro humano pensante. Tratava-se de eliminar esta inversão [Verkehrung] ideológica. Voltamos a apreender, materialisticamente, os conceitos da nossa cabeça como imagens [Abbilder] das coisas reais, em vez de [apreender] as coisas reais como imagens deste ou daquele estádio do conceito absoluto. Com isto, reduziu-se a dialética à ciência das leis universais do movimento, tanto do mundo exterior como do pensar humano — duas séries de leis que, em substância, são idênticas, mas que, na expressão, são diversas, na medida em que a cabeça humana as pode aplicar com consciência, enquanto elas, na Natureza e, até agora também, em grande parte, na história humana, abrem passagem, de maneira inconsciente, na forma de necessidade exterior, no meio de uma série sem fim de aparentes casualidades. Mas, com isto, a própria dialética do conceito tornava-se apenas reflexo [Reflex] consciente do movimento dialético do mundo real, e, com isto, a dialética de Hegel ficava de cabeça para baixo [aufden Kopf], ou antes: de cabeça para baixo em que estava, foi posta de novo em pé [auf die Füsse]. E esta dialética materialista, que era, há anos, o nosso melhor meio de trabalho e a nossa arma mais afiada, foi, coisa notável, descoberta de novo" (Engels, Friedrich. Ludwig Feuerbach e o Fim da Filosofia Clássica Alemã. Junho de 1886. Disponível em <https://www.marxists.org/portugues/marx/1886/mes/fim.htm>, acesso em 06 de julho de 2018).

[33] "O enquadramento da nova teoria é de um hegelianismo sem desvios. Reconhece que a história da humanidade é um único processo não-repetitivo que obedece a leis averiguáveis. Todos os momentos desse processo são novos no sentido de que possuem características novas ou novas combinações de características conhecidas; mas, por únicos e irrepetíveis que sejam, cada um deles decorre todavia do estado imediatamente anterior, exatamente como este, do seu próprio predecessor, em obediência às mesmas leis. Mas enquanto, segundo Hegel, a substância única na sucessão de cujos estados consiste a história é o eterno Espírito universal em evolução por si próprio, sendo o conflito interno dos seus elementos tornado concreto em, por exemplo, guerras religiosas ou entre Estados nacionais, cada um dos quais é a uma corporização da Ideia, que se realiza a si própria, de que só uma intuição ultra-sensível pode aperceber-se, Marx, seguindo Feuerbach, denuncia isto como uma peça de mistificação sobre a qual nenhum conhecimento pode fundar-se. Pois, se o mundo fosse uma substância metafísica deste tipo, o seu comportamento não poderia ser testado pelo único método de confiança em nosso poder, a observação empírica; e uma teoria dele não poderia ser, por conseguinte, confirmada pelos métodos de qualquer ciência" (Berlin, Isaiah. Karl Marx. Lisboa: Edições 70, 2014, p. 125).

O próprio Marx disse isso expressamente, explicando que "meu método dialético, em seus fundamentos, não é apenas diferente do método hegeliano, mas exatamente seu oposto. Para Hegel, o processo de pensamento, que ele, sob o nome de Ideia, chega mesmo a transformar num sujeito autônomo, é o demiurgo do processo efetivo, o qual constitui apenas a manifestação externa do primeiro. Para mim, ao contrário, o ideal não é mais do que o material, transposto e traduzido na cabeça do homem (...) A mistificação que a dialética sofre nas mãos de Hegel não impede em absoluto que ele tenha sido o primeiro a expor, de modo amplo e consciente, suas formas gerais de movimento. Nele, ela se encontra de cabeça para baixo. É preciso desvirá-la, a fim de descobrir o cerne racional dentro do invólucro místico"[34].

"A separação relativamente à filosofia de Hegel resultou aqui também de um regresso ao ponto de vista materialista. Significa isto que se decidiu apreender o mundo real — natureza e história — tal como ele próprio se dá a quem quer que se aproxime dele sem tretas idealistas preconcebidas; decidiu-se sacrificar impiedosamente toda a treta idealista que não pudesse ser posta em consonância com os fatos apreendidos na sua conexão própria (e não em qualquer [conexão] fantástica). E, em geral, não se chama materialismo a nada mais do que isto"[35].

Diversamente dos filósofos anteriores, que dialogavam no campo das ideias, Marx queria verdadeiramente alterar o mundo. Por isso abandonou por completo a espiritualidade da dialética pura, que via na história da humanidade a atuação subjacente do "Espírito Universal" aperfeiçoando a si mesmo até alcançar o estado de "Verdade Absoluta", para sustentar que o produto final da dialética materialista era o aperfeiçoamento da própria sociedade. O fim do processo materialista-histórico-dialético marxista não era espiritual, mas concreto, resumido na sociedade perfeita, livre de desigualdades, onde todos os bens produzidos seriam de gozo comum pelas pessoas. A esse mundo ele conferiu o nome de "sociedade comunista".

Para conceber esse ideal social, Marx apoderou-se de máximas do Socialismo Utópico Francês, adaptando-o para o que chamou de "Socialismo Científico".

---

[34] Marx, Karl. O Capital – Crítica da Economia Política. Livro I – O Processo de Produção do Capital. Pósfácio da Segunda edição. Boitempo Editorial, p. 129.

[35] Engels, Friedrich. Ludwig Feuerbach e o Fim da Filosofia Clássica Alemã. Junho de 1886. Disponível em <https://www.marxists.org/portugues/marx/1886/mes/fim.htm>, acesso em 06 de julho de 2018.

## O SOCIALISMO CIENTÍFICO MARXISTA

A chegada da Revolução Industrial, na França, trouxe consigo todas as consequências sociais que se verificaram na Inglaterra, o seu berço: diminuição do labor artesanal[36]; aumento do trabalho manufaturado em máquinas[37]; criação das grandes indústrias[38]; concentração da renda nas mãos dos proprietários[39]; êxodo do campo para as cidades em razão da abertura de novas vagas nas indústrias[40]; abuso da mão-de-obra fabril[41]; jornadas excessivas de trabalho[42]; uso de empregados infantis[43].

---

36 "Ela recruta continuamente trabalhadores entre os supranumerários da grande indústria e da agricultura e, especialmente também, de ramos industriais decadentes, em que a produção artesanal é superada pela manufatura, e esta última pela indústria mecanizada" (Marx, Karl. O Capital – Crítica da Economia Política. Livro I – O Processo de Produção do Capital. Boitempo Editorial, p. 873).

37 "Esse produto da divisão manufatureira do trabalho produziu, por sua vez... máquinas. Estas suprassumem [aufheben] a atividade artesanal como princípio regulador da produção social" (Marx, Karl. O Capital – Crítica da Economia Política. Livro I – O Processo de Produção do Capital. Boitempo Editorial, p. 547).

38 "Na manufatura, portanto, vemos a base técnica imediata da grande indústria. Aquela produziu a maquinaria, com a qual esta suprassumiu [aufhob] os sistemas artesanal e manufatureiro nas esferas de produção de que primeiro se apoderou. O sistema mecanizado ergueu-se, portanto, de modo natural-espontâneo, sobre uma base material que lhe era inadequada" (Marx, Karl. O Capital – Crítica da Economia Política. Livro I – O Processo de Produção do Capital. Boitempo Editorial, p. 561).

39 "A acumulação do capital veio acompanhada de sua concentração e centralização" (Marx, Karl. O Capital – Crítica da Economia Política. Livro I – O Processo de Produção do Capital. Boitempo Editorial, p. 882).

40 "Com a predominância sempre crescente da população urbana, amontoada em grandes centros pela produção capitalista, esta, por um lado, acumula a força motriz histórica da sociedade e, por outro lado, desvirtua o metabolismo entre o homem e a terra, isto é, o retorno ao solo daqueles elementos que lhe são constitutivos e foram consumidos pelo homem sob forma de alimentos e vestimentas, retorno que é a eterna condição natural da fertilidade permanente do solo. Com isso, ela destrói tanto a saúde física dos trabalhadores urbanos como a vida espiritual dos trabalhadores rurais (Marx, Karl. O Capital – Crítica da Economia Política. Livro I – O Processo de Produção do Capital. Boitempo Editorial, p. 702).

41 "Se a maquinaria é o meio mais poderoso de incrementar a produtividade do trabalho, isto é, de encurtar o tempo de trabalho necessário à produção de uma mercadoria, ela se converte, como portadora do capital nas indústrias de que imediatamente se apodera, no meio mais poderoso de prolongar a jornada de trabalho para além de todo limite natural. Ela cria, por um lado, novas condições que permitem ao capital soltar as rédeas dessa sua tendência constante e, por outro, novos incentivos que aguçam sua voracidade por trabalho alheio" (Marx, Karl. O Capital – Crítica da Economia Política. Livro I – O Processo de Produção do Capital. Boitempo Editorial, p. 584).

42 "Qualquer observador imparcial pode perceber que, quanto mais massiva a concentração dos meios de produção, tanto maior é a consequente aglomeração de trabalhadores no mesmo espaço; que, portanto, quanto mais rápida a acumulação capitalista, tanto mais miseráveis são para os trabalhadores as condições habitacionais. É evidente que as "melhorias" (improvements) das cidades, que acompanham o progresso da riqueza e são realizadas mediante a demolição de bairros mal construídos, a construção de palácios para bancos, grandes casas comerciais etc., a ampliação de avenidas para o tráfego comercial e carruagens de luxo, a introdução de linhas de bondes urbanos etc., expulsam os pobres para refúgios cada vez piores e mais superlotados" (Marx, Karl. O Capital – Crítica da Economia Política. Livro I – O Processo de Produção do Capital. Boitempo Editorial, pp. 891-892).

43 "À medida que torna prescindível a força muscular, a maquinaria converte-se no meio de utilizar trabalhadores com pouca força muscular ou desenvolvimento corporal imaturo, mas com membros de maior flexibilidade. Por isso, o trabalho feminino e infantil foi a primeira palavra de ordem da aplicação capitalista da maquinaria! Assim, esse poderoso meio de substituição do trabalho e de trabalhadores transformou-se prontamente num meio de aumentar o número de assalariados, submetendo ao comando imediato do capital todos os membros da família dos trabalhadores, sem distinção de sexo nem idade. O trabalho forçado para o capitalista usurpou não somente o lugar da recreação infantil, mas também o do trabalho livre no âmbito doméstico, dentro de limites decentes e para a própria família" (Marx, Karl. O Capital – Crítica da Economia Política. Livro I – O Processo de Produção do Capital. Boitempo Editorial, pp. 575-576).

Ficou bastante evidente a péssima condição dos trabalhadores nas indústrias, que se submetiam a jornadas de até dezesseis horas diárias; a existência de submoradias nas cidades, que não estavam preparadas para enfrentar o grande êxodo rural; e a deficiente remuneração dos empregados, uma vez que o processo de maquinofatura diminuiu a necessidade de mão-de-obra que, com o êxodo rural, agora sobrava.

Os pensadores franceses que analisaram as condições da população, especialmente a operária, idealizando uma nova sociedade, mais justa, igualitária e fraterna, foram chamados de "socialistas". Embora eles tenham criticado a ordem capitalista industrial e refletido sobre um novo modelo social, não demonstraram qual o caminho que deveria ser perseguido para alcançá-lo. Focavam-se apenas nas ideias e, quando arriscavam sugerir possíveis rotas concretas, incluíam-nas no pressuposto de uma futura união pacífica e conciliadora entre os capitalistas e os empregados. Imaginavam que a situação dos operários naquela época era transitória, fruto de um momento inicial da Revolução Industrial, e que, naturalmente, por meio dos ajustes conciliatórios da burguesia com os trabalhadores, alcançar-se-ia uma condição melhor de existência. Os capitalistas não permitiriam que a exploração indiscriminada permanecesse.

Para Marx, essa visão utópica e romântica decorria da limitada compreensão da origem dos fenômenos econômicos que geravam a desigualdade social. "Com efeito, o socialismo criticava o regime capitalista de produção existente e suas consequências, mas não conseguiu explicá-lo e, portanto, também não o poderia destruir, limitando-se apenas a repudiá-lo, simplesmente, como imoral. Era preciso, porém, entender esse regime capitalista de produção em suas conexões históricas, como um regime necessário para uma determinada época da história, demonstrando, com isso, ao mesmo tempo, seu aspecto condicional histórico, a necessidade de sua extinção e do desmascaramento de todos os seus disfarces, uma vez que os críticos anteriores se limitavam apenas a apontar os males que o capitalismo engendrava em vez de assinalar as tendências das coisas a que obedeciam"[44].

Marx opôs-se frontalmente ao modelo francês de socialismo, que chamou de "utópico". Ele entendia que a postura dos trabalhadores não deveria ser

---

44 Engels, Friedrich. Prefácio da Segunda Edição de Anti-Dühring. 1877. Publicado: en Vorwärts, 3 de janeiro de 1877 - 7 de julho de 1878. Fonte: The Marxists Internet Archive. Disponível em <www.dominiopublico.gov.br>, acesso em 07 de julho de 2018.

estática, aguardando-se que a solução para seus problemas surgisse voluntariamente dos capitalistas. Cabia a ele conferir aos operários as ferramentas hábeis para a tão pretendida transformação, que somente seria possível por meio da força, através de uma revolução que levasse a uma inversão total de posições, assumindo o trabalhador a condição de industrial.

"O ponto de partida de Marx, contudo, não é a pobreza, mas a desumanização — o fato de que indivíduos são alienados do próprio trabalho com consequências materiais, espirituais e sociais na forma de bens, ideias e instituições políticas, e não apenas destes, mas de seus semelhantes e, enfim, deles próprios. O germe do socialismo na sociedade capitalista consiste na consciência da desumanização pela classe proletariada, não na pobreza. Isso acontece quando a desumanização atingiu seu limite extremo, e, nesse sentido, a classe consciente do proletariado é um efeito do desenvolvimento histórico"[45].

Em síntese: Marx apoderou-se dos princípios dos socialistas franceses, no que toca à necessidade de transformação social, e, a eles, incorporou a concretude da sua filosofia, ditando ao proletariado o caminho para se alcançar o mundo ideal: seria mediante uma revolução que extirparia os privilégios da classe então dominante[46].

Esse tipo de socialismo revolucionário, que é material e dinâmico em contraposição ao teórico-utópico, foi denominado de "Socialismo Científico".

## A ECONOMIA POLÍTICA MARXISTA

A Economia Clássica Inglesa observou a sua época e equacionou todas as variáveis envolvidas no sistema econômico: trabalho, mercado, preço, industrialização. Seu propósito, porém, era meramente identificar e compreender o ambiente em que viviam, não havia a pretensão de efetuar qualquer transformação. Ao contrário, insistia cada vez mais no liberalismo econômico.

Marx teve contato próximo com essa linha doutrinária por duas razões: a primeira porque, naquela época, pouco, senão nada, era estudado na Alemanha

---

45 Kolakowski, Leszek. Main Currents of Marxism. The Founders. The Golden Age. The Breakdown. New York: W. W. Norton & Company Inc, 2005, p. 182.

46 "A Introdução a uma Crítica da Filosofia do Direito de Hegel é considerado como o texto crucial do desenvolvimento intelectual de Marx, já que é aqui que ele expressa, pela primeira vez, a ideia de uma missão histórica específica do proletariado, e a interpretação da revolução não como uma violação da história, mas como o cumprimento de sua tendência inata" (Kolakowski, Leszek. Main Currents of Marxism. The Founders. The Golden Age. The Breakdown. New York: W. W. Norton & Company Inc, 2005, p. 105).

sobre Economia Política[47]. Foi necessário, por isso, recorrer aos ensinamentos ingleses, já bem desenvolvidos naquela ocasião por ser a Grã-Bretanha o centro mais capitalista do mundo, berço, inclusive, da Revolução Industrial; a segunda, porque passou bom tempo exilado na Inglaterra.

Profundamente sensibilizado com a condição precária dos operários das indústrias, Marx concluiu que as obras destes economistas eram a expressão da "ideologia burguesa da propriedade privada, da concorrência e do enriquecimento ilimitado". Por serem meros apologistas do modo de viver capitalista, suas teses deveriam ser desprezadas e vistas com puro viés ideológico. Por isso, negou-lhes caráter científico e desenvolveu a sua própria visão teórica.

Marx tinha uma apurada visão econômica da existência humana. Através de seu mecanismo materialista-histórico-dialético, concluiu que o trabalho foi mais do que um simples catalisador do sistema de trocas entre as pessoas — ele na verdade caracterizaria a humanidade em sua essência. "O homem é um ser trabalhador", assim pensava, querendo demonstrar que, sem o trabalho, a própria concepção de ser humano deixaria de existir. Vale dizer, para ser categorizado na raça humana seria imprescindível essa marca distintiva. Posta essa condição, os aspectos econômicos não só trespassaram, mas verdadeiramente provocaram todas as transformações sociais da humanidade. Por isso é que a Economia Política foi fundamental para a formação do pensamento de Marx. O homem é um reflexo daquilo que produz e isso condiciona todas as suas relações. "Aquilo que os indivíduos são, depende, portanto, das condições

---

[47] "Em todos os domínios científicos, desde há muito que os alemães demonstraram que estão ao nível das restantes nações civilizadas e, na maior parte deles, que são superiores. Apenas uma ciência não contava com qualquer nome alemão entre os seus corifeus: a Economia Política. A razão é evidente. A Economia Política é a análise teórica da sociedade burguesa moderna e pressupõe, portanto, condições burguesas desenvolvidas, condições que, na Alemanha, desde as guerras da Reforma e dos Camponeses e, sobretudo, desde a Guerra dos Trinta Anos, não se puderam estabelecer durante séculos. A separação da Holanda do Império afastou a Alemanha do comércio mundial e reduziu, de antemão, o seu desenvolvimento industrial às proporções mais mesquinhas; e, enquanto os alemães se recuperavam tão penosa e lentamente das devastações das guerras civis, enquanto empregavam toda a sua energia cívica — que nunca foi muito grande — na luta estéril contra as barreiras alfandegárias e os regulamentos comerciais loucos que cada príncipe em formato reduzido e cada pequeno barão do império impunham à indústria dos seus súbditos, enquanto as cidades do Império entravam na decadência dos grêmios e do patriciado —, enquanto tudo isto se passava, a Holanda, a Inglaterra e a França conquistavam os primeiros lugares no comércio mundial, estabeleciam colônia atrás de colônia e desenvolviam a indústria manufatureira ao mais alto grau, até que, finalmente, a Inglaterra, por meio do vapor, que só então deu valor às suas jazidas de carvão e de ferro, ascedeu ao cume do desenvolvimento burguês moderno. Enquanto, porém, foi preciso conduzir uma luta contra uns restos tão ridiculamente antiquados da Idade Média, como aqueles que entravaram até 1830 o desenvolvimento burguês material da Alemanha, nenhuma Economia Política alemã foi possível. Somente com o estabelecimento do Zollverein ficaram os alemães em situação de poderem, quando muito, apenas entender a Economia Política" (Engels, Friedrich. Para a Crítica da Economia Política. Primeiro Fascículo, Berlim, Franz Duncker, 1859. Disponível em <https://www.marxists.org/portugues/marx/1859/08/15.htm>, acesso em 02 de julho de 2018).

materiais da sua produção"⁴⁸. O trabalho determina o futuro da pessoa.

Ao bolar sua concepção econômica, Marx colocou o industrial burguês na condição de apropriador predatório das prerrogativas dos trabalhadores, instituindo para si um regime exploratório de produção, injusto e maquiavélico. Ele cuidou de documentar as suas conclusões e de explicar, detalhadamente, todos os conceitos de Economia Política envolvidos no processo materialista-histórico-dialético. Discorreu sobre o capital, a propriedade territorial, o trabalho assalariado, o Estado, o comércio internacional, o mercado mundial e as crises. Esses seus estudos resultaram naquela que é tida como a sua maior obra: O Capital. Nela, ele disserta longamente sobre a "Teoria do Valor Econômico dos Bens", distinguindo o valor de uso do valor de troca ou permuta; sobre a "Teoria do Valor-Trabalho", sobre a "Teoria do Salário"; e, por fim, sobre a "Teoria da Mais-Valia", certamente o ponto fundamental de sua doutrina econômica e que fundamenta a origem da exploração industrial sobre os operários⁴⁹.

---

48 Marx, Karl e Engels, Friedrich. A Ideologia Alemã. Disponível em <www.dominiopublico.gov.br>, acesso em 01 de julho de 2018.

49 "Estamos, porém, tão adiantados como no começo; donde provém a mais-valia? É esta questão que se trata de resolver e de maneira "puramente econômica" abstração feita de qualquer dolo, de qualquer intervenção de poderes estranhos. O problema é este: como é possível vender constantemente mais caro do que se comprou, mesmo que se suponha que se trocam sempre valores iguais por valores iguais? A solução dessa questão é, na obra de Marx, o seu grande mérito, um acontecimento que marca uma época. Ela veio iluminar domínios econômicos em que, até aqui, não só os socialistas, como os economistas burgueses, tateavam no meio das trevas mais espessas. Data dessa época, e em torno dela se agrupa, o socialismo científico. A solução é a seguinte: O aumento do valor da moeda que se vai transformar em capital não poderia operar-se sobre essa "moeda", nem provir da "compra", porquanto essa moeda realiza aqui somente o preço da mercadoria, e esse preço — pressupondo-se, como se pressupõe, que os valores trocados são iguais — não é diferente do valor. Por essa razão, também o acréscimo do valor não pode provir de "venda" da mercadoria. É preciso, portanto, que essa alteração se verifique na mercadoria comprada e não em seu "valor", visto ser ela comprada e vendida por seu valor, mas por seu "valor de uso" como tal; dito de outro modo: a mudança de valor deve resultar do consumo da mercadoria. "Para inferior, porém, o valor do consumo de uma mercadoria, seria preciso que o nosso possuidor de dinheiro tivesse a sorte de descobrir, na esfera da circulação, isto é, no mercado, uma mercadoria cujo valor de uso fosse dotado da singular propriedade de ser fonte de um novo valor ou cuja utilização real seria, pois, a materialização do trabalho e, por consequência, "criação de valor". Ora, o possuidor de dinheiro encontra no mercado essa mercadoria particular: é a capacidade de trabalho, ou "força de trabalho" (O Capital, página 190). Se, conforme vimos, o "trabalho" como tal não pode ter um valor, não é esse, de maneira alguma, o caso da "força de trabalho". Esta recebe um valor desde que se torna "mercadoria", como o é hoje, de fato; e esse valor é determinado, "como o de qualquer mercadoria, pelo tempo de trabalho necessário à produção, incluindo-se nela, por conseguinte, a reprodução desse trabalho específico"; isto é, pelo tempo de trabalho necessário para criar os meios de existência dos quais o trabalhador necessita para se manter apto para o trabalho e para continuar procriando trabalhadores. Admitamos que esses meios de existência representem, em média, um tempo de trabalho de seis horas por dia, nosso capitalista incipiente, que compra "força de trabalho" para impulsionar o seu negócio, isto é, que aluga um trabalhador, paga a esse trabalhador o valor diário completo de sua força de trabalho, pois que lhe dá uma soma em dinheiro que representa igualmente seis horas de trabalho. E, desde que o operário trabalhe seis horas a serviço do capitalista incipiente, terá reembolsado inteiramente este último da quantia que lhe foi paga, isto é, do valor diário de força de trabalho que o capitalista lhe pagou. Mas, dessa maneira, o dinheiro não seria transformado em capital, não teria engendrado mais-valia. Também o comprador da força de trabalho tem, em consequência, uma maneira inteiramente diversa de encarar a natureza do contrato realizado com o operário. O fato de somente seis horas de trabalho serem necessárias para manter a vida do trabalhador durante vinte e quatro horas, não

Os passos que foram por ele galgados para sedimentar sua doutrina serão expostos no próximo item. Por ora, basta consignar que ele mudou de rumo, em relação à Economia Política Inglesa, em três aspectos elementares: a) conferiu uma visão ampla e complexa à ciência econômica, observando, de forma sistemática, não só as relações dos industriais, mas também as da classe operária; b) focou atenção prioritária no trabalhador e não no mercado capitalista; e c) deixou de lado as análises abstratas para propor a mudança real no contexto econômico então vigente.

## O MATERIALISMO HISTÓRICO, DIALÉTICO, SOCIALISTA E ECONÔMICO MARXISTA

Tecidos todos os apontamentos preliminares sobre o *Materialismo Histórico Marxista*, a *Dialética Marxista*, o *Socialismo Científico Marxista* e a *Economia Política Marxista*, neste momento é possível compreender de forma integral, e não mais particionada, a teoria marxista.

Marx, de declarada e desvelada convicção ateísta, jamais admitiu qualquer explicação em uma perspectiva divina. Não foi Deus quem criou os homens, Ele nunca esteve presente no desenvolvimento e na evolução do mundo. O homem, e somente o homem, deveria sempre figurar no centro de qualquer estudo, rejeitando-se imediatamente todo idealismo doutrinário. Logo, o guia diretor da evolução do mundo necessariamente reside no plano natural.

Aqui fica evidenciada a carga materialista da doutrina de Marx.

Com esse pressuposto fixado em mente, Marx analisou a história e discerniu que, desde os primórdios, os homens exploraram a natureza para dela obter os meios necessários à satisfação de suas necessidades básicas. Realizavam coleta,

---

o impede de modo algum que seja obrigado a trabalhar doze horas em vinte e quatro. O valor da força de trabalho e a sua exploração no processo de trabalho são duas grandezas distintas. O possuidor de dinheiro pagou o valor da força de trabalho; ele é, portanto, proprietário dela durante todo o dia, fazendo trabalhar o dia inteiro o mesmo operário. Que valor criado pela utilização dessa força de trabalho, durante um dia, seja duas vezes tão grande quanto o valor diário dessa força, é uma grande sorte para o comprador; mas não é, de forma alguma, de acordo com as leis que regem a troca de mercadorias, uma injustiça em relação ao vendedor. Assim, o trabalho custa ao possuidor de dinheiro, segundo a nossa hipótese, diariamente, o produto em valor de seis horas de trabalho. Diferença em proveito do possuidor de dinheiro; seis horas de sobre-trabalho não pago, no qual se acha incorporado o trabalho de seis horas. Realizou-se o milagre, a mais-valia foi produzida, o dinheiro transformou-se em capital. Demonstrando, assim, como nasce a mais-valia e a única maneira pela qual a mais-valia pode nascer, sob o império das leis que regem a troca das mercadorias, Marx pôs a nu o mecanismo do atual regime capitalista de produção e do regime de apropriação fundado sobre ele, desvendando o núcleo central em torno do qual gira toda a ordem social atual" (Engels, Friedrich. Prefácio da Segunda Edição de Anti-Dühring. 1877. Publicado: en Vorwärts, 3 de janeiro de 1877 - 7 de julho de 1878. Fonte: The Marxists Internet Archive. Disponível em <www.dominiopublico.gov.br, acesso em 07 de julho de 2018>).

praticavam a agricultura, criavam animais. Eles desenvolviam um *trabalho* rudimentar que lhes assegurava a subsistência. O trabalho, para ser exitoso, dependia de fatores que se entrelaçavam: ferramentas adequadas, matéria-primas suficientes, o esforço pessoal. Esses meios de produção, embora muito elementares, quando bem combinados, garantiam um resultado satisfatório.

Com o passar do tempo, houve um excesso de produtos que permitiu ao homem primitivo trocar a mercadoria excedente por aquelas que remanesciam do trabalho de outros seres humanos[50][51]. Mais séculos se passaram com os homens compartilhando harmoniosamente o resultado de seu labor até que, em um determinado momento, houve a apropriação de um dos meios de produção por parte de uma pessoa. Ela tomou para si, em prejuízo de outrem, as ferramentas, a matéria-prima ou a mão de obra, como ocorreu no caso da escravidão.

A partir desse instante surgiu um desequilíbrio nas relações de permuta que, até então, eram igualitárias: o apropriador passou a ficar em uma posição superior em relação ao apropriado, pois este não mais tinha, a seu alcance, os elementos necessários para produzir. Não podia trabalhar, passando a depender do detentor dos meios de produção para sobreviver. Nesse momento, as mercadorias não eram mais destinadas à troca, mas à venda. Assim teve início a produção mercantil. Paralelamente à apropriação dos meios de produção, houve uma alteração do rumo do trabalho: o homem não produziria o que era necessário para si, mas sim o que interessava ao apropriador dos meios de produção, para posterior venda. O propósito produtivo migrou da subsistência para o comércio.

A manufatura foi crescendo em razão de um círculo vicioso: os homens

---

[50] "Para subsistir, o homem tem que satisfazer as suas necessidades materiais em roupa, calçado, habitação, etc. Quer ele o queira quer não, estas necessidades obrigam-no a entrar em certa relação com a natureza e com os outros homens: lavra os campos, constrói a habitação, confecciona a roupa, faz instrumentos de produção, troca os produtos do seu trabalho. Tudo isto constitui a vida material dos homens, o seu ser social, que tem as suas leis objetivas independentes das ideias e teorias vigentes na sociedade. O essencial do ser social é a atividade dos homens destinada a produzir bens materiais" (G. Chakhnazárov e Iú Kkrássine, Fundamentos do Marxismo – Leninismo, p. 62).

[51] "Todos os progressos da sociedade humana, a partir do momento em que se ergue do estágio da barbárie animal primitiva, tem o seu começo no dia em que o trabalho da família criou mais produtos que os necessários para o seu sustento, portanto, quando uma parte do trabalho pode ser invertida, não apenas na produção de simples meios de vida, mas em criar meios de produção. A formação de um excedente do produto do trabalho, depois de ter sido coberto o gasto de subsistência do próprio trabalho, ao mesmo tempo em que a formação e o desenvolvimento por meio deste excedente de um fundo social de produção e de reserva era, desde o princípio e continua sendo, hoje, a base de todo o progresso social, político e intelectual". (Engels, Friedrich. Prefácio da Segunda Edição de Anti-Dühring. 1877. Publicado: en Vorwärts, 3 de janeiro de 1877 - 7 de julho de 1878. Fonte: The Marxists Internet Archive. Disponível em <www.dominiopublico.gov.br>, acesso em 07 de julho de 2018).

fabricavam para os industriais, não para si mesmos ou para barganha com terceiros. Esse sistema exploratório foi se desenvolvendo naturalmente até ganhar uma expressão marcante com o fim do sistema feudal, quando a burguesia mercantil, já detentora do poder econômico, ganhou espaço político. Com isso, ela pôde consolidar o sistema manufatureiro, batizado de capitalista. Todas as relações sociais e políticas cresceram em torno dessa realidade econômica. O trabalho condicionava a própria existência humana, em todas as suas variantes.

"Ao produzirem os seus meios de existência, os homens produzem indiretamente a sua própria vida material. A forma como os homens produzem esses meios depende, em primeiro lugar, da natureza, isto é, dos meios de existência já elaborados e que lhes é necessário reproduzir; mas não devemos considerar esse modo de produção deste único ponto de vista, isto é, enquanto mera reprodução da existência física dos indivíduos. Pelo contrário, já constitui um modo determinado de atividade de tais indivíduos, uma forma determinada de manifestar a sua vida, um modo de vida determinado. A forma como os indivíduos manifestam a sua vida, reflete, muito exatamente, aquilo que são, e o que são coincide, portanto, com a sua produção, isto é, tanto com aquilo que produzem como com a forma cotizo produzem. Aquilo que os indivíduos são depende, portanto, das condições materiais da sua produção. Esta produção só aparece com o aumento da população e pressupõe a existência de relações entre os indivíduos. A forma dessas relações é, por sua vez, condicionada pela produção"[52].

Nota-se como a concepção teórica de Marx era fortemente histórica, na medida em que ele acreditou ter explicado todo o desenvolvimento da humanidade a partir do trabalho.

Com a apropriação dos meios de produção pela burguesia e a exploração do trabalhador, houve uma *polarização* da sociedade. Duas classes foram criadas, com interesses opostos entre si: a primeira produzia para vender e, com isso, acumular capital; a segunda submetia-se aos interesses da primeira para conseguir assegurar a subsistência. Essa a gênese da burguesia e do proletariado. "O proletariado é aquela classe da sociedade que tira o seu sustento única e somente

---

[52] Marx, Karl e Engels, Friedrich. A Ideologia Alemã. Disponível em <www.dominiopublico.gov.br>, acesso em 01 de julho de 2018.

da venda do seu trabalho e não do lucro de qualquer capital; [aquela classe] cujo bem e cujo sofrimento, cuja vida e cuja morte, cuja total existência depende da procura do trabalho e, portanto, da alternância dos bons e dos maus tempos para o negócio, das flutuações de uma concorrência desenfreada. Numa palavra, o proletariado ou a classe dos proletários é a classe trabalhadora do século XIX (...) O proletariado apareceu com a revolução industrial, que se processou na Inglaterra na segunda metade do século passado e que, desde então, se repetiu em todos os países civilizados do mundo. Essa revolução industrial foi ocasionada pela invenção da máquina a vapor, das várias máquinas de fiar, do tear mecânico e de toda uma série de outros aparelhos mecânicos. Essas máquinas, que eram muito caras e, portanto, só podiam ser adquiridas pelos grandes capitalistas, transformaram todo o modo de produção anterior e suplantaram os antigos operários, na medida em que as máquinas forneciam mercadorias mais baratas e melhores do que as que os operários podiam produzir com as suas rodas de fiar e teares imperfeitos. Essas máquinas colocaram, assim, a indústria totalmente nas mãos dos grandes capitalistas e tornaram a escassa propriedade dos operários (ferramentas, teares, etc.) completamente sem valor, de tal modo que, em breve, os capitalistas tomaram tudo nas suas mãos e os operários ficaram sem nada. Assim se instaurou na confecção de tecidos o sistema fabril. Uma vez dado o impulso para a introdução da maquinaria e do sistema fabril, este sistema foi também muito rapidamente aplicado a todos os restantes ramos da indústria, nomeadamente, à estampagem de tecido e à impressão de livros, à olaria, à indústria metalúrgica. O trabalho foi cada vez mais dividido entre cada um dos operários, de tal modo que o operário que anteriormente fizera toda uma peça de trabalho agora passou a fazer apenas uma parte dessa peça. Essa divisão do trabalho tornou possível que os produtos fossem fornecidos mais depressa e, portanto, mais baratos. Ela reduziu a atividade de cada operário a um gesto mecânico muito simples, repetido mecanicamente a cada instante, o qual podia ser feito por uma máquina não apenas tão bem, mas ainda muito melhor. Deste modo, todos esses ramos da indústria caíram, um após outro, sob o domínio da força do vapor, da maquinaria e do sistema fabril, da mesma maneira que a fiação e a tecelagem. Mas por este fato elas caíram, ao mesmo tempo, completamente, nas mãos dos grandes capitalistas e, dos operários, foi assim retirado, também, o último resto de independência. Pouco a pouco, para além da própria manufatura, também o artesanato caiu cada vez mais sob o domínio do sistema fabril, uma vez que, aqui também, os grandes capitalistas suplantaram os pequenos mestres por meio da montagem de grandes oficinas, com as quais muitos custos eram poupados e o trabalho podia igualmente ser dividido. Chegamos assim a que, nos países civilizados, quase todos os ramos de trabalho são explorados segundo o modelo fabril e, em quase todos os ramos de trabalho, o artesanato e a manufatura foram suplantados pela grande indústria. Por isso, a antiga classe média, em especial os pequenos mestres artesãos, fica cada vez mais arruinada, a anterior situação dos operários fica completamente transformada e constituem-se duas novas classes, que, pouco a pouco, absorvem todas as restantes, a saber: a classe dos grandes capitalistas — que, em todos os países civilizados, estão quase exclusivamente na posse de todos os meios de existência, das matérias-primas e dos instrumentos (máquinas, fábricas) necessários para a produção dos meios de existência — esta é a classe dos burgueses, ou a burguesia; a classe dos que nada possuem — os quais, em virtude disso, estão obrigados a vender o seu trabalho aos burgueses a fim de obter em troca os meios de existência necessários ao seu sustento — esta classe chama-se a classe dos proletários, ou o proletariado"[53].

A condição de oposição extrema entre estas duas classes ficou mais marcante com a criação das máquinas e, com elas, a produção manufatureira em larga escala, que permitiu a acumulação de imensas reservas financeiras pelos capitalistas. Foi nesse contexto de grande enriquecimento do industrial que Marx idealizou a teoria da "mais-valia", justificando, detalhadamente, onde estaria e como ocorria a apropriação exploratória, pela burguesia, da parte financeira

---

[53] Engels, Friedrich. Princípios Básicos do Comunismo. Novembro de 1847. Disponível em <https://www.marxists.org/portugues/marx/1847/11/principios.htm>.

que caberia ao trabalhador[54][55]. "A sociedade divide-se cada vez mais em dois vastos campos opostos, em duas grandes classes diametralmente opostas: a burguesia e o proletariado"[56].

É importante ressaltar que, para Marx, as classes são definidas não em razão do estrato social, mas pela posição econômica que ocupam, pois é o acesso aos meios de produção que determinará o polo geográfico. O impacto que o aspecto econômico causa na vida de uma classe é tão intenso que todas as demais áreas de sua vida são moldadas de acordo com esse critério. Por isso, do campo das relações econômicas (que Marx chamou de "Estrutura") derivam as condições políticas, sociais, científicas e culturais (que Marx denominou "Superestrutura")[57].

---

[54] "A teoria da 'Mais-Valia' ou do 'Mais-Valor' construída por Marx aponta a diferença entre o valor produzido pelo empregado e o salário a ele pago pelo empregador. Esse 'Mais-Valor', que corresponde a um 'Mais-Trabalho' desenvolvido pelo empregado, sempre existiu em todas as sociedades, porém nas primitivas ele era repartido entre os integrantes da comunidade socialista. Nas sociedades capitalistas, diversamente, ele é extorquido do trabalhador. "O capitalista não sabe que também o preço normal do trabalho encerra determinada quantidade de trabalho não pago e que precisamente esse trabalho não pago é a fonte normal de seu lucro. A categoria de tempo de mais-trabalho não existe de modo algum para ele, pois esse tempo está incluído na jornada normal de trabalho que ele acredita pagar quando paga o salário diário. Mas o que existe bem para ele é, sim, o tempo extraordinário, o prolongamento da jornada de trabalho além do limite correspondente ao preço usual do trabalho" (Marx, Karl. O Capital – Crítica da Economia Política. Livro I – O Processo de Produção do Capital. Boitempo Editorial, p. 758).

[55] "A teoria da mais-valia constitui a pedra angular da teoria econômica de Marx. O capital, criado pelo trabalho do operário, oprime o operário, arruína o pequeno patrão e cria um exército de desempregados. Na indústria, é imediatamente visível o triunfo da grande produção; mas também na agricultura deparamos com o mesmo fenômeno: aumenta a superioridade da grande exploração agrícola capitalista, cresce o emprego de maquinaria, a propriedade camponesa cai nas garras do capital financeiro, declina e arruína-se sob o peso da técnica atrasada. Na agricultura, o declínio da pequena produção reveste-se de outras formas, mas esse declínio é um fato indiscutível. Esmagando a pequena produção, o capital faz aumentar a produtividade do trabalho e cria uma situação de monopólio para os consórcios dos grandes capitalistas. A própria produção vai adquirindo, cada vez mais, um carácter social — centenas de milhares e milhões de operários são reunidos num organismo econômico coordenado — enquanto um punhado de capitalistas se apropria do produto do trabalho comum. Crescem a anarquia da produção, as crises, a corrida louca aos mercados, a escassez de meios de subsistência para as massas da população. Ao fazer aumentar a dependência dos operários, relativamente ao capital, o regime capitalista cria a grande força do trabalho unido. Marx traçou o desenvolvimento do capitalismo desde os primeiros germes da economia mercantil, desde a troca simples, até às suas formas superiores, até à grande produção. E de ano para ano a experiência de todos os países capitalistas, tanto os velhos como os novos, faz ver, claramente, a um número cada vez maior de operários, a justeza dessa doutrina de Marx. O capitalismo venceu no mundo inteiro, mas, essa vitória não é mais do que o prelúdio do triunfo do trabalho sobre o capital" (Lenin, V. I. As Três Fontes e as Três Partes Constitutivas do Marxismo. Março de 1913, disponível em <https://www.marxists.org/portugues/lenin/1913/03/tresfont.htm, acesso em 08 de julho de 2018>).

[56] Marx, Karl, e Engels, Friedrich. Manifesto do Partido Comunista. Disponível em < www.dominiopublico.gov.br, acesso em 01 de julho>.

[57] "Os pensamentos da classe dominante são também, em todas as épocas, os pensamentos dominantes, ou seja, a classe que tem o poder material dominante numa dada sociedade é também a potência dominante espiritual. A classe que dispõe dos meios de produção material dispõe igualmente dos meios de produção intelectual, de tal modo que o pensamento daqueles a quem são recusados os meios de produção intelectual está submetido igualmente à classe dominante. Os pensamentos dominantes são apenas a expressão ideal das relações materiais dominantes concebidas sob a forma de ideias e, portanto, a expressão das relações que fazem de uma classe a classe dominante; dizendo de outro modo, são as ideias do seu domínio. Os indivíduos que constituem a classe dominante possuem, entre outras coisas, uma consciência,

"A estrutura econômica da sociedade em cada época da história constitui, portanto, a base real cujas propriedades explicam, em última análise, toda a superestrutura integrada pelas instituições jurídicas e políticas, assim como pela ideologia religiosa, filosófica, etc., de cada período histórico"[58].

*Percebe-se, aqui, como a doutrina de Marx dava elevada importância ao aspecto econômico.*

Considerando que essas duas classes antagônicas e opostas entre si possuíam interesses irreconciliáveis, e, ponderando que as tranquilas condições de vida dos capitalistas conflitavam com a situação de extrema pobreza dos operários das indústrias, existia um conflito natural entre uma e outra. Afinal, "a acumulação do capital correspondia a uma acumulação igual de miséria. A acumulação de riqueza em um dos polos determina, no polo oposto, no polo da classe que produz o seu próprio produto como capital, uma acumulação igual de miséria, de tormentos de trabalho, de escravidão, de ignorância, de embrutecimento e de degradação moral"[59]. A riqueza da burguesia é proporcional à pobreza do proletariado. Como a prosperidade de uma classe depende da subjugação da outra, estes dois polos sempre estiveram verdadeiramente em conflito, desde o nascimento. "A luta contra a burguesia começa com a sua existência"[60].

Essa *luta de classes*, de acordo com Marx, é patente, inevitável e natural. Mais ainda, é observável em toda a história humana pretérita. Com efeito, o conflito burguesia *versus* trabalhador não foi o único da história, pois os homens sempre estiveram em posições antagônicas na relação de produção: "toda a história anterior era a história das lutas de classes, e que essas classes sociais em luta entre si eram, em todas as épocas, fruto das relações de produção e de troca, isto

---

e é em consequência disso que pensam; na medida em que dominam enquanto classe e determinam uma época histórica em toda a sua extensão, é lógico que esses indivíduos dominem em todos os sentidos, que tenham, entre outras, uma posição dominante como seres pensantes, como produtores de ideias, que regulamentem a produção e a distribuição dos pensamentos da sua época; as suas ideias são, portanto, as ideias dominantes da sua época" (Marx, Karl e Engels, Friedrich. A Ideologia Alemã. Disponível em <http://www.dominiopublico.gov.br, acesso em 29 de julho de 2018>).

58 Engels, Friedrich. Do Socialismo Utópico ao Socialismo Científico. Disponível em <www.dominiopublico.gov.br>, acesso em 01 de julho de 2018.

59 Engels, Friedrich. Do Socialismo Utópico ao Socialismo Científico. Disponível em < www.dominiopublico.gov.br, acesso em 01 de julho de 2018.>

60 Marx, Karl, e Engels, Friedrich. Manifesto do Partido Comunista. Disponível em <www.dominiopublico.gov.br>, acesso em 01 de julho de 2018.

é, das relações econômicas de sua época"[61]. A complexa história humana poderia ser resumida, portanto, em uma única fórmula: toda mudança acontece como resultado de um conflito constante entre classes sociais dominantes (mais altas) e subordinadas (mais baixas), tendo o fator econômico como pano de fundo. "Logo, e de acordo com a nossa concepção, todos os conflitos da história têm a sua origem na contradição entre as forças produtivas e o modo de trocas"[62].

A luta de classes seria a verdadeira causa da evolução da humanidade. Os dois opostos entre si entrariam historicamente em conflito, gerariam transformações sociais e, com elas, uma nova realidade seria criada. "Esta concepção da história tem, portanto, como base, o desenvolvimento do processo real da produção, contritamente a produção material da vida imediata; concebe a forma das relações humanas ligada a este modo de produção e por ele engendrada, isto é, a sociedade civil nos seus diferentes estádios, como sendo o fundamento de toda a história"[63].

Como a classe industrial depende do operário para realizar o trabalho braçal, a própria existência da burguesia traz, dentro em si, o elemento antitético que se rebelará contra sua posição de dominância. "Mais ainda: desde o momento em que nasceu, a burguesia conduzia, em suas entranhas, sua própria antítese, pois os capitalistas não podem existir sem os operários assalariados, e, na mesma proporção em que os mestres de ofícios das corporações medievais se convertiam em burgueses modernos, os oficiais e os jornaleiros não agremiados transformavam-se em proletários"[64].

Mais do que uma mera luta entre as duas classes, a observação evolutiva histórica revela que, em breve, uma revolução nascerá do seio do proletariado oprimido pelo capitalista. Ao perseguir mais e mais o lucro, o burguês aumentará o número de operários nas suas fábricas e, com isso, mais pessoas ficarão indignadas com o abismo econômico criado entre as duas classes. A situação de inconformismo com a exploração, que nasceu dentro do próprio coração da burguesia, levará a uma rebelião que, ao final, gerará a sua destruição. "O

---

[61] Engels, Friedrich. Do Socialismo Utópico ao Socialismo Científico, acesso em 01 de julho de 2018.

[62] Marx, Karl e Engels, Friedrich. A Ideologia Alemã. Disponível em <www.dominiopublico.gov.br, acesso em 01 de julho de 2018>.

[63] Marx, Karl e Engels, Friedrich. A Ideologia Alemã. Disponível em <http://www.dominiopublico.gov.br>, acesso em 29 de julho de 2018.

[64] Engels, Friedrich. Do Socialismo Utópico ao Socialismo Científico. Disponível em <www.dominiopublico.gov.br>, acesso em 01 de julho de 2018

modo capitalista de produção, ao converter mais e mais em proletários a imensa maioria dos indivíduos de cada país, cria a força que, se não quiser perecer, está obrigada a fazer essa revolução. E, ao forçar cada vez mais a conversão dos grandes meios socializados de produção em propriedade do Estado, já indica por si mesmo o caminho pelo qual deve produzir-se essa revolução. O proletariado toma em suas mãos o Poder do Estado e principia por converter os meios de produção em propriedade do Estado. Mas, nesse mesmo ato, destrói-se a si próprio, como proletariado, destruindo toda diferença e todo antagonismo de classes, e, com isso, o Estado como tal"[65].

Ao estabelecer que a burguesia traz ínsita à sua existência a antítese que lhe destruirá para um futuro evolutivo melhor, Marx deixa patente sua influência hegeliana.

Com o desaparecimento da burguesia e a tomada do poder pelo proletariado, uma nova era emergiria. A propriedade privada, gênese do lucro a da divisão em classes, deixaria de existir[66]. O Estado se apropriaria dos meios de produção, eliminado o móvel criador das classes, permitindo que as pessoas vivessem em absoluta harmonia, produzindo o necessário para sua sobrevivência e compartilhando com os demais o excedente. Não haveria mais polarizações econômicas e tampouco pessoas com grandes acúmulos de capital. A condição do proletariado de comunidade explorada seria finalmente encerrada. A paz e a igualdade habitariam na sociedade para sempre. Esse o modelo da sociedade comunista idealizada por Marx.

*Visando à erradicação das desigualdades sociais, o marxismo traz à tona o seu cunho socialista.*

Com todo esse exposto, foi possível perceber qual é, em essência, a doutrina de Karl Marx. Ele se arrogou da condição de intérprete da história humana e social,

---

65 Engels, Friedrich. Do Socialismo Utópico ao Socialismo Científico. Disponível em <www.dominiopublico.gov.br>, acesso em 01 de julho de 2018.

66 "Horrorizai-vos porque queremos abolir a propriedade privada. Mas em vossa sociedade a propriedade privada está abolida para nove décimos de seus membros. E é precisamente porque não existe para estes nove décimos que ela existe para vós. Acusai-nos, portanto, de querer abolir uma forma de propriedade que só pode existir com a condição de privar de toda propriedade a imensa maioria da sociedade. Em resumo, acusai-nos de querer abolir vossa propriedade. De fato, é isso que queremos. Desde momento em que o trabalho não mais pode ser convertido em capital, em dinheiro, em renda da terra, numa palavra, em poder social capaz de ser monopolizado, isto é, desde o momento em que a propriedade individual não possa mais se converter em propriedade burguesa, declarais que a individualidade está suprimida. Confessais, pois, que quando falais do indivíduo, quereis referir-vos unicamente ao burguês, ao proprietário burguês. E este indivíduo, sem dúvida, deve ser suprimido" (Marx, Karl e Engels, Friedrich. Manifesto do Partido Comunista. Disponível em <www.dominiopublico.gov.br>, acesso em 01 de julho de 2018).

decifrador do complexo enigma da evolução fenomenológica. Não parou, porém, por aí: para dar efetivo aspecto prático à sua doutrina, agiu ativamente na propagação do ideal comunista, conscientizando os operários do seu papel revolucionário e propagando abertamente o fim da burguesia. Ele próprio confirmou isso em mais de uma oportunidade[67][68].

Por essa razão, importa aprofundar os temas "revolução socialista" e "sociedade comunista".

## A REVOLUÇÃO SOCIALISTA

Marx conferiu a si o mérito de ter encontrado o suposto código explicativo de toda a história da humanidade. Pelo método materialista-histórico-dialético, concluiu que a força vetora dos fenômenos sociais sempre foi a luta de classes, que explicaria, inclusive, a condição em que estavam os operários naquele tempo. A forma capitalista de produção, então vigente, seria apenas transitória, uma mera imperfeição temporária, porém necessária, para se alcançar o modo ideal de relação econômica. A humanidade estaria na iminência de um novo progresso evolutivo, em que as bases econômicas seriam destruídas e um novo regime seria implantado, superior ao atual.

Para Marx, esse momento chegara. O desdobramento natural da história já incorporara no capitalismo todas as antíteses necessárias para o próprio fim. A tese (sistema capitalista) reunira, em si mesma, a antítese destrutiva (aumento e opressão do proletariado) e, do conflito entre ambas, nasceria uma nova organização evoluída (o socialismo-comunismo)[69].

---

67 "Aplaudo vossa ideia de publicar a tradução de O Capital em fascículos. Sob essa forma, o livro será mais acessível à classe trabalhadora e, para mim, essa consideração é mais importante do que qualquer outra" (Marx, Karl. O Capital – Crítica da Economia Política. Livro I – O Processo de Produção do Capital. Prefácio da edição Francesa. Boitempo Editorial.)

68 "A acolhida que O Capital rapidamente obteve em amplos círculos da classe trabalhadora alemã é a melhor recompensa de meu trabalho" (Marx, Karl. O Capital – Crítica da Economia Política. Livro I – O Processo de Produção do Capital. Pósfácio da Segunda edição. Boitempo Editorial).

69 De acordo com James H. Billington, a palavra comunismo foi trazida ao mundo inicialmente pelo jornalista crônico francês Restif de La Bretonne. Em 1785, ele publicou uma crítica de um livro escrito por Joseph-Alexandre-Victor Hupay de Fuveau, que narrava uma experiência comunal em Marseille. Nesse review de sua autoria, Restif foi classificado como "escritor comunista". Em 1793, Restif usou o termo "comunismo" para descrever a mudança fundamental na propriedade que afastaria a necessidade de qualquer outra redistribuição de bens e propriedade. Acerca de Restif, o autor explicou que: ""A invenção verbal de Restif veio de uma vida que foi — literalmente — fantástica. Sua produção literária preencheu cerca de 250 volumes com cósmico, social e fantasias sexuais que ninguém ainda catalogou completamente até hoje. Seus escritos antecipraram tudo desde viagem interplanetária até energia atômica, e englobou quase que todos os fetiches sexuais e perversões imagináveis. De forma inesgotável, a energia erótica fez dele tão compulsivo quanto era criativo. Ele era possuído com a mística do novo meio jornalístico — inventou centenas de palavras novas e uma

Os fatos não mentiam: o avanço da industrialização e a veloz acentuação, para o proletariado, das deletérias consequências da Revolução Industrial, a ponto de tornarem insustentável a precária condição dos operários, eram indicativos claros. "A indústria, desenvolvendo-se, não somente aumenta o número dos proletários, mas concentra-os em massas cada vez mais consideráveis; sua força cresce e eles adquirem maior consciência dela. Os interesses, as condições de existência dos proletários se igualam cada vez mais, à medida que a máquina extingue toda diferença do trabalho e quase por toda parte reduz o salário a um nível igualmente baixo. Em virtude da concorrência crescente dos burgueses entre si e devido às crises comerciais que disso resultam, os salários se tornam cada vez mais instáveis; o aperfeiçoamento constante e cada vez mais rápido das máquinas torna a condição de vida do operário cada vez mais precária; os choques individuais entre o operário e o burguês tomam cada vez mais o caráter de choques entre duas classes. Os operários começam a formar uniões contra os burgueses e atuam em comum na defesa de seus salários; chegam a fundar associações permanentes a fim de se prepararem, na previsão daqueles choques eventuais. Aqui e ali a luta se transforma em motim. Os operários triunfam às vezes; mas é um triunfo efêmero. O verdadeiro resultado de suas lutas não é o êxito imediato, mas a união cada vez mais ampla dos trabalhadores. Esta união é facilitada pelo crescimento dos meios de comunicação criados pela grande indústria e que permitem o contato entre operários de localidades diferentes. Ora, basta esse contato para concentrar as numerosas lutas locais, que têm o mesmo caráter em toda parte, em uma luta nacional, em uma luta de classes"[70].

O sistema capitalista em si também mostrava sinais de desgaste, indicando a iminência de sua extinção. "A crise geral do capitalismo é a crise de todo um conjunto do sistema capitalista, a crise que abrange o regime econômico e social, a política e a ideologia. O primeiro dos traços mais importantes da crise geral do capitalismo é a existência, no mundo, de dois sistemas socioeconômicos opostos — o socialista e o capitalista, e a luta entre estes (...) O segundo traço da crise geral do capitalismo é a crise do sistema colonial do

---

desconcertante variedade de formatos tipográficos. Seu apego à imprensa era quase fisiológico. Ele trabalhou por muitos anos como tipógrafo e, por isso, com frequência, compôs seus trabalhos diretamente do seu equipamento de tipografia sem qualquer manuscrito prévio" (Billington, James H. Fire in The Minds of Men. Origins of the revolutionary faith. New Brunswick, New Jersey: 2007, 7ª edição, p. 79).

70 Marx, Karl e Engels, Friedrich. Manifesto do Partido Comunista. Disponível em <www.dominiopublico.gov.br>, acesso em 01 de julho de 2018.

imperialismo, o seu desmoronamento e, ulteriormente, o seu esmagamento completo. O terceiro traço da crise geral é a agudização das contradições internas da economia do capitalismo, i.e., o aumento da sua instabilidade. Este último manifesta-se nas transformações de estrutura da economia mundial capitalista, no agravamento da crise financeira internacional, assim como no agravamento das crises de energia, matérias-primas, produtos alimentícios e ecologia. O quarto traço da crise geral do capitalismo é o agravamento da crise ideológica e política da sociedade burguesa. São afetadas por ela, as instituições do poder, os partidos políticos burgueses e são abalados os princípios morais. A corrupção afeta todos os elos do aparelho de Estado; torna-se cada vez mais evidente a decadência da cultura, aumenta a delinquência"[71].

A revolução estava às portas. Identificava-se, naquela época, o que se chamou de "situação revolucionária", ou seja, uma condição da sociedade em que o conflito de classes chegara a um nível tão elevado, com os antagonismos tão evidentes e estremecidos, que a revolta naturalmente se desencadearia. O processo dialético-histórico havia criado essa condição naturalmente.

Para Marx, a revolução social era imprescindível e inevitável, porque não se esperava que os detentores dos meios de produção e da propriedade privada concordassem em abrir mão dos seus direitos. Historicamente, toda casta dominante sempre levou a cabo os meios possíveis para manter seus privilégios, sufocando o movimento que a ameaçava e, por vezes, mudando o seu modo de governar como um meio de manter, sobre outras bases, a dominação. Logo, uma composição de vontades ou um acordo associativo das classes, como pretendiam os socialistas utópicos, não seria viável. "Os comunistas sabem muitíssimo bem que todas as conspirações são, não apenas inúteis, como mesmo prejudiciais. Eles sabem muitíssimo bem que as revoluções não são feitas propositada nem arbitrariamente, mas que, em qualquer tempo e em qualquer lugar, elas foram a consequência necessária de circunstâncias inteiramente independentes da vontade e da direção deste ou daquele partido e de classes inteiras. Mas eles também veem que o desenvolvimento do proletariado, em quase todos os países civilizados, é violentamente reprimido e que, deste modo, os adversários dos comunistas estão a contribuir com toda a força para uma revolução. Acabando assim o proletariado oprimido por ser empurrado para

---

71 G. Chakhnazárov e Iú Kkrássine, Fundamentos do Marxismo – Leninismo, p. 133.

uma revolução, nós, os comunistas, defenderemos nos atos, tão bem como agora com as palavras, a causa dos proletários"[72].

Não se sabia, porém, quanto tempo demoraria para que essa revolução realmente ocorresse, tampouco qual seria o estopim que a desencadearia. Nesse ponto surgiu o papel dos filósofos marxistas: eles deveriam apressar a revolução (conferindo ao proletariado todas as condições necessárias para que compreendessem o momento histórico que viviam e a iminência do fim do capitalismo) e orientar os operários (para que eles se unissem contra a burguesia e contra qualquer tentativa de uma mera reorganização econômico-social, que apenas manteria a classe dominante no poder). Por isso, aliás, é que Lenin dizia que o comunismo é um verdadeiro "guia de ação" para os operários, porque, "por mais conscientes que sejam os combatentes ou construtores, por muito bem que compreendam por que é que é preciso combater e construir, o êxito da sua ação depende, de modo decisivo, do fato de terem um dirigente com conhecimentos e experiência que organize o combate ou o trabalho na obra, que preveja os obstáculos que podem surgir e mobilize as pessoas para vencer as dificuldades"[73].

O proletariado foi o foco da atenção de Marx e de seus seguidores porque, historicamente, a classe oprimida sempre foi o agente ativo das mudanças sociais. Nem todos os empregados se enquadravam nessa categoria, porque apenas os operários industriais eram mais esclarecidos. "O proletariado não é apenas a mais consciente de todas as classes trabalhadoras; é também a mais organizada, pois os operários trabalham nas fábricas, onde o processo de trabalho depende dos seus esforços comuns, onde cada um se acostuma, dia após dia, a sentir-se junto do seu companheiro, ganha consciência de que é uma parte do grande exército daqueles que, como ele, são trabalhadores forçados. Participando nas greves, os proletários convencem-se, pela sua própria experiência, de que a estreita união e a capacidade de levar a cabo ações organizadas são poderosas armas de luta contra os seus inimigos de classe. A consciência e o grau de organização do proletariado fazem dele a classe mais revolucionária"[74].

Aos operários, posteriormente, seriam agregados os demais trabalhadores, com quem nutriam os mesmos objetivos comuns. "Cumprindo a sua missão

---

72 Engels, Friedrich. Princípios Básicos do Comunismo. Novembro de 1847. Disponível em <https://www.marxists.org/portugues/marx/1847/11/principios.htm>, acesso em 02 de julho de 2018.

73 G. Chakhnazárov e Iú Kkrássine, Fundamentos do Marxismo – Leninismo, p. 142.

74 G. Chakhnazárov e Iú Kkrássine, Fundamentos do Marxismo – Leninismo, p. 137.

histórica, o proletariado torna-se a principal força motora e o dirigente da revolução socialista, a mais profunda revolução social, que tem como fim abolir a propriedade privada sobre os meios de produção e a exploração do homem pelo homem. Ao levar a cabo a revolução socialista, o proletariado não só se liberta a si mesmo, como liberta todos os trabalhadores, toda a sociedade. E como os interesses essenciais de todos os trabalhadores coincidem com os dos proletários, é natural que participem na revolução socialista as amplas massas populares e, em primeiro lugar, os camponeses trabalhadores. A aliança revolucionária dos operários e camponeses é a garantia das vitórias sobre o capitalismo"[75].

Uma vez iniciada, importava que a revolução fosse *incessante*. Deveria prosseguir não até que a divisão de classes fosse meramente atenuada, até que a propriedade privada fosse melhor distribuída ou até que a sociedade estivesse menos desigual, mas não deveria, jamais, parar, até o momento em que fosse aniquilado qualquer resquício de dominação de classe, até que o proletariado alcançasse o poder e, por fim, até que uma nova ordem social fosse implantada. Ela não deveria findar "até que seja eliminada a dominação das classes mais ou menos possuidoras, até que o proletariado conquiste o poder do Estado, até que a associação dos proletários se desenvolva, não só num país, mas em todos os países predominantes do mundo, em proporções tais que cesse a competição entre os proletários desses países, e até que, pelo menos, as forças produtivas decisivas estejam concentradas nas mãos do proletariado. Para nós, não se trata de reformar a propriedade privada, mas de aboli-la; não se trata de atenuar os antagonismos de classe, mas de abolir as classes; não se trata de melhorar a sociedade existente, mas de estabelecer uma nova"[76].

---

75 G. Chakhnazárov e Iú Kkrássine, Fundamentos do Marxismo – Leninismo, p. 139.

76 Marx, Karl e Engels, Friedrich. Mensagem do Comitê Central à Liga dos Comunistas. Março 1850 Fonte: The Marxists Internet Archive. Disponível em <www.dominiopublico.gov.br>, acesso em 07 de julho de 2018

Mais do que incessante, a revolução deveria ser *violenta*. Não se esperava que os detentores dos meios de produção e da propriedade privada concordassem em abrir mão dos seus direitos, inviabilizando o acordo de vontades[77][78][79].

Por isso, "têm os operários de estar armados e organizados. Tem de ser conseguido de imediato o armamento de todo o proletariado com espingardas, carabinas, canhões e munições; tem de ser contrariada a reanimação da velha milícia burguesa dirigida contra os operários. Onde não se consiga este último ponto, os operários têm de procurar organizar-se, autonomamente, como guarda proletária, com chefes eleitos e um estado-maior próprio, eleito, e pôr-se às ordens, não do poder do Estado mas dos conselhos comunais revolucionários formado pelos operários. Onde os operários estejam ocupados por conta do Estado, têm de conseguir o seu armamento e organização num corpo especial com chefes eleitos ou como parte da guarda proletária. Sob nenhum pretexto podem as armas e munições sair-lhes das mãos, qualquer tentativa de desarmamento tem de ser frustrada, se necessário, pela força. Liquidação da influência dos democratas burgueses sobre os operários; organização imediata, autônoma e armada dos operários; obtenção das condições mais dificultosas e compromissórias possíveis para a inevitável dominação temporária da democracia burguesa — tais são os pontos principais que o proletariado, e, portanto, a Liga, devem ter presentes durante e após a insurreição iminente"[80].

---

[77] "Não existe, porém, outro meio de construir uma ponte até essa sociedade a não ser por meios revolucionários, ou seja, violentos" (Trotski, Leon. A Nossa Moral e a Deles. 1938. Disponível em <http://www.direitoshumanos.usp.br/index.php/Documentos-n%C3%A30-Inseridos-nas- Delibera%C3%A7%C3%B5es-da-ONU/leon-trotski-a-nossa-moral-e-a-deles-1938.html>, acesso em 08 de julho de 2018).

[78] "Esboçando em linhas gerais as fases do desenvolvimento proletário, descrevemos a história da guerra civil, mais ou menos oculta, que lavra na sociedade atual, até à hora em que essa guerra explode numa revolução aberta e o proletariado estabelece sua dominação pela derrubada violenta da burguesia" (Marx, Karl e Engels, Friedrich. Manifesto do Partido Comunista. Disponível em <www.dominiopublico.gov.br>, acesso em 01 de julho de 2018).

[79] "Pergunta: — Os socialistas consideram o assassinato e derramamento de sangue como necessários à realização de seus princípios? Marx: — Nenhum grande movimento nasceu sem derramamento de sangue. Os Estados Unidos da América não adquiriram sua independência senão pelo derramamento de sangue; Napoleão III conquistou a França através de atos sangrentos e foi vencido da mesma maneira. A Itália, Inglaterra, Alemanha e os outros países fornecem uma pletora de exemplos do mesmo gênero. Quanto ao homicídio político, não é uma novidade pelo que se sabe. Orsini, sem dúvida, tentou matar Napoleão III, mas os reis mataram mais homens do que ninguém. Os jesuítas mataram, e os puritanos de Cromwell mataram. Tudo isso se passou muito antes de que se tivesse ouvido falar dos socialistas. Hoje, no entanto, se lhes atribui responsabilidade de todo atentado contra os reis e os homens de Estado. A morte do imperador da Alemanha seria, agora, particularmente deplorada pelos socialistas: ele é muito útil em seu posto, e Bismarck fez mais pelo nosso movimento do que qualquer outro homem de Estado, pois impeliu as coisas para o extremo" (Marx, Karl. Entrevista ao The Chicago Tribune. 18 de Dezembro de 1878. Disponível em <https://www.marxists.org/portugues/marx/1878/12/18.htm, acesso em 07 de julho de 2018>).

[80] Marx, Karl. Mensagem da Direção Central à Liga dos Comunistas. Março de 1850. Disponível em <https://www.marxists.org/portugues/marx/1850/03/mensagem-liga.htm>, acesso em 07 de julho de 2018.

Trotski foi além: na busca dos ideais comunistas, o uso da violência deveria ser proporcional à necessidade de rompimento de todas as estruturas burguesas de manutenção do poder, legitimando, inclusive, o uso de técnicas de *terror*. "O grau de violência da luta depende de toda uma série de condições internas e internacionais. Quanto mais obstinada e perigosa for a resistência do inimigo de classe vencido, tanto mais inevitavelmente o sistema de coerção se transformará em sistema de terror"[81]. O mesmo Trotski arrematou que "o terror é eficaz contra a classe reacionária, que não se decide a abandonar o campo de batalha. A intimidação é o meio mais poderoso de ação política, tanto na esfera internacional como no interior de cada país"[82].

A revolução necessitaria ser *internacional*. Compreenderia todos os países do mundo, embora eles estivessem, pelas peculiares condições de desenvolvimento, em um estágio desigual. "A supremacia do proletariado fará com que tais demarcações e antagonismos desapareçam ainda mais depressa. A ação comum do proletariado, pelo menos nos países civilizados, é uma das primeiras condições para sua emancipação. Suprimi a exploração do homem pelo homem e tereis suprimido a exploração de uma nação por outra. Quando os antagonismos de classe, no interior das nações, tiverem desaparecido, desaparecerá a hostilidade entre as próprias nações"[83] [84].

---

[81] Trotski, Leon. Terrorismo e Comunismo e anti Kautsky. Rio de Janeiro: Editora Saga S.A, 1969, p. 56.

[82] Trotski, Leon. Terrorismo e Comunismo e anti Kautsky. Rio de Janeiro: Editora Saga S.A, 1969, pp. 59-60.

[83] Marx, Karl e Engels, Friedrich. Manifesto do Partido Comunista. Disponível em <www.dominiopublico.gov.br>, acesso em 01 de julho de 2018.

[84] "A grande indústria, pelo fato de ter criado o mercado mundial, levou todos os povos da Terra — e, nomeadamente, os civilizados — a uma tal ligação uns com os outros que cada povo está dependente daquilo que acontece a outro. Além disso, em todos os países civilizados, ela igualou, de tal maneira, o desenvolvimento social, que, em todos esses países, a burguesia e o proletariado se tornaram as duas classes decisivas da sociedade e, a luta entre elas, a luta principal dos nossos dias. A revolução comunista não será, portanto, uma revolução simplesmente nacional; será uma revolução que realizar-se-á simultaneamente em todos os países civilizados, isto é, pelo menos na Inglaterra, na América, em França e na Alemanha. Ela desenvolver-se-á em cada um destes países mais rápida ou mais lentamente, consoante um ou outro país possuir uma indústria mais avançada, uma maior riqueza, uma massa mais significativa de forças produtivas. Na Alemanha, ela será efetuada, portanto, mais lenta e dificilmente, na Inglaterra mais rápida e facilmente. Ela terá igualmente uma repercussão significativa nos restantes países do mundo, transformará totalmente e acelerará muito o seu atual modo de desenvolvimento. Ela é uma revolução universal e terá, portanto, também um âmbito universal" (Engels, Friedrich. Princípios Básicos do Comunismo. Novembro de 1847. Disponível em <https://www.marxists.org/portugues/marx/1847/11/principios.htm, acesso em 02 de julho de 2018>).

## A SOCIEDADE COMUNISTA

Finalizada a revolução — idealizavam os marxistas, os operários ganhariam o poder. A partir de então, poderiam transformar o mundo em um ambiente pacífico, fraterno e igualitário. Na sociedade comunista, "os meios de produção e troca seriam de propriedade social e a exploração do homem pelo homem seria eliminada. Portanto, o Estado e todas as formas de coerção política seriam desnecessárias e inexistentes. O caráter do homem seria transformado, por intermédio da eliminação do interesse egoísta como motivação primária da conduta social, e por intermédio do desenvolvimento livre da personalidade humana individual, com base no princípio 'de cada um conforme sua capacidade, a cada um conforme suas necessidades'. Desse modo abrir-se-ia uma nova e frutífera era no progresso da humanidade"[85]. "A revolução social que se aproxima converterá, pela primeira vez, este fundo coletivo de produção e de reserva, isto é, a massa global de matérias-primas, instrumentos de produção e meios de vida, num verdadeiro fundo social, arrancando-o das mãos dessa classe privilegiada, que atualmente dele dispõe, e colocando-o como patrimônio coletivo a serviço de toda a sociedade"[86][87].

Esses objetivos da sociedade comunista não seriam atingidos de imediato. Todo o sistema político, social e econômico ainda estaria fundado em uma lógica burguesa capitalista. Por isso uma fase de transição do sistema social vigente para o comunista seria necessária. Nessa etapa, os operários que tomaram o poder deveriam organizar-se em uma "Ditadura do Proletariado" (ditadura para os exploradores, democracia para os explorados), com a finalidade precípua de reorganizar todo sistema político, social e econômico. O aparato burguês que dava sustentação

---

[85] Decter, Moshe. Cartilha de Comunismo – Teoria e Prática. Rio de Janeiro: Edições GRD, 1964, p. 21.

[86] Engels, Friedrich. Prefácio da Segunda Edição de Anti-Dühring. 1877. Publicado: en Vorwärts, 3 de janeiro de 1877 - 7 de julho de 1878. Fonte: The Marxists Internet Archive. Disponível em <www.dominiopublico.gov.br, acesso em 07 de julho de 2018>.

[87] "Antes do mais, ela tirará a exploração da indústria e de todos os ramos da produção em geral das mãos de cada um dos indivíduos singulares em concorrência uns com os outros e, em vez disso, terá de fazer explorar todos esses ramos da produção por toda a sociedade, isto é, por conta da comunidade, segundo um plano da comunidade e com a participação de todos os membros da sociedade. Abolirá, portanto, a concorrência e estabelecerá, em lugar dela, a associação. Uma vez que a exploração da indústria por singulares tinha como consequência necessária a propriedade privada, e que a concorrência não é mais do que o modo da exploração da indústria pelos proprietários privados individuais, a propriedade privada não pode ser separada da exploração individual da indústria nem da concorrência. A propriedade privada terá, portanto, igualmente de ser abolida e, em seu lugar, estabelecer-se-á a utilização comum de todos os instrumentos de produção e a repartição de todos os produtos segundo acordo comum, ou a chamada comunidade dos bens. A abolição da propriedade privada é mesmo a expressão mais breve e mais característica desta transformação de toda a ordem social necessariamente resultante do desenvolvimento da indústria, e por isso é, com razão, avançada pelos comunistas como reivindicação principal" (Engels, Friedrich. Princípios Básicos do Comunismo. Novembro de 1847. Disponível em <https://www.marxists.org/portugues/marx/1847/11/principios.htm, acesso em 02 de julho de 2018>).

ao capitalismo deveria ser destruído e uma nova dinâmica organizacional deveria ser criada[88].

Esta fase inicial, em que a Ditadura do Proletariado ainda estaria fincando as bases para o futuro estado comunista, Marx chamou de *socialismo*[89]. O proletariado, já no poder, socializaria os meios de produção e isso faria desaparecer a sua apropriação pelo capitalista, deixando de existir a diferenciação entre classes. O próximo passo seria "organizar a economia, assegurar o rápido crescimento das forças produtivas, mobilizar os trabalhadores na aplicação duma multidão de outras medidas ligadas à construção do socialismo. E tudo isto é tarefa do proletariado que assumiu o poder, é tarefa do Estado proletário"[90].

---

[88] "Vimos acima que a primeira fase da revolução operária é o advento do proletariado como classe dominante, a conquista da democracia. O proletariado utilizará sua supremacia política para arrancar pouco a pouco todo capital à burguesia, para centralizar todos os instrumentos de produção nas mãos do Estado, isto é, do proletariado organizado em classe dominante, e para aumentar, o mais rapidamente possível, o total das forças produtivas. Isto naturalmente só poderá realizar-se, a princípio, por uma violação despótica do direito de propriedade e das relações de produção burguesas, isto é, pela aplicação de medidas que, do ponto de vista econômico, parecerão insuficientes e insustentáveis, mas que no desenrolar do movimento ultrapassarão a si mesmas e serão indispensáveis para transformar radicalmente todo o modo de produção. Essas medidas, é claro, serão diferentes nos vários países. Todavia, nos países mais adiantados, as seguintes medidas poderão geralmente ser postas em prática: 1. Expropriação da propriedade latifundiária e emprego da renda da terra em proveito do Estado; 2. Imposto fortemente progressivo; 3. Abolição do direito de herança; 4. Confiscação da propriedade de todos os emigrados e sediciosos; 5. Centralização do crédito nas mãos do Estado por meio de um banco nacional com capital do Estado e com o monopólio exclusivo; 6. Centralização, nas mãos do Estado, de todos os meios de transporte; 7. Multiplicação das fábricas e dos instrumentos de produção pertencentes ao Estado, arroteamento das terras incultas e melhoramento das terras cultivadas, segundo um plano geral; 8. Trabalho obrigatório para todos, organização de exércitos industriais, particularmente para a agricultura; 9. Combinação do trabalho agrícola e industrial, medidas tendentes a fazer desaparecer gradualmente a distinção entre a cidade e o campo; 10. Educação pública e gratuita de todas as crianças, abolição do trabalho das crianças nas fábricas, tal como é praticado hoje e combinação da educação com a produção material, etc. Uma vez desaparecidos os antagonismos de classe no curso do desenvolvimento e, sendo concentrada toda a produção propriamente dita nas mãos dos indivíduos associados, o poder público perderá seu caráter político. O poder político é o poder organizado de uma classe para a opressão de outra. Se o proletariado, em sua luta contra a burguesia, se constitui forçosamente em classe, se se converte, por uma revolução, em classe dominante e, como classe dominante, destrói violentamente as antigas relações de produção, destrói, justamente com essas relações de produção, as condições dos antagonismos entre as classes, destrói as classes em geral e, com isso, sua própria dominação como classe. Em lugar da antiga sociedade burguesa, com suas classes e antagonismos de classe, surge uma associação onde o livre desenvolvimento de cada um é a condição do livre desenvolvimento de todos" (Marx, Karl e Engels, Friedrich. Manifesto do Partido Comunista. Disponível em <www.dominiopublico.gov.br, acesso em 01 de julho de 2018>).

[89] "A revolução socialista não encontra já dispostas as formas do novo regime, porque as relações socialistas não podem amadurecer no seio do capitalismo, como as relações capitalistas não amadureceram no seio do feudalismo. A revolução socialista abole a propriedade privada sobre os instrumentos e meios de produção e a exploração do homem pelo homem, que serviram de base para as precedentes formações socioeconômicas. Apoiando-se nas condições materiais correspondentes (em primeiro lugar, no caráter social da produção), ela deve criar as formas socialistas de economia, assegurar que se instaurem e progridam as relações de produção socialistas. São precisamente estas ingentes tarefas criadoras da revolução socialista que ditam a necessidade de um período de transição do capitalismo para o socialismo, período de destruição das velhas relações capitalistas e de afirmação das novas relações socialistas" (G. Chakhnazárov e Iú Kkrássine, Fundamentos do Marxismo – Leninismo, pp. 142-143).

[90] G. Chakhnazárov e Iú Kkrássine, Fundamentos do Marxismo – Leninismo, p. 139.

Essa revolução somente poderia parar depois de serem aniquiladas não só a propriedade privada, mas também todas as superestruturas de dominação e poder instituídas pela sociedade capitalista, como o Direito[91], o Estado[92], a Religião[93] e a própria família[94][95].

---

[91] "Senhoras dos meios de produção, as classes exploradoras dispõem duma enorme força econômica que utilizam para impor, às classes exploradas, condições que lhe são vantajosas e favoráveis. A vontade da classe dominante expressa-se no Direito, que é um conjunto das leis e de outras normas jurídicas (regras de comportamento) que regulamentam todos os aspectos principais da vida social. Mas o direito por si só nada significa sem um aparelho capaz de garantir a observância das suas prescrições, incluindo pela força nos casos em que isso for necessário. Este papel é desempenhado pelo Estado, o qual é uma organização do poder político que dispõe de órgãos como a polícia, o exército, os tribunais, as prisões. Em todas as formações econômico-sociais baseadas na propriedade privada e na exploração, o Estado é o instrumento de dominação de classe dos exploradores sobre os explorados" (G. Chakhnazárov e Iú Kkrássine, Fundamentos do Marxismo – Leninismo, pp. 79-80).

[92] "Engels concluiu que, quando a classe desprovida de propriedades fosse explorada até um ponto em que houvesse risco de revolta, a classe dominante criaria um órgão de poder para manter 'a lei e a ordem', isto é, um sistema de leis para proteger a propriedade privada e as vantagens da classe exploradora. A nova ordem, disse ele, é o Estado (...) O Estado, portanto, foi projetado para adiar o Dia do Juízo. O governo é o 'instrumento do poder' — um acessório artificial da sociedade — criado para o fim específico de proteger a classe privilegiada e sua propriedade privada das exigências legítimas da classe explorada. Marx e Engels argumentavam que, se pudessem de alguma maneira eliminar a propriedade privada, seria eliminada também a luta de classes, e o Estado deixaria de ser necessário e definhava aos poucos" (Skousen, W. Cleon. O Comunista Exposto. Desvendando o Comunismo e Restaurando a Liberdade. Campinas, SP. Vide Editorial, 2018, pp. 91-92).

[93] "Marx e Engels acreditavam ainda que outro grande mal havia surgido da propriedade privada — a exploração da religião. Reconheceram, evidentemente, que as raízes da religião provavelmente foram estabelecidas muito antes da instituição da propriedade privada. No entanto, acreditavam que, uma vez que não possuía origem divina, a religião deveria ser produto dos esforços frenéticos do homem primitivo para explicar as forças da natureza e as experiências psíquicas do ser humano, tais como os sonhos. Quando a propriedade privada emergiu como fundamento da sociedade, a religião teria sido utilizada como instrumento de supressão da rebelião da classe explorada. De acordo com Marx, era a classe proprietária que desejava ver seus trabalhadores a aprender humildade, paciência e resignação; a suportar os males empilhados sobre suas costas, na esperança de que justiça fosse feita 'em outra vida'. Ele disse que a religião era o ópio do oprimido" (Skousen, W. Cleon. O Comunista Exposto. Desvendando o Comunismo e Restaurando a Liberdade. Campinas, SP. Vide Editorial, 2018, p. 92).

[94] "Com a divisão do trabalho, na qual estão dadas todas essas contradições, e a qual, por sua vez, se assenta na divisão natural do trabalho na família e na separação da sociedade em famílias individuais e opostas umas às outras, está, ao mesmo tempo dada, também, a repartição, e precisamente a repartição desigual, tanto quantitativa quanto qualitativa, do trabalho e dos seus produtos e, portanto, a propriedade, a qual tem o seu embrião, a sua primeira forma, na família, na qual a mulher e os filhos são os escravos do homem. A escravatura latente na família, se bem que ainda muito rudimentar, é a primeira propriedade, que de resto já aqui corresponde perfeitamente à definição dos modernos economistas, segundo a qual ela é o dispor de força de trabalho (Arbeitskraft) alheia" (Marx, Karl e Engels, Friedrich. A Ideologia Alemã. São Paulo: Editora Expressão Popular, 2009, pp. 46-47, acesso em 01 de julho de 2018).

[95] "Abolição da família! Até os mais radicais ficam indignados diante desse desígnio infame dos comunistas. Sobre que fundamento repousa a família atual, a família burguesa? No capital, no ganho individual. A família, na sua plenitude, só existe para a burguesia, mas encontra seu complemento na supressão forçada da família para o proletário e na prostituição pública. A família burguesa desvanece-se naturalmente com o desvanecer de seu complemento, e uma e outra desaparecerão com o desaparecimento do capital. Acusai-nos de querer abolir a exploração das crianças por seus próprios pais? Confessamos este crime" (Marx, Karl e Engels, Friedrich. Manifesto do Partido Comunista. <Disponível em www.dominiopublico.gov.br, acesso em 01 de julho de 2018>).

Afinal, na ótica de Marx e Engels, "as leis, a moral, a religião são para eles meros preconceitos burgueses, atrás dos quais se ocultam outros tantos interesses burgueses"[96].

---

[96] Marx, Karl e Engels, Friedrich. Manifesto do Partido Comunista. Disponível em www.dominiopublico.gov.br, acesso em 01 de julho de 2018.

# CAPÍTULO 3

# O marxismo dogmático em decadência

A teoria marxista é repleta de falhas.

A *primeira* decorre da própria lógica dialética hegeliana. Hegel entendia que, no Universo, o "Espírito" ("tese") agregaria a si mesmo um fenômeno que lhe seria contrário ("antítese") como um modo de assegurar o próprio aperfeiçoamento, pois, depois de entrarem em conflito, desses dois opostos brotaria uma conclusão nova melhorada ("síntese"). O "Espírito" evoluiria até alcançar o estado de "Espírito Absoluto". Marx valeu-se desse método para concluir que todas as coisas trariam dentro de si mesmas uma contradição que, do movimento conflituoso entre ambas, decorreria um resultado. Percebe-se, pela lógica marxista, que dentro da história e da sociedade deveria haver sempre um movimento destrutivo cuja atuação, necessariamente, traria uma consequência melhor.

Essa "Teoria da Destruição" está concebida na própria lógica marxista de evolução[97], fazendo com que o raciocínio conflituoso e contendor deixasse de ser uma circunstância natural para ser perseguido pelos comunistas[98]. Essa

---

[97] O conservador posiciona-se contrariamente à destruição, porém não de modo contrário à reforma. Ele entende que toda transformação deve ter como pressuposto a manutenção e a evolução das tradições adquiridas dos ancestrais. Esta herança é de ser conservada justamente por ter provado ser eficaz para a própria preservação da raça humana — tanto que resistiu ao teste do tempo. "As tradições mais profundas foram emergindo naturalmente, o que significa que elas foram sobrevivendo porque sucessivas gerações encontraram nelas vantagens que aconselharam a sua manutenção. Elas devem ser protegidas, não apenas porque são nossas (como um relógio do avô) ou porque são produto da nossa vontade manifesta (como a referida dança escocesa). As tradições não são relíquias que guardamos na gaveta por mero gosto estético ou simples idiossincrasia pessoal. Elas são nossas porque se tornaram nossas. E o fato de continuamente as termos considerado vantajosas e valiosas permitiu que as legássemos de geração em geração como se fossem uma herança coletiva. Ao serem úteis e benignas para nós, é razoável pensar que elas também o serão para aqueles que virão depois de nós (...) A reforma conservadora efetua-se através de ajustamentos e reajustamentos — engenharias 'parcelares', como as chamaria posteriormente Karl Popper —, o que significa que ela far-se-á passo a passo, e, por vezes, erro a erro, de forma a que se possam avaliar, no prazo devido, as consequências mais tangíveis de cada ação reformista, antes de se avançar para uma nova ação do mesmo tipo"(Coutinho, João Pereira. As ideias Conservadoras - explicadas a revolucionários e reacionários. São Paulo: Editora Três Estrelas, 2014, pp. 63 -78).

[98] "Para os intérpretes radicais de Hegel, parecia evidente que a filosofia que proclama o princípio universal do negativismo, tratando cada fase sucessiva da história como a base para a sua própria destruição, uma filosofia que apresentou o processo crítico de auto-aniquilação como a lei eterna do desenvolvimento espiritual, não poderia tolerar consistentemente ou endossar uma situação histórica particular, ou reconhecer qualquer tipo de estado, religião ou filosofia como

conotação é nítida nos ensinamentos marxistas. Para alcançar o poder, os operários deveriam causar uma revolução que destruiria o poder dos burgueses. Instaurada a Ditadura do Proletariado, a sociedade deveria ser reorganizada através da destruição de todas as classes. Na área econômica, a propriedade privada deveria ser destruída e eliminada. A base cultural estabelecida, por ser um aparato burguês que deu sustentação ao capitalismo, deveria ser destruída em prol de uma nova ordem cultural.

Os comunistas criam sinceramente que das cinzas do atual modelo socioeconômico, político e cultural nasceria um arranjo organizacional melhor[99]. Por isso é que eles pregavam a destruição de toda instituição que julgavam déspota[100]. Se o governo é inadequado, destruamos o governo. Se o regime econômico é injusto, destruamos a economia. Se a moral é defeituosa, destruamos a moral. Se a religião apenas mantém o operário na condição de explorado, destruamos a religião. A cultura é capitalista, destruamos a cultura. Esse compasso uníssono repete-se *ad eternum* na partitura comunista. O mais grave nesse referencial avassalador é que até mesmo o ser humano pode e deveria ser aniquilado caso fosse um obstáculo à causa comunista. Aqui, o ideal se sobrepõe à figura humana, o sonho deixa a vida humana sob seus pés. Se o ideal comunista reside na igualdade e fraternidade entre os homens, jamais a morte poderia ser aceita de modo tão natural e justificado[101].

O *segundo* grande equívoco teórico foi a simplificação da história no exclusivo aspecto econômico, o que é chamado de "determinismo econômico" do marxismo. A complexidade do comportamento humano e a sua diversidade por entre as mais variadas culturas tornam excessivamente banal a conclusão de que o móvel propulsor de todo o percurso da humanidade tenha sido a luta

---

final e irrefutável" (Kolakowski, Leszek. Main Currents of Marxism. The Founders. The Golden Age. The Breakdown. New York: W. W. Norton & Company Inc, 2005, p. 68).

99 "As partes influentes da teoria marxista são aquelas que incendiaram a ira de Lenin, a quem toda destruição e toda violência são permitidas, em nome de um futuro matricial que nascerá somente em meio a tormentos" (Scruton, Roger. Pensadores da Nova Esquerda. São Paulo, Brasil: É Realizações Editora, 2014, p. 87).

100 "(...) talvez devêssemos fazer um comentário resumido da mais significativa de todas as suas falácias, a saber, a doutrina comunista de que é possível eliminar problemas com a eliminação da instituição da qual eles emanam" (Skousen, W. Cleon. O Comunista Exposto. Desvendando o Comunismo e Restaurando a Liberdade. Campinas, SP. Vide Editorial, 2018, p. 128).

101 João Pereira Coutinho adiciona a crítica de que "a ação revolucionária, pelo contrário, obedece antes a um 'princípio de preguiça': a preguiça de quem é incapaz de pacientemente estudar e reformar a comunidade real, optando antes por 'atalhos' e pelas 'facilidades falaciosas' da destruição e da recriação totais" (em As Ideias Conservadoras – explicadas a revolucionários e reacionários. São Paulo: Editora Três Estrelas, 2014, p. 99).

de classes em torno da dominação econômica. Grandes impérios do passado, como a Assíria e a Babilônia, por exemplo, deixaram de existir por razões diversas da econômica. Ademais, resumir toda a heterogeneidade humana em apenas duas classes, a dos exploradores e a dos explorados, tipificando-as como meras expectadoras dos fenômenos e vítimas dos mecanismos econômicos, é de uma singeleza maniqueísta chocante.

Essa simplificação também fica evidente naquilo que os economistas chamam de "jogo de soma zero". Para os marxistas um dos polos da luta de classes somente tem prestígio e sucesso à custa do outro polo, que foi esbulhado dos mesmos direitos. Assim, o ganho de uma das partes corresponde necessariamente à perda da outra. Desse modo, os industriais apenas têm capital porque os operários são esbulhados dessa prerrogativa. Diz-se *jogo de soma zero* porque o *quantum* do ganho de uma pessoa corresponde exata e precisamente à porção de perda de outra — somados, o ganho e a perda resultariam em zero. Trata-se de um enorme equívoco, na medida em que não há uma quantidade limitada de bens no mundo, a justificar a necessidade imprescindível de apropriação deles para satisfazer interesses humanos. Pelo contrário, a atividade empresarial gera a produção de mercadorias que podem ser livremente adquiridas pela população, sem que isso importe em subtração de parte pertencente a terceiros[102]. Ademais, no campo econômico, os ganhos disponíveis não são limitados a uma porção específica: quanto mais resultados uma atividade industrial obtiver, maior será o número de empregos criados e maior a participação nos lucros e resultados. Naturalmente, o empresário é quem permanecerá com fatia maior dos rendimentos, na medida em que é dele a atividade empreendedora e também dele todos os riscos de insucesso de sua atividade. Isso não significa de modo algum, porém, que o seu sucesso foi conquistado pela expropriação dos lucros que competiriam ao operário, até porque, se ele não se dedicasse à atividade industrial, nem mesmo emprego o funcionário teria[103].

---

[102] Acerca desse jogo de soma zero, Evandro Sinotti leciona que "a quantidade de bens de consumo no planeta não é fixa, muitos destes têm que ser produzidos (espero que sua aversão ao capitalismo não o faça imaginar que todos os produtos 'dão' em árvores) e, portanto, ninguém precisa tirar um bem de outrem para tê-lo, pois mais bens podem ser produzidos. E o livre-mercado possibilita, como nenhum outro, que o 'bolo cresça' (que mais bens sejam produzidos), e assim permita fatias cada vez maiores para as pessoas, exceto se o Estado entrar em cena e pegar para ele uma grande fatia desse bolo. Resumindo: mais bens produzidos são mais bens à disposição das pessoas, e mais pessoas tendo a chance de ter acesso aos mesmos a preços mais baixos. Todos ganham nesse arranjo" (Sinotti, Evandro. Não, Sr. Comuna! – Guia para desmascarar as falácias esquerdistas. Pirassununga/SP: 2015, p. 83).

[103] João Pereira Coutinho lança perspicaz observação acerca da crítica ao sistema econômico, dizendo que ela possui raízes na própria imoralidade humana, e não no mercado em si. "A primeira é questionar se comportamentos viciosos dentro do mercado são devidos à natureza e ao funcionamento desse mercado ou, antes, a falhas morais que são anteriores

O *terceiro* desacerto, diretamente ligado ao anterior, foi tornar definitivamente inoperante o livre-arbítrio humano nos acontecimentos históricos. A luta de classes, para Marx, era o vetor transformador dos fenômenos e ela é, pela sua própria definição, externa e alheia ao desejo do homem. As pessoas, porém, estabelecem relações estreitas entre si pelas mais variadas razões e são basicamente estas associações que movimentam a humanidade. Sugerir que a causa da evolução da sociedade é totalmente estranha ao ser humano é menosprezá-lo por completo. Um pleno desacerto.

Em continuação, o *quarto* grave equívoco teórico foi a messianização do proletariado. Para Marx, o operário, inexplicavelmente, seria a imagem do homem perfeito, a representação do ser humano ideal, a personificação da bondade, justiça, integridade, misericórdia e solidariedade. Apenas ele, e mais ninguém, deteria todos os elementos necessários para garantir a vida harmoniosa nesse mundo. O mal, assim, não residiria no ser humano, mas no ambiente capitalista, que produzira homens movidos pelo desejo egoísta de acumulação desenfreada de capital e que, por isso, alijariam o operário de suas prerrogativas transformadoras, mantendo-o preso em uma luta da classe exploradora *versus* a classe explorada[104].

A classe vencedora dessa luta de classes pretérita, a burguesia, encarcerou o proletariado em uma estrutura de poder que o mantém paralisado e sem condições mínimas de agir. Com o rompimento das amarras burguesas e de toda estrutura criada pelo capitalismo, o homem operário ideal extravasaria as suas virtudes, até então contidas, e geraria uma nova era de homens, responsáveis pela vida em paz e harmonia[105].

---

a qualquer participação no sistema e que podem igualmente emergir em contextos exteriores ao próprio mercado. Entendemos, tal como Acton compreende, que a tendência para imputar ao mercado comportamentos reprováveis, do ponto de vista ético, mais não é do que um lamentável expediente para desculpabilizar moralmente os indivíduos. Nesse tópico, convém não desprezar a influência prévia que as famílias, as escolas, as igrejas e todos os restantes 'pequenos pelotões' desempenharam (ou não) na formação moral de um caráter. Também aqui não há almoços grátis: o que somos dentro do mercado depende do que fomos (e somos) fora dele" Coutinho, João Pereira. As ideias Conservadoras – explicadas a revolucionários e reacionários. São Paulo: Editora Três Estrelas, 2014, p. 93).

104 João Pereira Coutinho, citando Anthony Quinton, posiciona-se de forma frontalmente contrária a esse entendimento, sustentando que o primeiro princípio estrutural do conservadorismo é a imperfeição humana. "O reconhecimento da imperfeição intelectual humana convida assim o agente conservador para uma conduta humilde e prudente que recusa a política utópica" (em As ideias Conservadoras – explicadas a revolucionários e reacionários. São Paulo: Editora Três Estrelas, 2014, pp. 33-34 e 39).

105 "É significativo que a teoria comunista trate o proletariado como um ramo sem igual da raça humana. Supõe-se que o proletariado seja uma raça especial que floresceria e se transformaria quase que automaticamente em um ser econômico-social apenas com sua libertação do governo opressivo" (Skousen, W. Cleon. O Comunista Exposto. Desvendando o Comunismo e Restaurando a Liberdade. Campinas, SP. Vide Editorial, 2018, p. 102).

Essa interpretação do comportamento humano é completamente distorcida. O materialismo-histórico-dialético propalado por Marx conclui que as transformações sociais são causadas, na história, por um fator externo aos homens: a luta de classes. O ser humano é uma variável mínima nesse processo, sendo meramente um objeto do conflito dialético entre as classes. Por isso, é perfeitamente compreensível a análise falha do comportamento humano, já que o fator "homem" é de menor relevância no produto final. Não se deve jamais esquecer que o homem é o principal ator de toda a história, e não um mero espectador dos fenômenos. Por isso, nem sempre as alterações ambientais o influenciam diretamente. Não é por conviver em uma sociedade sem exploração do trabalho alheio que o homem deixará de cobiçar o bem do próximo ou que não atentará contra a liberdade individual de outrem. Existem inúmeros vícios que são verificáveis em praticamente todas as comunidades do mundo, até mesmo nas primitivas e fundadas em relações supostamente comunistas, que tanto inspiraram Marx na elaboração de sua doutrina. O ambiente sociocultural em que o homem vive sem dúvida o influencia, mas não altera as suas características íntimas que configuram a sua própria constituição. Há valores que são naturais ao homem em si, como a vida, a liberdade e a necessidade de obter bens para a satisfação de suas necessidades.

Curioso ainda, no campo da quarta falha, é notar que Marx e os teóricos que o seguiram não eram operários. O proletariado era, para eles, a condensação de todas as virtudes existentes no mundo, elas apenas não se manifestavam pela atuação supressiva da classe burguesa. Eles se sentiam no papel de orientadores dessa classe superior, para que ela pudesse exercer o máximo de suas virtudes potenciais. Desse modo, os teorizadores do marxismo colocaram-se em uma posição superior à do semideus que criaram. Não é só: eles ainda imputaram a si mesmos a função de fomentar o aparecimento da revolução que deveria nascer no seio do próprio proletariado. Se Trotski já dizia que "a emancipação dos trabalhadores só pode ser obra dos próprios trabalhadores"[106], por qual razão esses teóricos incumbiram-se de exercer esse papel? A única conclusão possível é a de que os marxistas conceituais entendiam que os operários eram a classe superior, com uma única exceção: Karl Marx e seu séquito, que estavam em um

---

106 Trotski, Leon. A Nossa Moral e a Deles. 1938. Disponível em <http://www.direitoshumanos.usp.br/index.php/Documentos-n%C3%A3o-Inseridos-nas-Delibera%C3%A7%C3%B5es-da-ONU/leon-trotski-a-nossa-moral-e-a-deles-1938.html, acesso em 08 de julho de 2018>.

patamar orientador e diretivo superior[107].

A *quinta* eiva demonstra que o marxismo é suicida na sua própria teorização. O proletariado foi divinizado e erigido à categoria de classe redentora da humanidade. Como entidade moralmente superior aos demais humanos, Marx precisou provar que eles tinham, efetivamente, o potencial salvífico. Os operários, entretanto, até mesmo em razão da carga de trabalho a que eram submetidos diariamente, não tinham tempo hábil para uma formação intelectual condizente com o seu papel. Os únicos que tinham essa disponibilidade eram os integrantes da classe burguesa capitalista. Diante dessa barreira, Marx esquadrinhou a concepção da *práxis*, ou seja, a construção do saber a partir da prática. Para ele, o conhecimento humano verdadeiramente transformador não é o intelectual, é o prático. O agir no mundo para a concretização dessa concepção teórica é que leva o homem ao desenvolvimento. Ocorre que a homenagem exagerada à *práxis* leva a situações absolutamente inusitadas, pois tudo se transforma em um meio à disposição do homem, nada havendo como um fim contemplativo em si mesmo.

Olavo de Carvalho bem ressalta que "a prática, que transforma, se dirige essencialmente aos meios: como toda transformação visa a um resultado ou fim, o objeto sobre o qual incide é sempre e necessariamente um meio, apenas um meio. É um meio ou instrumento a terra que o homem lavra, é um meio ou instrumento o carneiro que ele engorda e mata, é um meio ou instrumento a árvore que ele abate. É meio ou instrumento o trabalho, como também o capital. Aquilo que é meio ou instrumento nada importa nem vale por si, mas por alguma outra coisa: o meio ou instrumento é um intermediário, uma transição ou passagem, aquilo que num certo ponto do caminho será abandonado para ceder lugar aos fins. A tendência universal do homem à economia de esforço mostra a sujeição dos meios aos fins. Inversamente, aquilo que é finalidade ou valor em si não é objeto da *práxis* transformadora, mas de contemplação, de amor. Como dizia Miguel de Unamuno, 'o bonde é útil porque me serve para levar-me à casa da minha amada; mas esta para que me serve?'. Posso, é claro, rebaixá-la a um meio ou instrumento do meu prazer, mas neste caso já

---

[107] "Afinal de contas, tanto Marx quanto Engels não eram proletários, pensando como proletários; eram perfeitos burgueses, pensando como intelectuais burgueses ainda influenciados pelo iluminismo do século anterior. Engels, especialmente, pode ser descrito como um rico industrial, provavelmente movido inconscientemente por complexos de culpa" (Penna, J. O. de Meira. A Ideologia do Século XX. Ensaios sobre o nacional-socialismo, o marxismo, o terceiro-mundismo e a ideologia brasileira. Campinas-SP: Vide Editorial, 2017, 2ª edição, p. 28).

não tenho amor por ela, e sim pelo prazer como tal. O objeto amado, se o é de verdade, não é meio, mas fim. Não desejamos mudá-lo, transformá-lo, utilizá-lo para alguma coisa, e sim desfrutar de sua presença sem alterá-la, sem mudá-la no que quer que seja. Ao contrário, ao contemplar e amar somos nós que nos transformamos. 'Transforma-se o amador na coisa amada'. Há, portanto, aspectos da realidade que só podem ser conhecidos pela *práxis*, outros que só o podem pela *theoria*. Mas a *práxis* procede necessariamente pela negação do objeto, pela sua redução a meio e instrumento, e a *theoria* pela afirmação da sua plenitude e do seu valor como fim (...) de tudo isso, conclui-se que estatuir a prática como fundamento e valor supremo do conhecimento é instaurar o reino dos meios, desprezando os fins; é inverter o sentido de toda ação humana e negar a consistência ontológica da realidade. É encarar o real no seu todo — nele incluídos o homem e sua história, bem como o conjunto das ações individuais praticadas pelos seres humanos. É transformar o universo numa imensa máquina-de-desentortar-bananas"[108].

A *práxis* marxista é, além disso, em si mesma destrutiva, um caso nítido de suicídio teórico. O conhecimento transformador vem da prática, mas Marx e Engels o adquiriram por meio da teoria. Se o saber genuíno não é teórico, mas fruto da *práxis*, por qual razão ao marxismo deveria ser dado algum crédito? Os dois nunca foram operários, nunca desenvolveram um trabalho manual genuíno. Logo, ou toda a teorização por eles desenvolvida não tem, na própria concepção de ambos, qualquer importância efetiva, ou eles querem que nós creiamos que, por algum motivo inexplicável, a doutrina por eles idealizada vale para todos os seres humanos, exceto para os dois.

A *sexta* mácula consistiu em profetizar que, com o passar do tempo, haveria uma concentração de renda cada vez maior em torno do industrial e, paralelamente a isso, um empobrecimento intenso da classe explorada, o que aguçaria o conflito de classes e, inexoravelmente, a revolução social. Cerca de cento e cinquenta anos depois, essas predições não se verificaram. A condição precária dos operários nos países capitalistas foi gradativamente melhorando, na medida em que os salários aumentaram, as leis trabalhistas se aprimoraram e a organização sindical se intensificou. A pobreza não cresceu porque, com o avanço da

---

[108] Carvalho, Olavo de. O Jardim das Aflições. De Epicuro à ressurreição de César: ensaio sobre o materialismo e a religião civil. Campinas, SP: Vide Editorial, 2015. 3ª edição, pp. 147-149.

atividade capitalista, mais vagas de emprego foram abertas. Logo, o antagonismo de classes não aumentou e, até os dias atuais, não se observou a condição revolucionária por ele prelecionada. O que se observou, em verdade, foi o alcance de uma condição de vida mais elevada, a manutenção do trabalho artesanal. A situação de extrema pobreza prevista por Marx, aliás, não se verificou em praticamente nenhum dos países capitalistas mais desenvolvidos do mundo.

O *sétimo* ponto frágil é o grande desprestígio aos valores morais. Para os comunistas, é ético tudo aquilo que atende aos interesses da revolução comunista. Todas as normas de conduta acumuladas ao longo dos séculos, e tidas pelas populações em geral como adequadas para a convivência em comum, não importam para o comunista se qualquer uma delas prejudicar o avanço de sua doutrina. É inequívoco, porém, que existem valores morais positivos e negativos que são válidos em toda a humanidade, quer assim entendamos pessoalmente ou não. Crueldade, estupro e exploração sexual infantil são abomináveis em qualquer ponto do globo terrestre. De outro lado, cuidado fraterno, amor e altruísmo são boas ações universais[109].

Willian Lane Craig inclusive usa esse argumento — da existência de valores morais objetivos — para demonstrar a existência de Deus. Para ele, "se a vida termina no túmulo, não faz diferença se nossa vida foi como a de Stalin ou a de um santo. Se nosso destino, no fim das contas, não tem relação com nossa conduta, cada um pode viver como quiser. Como Dostoievski disse: "Se não há imortalidade, todas as coisas são permitidas". Se não há Deus, quaisquer padrões objetivos do que é certo ou errado evaporam. Se não há Deus, os valores morais são simples expressões do gosto pessoal ou subprodutos da evolução e do condicionamento sociobiológico. O conceito de moralidade perde todo o sentido em um universo sem Deus"[110].

O *oitavo* vício reside na demasiada abertura que a teoria marxista proporcionava

---

[109] C. S. Lewis defende a existência desses valores morais objetivos. "Mas há entre elas algo em comum que não pode ser negligenciado. É a doutrina do valor objetivo, a convicção de que certas posturas são realmente verdadeiras, e outras realmente falsas, a respeito do que é o universo e do que somos nós" (p. 17). Para provar sua tese, arrola alguns deles (caridade; deveres em relação aos pais, aos mais velhos e aos ancestrais; deveres em relação às crianças e à posteridade; justiça; boa-fé e veracidade; misericórdia; magnanimidade.) e os fundamenta em várias civilizações. (Lewis, C.S. A Abolição do Homem. São Paulo: Editora WMF Martins Fontes Ltda, 2014, pp. 80-95). Do mesmo modo, João Pereira Coutinho, citando Kieron O'Hara, indica a injustiça, o crime, a guerra civil e a pobreza como males "objetivos, e não relativos, porque reconhecíveis e reconhecidos como males por qualquer sociedade" (em As ideias Conservadoras – explicadas a revolucionários e reacionários. São Paulo: Editora Três Estrelas, 2014, p. 53).

[110] Em Apologética Contemporânea – A Veracidade da Fé Cristã, 2 ed, Ed Vida Nova, 2012.

para interpretações paralelas e até conflitantes. Embora a sua imprecisão residisse principalmente no caminho a ser seguido pela Ditadura do Proletariado, durante a implantação e o seu agir no pós-tomada de poder[111], também a construção materialista-histórica-dialética guardava muitas imprecisões. Assim é que os revolucionários soviéticos criaram uma ditadura baseada na sua doutrina, o que, posteriormente, foi objeto de críticas agudas de escritores famosos, dentre eles Trotski, que os acusaram de terem corrompido o purismo da doutrina. Na China, os fundamentos marxistas permitiram que Mao promovesse uma reunião pelo campesinato, e não pelo proletariado, mesmo caminho que foi percorrido no Camboja. Mais uma vez, ataques foram disparados contra a atuação supostamente contrária às ideias de Marx e Engels. "Visto em perspectiva histórica, o marxismo era um sistema de governo tão cru, mal definido e maleável que se podia fazer dele o que se quisesse"[112].

Estas experiências revelam, em verdade, que a teorização abria espaço demais para perspectivas variadas e que, por isso, é basilarmente vaga, incerta e imprecisa.

O *nono* vício reside na falácia da busca pela universalidade dos direitos e pela igualdade entre todos os homens. Não há dúvida de que esse discurso movimentou a alma de milhões de pessoas em todo o mundo, mas não passa de uma mentira deliberada. Fica nítida, em toda a teorização de Marx, que a garantia de uma vida melhor é reservada exclusivamente aos que apoiam o marxismo, pois todos os demais, qualificados como contrarrevolucionários e inimigos do bem comum, tinham, como destino inevitável, os campos de trabalhos forçados e a morte. O bem comum, portanto, é reservado exclusivamente aos "amigos", àqueles que apoiam causa socialista, não havendo o menor espaço para um mínimo de misericórdia para os que discordam de qualquer posicionamento adotado pelo governo do proletariado. Não só é proibida a liberdade de expressão, como ela é punida com a morte rápida (fuzilamento) ou lenta (nos campos de trabalho).

"Portanto, é falso pretender que o comunismo seja um universalismo: se

---

111 "Com a guerra mundial, a primeira e a segunda revoluções russas de 1917 e a derrocada dos impérios aliados em 1918, ela entra concretamente na ordem do dia; e percebe-se então que não existia, no campo marxista, nenhuma posição unânime em face de todos os importantes problemas do objetivo final e da transição, como os da 'conquista do poder político pela classe operária', os da 'ditadura do proletariado' e os da 'extinção final do Estado' na sociedade comunista" (Korsch, Karl. Marxismo e Filosofia. Rio de Janeiro: Editora UFRJ, 2008, p. 36)

112 Pacepa, Ion Mihai e Rychlak, Ronald J. Desinformação. Ex-chefe de espionagem revela estratégias secretas para solapar a liberdade, atacar religião e promover o terrorismo. Campinas-SP: Vide Editorial, 2015, p. 424.

o projeto tem uma vocação mundial, uma parte da humanidade é declarada indigna de existir neste mundo, como no caso do nazismo; a diferença é que um recorte por estratos (classes) substitui o recorte racial e territorial dos nazistas. Logo, os empreendimentos leninista, stalinista, maoísta e a experiência cambojana expõem à humanidade — assim como aos juristas e historiadores — uma nova questão: como qualificar o crime que consiste em exterminar, por razões político-ideológicas, não mais indivíduos ou grupos limitados de oponentes, mas partes inteiras da sociedade? É preciso inventar uma nova denominação? Alguns autores anglo-saxões pensam dessa forma, criando o termo 'politicídio'. Ou é preciso chegar, como o fazem os juristas tchecos, a qualificar os crimes cometidos pelos regimes comunistas como 'crimes comunistas'?"[113].

O *décimo* desarranjo é a sacralização da teoria comunista. Sobre ele será melhor discorrido em capítulo próprio.

Essas falhas teóricas provavelmente tenham relação direta com a época em que Marx vivia. No campo teórico, desde cedo, pela inspiração de filósofos céticos, ele desenvolveu um senso ateísta muito aprofundado, que recusava, por completo, qualquer participação do sobrenatural e do espiritual na história da humanidade. A teoria dialética de Hegel, além disso, influenciava visceralmente os pensadores alemães e Marx deixou-se levar demasiadamente por esse contexto intelectual, desviando os olhos das nítidas falhas teóricas. No aspecto social, a Revolução Francesa acabara de ocorrer e todas as promessas de igualdade, liberdade e fraternidade haviam sido suprimidas pelo governo revolucionário que tomou o poder. Na seara econômica, a situação do proletariado era muito precária e, a curto prazo, pela ânsia da comunidade industrial em angariar recursos, não havia perspectiva de melhora[114].

---

113 Courtois, Stéphane; Werth, Nicolas; Panné, Jean-Louis; Paczkowski, Andrzej; Bartosek, Karel; Margolin, Jean-Louis. O Livro Negro do Comunismo. Crimes, terror e repressão. Rio de Janeiro: Bertrand Brasil, 2018. 11ª edição, p. 30.

114 "Muitos estudiosos veem a própria estrutura do comunismo mais ou menos como produto dos tempos em que Marx e Engels viveram. Seus escritos são claro reflexo da tentativa deliberada de conciliar as cinco grandes influências de sua geração, as quais tentaram unir em um único padrão de pensamento. Estas foram as influências que marcaram as mentes de Marx e Engels: primeira, os violentos distúrbios econômicos de seu tempo — acredita-se que essas perturbações tenham exacerbado a sensibilidade de Marx e Engels acerca do lugar da economia na história; segunda, a ampla popularidade do filósofo alemão Georg Wilhelm Hege — sua teoria da 'dialética' foi adotada por Marx e Engels, com pequenas modificações, a fim de explicar os fenômenos da natureza, a luta de classes e o triunfo inevitável de uma futura sociedade proletária; terceira, o ceticismo religioso do materialismo oitocentista — essa posição levou-os a explicar tudo o que existe nos termos de um único fator — a matéria. Negavam o design inteligente no universo, a existência de Deus, a divindade da religião e os preceitos morais dos ensinamentos judaico-cristãos; quarta, os ideais sociais e econômicos do comunismo utópico — Marx e Engels decidiram que queriam uma sociedade comunista, mas acreditavam que esta deveria ser uma sociedade controlada, portanto, abandonaram o princípio de fraternidade dos utópicos e declararam que

Pouco importam as razões que levaram Marx ao equívoco: o fato é que idealmente já era possível identificar o fracasso da tese materialista-histórico-dialética.

## O DESASTRE COMUNISTA NA PRÁTICA

Pela fragilidade da teoria comunista em si mesma, que, dentre outros absurdos, erige a destruição como meta primeira com base na simples suposição de que necessariamente o resultado posterior será aperfeiçoado, já se poderia imaginar que qualquer iniciativa prática de implantação desse regime seria fadada ao insucesso. Apesar dessa obviedade, o mundo testemunhou diversas revoluções socialistas e assistiu perplexo ao furor da chamada "Ditadura do Proletariado", que promoveu execuções em massa, destruiu a classe profissional e intelectual existente no país e que criou campos de concentração para os "inimigos da revolução". Estes experimentos comunistas ocorreram na Europa Oriental, Ásia, África e América Central. Serão destacados, aqui, apenas os mais relevantes.

## A REVOLUÇÃO NA RÚSSIA

No início dos anos 1900 a condição política e econômica da Rússia era tensa. A guerra com o Japão em 1903 levou a uma derrota massacrante depois de dois anos de luta, não sem antes causar protestos em série no país por conta da grave crise geral que se instalara. O czar, na época, era Nicolau II. Sua situação política tornou-se ainda mais instável com o episódio conhecido como "Massacre no Palácio de Inverno", em 1905. Ele mandou abrir fogo contra uma multidão que se dirigiu ao palácio para fazer um protesto pacífico. Cerca de quinhentas pessoas morreram e mais de três mil ficaram feridas. Em represália, houve uma grande greve geral que afundou definitivamente a economia do país.

Nicolau II decidiu ouvir o povo que, basicamente, pretendia apenas uma restrição dos poderes do monarca, não propriamente a sua deposição. Acolheu essa proposta e reiterou promessas de inserção de providências limitadoras do poder, porém mais de dez anos transcorreram sem que elas se iniciassem.

---

o comunismo se iniciaria somente sob uma poderosa ditadura; quinta, o espírito revolucionário dos anarquistas — Marx e Engels prometeram duas coisas que atraíam os anarquistas: o uso de revolução violenta para pôr abaixo os poderes existentes e, finalmente, a criação de uma sociedade sem classes nem Estado" (Skousen, W. Cleon. O Comunista Exposto. Desvendando o Comunismo e Restaurando a Liberdade. Campinas, SP. Vide Editorial, 2018, pp. 103-104).

Nesse clima conflituoso, Lenin, Trotski e Stalin iniciaram uma grande política de divulgação do comunismo e de publicidade antigovernamental intensa, organizando, assim, as bases da revolução socialista que pretendiam estabelecer. Foram, por isso, deportados.

O advento da Primeira Guerra Mundial e o agravamento das condições econômicas levaram, em março de 1917, mais de duzentas e cinquenta mil pessoas às ruas, em protesto. O regime czarista não suportou a sequência de golpes que se iniciara com o "Massacre no Palácio de Inverno": com a perda do apoio dos seus próprios ministros e também do exército, Nicolau II foi obrigado a renunciar. De imediato, estabeleceu-se um governo provisório que permitiria a transição da monarquia para uma democracia constitucional. Várias reformas foram implantadas e, como parte delas, permitiu-se que os exilados retornassem para sua pátria. Aproveitando-se desse momento, Lenin, tão logo voltou, convocou uma luta de classes pelo apossamento da propriedade privada e para o início da revolução socialista. Com o apoio de Trotski e Stalin, conseguiu convencer os sindicatos e parte das forças armadas (aqueles que não estavam na linha de frente lutando na Primeira Guerra) a partirem para a luta, dessa vez contra o próprio governo provisório instalado. Esses fatos ocorreram em outubro de 1917 e, por isso, ficaram conhecidos como "Revolução de Outubro", "Revolução Vermelha" ou "Revolução Bolchevique"[115]. Em janeiro de 1918 guardas armados tomaram o Congresso do Povo, dando início à revolução.

Nesse ponto, é fundamental compreender que, pela sua própria origem, a Revolução Russa depõe contra a doutrina marxista. No seu materialismo-histórico-dialético, Marx entendia que o avanço do regime capitalista levaria a uma situação insustentável entre os exploradores e os explorados, desencadeando uma inevitável luta de classes que, ao final, culminaria com a revolução. Para que essa luta viesse à tona, portanto, o capitalismo deveria estar bem desenvolvido a ponto de suas fragilidades ficarem nítidas e levarem os operários a tamanha indignação que fatalmente se uniriam e enfrentariam a burguesia. A Rússia, porém, era um país essencialmente agrícola naquela época, certamente um dos menos industrializados do seu tempo. Nem de longe as condições humanas dos trabalhadores ingleses e franceses verificavam-se nesse país. Marx

---

[115] Bolchevique é uma alusão à ala majoritária que compunha o Partido Operário Social Democrata russo e que, posteriormente, daria origem ao Partido Comunista.

previu que a classe humana superior do proletariado seria a desencadeadora do estopim revolucionário. Ela é que conjugaria os esforços para culminar com a estocada dos capitalistas. Na Rússia, novamente, o golpe partiu da própria sociedade, que estava insatisfeita com o governo do czar. Os operários não tiveram envolvimento com a revolução[116].

Lenin, assumindo o poder, tomou posse de todas as terras e de todos os meios de produção que pertenciam à aristocracia, ao czar e à igreja, e centralizou, no Estado revolucionário, o monopólio na distribuição de todos os bens de consumo. Distribuiu trabalho a todas as classes operárias, para pretensamente aumentar a produção. Dentre as medidas tomadas, duas trouxeram consequências econômicas graves: a substituição dos salários pela entrega de bens de consumo em espécie e a apropriação de toda a produção dos camponeses. A extinção do sistema de recompensa pelo trabalho, quando os empregados não recebiam mais salários e os camponeses não mais ficavam com o resultado de sua produção agrícola, fez com que eles perdessem o estímulo em obter bons resultados. A produção industrial e agrícola caiu vertiginosamente, levando a economia à beira de um colapso. Isso deve ter chocado os comunistas que governavam a Rússia. Como é possível que o proletariado, a classe superior de ser humano afiançada por Marx, poderia se acomodar e não se dedicar inteiramente aos propósitos socialistas? Novamente, a prática lançou por terra a fraca teoria. Os operários não trazem dentro de si as virtudes que permitiriam a vida em paz e harmonia na Terra.

Os comunistas não se renderiam tão facilmente. Optaram por engendrar um movimento de adaptação da teoria marxista. Reviram a concepção marxista original (embora o próprio Lenin nunca tenha admitido isso) e concluíram que a Ditadura do Proletariado seria uma ditadura de classes, e as classes, naturalmente, como todos os demais grupos de pessoas, possuem aspectos heterogêneos dentro de si. Logo, seria forçoso alcançar uma homogeneidade e, a partir dela, a conjugação das mesmas vontades e das mesmas ações para o

---

[116] "Afinal, como a luta de classes não consegue explicar o passado, também não conseguiu ajudar Marx e Engels a prever o que aconteceria em sua própria época. Eles afirmaram que o comunismo viria primeiro em países mais capitalistas, porque a luta de classes se intensificaria à medida que o capitalismo se desenvolvesse. Conforme esse princípio, acreditavam que o comunismo viria primeiro na Alemanha. Alguns anos depois, Marx mudou sua previsão para a Inglaterra. Irônico que o comunismo (ao menos a ditadura do proletariado) tenha vindo primeiro na Rússia, um país que, em termos econômicos, era dos menos desenvolvidos da Europa. Além disso, o comunismo chegou na Rússia como um golpe, e não pela luta de classes por parte dos trabalhadores" (Skousen, W. Cleon. O Comunista Exposto. Desvendando o Comunismo e Restaurando a Liberdade. Campinas, SP. Vide Editorial, 2018, p. 120).

êxito do socialismo. Esta unidade seria promovida pelo Partido Comunista[117] [118]. "Rejeitando toda colaboração com as outras correntes social-democratas, Lenin, cada vez mais isolado, justificou teoricamente sua posição em seu ensaio *O Imperialismo, estádio supremo do capitalismo*. Ele explicava nesse ensaio que a revolução explodiria não no país em que o capitalismo estivesse muito forte, mas num Estado economicamente pouco desenvolvido, como a Rússia, com a condição de que o movimento revolucionário fosse dirigido por uma vanguarda disciplinada, pronta para ir até o fim, ou seja, até a ditadura do proletariado e a transformação da guerra imperialista numa guerra civil"[119]. Aquilo que deveria ser a ditadura do proletariado contra a ditadura dos capitalistas, acabou sendo a ditadura do partido comunista sobre o proletariado[120].

---

[117] "Lenin assumiu e transformou a ideia que Marx fazia de um partido revolucionário como a 'vanguarda da classe trabalhadora'. Mas, enquanto Marx acreditava que a maioria do proletariado seguiria espontaneamente a liderança de um partido rumo à revolução e ao socialismo, Lenin asseverava que não se podia confiar que o proletariado desenvolvesse espontaneamente uma consciência de classe revolucionária. Pois, se deixado a seus sentimentos espontâneos, o proletariado tenderia a recair na inércia de velhos hábitos de pensamento e ação e se contentaria com reformas e ganhos de pequena monta. Para que fizesse a revolução, afirmava ele, o proletariado teria de ser conquistado e dirigido por um partido de vanguarda que tivesse total consciência de seu papel, de suas tarefas e de seus objetivos" (Decter, Moshe. Cartilha de Comunismo – Teoria e Prática. Rio de Janeiro: Edições GRD, 1964, p. 25).
"O papel excepcional que o Partido Comunista desempenha na hora da vitória da revolução proletária é perfeitamente compreensível. Trata-se da ditadura de uma classe. A classe se compõe de diferentes camadas, cujos sentimentos e opiniões não são unânimes e cujo nível intelectual varia. Pois bem, a ditadura pressupõe a unidade de vontade, a unidade de tendência, a unidade de ação. Por que outro meio se poderia implantar? A dominação revolucionária do proletariado implica, dentro do próprio proletariado, na dominação de um partido dotado de um programa definido de ação e de uma disciplina interna indiscutível" (Trotski, Leon. Terrorismo e Comunismo e anti Kautsky. Rio de Janeiro: Editora Saga S.A, 1969, pp. 113-114).
"O homem, como já ousei dizer, é um preguiçoso, isto é, procura instintivamente obter com o mínimo de esforço o máximo de produtos" (Trotski, Leon. Terrorismo e Comunismo e anti Kautsky. Rio de Janeiro: Editora Saga S.A, 1969, p. 149/150).

[118] "A resposta de Lenin era a criação de um partido de revolucionários profissionais de tempo integral, que constituiriam um tipo de elite política que seria distinta da massa de trabalhadores. Os membros desse partido teriam um conhecimento correto da teoria revolucionária e estariam livres para o engajamento na violência extralegal; eles seriam a vanguarda da revolução, liderando, enquanto o resto da classe trabalhadora os seguiria" (Raymond Geuss, em Rush, Fred. (org). Teoria Crítica. São Paulo: Editora Ideias & Letras, 2008, p. 149).

[119] Courtois, Stéphane; Werth, Nicolas; Panné, Jean-Louis; Paczkowski, Andrzej; Bartosek, Karel; Margolin, Jean-Louis. O Livro Negro do Comunismo. Crimes, terror e repressão. Rio de Janeiro: Bertrand Brasil, 2018. 11ª edição, p. 63.

[120] "Havia um problema para os teóricos da esquerda russa na época czarista. Como seria possível uma revolução num país em que o operariado constituía uma parcela pouco significativa da população, e onde, sobretudo, a industrialização ainda estava começando? Foi Lenin quem procurou uma saída para estas condições pouco propícias diante da teoria marxista original. As teses de Lenin a respeito resumem-se em três pontos: a ideia do 'elo mais fraco' — a Rússia era o elo mais fraco na cadeia das nações capitalistas, e, portanto, seria este o elo a ser rompido; a ideia da aliança operário-camponesa — já que era preciso mobilizar-se o enorme campesinato russo, e a concepção do Partido Comunista como 'vanguarda do proletariado'. Para Marx quem fazia revolução era todo proletariado, subitamente consciente de sua alienação e das falsas cadeias que o estavam prendendo. A consciência era a condição subjetiva para a mudança, a condição objetiva era simplesmente realizar o que a consciência revelava. Mas na prática essa conscientização não é acontecimento simples. Estamos muito mais presos às coisas habituais, aos esquemas mentais e às sistematizações e leis que sempre nos acompanharam a vida do que nos é possível admitir. Precisa-se, consequentemente, forçar sobre o proletariado a tomada de consciência. Lenin propõe como solução o partido agindo como vanguarda revolucionária: o

O movimento de conscientização do partido em relação aos operários não poderia ser meramente ideológico, sob pena de ser insuficiente para seus propósitos. Por essa razão, foi estabelecido um mecanismo de trabalhos forçados, em que a distribuição das funções competia ao Partido Comunista. Independentemente da profissão da pessoa, ela seria conduzida para trabalhar forçadamente onde bem entendesse o governo, para realizar a atividade que melhor atendesse aos interesses da revolução. Quem não obedecesse às ordens, seria castigado[121][122]. Os líderes do Partido Comunista, em outras palavras, entenderam que "a falta de consciência coletiva do operário" deveria ser punida e, para tanto, adotaram medidas enérgicas e violentas. Milhões de pessoas perderam a vida por causa da fome ou da guerra civil que foi estabelecida. As punições foram controladas de perto pelo então Secretário Geral, o camarada Stalin[123].

Após muitas mortes e com o iminente fracasso do programa socialista, Lenin decidiu afrouxar algumas das medidas adotadas, retomando, por exemplo, o

---

partido faz a revolução e depois a entrega aos proletários, e, enquanto estes não assumem a sua consciência, o partido administra os bens sociais" (Doria, Francisco Antônio. Marcuse. Vida e obra. São Paulo: Editora Paz e Terra, 1983, 3ª edição, pp. 215-216).

[121] Trotski chegou inclusive a propor a militarização do trabalho, como forma de compelir todos os empregados a cumprirem exatamente as funções operárias determinadas pelo partido. "A militarização do trabalho não é, pois, camaradas, no sentido que indiquei, uma invenção de alguns políticos ou homens de nosso Departamento militar, mas constitui um método inevitável de organização e disciplina da mão-de-obra na época de transição do capitalismo ao socialismo" (Trotski, Leon. Terrorismo e Comunismo e anti Kautsky. Rio de Janeiro: Editora Saga S.A, 1969, p. 148).

[122] "Não pode haver na Rússia outro meio para se chegar ao socialismo a não ser uma direção autoritária das forças e dos recursos econômicos do país e uma distribuição centralizada da força operária, de acordo com o plano geral do governo. O Estado proletário julga-se no direito de enviar todo trabalhador para onde for necessário o seu trabalho. E nenhum socialista sério negará ao governo operário o direito de castigar o trabalhador que se obstinar em não cumprir a missão que lhe fora confiada" (Trotski, Leon. Terrorismo e Comunismo e anti Kautsky. Rio de Janeiro: Editora Saga S.A, 1969, p. 147).
"Esperava-se que a ditadura do proletariado desse ainda aos líderes comunistas o tempo necessário para demonstrarem às massas a eficácia de seu plano, com o fim de garantirem unidade de apoio ao 'comunismo pleno', que viria a seguir. A ditadura comunista na Rússia não teve esse poder de persuasão. Na verdade, a violência autorizada contra a classe capitalista logo teve de ser acionada com a mesma fúria contra o proletariado ou a classe trabalhadora, de modo que as massas se reduziram a um estado de aquiescência entorpecedia e temerosa, em vez de formarem uma 'unidade de apoio' à causa comunista" (Skousen, W. Cleon. O Comunista Exposto. Desvendando o Comunismo e Restaurando a Liberdade. Campinas, SP. Vide Editorial, 2018, p. 122).
"O Estado operário, enfim, ao recompensar uns, não pode deixar de castigar outros, isto é, os que com todo o conhecimento de causa enfraquecem a solidariedade operária, destroem o trabalho comum e causam um dano considerável à organização socialista do país. A repressão que vise à realização das tarefas econômicas é uma arma necessária da ditadura socialista" (Trotski, Leon. Terrorismo e Comunismo e anti Kautsky. Rio de Janeiro: Editora Saga S.A, 1969, p. 154).

[123] Antes de morrer, Lenin deixou o legado do que, posteriormente, se tornariam os grandes gulags soviéticos. "Além do sistema de reféns, os dirigentes bolcheviques experimentaram em agosto de 1918 um outro instrumento de repressão, surgido na Rússia em guerra: o campo de concentração. Em 9 de agosto de 1918, Lenin telegrafou ao Comitê Executivo da província de Pensa pedindo que fossem aprisionados os kulaks, os padres, os soldados do Exército Branco e outros elementos duvidosos num campo de concentração" (Courtois, Stéphane; Werth, Nicolas; Panné, Jean-Louis; Paczkowski, Andrzej; Bartosek, Karel; Margolin, Jean-Louis. O Livro Negro do Comunismo. Crimes, terror e repressão. Rio de Janeiro: Bertrand Brasil, 2018. 11ª edição, p. 92).

pagamento de salários e retirando o monopólio varejista do Estado. Abriu o regime soviético, permitindo que empresas estrangeiras participassem do mercado interno. Sinalizou que poderia, um dia, anuir com o ressurgimento do capitalismo na Rússia. Ele, porém, sofreu derrames que o impossibilitaram de continuar no poder[124]. Stalin, apesar da discordância do próprio Lenin[125], assumiu o poder.

Desde cedo, Stalin deu fim à relativa trégua que havia sido estabelecida por seu antecessor, introduzindo diretrizes econômicas a serem cumpridas em cinco anos, os chamados "Planos Quinquenais". Reiniciou a nacionalização de todas as empresas e a coletivização das terras rurais. A produção dos camponeses foi inteiramente confiscada em prol do Estado: aqueles que retinham qualquer parte eram severamente punidos. Essas medidas deveriam alavancar a economia russa, mas não foi isso o que se testemunhou. "A campanha de coletivização no campo foi parecida com uma guerra e as mortes decorrentes da violência, inanição ou de doenças relacionadas com a fome foram estimadas entre 4 e 8 milhões. Os números exatos jamais serão conhecidos porque nem sempre as mortes eram registradas. A taxa de mortalidade na URSS como um todo, saltou, de 1930 até 1933, para 83,9%, porém não foram contabilizadas regiões duramente afetadas como o Cazaquistão, onde aproximadamente 1 milhão de pessoas morreram. A mesma quantidade de pessoas também morreu no norte do Cáucaso e nas regiões de terra negra. Na Ucrânia, contudo, a mortalidade cresceu em 189,5%, e os números para

---

[124] Antes de morrer, Lenin deixou o legado do que, posteriormente, se tornariam os grandes gulags soviéticos. "Além do sistema de reféns, os dirigentes bolcheviques experimentaram em agosto de 1918 um outro instrumento de repressão, surgido na Rússia em guerra: o campo de concentração. Em 9 de agosto de 1918, Lenin telegrafou ao Comitê Executivo da província de Pensa pedindo que fossem aprisionados os kulaks, os padres, os soldados do Exército Branco e outros elementos duvidosos num campo de concentração" (Courtois, Stéphane; Werth, Nicolas; Panné, Jean-Louis; Paczkowski, Andrzej; Bartosek, Karel; Margolin, Jean-Louis. O Livro Negro do Comunismo. Crimes, terror e repressão. Rio de Janeiro: Bertrand Brasil, 2018. 11ª edição, p. 92).

[125] Pouco antes de morrer, ele redigiu um texto dirigido ao XIII Congresso do Partido Comunista da União Soviética, realizado em 1924, que ficou conhecido como "Carta ao Congresso". Nela, que foi lida no evento pela sua companheira Krupskaya, Lenin expressamente afirmou que "O camarada Stalin, tendo chegado ao Secretariado Geral, tem concentrado em suas mãos um poder enorme, e não estou seguro que sempre irá utilizá-lo com suficiente prudência" e que "Stalin é brusco demais, e este defeito, plenamente tolerável em nosso meio e entre nós, os comunistas, se coloca intolerável no cargo de Secretário Geral. Por isso proponho aos camaradas que pensem a forma de passar Stalin a outro posto e nomear a este cargo outro homem que se diferencie do camarada Stalin em todos os demais aspectos apenas por uma vantagem a saber: que seja mais tolerante, mais leal, mais correto e mais atento com os camaradas, menos caprichoso etc. Esta circunstância pode parecer fútil tolice. Porém eu creio que, desde o ponto de vista de prevenir a divisão e desde o ponto de vista do que escrevi anteriormente sobre as relações entre Stalin e Trotsky, não é uma tolice, ou se trata de uma tolice que pode adquirir importância decisiva". (Lenine, V. I. Carta ao Congresso – Testamento Político de Lenin. 22 de dezembro de 1922 – 4 de janeiro de 1923. Disponível em <https://www.marxists.org/portugues/lenin/1923/01/04.htm>).

1933 foram o triplo dos ocorridos nos dois anos anteriores"[126] [127]. "Vale a pena ressaltar que Stalin tinha pouca experiência e pouco conhecimento no campo da economia. Os bolchevistas haviam começado com uma destruição quase total das altas classes empresariais da indústria. Agora acontecia, nas aldeias, a eliminação do campesinato mais produtivo e eficiente. Uma economia dominada pelos mitos também levara à destruição dos economistas mais capazes do Partido. Stalin tanto censurara os economistas e planejadores em 1929, por suas ideias a respeito de como conseguir uma economia balanceada, que 'matara nos trabalhadores científicos ou práticos qualquer desejo de assumir a questão'. A maioria dos economistas adotava o ponto de vista de que, um investimento público em larga escala, baseado em recursos internos, poderia ser combinado com uma política anti-inflacionária. O investimento público iria aumentar a riqueza particular na agricultura, mas isso não colocaria o regime em perigo, pois o setor público ainda avançaria mais rapidamente. Os bukharinistas argumentavam que a coletivização não poderia ser tornada atrativa, ou mesmo prática, no campo, até que se pudesse contar com métodos para uma agricultura mais avançada. O esquema stalinista — que consistia em apoderar-se dos excedentes agrícolas para pagar pelos tratores que chegariam mais tarde — na verdade resultou no fato de não haver nenhum incentivo aos camponeses. As fazendas coletivas foram estabelecidas com base na inanição, com o simples emprego da força. Em sua fúria contra a coletivização, os camponeses destruíram uma grande parte da riqueza agrícola da Rússia. E os tratores nunca foram entregues em número suficiente. Além do mais, devido à mesma falta de preparação, as previsões para sua manutenção eram bastante insatisfatórias e uma grande parte deles foi desperdiçada"[128].

---

[126] Gellately, Robert. A Maldição de Stalin. O projeto de expansão comunista na segunda guerra mundial e seus ecos para além da guerra fria. Rio de Janeiro: Editora Record, 2017, p. 43.

[127] "Como confirmam os arquivos hoje acessíveis, a coletivização forçada do campo foi uma verdadeira guerra declarada pelo Estado soviético contra toda uma nação de pequenos produtores. Mais de dois milhões de camponeses deportados, dos quais 1.800.000 apenas em 1930-1931, seis milhões mortos de fome, centenas de milhares mortos durante a deportação: esses números dão a medida da tragédia humana que foi o 'grande assalto' contra os camponeses. Longe de limitar-se ao inverno de 1929-1930, essa guerra durou pelo menos até meados dos anos 30, culminando nos anos 1932-1933, marcados por uma fome terrível, deliberadamente provocada pelas autoridades para quebrar a resistência dos camponeses. A violência exercida contra os camponeses permitiu experimentar métodos posteriormente aplicados a outros grupos sociais" (Courtois, Stéphane; Werth, Nicolas; Panné, Jean-Louis; Paczkowski, Andrzej; Bartosek, Karel; Margolin, Jean-Louis. O Livro Negro do Comunismo. Crimes, terror e repressão. Rio de Janeiro: Bertrand Brasil, 2018. 11ª edição, p. 178).

[128] Conquest, Robert. O Grande Terror. Os expurgos de Stalin. Rio de Janeiro: Editora Expressão e Cultura, 1970, p. 33.

A atividade repressiva era gigantesca. Quando a fome batia à porta, os camponeses retinham parte da produção para si, a fim de garantir a própria subsistência. Stalin, porém, "aprovou uma nova e áspera lei para acabar com o roubo de alimentos, que podia ser uma única batata ou uma simples espiga de milho. Não menos do que 5.338 pessoas foram condenadas à morte por violarem tal lei em 1932, e mais 11.463 no ano seguinte, embora nem todas essas sentenças tivessem sido executadas. Sua argumentação era de que, a menos que ele tornasse sagrada e inviolável a propriedade pública, como os capitalistas haviam feito com a propriedade privada, os socialistas 'não seriam capazes de exterminar e enterrar os elementos capitalistas e os atos, práticas e tradições individualistas e egoístas' (que constituem a base dos roubos)"[129] [130].

A fome era tão grande que, na Ucrânia, verificaram-se "inclusive casos de pessoas famintas que, em seus delírios, tinham recorrido ao canibalismo. A resposta de Stalin foi previsível: 'isso é coisa de gente sem determinação. Eles estão enganando você. Relatam essas coisas de propósito para que você se apiede e liberte para eles suas reservas"[131]. "Os arquivos demográficos e os recenseamentos de 1937 e 1939, mantidos em segredo até bem recentemente, permitem avaliar a extensão da fome de 1933. Geograficamente, a 'zona da fome' cobria a totalidade da Ucrânia, uma parte da zona das terras negras, as ricas planícies do Kuban e do Cáucaso do Norte, e uma grande parte do Cazaquistão. Cerca de 40 milhões de pessoas foram atingidas pela fome e pela miséria"[132]. "Ao final do primeiro Plano Quinquenal, o nível de vida dos russos piorou 30% e, se os camponeses — que representam 80% de toda a população, estão vivendo uma tragédia de dimensões bíblicas, também os habitantes da cidade estão sujeitos a pesadíssimas privações: escassez de víveres, falta de moradias, insustável pressão nos horários e ritmo de trabalhos"[133]. "A coletivização destruiu

---

129 Gellately, Robert. A Maldição de Stalin. O projeto de expansão comunista na segunda guerra mundial e seus ecos para além da guerra fria. Rio de Janeiro: Editora Record, 2017, p. 40.

130 "O processo de lei era draconiano: por exemplo, uma lei datada de agosto de 1932 impunha uma sentença de dez anos de prisão para qualquer roubo de cereais, não importando a quantidade furtada" (Conquest, Robert. O Grande Terror. Os expurgos de Stalin. Rio de Janeiro: Editora Expressão e Cultura, 1970, p. 36).

131 Gellately, Robert. A Maldição de Stalin. O projeto de expansão comunista na Segunda Guerra Mundial e seus ecos para além da guerra fria. Rio de Janeiro: Editora Record, 2017, p. 154.

132 Courtois, Stéphane; Werth, Nicolas; Panné, Jean-Louis; Paczkowski, Andrzej; Bartosek, Karel; Margolin, Jean-Louis. O Livro Negro do Comunismo. Crimes, terror e repressão. Rio de Janeiro: Bertrand Brasil, 2018. 11ª edição, p. 200.

133 Ghirelli, Antônio. Tiranos. De Hitler a Pol Pot: os homens que ensanguentaram o século 20. Rio de Janeiro: Editora Bertrand Brasil Ltda. 2003, p.33.

aproximadamente 25% da capacidade produtiva da agricultura soviética. O Plano Quinquenal havia postulado para seu último ano uma colheita de cereais de 100 milhões de toneladas. Ela não atingiu 70 milhões, e o objetivo final não foi alcançado antes do começo da guerra"[134]. "Em Petrogrado, no início de 1920, o salário operário variava entre 7.000 e 12.000 rublos por mês. Além desse insignificante salário de base — meio quilo de manteiga custava no mercado livre 5.000 rublos, meio quilo de carne 3.000 rublos, um litro de leite 750 rublos! —, cada operário tinha direito a um certo número de produtos, em função da categoria na qual era classificado. No fim de 1919, em Petrogrado, um trabalhador braçal tinha direito a 250 gramas de pão por dia, meio quilo de açúcar por mês, meio quilo de gordura e dois quilos de arenque defumado"[135].

Stalin ainda massacrou os grupos sociais e as minorias étnicas. Os primeiros, porque julgava que não prestariam em nada para o aprimoramento da revolução. Os segundos, porque possuíam um sentimento nacionalista forte que poderia gerar oposição ao seu governo. Uma de suas ordens, a "A Ordem Secreta 00447", era, na verdade, uma "demanda para a exterminação dos 'restos' sociais que a revolução havia desbordado. Eles teriam que ser liquidados para sempre, 'da maneira mais impiedosa possível'. A lista, que começava com os kulaks, incluía os clérigos e aqueles envolvidos com 'seitas' religiosas, ex-membros de bandos armados de partidos oposicionistas, bandidos e os Brancos. Prosseguia abrangendo criminosos, de ladrões de gado a transgressores reincidentes. Embora Lenin tivesse composto listas como essas, ele desejava que as pessoas fossem colocadas em campos de concentração. Stalin se mostrava disposto a matar quase todas elas. Segundo o raciocínio de cotas da época, metas quantificadas foram fixadas. No total, 79.950 deveriam ser fuzilados e 193 mil enviados para os gulags. Os tribunais de troikas quase não liam os dossiês dos acusados, como por exemplo quando, num só dia (9 de outubro), uma troika de Leningrado sentenciou à morte 658 prisioneiros. No dia seguinte, em Omsk, outra troika 'sentenciou' 1.301 pessoas, das quais 937 foram fuziladas. O próprio Stalin punia aqueles que não demonstravam zelo suficiente para terminar rapidamente os julgamentos. Entusiastas locais atingiram suas cotas e se apressaram por solicitar permissão para que elas aumentassem. No cômputo final, a Operação

---

134 Conquest, Robert. O Grande Terror. Os expurgos de Stalin. Rio de Janeiro: Editora Expressão e Cultura, 1970, p. 36.

135 Courtois, Stéphane; Werth, Nicolas; Panné, Jean-Louis; Paczkowski, Andrzej; Bartosek, Karel; Margolin, Jean-Louis. O Livro Negro do Comunismo. Crimes, terror e repressão. Rio de Janeiro: Bertrand Brasil, 2018. 11ª edição, p. 111.

00447 resultou no sentenciamento de mais de 767 mil, dos quais cerca de 387 mil foram executados"[136].

O ataque a estes grupos esconde o desejo de Stalin de implantar um movimento de eugenia russa, diluindo as divergências raciais existentes no seu território. "A diversidade da limpeza étnica soviética foi uma alavanca ideológica para igualar o nível cultural e as identidades étnicas onde as autoridades percebiam real ou potencial ameaça à pátria-mãe. O plano estabelecia que grupos étnicos menores fossem desenraizados de suas comunidades tradicionais e 'dispersados entre fazendas coletivas com populações russas, cazaques, uzbeques e quirguizes'. A expectativa era que as pessoas deslocadas fossem assimiladas quando as mais dominantes línguas e culturas seguissem seus cursos e apagassem as identidades dos de fora"[137].

Foram enviados para campos de trabalhos forçados cerca de 230 mil prisioneiros de guerra da Polônia; 12.569 pessoas da Lituânia; 16.564 da Letônia e 6.700 da Estônia. Um total de 69.267 homens, mulheres e crianças da etnia Karachal (um povo islâmico turco que habitava próximo aos mares Negro e Cáspio) foi conduzido para os *gulags*. O mesmo ocorreu com cerca de 93.139 pessoas da etnia Kalmik (um povo budista mongol da região do Baixo Volga). Ainda, 478.479 pessoas da região Checheno-Inguchétia (do norte do Cáucaso) foram deportadas. Na Criméia, mais de 180 mil suportaram esse destino[138].

Esses campos de trabalhos forçados, ou *gulags*, cresceram exponencialmente em razão do número de prisioneiros do regime soviético. Normalmente construídos no norte do país — uma área caracterizada pelas extremas condições ambientais, tinham na hediondez do tratamento a marca registrada. As pessoas eram mandadas para eles para que morressem, não sem antes sofrer de fome, frio e doenças. "Em 1930, tal sistema tinha 179 mil prisioneiros, número que cresceu para 510.307 em 1934; 1.196.369 em 1937; e 1.929.729 em janeiro de 1941 (...) Em 1945, o total em todos os campos aumentou de novo para 1,4 milhão

---

136 Gellately, Robert. A Maldição de Stalin. O projeto de expansão comunista na segunda guerra mundial e seus ecos para além da guerra fria. Rio de Janeiro: Editora Record, 2017, p. 54.

137 Gellately, Robert. A Maldição de Stalin. O projeto de expansão comunista na segunda guerra mundial e seus ecos para além da guerra fria. Rio de Janeiro: Editora Record, 2017, p. 230.

138 "Essa principal onda de deportação, que atingiu cerca de 900.000 pessoas, foi seguida, de julho a dezembro de 1944, por outras operações destinadas a 'limpar' a Crimeia e o Cáucaso de várias outras nacionalidades julgadas 'duvidosas': gregos, búlgaros, armênios da Criméia, turcos meskhetianos, curdos e khem-chines do Cáucaso" (Courtois, Stéphane; Werth, Nicolas; Panné, Jean-Louis; Paczkowski, Andrzej; Bartosek, Karel; Margolin, Jean-Louis. O Livro Negro do Comunismo. Crimes, terror e repressão. Rio de Janeiro: Bertrand Brasil, 2018. 11ª edição, p. 263).

e foi crescendo anualmente até que atingiu 2,5 milhões em 1950. O número foi o mesmo no ano seguinte e permaneceu assim até 1953, quando a contagem chegou a 2,4 milhões"[139] [140].

A tortura já começava pela forma como as pessoas eram encaminhadas para os campos de trabalhos forçados. "Depois de proferidas as sentenças, os prisioneiros eram comprimidos em tintureiros, de um tipo fabricado antes da Revolução: haviam sido desenhados para transportar sete pessoas, mas com a diminuição do espaço dos compartimentos ao mínimo possível estes tintureiros podiam transportar até vinte e oito pessoas. Então, geralmente à noite, os condenados eram colocados em vagões de estrada de ferro que os conduziam a seu destino — geralmente os vagões empregados para este fim eram os destinados ao transporte de gado e haviam levado doze cavalos ou quarenta e oito soldados equipados durante as guerras do império, mas agora carregavam até cem prisioneiros (...) Essas viagens para os campos de trabalhos poderiam durar meses. Por exemplo, um prisioneiro descreve uma viagem ferroviária entre Leningrado e Vladivostok, a qual durou quarenta e sete dias. Às vezes tais viagens são descritas como piores do que os próprios campos. Os superlotados vagões de carga praticamente não possuíam aquecimento no

---

[139] Gellately, Robert. A Maldição de Stalin. O projeto de expansão comunista na segunda guerra mundial e seus ecos para além da guerra fria. Rio de Janeiro: Editora Record, 2017, pp. 45 e 158.

[140] "Entre 1947 e 1952, o campo de concentração da União Soviética irá rivalizar com o hitlerista pelo menos no que se refere à brutalidade de tratamento usado com os deportados e à desoladora infâmia das condições ambientais. 'Bem-vindos ao inferno' é a frase que encima a entrada de uma fábrica em uma cidade da Sibéria setentrional, Norilsk, onde se calcula que tenham morrido 17 mil dos deportados aí chegados, recebidos, tal como se deu com os judeus de Mauthausen e de Büchenwald, pelos agentes da polícia política encarregados de cuidar deles, com uma cordial mensagem: 'Vocês foram trazidos para cá não para viver, mas para sofrer e morrer. Se sobreviverem, das duas, uma: ou porque trabalharam menos do que deviam, ou porque comeram mais do que lhes tocava'. As condições gerais são as de todo campo de trabalho forçado, mas, naturalmente, nas regiões siberianas mais próximas do Círculo Polar Ártico (a mesma zona em que em sua juventude tinha sido exilado Stalin) a aspereza do clima e do ambiente acentua o horror. Ettore Mo colheu os testemunhos dos poucos sobreviventes do campo e do frio siberianos, que oscilava entre 40 e 50 graus abaixo de zero, 'a grande e desconhecida carnificina dos condenados à prisão perpétua de Norilsk': a maior parte dos deportados é descarregada em uma portinhola, a 100 quilômetros a oeste, e daí, 'como uma grande manada', é levada a pé para as minas ou para trabalhar durante meses com pás e picaretas na construção de uma ferrovia. Muitos desses infelizes enfrentaram a fúria dos mares árticos em decrépitos barcos e retornaram à terra transidos de frio, esfomeados e inclusive 'obscenamente emporcalhados, porque durante uma tempestade, os barris de bordo, cheios de excremento e de urina, caíram em cima deles'. Os turnos de trabalho nas minas ou na fábrica são de doze horas, com apenas dez minutos de intervalo para aquecer as mãos. Quem não respeita os ritmos de produção e as cotas estabelecidas pelos chefes está arriscado a ser fuzilado: os mortos são cerca de trinta por dia e acabam em um cemitério do tamanho do de Moscou. A fome e o desespero provocam reações de delírio, como a de levantar-se durante a noite para caçar as ratazanas do barracão e cozinhá-las em uma lata, ou cortar os próprios dedos congelados com um golpe de machado para conseguir alguns dias de descanso na enfermaria. E muitas vezes os delinquentes comuns matam os criminosos políticos para serem levados a processo e saírem do gulag" (Ghirelli, Antônio. Tiranos. De Hitler a Pol Pot: os homens que ensanguentaram o século 20. Rio de Janeiro: Editora Bertrand Brasil Ltda. 2003, p.63).

inverno e eram insuportavelmente quentes no verão. As condições inadequadas de higiene, falta de água e alimentos causavam grandes sofrimentos e uma alta taxa de mortalidade (...) Às vezes não havia nem água para que os prisioneiros preparassem a sua ração de 'chá'. Frequentemente, as rações iam pouco a pouco ficando menores, com os guardas chegando até a deixar de distribuí-las. Até mesmo a água, a ser fornecida aos prisioneiros, frequentemente não era distribuída por um dia ou dois"[141]. Nas viagens, em que inclusive crianças estavam presentes, as portas não eram abertas para diminuir o fedor que provinha da falta de banho e da necessidade de serem as necessidades básicas satisfeitas ali mesmo, dentro dos vagões. Eram rotineiras as doenças suportadas pelos ocupantes pela total falta de higiene e de condições mínimas de salubridade. "Nos vagões hermeticamente fechados, as pessoas morriam como moscas, por causa da fome e da falta de ar: não nos davam nem de comer nem de beber"[142].

As condições eram terríveis. Os trabalhos duravam o dia todo, havia apenas intervalos de dez minutos de descanso após o café da manhã, cinco minutos após o almoço e cinco após a janta. A ração alimentar para essa condição extrema de trabalho e exaustão era estabelecida por cotas, conforme o prisioneiro alcançasse a meta que lhe foi atribuída, sendo a "ração disciplinar", para o ineficiente, consistente em trezentos gramas diários de alimentos. O mingau era composto, nos meses de fartura, de um composto ralo de aveia com vegetais (normalmente cenoura ou repolho). Nos meses de escassez, era servida uma sopa de urtigão picado. Era comum que os trabalhadores fizessem sopa de grama e tomassem água salgada no desespero de matar a sede. Quando a pessoa chegasse a um nível muito debilitado em razão da fome, a comida era ainda mais reduzida e o trabalho aumentado, para que ela morresse mais rápido. Os presos viviam com úlceras em razão da imundície de suas roupas: os banhos eram apenas ocasionais, geralmente de duas em duas semanas. Outras doenças que os acometiam com frequência eram o escorbuto, a pelagra, a tuberculose e a pneumonia, além de inchaço nos pés, amputações de membros por gangrenas causadas pelo frio. Os castigos físicos eram comuns e largamente utilizados para aqueles que, ainda que terrivelmente exaustos, não trabalhassem com

---

[141] Conquest, Robert. O Grande Terror. Os expurgos de Stalin. Rio de Janeiro: Editora Expressão e Cultura, 1970, p. 334.

[142] Courtois, Stéphane; Werth, Nicolas; Panné, Jean-Louis; Paczkowski, Andrzej; Bartosek, Karel; Margolin, Jean-Louis. O Livro Negro do Comunismo. Crimes, terror e repressão. Rio de Janeiro: Bertrand Brasil, 2018. 11ª edição, p. 265.

afinco — os castigos iam do fuzilamento a deixar o rebelde nu na neve, até que mudasse de ideia[143].

Stalin, enfim, empregou quaisquer meios disponíveis e ao seu alcance para tentar implantar o sistema socialista que tanto imaginava. Ao final, o resumo de sua administração foram os expurgos, os julgamentos falsificados, as confissões extraídas sob tortura, as execuções sumárias, as prisões perpétuas em campos de trabalhos forçados totalmente insalubres[144]. Hoje, é "impossível estabelecer com exatidão o número de vítimas exterminadas por esse sistema 'justificável e adequado', entre prisioneiros deportados e fuzilados que Stalin e seus colaboradores sacrificaram entre 1936 e 1950, o período mais intenso da repressão. Além das condenações à pena capital, calcula-se que o número dos 'inimigos do povo' mantidos anualmente nos campos de trabalho oscilasse, em média, de um mínimo de seis a um máximo de 17 milhões, com um índice médio de mortalidade entre 10 e 20%. Se forem incluídas nesse cálculo também as vítimas do período entre 1930 e 1936, chega-se a um total aproximado de 20 milhões de indivíduos que pereceram nas prisões ou nos gulags, de fome, doença ou violência por parte do Estado, muitas vezes complementada com o sadismo e a corrupção dos guardas carcerários em comum acordo com os detentos comuns"[145]. "Assim é obtido um total de 20 milhões de mortos, o qual é quase certamente um número muito baixo e pode requerer um aumento de cinquenta porcento ou quase isto, como pagamento do débito aos vinte e três anos de serviços prestados pelo regime de Stalin"[146]. Em um cálculo modesto, "se levarmos em conta o cálculo 'oficial' de que, mais ou menos 26,6 milhões de pessoas morreram de causas diversas na União Soviética e subtrairmos as

---

143 "Os camponeses detidos são sistematicamente encerrados em galpões não aquecidos, são chicoteados e ameaçados de execução. Os que não preencherem a totalidade de sua cota de entrega são amarrados, obrigados a correr nus, ao longo da rua principal do povoado, sendo então encerrados num galpão não aquecido. Muitas mulheres foram espancadas até perderem os sentidos, sendo então jogadas nuas em buracos cavados na neve" (Courtois, Stéphane; Werth, Nicolas; Panné, Jean-Louis; Paczkowski, Andrzej; Bartosek, Karel; Margolin, Jean-Louis. O Livro Negro do Comunismo. Crimes, terror e repressão. Rio de Janeiro: Bertrand Brasil, 2018. 11ª edição, p. 147).

144 "Os assentamentos eram abertos em locais ermos no distante norte e tinham por objetivo primordial prender kulaks e suas famílias, arrebanhados pelo impulso coletivista. Eles mantiveram 1,3 milhão de prisioneiros em 1932 e permaneceram com cerca de 1 milhão até quando a Segunda Guerra Mundial ia bem avançada, mas, em 1942, a quantidade de internos começou a aumentar de novo" (Gellately, Robert. A Maldição de Stalin. O projeto de expansão comunista na segunda guerra mundial e seus ecos para além da guerra fria. Rio de Janeiro: Editora Record, 2017, p. 45).

145 Ghirelli, Antônio. Tiranos. De Hitler a Pol Pot: os homens que ensanguentaram o século 20. Rio de Janeiro: Editora Bertrand Brasil Ltda. 2003, pp. 41-42.

146 Conquest, Robert. O Grande Terror. Os expurgos de Stalin. Rio de Janeiro: Editora Expressão e Cultura, 1970, p. 528.

cerca de 8,6 milhões de baixas militares, o resultado significa que 18 milhões ou mais de civis pereceram prematuramente"[147][148].

Em março de 1953 Stalin sofreu um derrame e, dois dias depois, morreu. Nikita Kruschev, que assumiu o poder, retomou parte da economia de mercado e, com isso, melhorou a condição da população em geral.

## A REVOLUÇÃO NA CHINA

Mao foi o terceiro filho de uma família de camponeses, o primeiro que sobreviveu para alcançar a infância. Nascido no Vale de Shaoshan, dentro da província de Hunam, no coração da China, no ano de 1893, foi chamado também de Tsé-tung, que significa "brilhar sobre o leste". Estudou até os treze anos de idade e depois trabalhou como lavrador. Por divergências com seu pai, mudou-se para a capital Changsha e retornou aos estudos, onde se formou em magistério. Quando tinha vinte e sete anos de idade aproximou-se do Partido Comunista Chinês, aceitando, mediante remuneração, administrar uma célula do partido em Hunan, tendo como missão principal recrutar membros para a causa e organizar sindicatos. Ganhando prestígio, assumiu o posto de assistente-chefe do Partido Comunista e permaneceu quatro anos em Xangai. O alinhamento com a vertente de Moscou — que pregava a violência como forma de destruição da ordem social, fez com que ganhasse a simpatia também do Kremlin.

Mais ou menos nessa época Mao formou um grande exército revolucionário para o Partido Comunista, composto principalmente por camponeses. Sua influência na região central da China, principalmente na província de

---

[147] Gellately, Robert. A Maldição de Stalin. O projeto de expansão comunista na segunda guerra mundial e seus ecos para além da guerra fria. Rio de Janeiro: Editora Record, 2017, p. 152.

[148] O "Livro Negro do Comunismo" detalha em que consistiram essas mortes. "Tentemos esboçar um balanço provisório dos diversos aspectos dessa repressão que, naturalmente, não se situam no mesmo plano: — 6 milhões de mortos como consequência da fome de 1932-1933, uma catástrofe amplamente imputada à política de coletivização forçada e de antecipação predatória feita pelo Estado sobre as colheitas dos kolkhozes; — 720.000 execuções, das quais mais de 680.000 apenas nos anos de 1937-1938, subsequentes a uma paródia de julgamento feita por uma jurisdição especial da GPU-NKVD; — 300.000 óbitos atestados nos campos de concentração entre 1934 e 1940; — cerca de 400.000 para toda a década, números que, sem dúvida, podemos generalizar para os anos de 1930-1933, anos sobre os quais não dispomos de dados precisos, sem contar o número inverificável de pessoas mortas entre o momento de sua prisão e seu registro como 'os que entram' pela burocracia penitenciária; — cerca de 600.000 óbitos atestados entre os deportados, 'deslocados' e colonos especiais; — cerca de 2.200.000 deportados, 'deslocados' e colonos especiais; — um número acumulado de 7 milhões de pessoas que deram entrada nos campos de concentração e colônias do Gulag entre 1934 e 1941, com dados insuficientes para os anos de 1930-1933" ((Courtois, Stéphane; Werth, Nicolas; Panné, Jean- Louis; Paczkowski, Andrzej; Bartosek, Karel; Margolin, Jean-Louis. O Livro Negro do Comunismo. Crimes, terror e repressão. Rio de Janeiro: Bertrand Brasil, 2018. 11ª edição, p. 248).

Jiangxi, levou-o, em 1931, a proclamar a independência do governo legal do país, criando um novo Estado: a "República Soviética da China". Mao foi nomeado presidente. O governo chinês reagiu fortemente a essa rebelião e executou diversas campanhas militares, fazendo com que as tropas comunistas fugissem de Jiangxi para o norte da China, dando início à conhecida "Grande Marcha", onde morreram setenta mil de um total de cem mil pessoas. Nessa época, ele se tornou a principal figura do Partido Comunista Chinês. O exército comunista, chamado de "Exército Vermelho", conseguiu se reestruturar e, no contexto da invasão japonesa de 1937, retomou áreas que haviam sido perdidas. Alcançou um número próximo de um milhão de combatentes. A Segunda Guerra Mundial, por outro lado, trouxe muitas baixas para o exército chinês. Iniciada nova guerra civil, as batalhas apenas cessaram em 1949, quando o Partido Comunista conquistou o poder, iniciando a República Popular da China, onde foi ditador até 1976, quando faleceu.

A revolução na China trouxe outro golpe aos preceitos doutrinários de Marx. Enquanto a teoria marxista atribuía ao proletariado o protagonismo da revolução que daria início ao marxismo, Mao Tsé-tung entendia que a força motriz da revolução seria o campesinato. Os camponeses sempre estiveram na base das suas táticas de guerrilha: a formação de um exército essencialmente por eles composto, um cerco prolongado em torno das cidades e a conquista posterior, tomando-se o poder. Essa marca teórica ficou conhecida como *maoísmo* que, até hoje, é o pensamento oficial de vários partidos em torno do mundo. Foi apenas nesse aspecto, porém, e na ausência de expurgos dentro do Partido Comunista Chinês, que ele se distanciou da cartilha comunista tradicional. No mais, cumpriu os preceitos destrutivos socialistas: estatizou a indústria e coletivizou a agricultura, pondo um fim a propriedade privada.

A estatização de todos os meios de produção trouxe, desde logo, uma grande crise. O movimento de apropriação das terras alheias começou no campo, onde "o elemento-chave da reforma agrária foi o comício da acidez: diante do povoado reunido, compareciam os proprietários, frequentemente apelidados de 'traidores' (era hábito assimilá-los aos autênticos colaboradores do ocupante japonês, 'esquecendo' — exceto nos primeiros tempos, em 1946 — que os camponeses pobres haviam feito exatamente o mesmo). Seja por receio desses personagens, ainda ontem poderosos, seja por consciência de uma certa injustiça, as coisas demoram muitas vezes a engrenar, e, nesse caso, os militantes têm de dar uma ajuda, maltratando fisicamente e humilhando os acusados; então, geralmente, a conjunção dos oportunistas com aqueles que têm contas a ajustar permite que jorrem as denúncias, e a temperatura começa a subir; tendo em vista a tradição camponesa de violência, não é difícil, depois disso, chegar a condenação à morte dos proprietários (evidentemente acompanhada pelo confisco dos respectivos bens), muitas vezes executada no próprio local e no mesmo instante, com a participação mais ou menos ativa dos camponeses. Mas os quadros procuram, na maioria das vezes, embora nem sempre o consigam, apresentar o condenado à justiça da capital do distrito, para confirmar a sentença. Esse teatro de horrores, em que cada um desempenha com perfeição o seu papel, e com uma convicção real ainda que tardia, inaugura os 'comícios de luta' e outras sessões de autocrítica que *todos* os chineses sofreram pessoalmente e impuseram a outros pelo menos até à morte do Grande Timoneiro, em 1976. Trata-se, sem dúvida, de uma manifestação da grande propensão, tradicional na China, para o ritualismo e o conformismo, tendência da qual um poder cínico pode usar e abusar à vontade. Nenhum dado preciso permite determinar o número de vítimas, mas, como 'tinha de haver' pelo menos aparentemente, uma por cada povoado, um milhão parece ser o estrito mínimo, e a maior parte dos autores está de acordo em admitir cifras entre dois e cinco milhões de mortos"[149]. Eram comuns outros casos de tortura no campo: "massacre de toda a família do presidente da associação católica local (com a igreja tendo sido fechada), espancamento e confisco dos bens dos camponeses pobres que se tinham solidarizado com os ricos, procura de 'origens feudais' ao longo de três gerações (o que não deixava praticamente ninguém livre de uma 'requalificação' funesta), torturas até à morte para obter a localização de um mítico tesouro, interrogatórios sistematicamente acompanhados por torturas com ferros em brasa, extensão das perseguições aos familiares dos executados, violação e destruição de sepulturas"[150].

Houve, na sequência, a apropriação dos maquinários e de toda a produção dos

---

[149] Courtois, Stéphane; Werth, Nicolas; Panné, Jean-Louis; Paczkowski, Andrzej; Bartosek, Karel; Margolin, Jean-Louis. O Livro Negro do Comunismo. Crimes, terror e repressão. Rio de Janeiro: Bertrand Brasil, 2018. 11ª edição., pp. 565-566.

[150] Courtois, Stéphane; Werth, Nicolas; Panné, Jean-Louis; Paczkowski, Andrzej; Bartosek, Karel; Margolin, Jean-Louis. O Livro Negro do Comunismo. Crimes, terror e repressão. Rio de Janeiro: Bertrand Brasil, 2018. 11ª edição., p. 566.

camponeses que sobreviveram, fazendo com que a população nos campos não mais tivesse o mínimo para sua subsistência. Por consequência, a distribuição de alimentos nas cidades não atendia às necessidades básicas dos habitantes[151]. Nas cidades, para assegurar a posse de todo o aparato das empresas e para extinguir qualquer foco de resistência, Mao realizou um violento expurgo, exterminando intelectuais, empresários e toda a classe que julgava prejudicial à revolução. Os que não eram fuzilados eram levados para prisões. "Por toda parte, mesmo nas menores cidades, elas abrem cárceres improvisados, ao mesmo tempo que, nas prisões já existentes, a superlotação e as condições são de uma dureza sem precedentes: até 300 detidos numa cela com 100 metros quadrados, e 18.000 na penitenciária central de Xangai; rações alimentares de fome, esgotamento pelo trabalho; disciplina desumana com violências físicas constantes (por exemplo, coronhadas, pelo simples fato de erguer a cabeça, obrigatoriamente baixa durante toda a marcha). A mortalidade, até 1952, seguramente muito superior a 5% anuais (média dos anos 1949-1978 no *laogai*[152]), chega a atingir 50% em seis meses numa determinada brigada do Guangxi, ou 300 mortos por dia em certas minas do Shanxi. As torturas mais variadas e mais sádicas são fatos comuns, sendo a mais frequente a suspensão pelos pulsos ou pelos polegares; um religioso chinês morreu, depois de 102 horas de interrogatório contínuo. Os indivíduos mais terrivelmente brutos agem sem o menor controle: um comandante de campo teria assassinado ou mandado enterrar, vivos, 1.320 detidos, num ano, além de cometer inúmeros estupros. As revoltas, nessa ocasião muito numerosas (os detidos, incluindo um grande número de

---

[151] "A resposta de Mao à situação difícil dos camponeses foi impiedosa. Eles deveriam comer folhas de batata-doce, que eram usadas tradicionalmente apenas para alimentar os porcos. 'Eduquem os camponeses para comer menos e usar mingau mais ralo', instruiu. 'O Estado deveria tentar ao máximo (...) evitar que os camponeses comam demais (...) No dia seguinte, ele disse ao Politburo que eles estavam 'em guerra' com toda a população: 'Essa é uma guerra aos produtores de alimentos — bem como aos consumidores de alimentos', referindo-se à população urbana, que foi então sujeita a um racionamento sem precedentes. Para justificar o tratamento dos camponeses como inimigos, a justificativa tola de Mao era de que 'Marx e Engels nunca disseram que todos os camponeses eram bons' (...) No início de 1955 o confisco já causava desgraça total. Mao recebia numerosos relatórios sobre camponeses que eram obrigados a comer cascas de árvores e que abandonavam seus bebês porque não tinham comida. Mao havia instalado muitos canais para recolher informações na base, pois precisava manter os ouvidos abertos para permanecer no controle. Um canal era constituído por seus guardas. Naquele ano, quando foram para casa visitar suas famílias, ele lhes pediu que contassem o que se passava em suas aldeias. O retrato que pintaram era triste. Um deles escreveu que metade das famílias de sua aldeia estava sem comida e tivera de comer folhas das árvores naquela primavera. Outro relatou que as pessoas dependiam de ervas daninhas para se alimentar e estavam morrendo de inanição. De outros canais, Mao ficou sabendo que as pessoas estavam dizendo coisas como 'o que é que tem de bom o socialismo? Mesmo agora, quando acabamos de começar, não temos direito a óleo de cozinha' e 'o Partido Comunista está levando as pessoas à morte!" (Halliday, Jon e Chang, Jung. Mao - a História Desconhecida. São Paulo: Editora Schwarcz Ltda. 2005, pp. 485-486).

[152] Nome dado ao campo de concentração chinês.

militares, não tinham tido ainda tempo de serem moralmente esmagados), conduzem a verdadeiras matanças: vários milhares dos 20 mil degredados dos campos petrolíferos de Yanchang são executados; em novembro, mil dos cinco mil amotinados de um estaleiro florestal são enterrados vivos"[153].

Apesar de tantas arbitrariedades e desmandos, Mao não só insistiu com sua política comunista como a intensificou, criando um plano econômico que pretendia transformar a China em uma superpotência mundial, batizando-o de "O Grande Salto Adiante". Inicialmente, pretendia-se completar a industrialização da China entre dez e quinze anos, mas logo depois esse prazo foi reduzido para três ou cinco anos. O plano foi lançado em maio de 1958 e trouxe consequências ainda mais atrozes para o povo. Cerca de noventa milhões de pessoas foram obrigadas a deixar o campo e mudar para as cidades para trabalharem em fábricas, especialmente na produção do aço, cujas condições eram terríveis[154]. Quando não eram deslocadas para as cidades, dirigiam-se a áreas áridas com a finalidade de executar projetos de irrigação. Com isso, houve nova queda da produção agrícola, desta vez brutal. Os agricultores, deslocados de suas terras, não mais trabalhavam em sua lavoura e o pouco produzido era confiscado pelo governo para cumprir as metas irracionais.

A onda de fome aprofundou-se barbaramente, criando uma situação sem precedentes em todo o país. O governo incrementou a fiscalização, impedindo que os camponeses retivessem qualquer parte dos produtos. A fiscalização era

---

153 Courtois, Stéphane; Werth, Nicolas; Panné, Jean-Louis; Paczkowski, Andrzej; Bartosek, Karel; Margolin, Jean-Louis. O Livro Negro do Comunismo. Crimes, terror e repressão. Rio de Janeiro: Bertrand Brasil, 2018. 11ª edição., p. 569.

154 "As instalações de toalete eram inadequadas, então os trabalhadores urinavam e defecavam diretamente no chão da fábrica. A sujeira e o fedor permeavam o local, piolhos e sarnas eram comuns. O caos reinava no local de produção. Brigas eram ocorrências frequentes, as janelas estavam quebradas e as portas caíam. Uma hierarquia social emergiu em que os trabalhadores mais fortes pegavam as melhores camas nos dormitórios. O medo era difundido, em particular entre as mulheres, comumente assediadas, humilhadas e abusadas pelos quadros locais em seus escritórios, dormitórios ou, às vezes, no chão da fábrica, à vista dos outros trabalhadores. Nenhuma delas ousava dormir ou sair sozinha" (Dikötter, Frank. A Grande Fome de Mao. A história da catástrofe mais devastadora da China, 1958-62. Rio de Janeiro: Editora Record, 2017, p. 199).

feita pelos "quadros das comunas", que pertenciam ao Partido Comunista[155][156]. A fome não atingiu apenas os campos, alcançou também as cidades[157]. "Perto de 38 milhões de pessoas morreram de fome e excesso de trabalho no Grande Salto Adiante, na epidemia de fome que durou quatro anos"[158].

Mao não se sensibilizou com as mortes — diversamente, as desprezava. Ele tinha pleno conhecimento do que ocorria o país, especialmente em razão do sistema de informações que havia instituído para assegurar a manutenção no poder. Ele até "via vantagens práticas nas mortes em massa. 'As mortes trazem benefícios', disse ao alto escalão em 9 de dezembro de 1958. 'Elas podem fertilizar o solo' ". Os camponeses receberam ordens para plantar sobre túmulos, o que causou intensa angústia. "A pior forma de profanação era picar o corpo

---

[155] "Esses quadros faziam também o papel de carcereiros, mantendo os camponeses encerrados em suas aldeias. Em 19 de agosto de 1958, Mao apertou ainda mais o cerco àqueles que se mudavam sem autorização, o que ele chamou de 'gente perambulando sem controle'. A possibilidade tradicional de escapar da fome fugindo para um lugar onde houvesse comida, que havia muito tempo era ilegal, foi então bloqueada. Um camponês descreveu a situação como pior do que na época da ocupação japonesa: 'Mesmo quando os japoneses vieram, podíamos fugir. Neste ano (1960) (...) estamos simplesmente confinados para morrer em casa. Minha família tinha seis membros e quatro morreram'. A outra tarefa dos quadros era impedir que os camponeses 'roubassem' a própria colheita. Punições horríveis eram comuns: algumas pessoas eram enterradas vivas, outras estranguladas com cordas, de outras ainda cortavam-lhes o nariz. Em uma aldeia, quatro crianças apavoradas foram salvas de serem enterradas vivas por terem tomado um pouco de comida somente quando a terra já estava na cintura delas, depois de apelos desesperados de seus pais. Em outra aldeia, cortaram quatro dedos de uma criança por tentar roubar um pouco de comida; em outra ainda, enfiaram arames nas orelhas de duas crianças que tentaram roubar comida e as penduraram pelo arame numa parede. Brutalidades desse tipo aparecem em quase todos os relatos desse período, em todo o país" (Halliday, Jon e Chang, Jung. Mao – a História Desconhecida. São Paulo: Editora Schwarcz Ltda. 2005, p. 537).

[156] "Ailong, um menino de 13 anos que cuidava dos patos em Guangdong, foi pego cavando raízes para comer. Foi forçado a ficar sentado com a cabeça entre os joelhos, coberto de excremento, e enfiaram-se lascas de bambu debaixo das unhas dele. A surra que recebeu foi tão violenta que o garoto ficou aleijado para o resto da vida. No condado Luoding, em Guangdong, o oficial local Qu Bendi espancou até a morte uma criança de 8 anos que roubara um punhado de arroz. Em Hunan, Tang Yunqing, de 12 anos, foi afogado em um lago por ter furtado comida da cantina. Às vezes, os pais eram forçados a infligir a punição. Quando um menino furtou um punhado de grãos na mesma aldeia de Hunan onde Tang Yunqing foi afogado, o chefe local, Xiong Changming, forçou o pai do menino a enterrá-lo vivo. O pai morreu de pesar poucos dias depois" (Dikötter, Frank. A Grande Fome de Mao. A história da catástrofe mais devastadora da China, 1958-62. Rio de Janeiro: Editora Record, 2017, pp. 312-313).

[157] "As pessoas passavam fome nas cidades também (...) Essa epidemia de fome, que era nacional, começou em 1958 e durou até 1961, com o auge em 1960. Nesse ano, as estatísticas do próprio regime registraram que a ingestão diária de calorias caíra para 1534,8. De acordo com Han Suyin, um grande defensor do regime, as donas de casa urbanas estavam consumindo um máximo de 1200 calorias por dia em 1960. Em Auschwitz, os trabalhadores escravos recebiam entre 1300 e 1700 calorias por dia. Eles trabalhavam onze horas diárias e a maioria que não conseguia comida extra morria em poucos meses. Durante a fome, alguns apelaram para o canibalismo. Um estudo pós-Mao (logo proibido) do condado de Fengyang, na província de Anhui, registrou 63 casos de canibalismo só na primavera de 1960, inclusive o de um casal que estrangulou e comeu o próprio filho de oito anos" (Halliday, Jon e Chang, Jung. Mao – a História Desconhecida. São Paulo: Editora Schwarcz Ltda. 2005, p. 539).
"Por todo o campo, aldeões desesperadamente famintos comiam tudo em que pudessem pôr as mãos, de cintos de couro e palha de telhado a estofo de algodão" (Dikötter, Frank. A Grande Fome de Mao. A história da catástrofe mais devastadora da China, 1958-62. Rio de Janeiro: Editora Record, 2017, p. 188).

[158] Halliday, Jon e Chang, Jung. Mao – a História Desconhecida. São Paulo: Editora Schwarcz Ltda. 2005, p. 540

e usá-lo como fertilizante. Isso aconteceu com Deng Daming, espancado até a morte porque seu filho furtara algumas favas. O secretário do partido Dan Niming ordenou que seu corpo fosse fervido em fogo brando até se transformar em fertilizante para um campo de abóboras"[159].

As baixas não provieram apenas da fome. Os mais resistentes ao governo ou às suas políticas eram enviados a campos de trabalhos forçados, os *Laogai*, com a finalidade de serem "reeducados"[160]. Neles, "os detentos são avaliados, antes de mais nada, com base na capacidade de aguentar 12 horas de um trabalho tremendamente cansativo, com um regime de duas refeições diárias tão ralas — mais do que magras — quanto são as refeições do centro de detenção (...) A ração alimentar média situa-se entre 12 e 15 quilos de cereais por mês (mas um detido que tenha fama de 'preguiçoso' pode ver a sua reduzida a nove quilos): menos do que recebiam os forçados franceses do tempo da Restauração, menos até que a dos deportados dos campos soviéticos, mais ou menos igual à dos campos vietnamitas de 1975-1977. As carências vitamínicas e proteicas são terríveis: quase nenhuma carne, nem açúcar, nem óleo, poucos legumes ou frutas — daí os muitos roubos de comida, sempre pretexto para punições severas, e tentativas de 'auto-alimentação' (por exemplo, ratos, que se comem secos, ou plantas comestíveis) nas fazendas. Os cuidados médicos são mínimos (exceto, em certa medida, no caso de doenças contagiosas), e os mais fracos, demasiado velhos ou demasiado desesperados são mandados para verdadeiros campos de moribundos, onde as rações de fome depressa se encarregam de eliminá-los"[161]. Os que eram flagrados roubando alimentos ou protestando contra as políticas comunistas, quando não enviados aos campos de trabalhos forçados, eram executados sumariamente. Essas execuções eram intencionalmente públicas, com o propósito de manter o povo calado, em condição de subserviência[162].

---

[159] Dikötter, Frank. A Grande Fome de Mao. A história da catástrofe mais devastadora da China, 1958-62. Rio de Janeiro: Editora Record, 2017, p. 371.

[160] "Mao semeou um vasto arquipélago de campos, cujo termo oficial era laogai: 'reforma pelo trabalho'. Ser enviado para laogai significava ser condenado ao trabalho opressivo nos terrenos mais hostis e nas minas mais contaminadoras, e ser hostilizado e ameaçado incessantemente. Escondidos nesses campos, os mais fracos fisicamente e os espiritualmente mais fortes eram obrigados a trabalhar até a morte. Muitos internos eram executados, enquanto outros se suicidavam de qualquer jeito, como mergulhar numa ceifadeira. No total, durante o regime de Mao, o número dos que foram executados e tiveram morte prematura em prisões e campos de trabalhos forçados pode ter chegado a 27 milhões" (Halliday, Jon e Chang, Jung. Mao – a História Desconhecida. São Paulo: Editora Schwarcz Ltda. 2005, p. 403/404).

[161] Courtois, Stéphane; Werth, Nicolas; Panné, Jean-Louis; Paczkowski, Andrzej; Bartosek, Karel; Margolin, Jean-Louis. O Livro Negro do Comunismo. Crimes, terror e repressão. Rio de Janeiro: Bertrand Brasil, 2018. 11ª edição, p. 606.

[162] "Mao queria que as matanças fossem feitas com o máximo impacto e isso significava execuções públicas. Em 30 de

Pode-se dizer agora, com segurança, de quantas pessoas Mao estava pronto para se desfazer. Em 1957, quando se encontrava em Moscou, ele disse: 'Estamos preparados para sacrificar 300 milhões de chineses pela vitória da revolução mundial'. Isso equivalia a cerca de metade da população da China de então"[163].

Mao morreu em 9 de setembro de 1976, e "seus 27 anos de governo causaram a morte de mais de 70 milhões de chineses"[164]. Certamente, com uma eventual abertura futura dos arquivos do Partido Comunista chinês, até hoje apenas abertos para historiadores de confiança do regime, horrores ainda mais atrozes serão revelados.

Na área econômica, o resultado final também foi um desastre. "A China se afastou do bloco socialista não como punição pela retirada de especialistas soviéticos, mas porque estava falida. A melhor medida do valor financeiro do país era o valor do yuan no mercado negro. O yuan iniciou um declínio espetacular em 1960. Em janeiro de 1961, enquanto notícias da falta de alimentos vazavam para o resto do mundo, o yuan mergulhou de cabeça na maior baixa de todos os tempos, de cerca de US$ 0,75 por dez yuans, ou cerca de um sexto do valor oficial da moeda. No geral, em junho de 1961, o yuan caíra em 50% do valor em relação ao ano precedente"[165].

Na China, assim, as hediondas consequências do comunismo foram igualmente sentidas.

## A REVOLUÇÃO NO CAMBOJA

A civilização Khmer, formada por migrações de povos provindos da Indochina e da Índia, teve origem por volta do século VIII e compôs, dos séculos IX ao XV, um largo império que abrangia as áreas dos atuais Camboja, Laos e Mianmar. Os habitantes do Camboja são majoritariamente descendentes desse grupo étnico.

---

março de 1951, instruiu: 'Muitos lugares (...) não ousam matar contrarrevolucionários em escala grandiosa com grande publicidade. Essa situação deve ser mudada'. Somente em Pequim, realizaram-se cerca de 30 mil comícios de sentença e execução, aos quais compareceram quase 3,4 milhões de pessoas. Uma jovem meio chinesa da Inglaterra testemunhou uma assembleia dessas no centro de Pequim, quando em torno de duzentas pessoas foram exibidas e depois fuziladas na cabeça, de tal forma que seus miolos espirrassem sobre os espectadores" (Halliday, Jon e Chang, Jung. Mao – a História Desconhecida. São Paulo: Editora Schwarcz Ltda. 2005, p. 403).

163 Halliday, Jon e Chang, Jung. Mao – a História Desconhecida. São Paulo: Editora Schwarcz Ltda. 2005, p. 541.

164 Halliday, Jon e Chang, Jung. Mao – a História Desconhecida. São Paulo: Editora Schwarcz Ltda. 2005, p. XXXII.

165 Dikötter, Frank. A Grande Fome de Mao. A história da catástrofe mais devastadora da China, 1958-62. Rio de Janeiro: Editora Record, 2017, p. 152.

"Khmer Vermelho" foi o nome dado ao exército de camponeses rebeldes que tomou o poder. Após a assunção do governo, o nome se confundiu com o do próprio Partido Comunista do Camboja.

Pela sua posição geográfica, o Camboja foi indiretamente envolvido na Guerra do Vietnã. Embora tivesse declarado neutralidade no conflito, foi duramente atacado quando os Estados Unidos descobriram que havia mais de quarenta mil vietnamitas escondidos no país. Foram mais de três mil e quinhentos bombardeios, iniciados em 1969. Os ataques norte-americanos agravaram os problemas internos, que culminaram com a tomada do poder pelo general Lon Nol, em 1970. Seu governo durou pouco: em 1973, quando o Congresso dos Estados Unidos proibiu novos bombardeios, o Khmer Vermelho começou uma série de ataques que, em 1975, levaram-no ao poder.

No início a figura pensante por detrás do sistema não se revelou, mas após dois anos sua identidade foi exposta: Saloth Sar, conhecido como Pol Pot. Nascido em 19 de maio de 1925 em uma pequena cidade chamada Prek Sbauk, na província de Kampong Thom, era filho de fazendeiros com boa condição financeira. Quando concluiu seus estudos foi cursar radio-eletrônica em Paris, onde teve contato com as ideias marxistas, integrando um grupo de discussão chamado *Cercle Marxiste*. De volta ao Camboja, em 1960 assumiu a liderança do partido político que, em 1966, seria rebatizado de Partido Comunista do Camboja. O avanço dos comunistas no país preocupou os norte-americanos, que realizaram bombardeios também com a intenção de conter a disseminação desse grupo político. Com a chegada ao poder em 1975, o Khmer Vermelho fundou o "Camboja Democrático", tendo Pol Pot à frente. Adepto do marxismo maoísta, acreditava no papel do campesinato para a revolução socialista — nada espantoso, considerando que o país era fundamentalmente agrícola, com a economia voltada para a produção do arroz.

A administração inicial seguiu os ditames das medidas revolucionárias socialistas, com o acréscimo de que as cidades foram evacuadas e praticamente destruídas. Todos os habitantes urbanos estavam contaminados com a visão capitalista e, por isso, deveriam ser expulsos desses centros para trabalhar em fazendas de trabalhos agrícolas coletivos forçados. Isso permitiria a formação de uma sociedade comunista mais forte e unida. Para Pol Pot, era necessário "aplicar o comunismo integral *imediatamente*, sem esse longo período de transição, que parecia fazer parte dos fundamentos da ortodoxia marxista-leninista: abolir a moeda; completar a coletivização integral em menos de dois anos; suprimir as diferenças sociais pelo aniquilamento do conjunto das camadas proprietárias, intelectuais e comerciantes; resolver o antagonismo milenar entre campos e cidades pela supressão, em apenas uma semana, destas últimas"[166].

A coletivização da agricultura e a evacuação das cidades levaram a um número gigantesco de mortes. "De maio a dezembro de 1978, entre 100.000 e 250.000 pessoas (em 1,7 milhão de habitantes) foram massacradas — a começar pelos jovens e pelos militantes —, como, por exemplo, a totalidade das 120 famílias (700 pessoas) do povoado de Sao Phim; num outro povoado, apenas sete pessoas escaparam para um total de 15 famílias, 12 das quais foram totalmente eliminadas. A partir de julho, os sobreviventes foram deportados em caminhões, trens ou barcos para outras zonas, onde eles estavam destinados a ser progressivamente exterminados (milhares foram assassinados durante o transporte): assim, as pessoas eram vestidas com uniformes *azuis* (vindos da China em cargueiros especiais), enquanto o 'uniforme' dos seguidores do regime de Pol Pot devia ser negro. E progressivamente, sem alarde, geralmente fora da vista dos outros cidadãos do povoado, os 'azuis' desapareceram; numa cooperativa do Noroeste, somente uma centena, em três mil, se encontrava viva quando chegou o exército vietnamita. Essas atrocidades assinalam uma reviravolta tripla, às vésperas do desmoronamento do regime: as mulheres, as crianças e os velhos são tão exterminados quanto os homens adultos; os Antigos são mortos como os Novos; finalmente, ultrapassados pela tarefa que a si mesmos impuseram, os Khmers Vermelhos exigem por vezes à população, incluindo os '75', que os ajude. A 'revolução' torna-se realmente louca, e ameaçava agora devorar até o último cambojano"[167].

No esvaziamento urbano todos os prédios de serviços foram destruídos: escolas, hospitais, bancos, indústrias, lojas. Os intelectuais também foram declarados inimigos da nova nação socialista por supostamente trazerem ínsitos em seu caráter os preceitos burgueses e por não possuírem capacitação

---

[166] Courtois, Stéphane; Werth, Nicolas; Panné, Jean-Louis; Paczkowski, Andrzej; Bartosek, Karel; Margolin, Jean-Louis. O Livro Negro do Comunismo. Crimes, terror e repressão. Rio de Janeiro: Bertrand Brasil, 2018. 11ª edição, p. 686.

[167] Courtois, Stéphane; Werth, Nicolas; Panné, Jean-Louis; Paczkowski, Andrzej; Bartosek, Karel; Margolin, Jean-Louis. O Livro Negro do Comunismo. Crimes, terror e repressão. Rio de Janeiro: Bertrand Brasil, 2018. 11ª edição, p. 698.

agrícola. Professores, profissionais liberais, intelectuais, médicos, engenheiros, músicos, cineastas e basicamente todos aqueles que tivessem uma profissão que não fosse manual eram imediatamente encaminhados para campos de trabalhos forçados, quando não executados. O expurgo foi tão grande que uma pessoa que usasse óculos deveria ser morta, por ser isso um sinal de que ela era alfabetizada e, assim, intelectualizada. "Já mencionamos a caça aos antigos funcionários da administração Lon Nol e sobretudo aos militares; expurgos sucessivos atingiram estratos cada vez mais baixos na hierarquia. Aparentemente, apenas os ferroviários, insubstituíveis, foram parcialmente mantidos nos seus postos — mas determinado chefe de estação acha sensato declarar uma posição mais subalterna. Os monges, enquadramento tradicional desse país budista, representavam uma força concorrente inaceitável. Os que não renunciaram foram sistematicamente eliminados. Assim, de um grupo de 28 religiosos evacuados de um povoado da província de Kandal, apenas um sobrevivia em 1979. Em escala nacional, de 60.000 ficariam reduzidos a cerca de um milhar. A quase-totalidade dos fotógrafos de imprensa desapareceu. O destino dos 'intelectuais' foi mais diversificado"[168].

No Camboja também não faltaram campos de concentração. Alguns morriam durante as marchas de condução para tais centros. Neles, a alimentação era mínima, a morte por inanição era frequente. Doenças proliferavam, os maus tratos eram constantes. "As jornadas de trabalho duravam normalmente 11 horas; mas, ocasionalmente, competições entre povoados (para maior glória dos respectivos quadros) obrigavam a iniciar o trabalho às quatro horas da manhã e continuar até às dez ou onze horas da noite. Quanto aos dias de descanso (por vezes totalmente suprimidos), só ocorriam geralmente de dez em dez dias; mesmo esses, no entanto, eram ocupados em intermináveis reuniões políticas. O ritmo de trabalho não era, em tempo normal, necessariamente superior ao que o camponês cambojano conhecia habitualmente. A grande diferença residia na quase ausência de momentos de repouso, na insuficiência das pausas de descanso durante o trabalho e, principalmente, na subalimentação crônica (...) Uma boa parte dos cambojanos passou a conhecer apenas a sopa de arroz rala (contendo aproximadamente o equivalente a quatro colheres de café de arroz

---

[168] Courtois, Stéphane; Werth, Nicolas; Panné, Jean-Louis; Paczkowski, Andrzej; Bartosek, Karel; Margolin, Jean-Louis. O Livro Negro do Comunismo. Crimes, terror e repressão. Rio de Janeiro: Bertrand Brasil, 2018. 11ª edição, p. 703.

por pessoa), desde que as cantinas coletivas foram generalizadas, no início de 1976 (...) Nada escapava à fome violenta dos famintos, nem os bens em princípio coletivos (*paddy*, antes ou durante a ceifa, e frutos, permanentemente), nem as escassas propriedades individuais (galinheiros, e depois os animais domésticos dos Antigos), nem os caranguejos, rãs, caracóis, lagartos e serpentes que pulavam nos arrozais, nem as formigas vermelhas ou as grandes aranhas devoradas cruas, nem os rebentos, cogumelos e tubérculos da floresta"[169][170].

A ressalva pontuada sobre a revolução na China aplica-se igualmente ao Camboja: não foi o proletariado o protagonista da revolução, mas o campesinato, apoiado pelo exército dos Khmer Vermelho. Pol Pot acreditava que os camponeses eram os verdadeiros trabalhadores e, assim, os verdadeiros "operários" mencionados por Marx. A essa divergência acrescenta-se a ausência de uma política de estatização da indústria, o que não ocorreu em massa porque, no Camboja, a atividade industrial era mínima, senão inexistente. Esses os únicos aspectos distanciadores da política econômica cambojana das prelecionadas por Marx. Todos os atos praticados refletiam as ações que deveriam ser levadas a efeito pela ditadura do proletariado quando assumisse o poder, para, pouco a pouco, dar azo ao surgimento de uma sociedade comunista.

Em termos proporcionais, a ditadura comunista de Pol Pot foi a mais letal de todo o século XX. Acredita-se que quase dois milhões de pessoas morreram, o que parece ser pouco comparado aos números da Rússia, mas a cifra é altíssima se considerarmos que o Camboja tinha, na época, cerca de sete milhões de habitantes. Logo, aproximadamente vinte por cento da população foi morta[171]. "O genocídio que traz sua assinatura, com um total de vítimas superior a um milhão e meio, pode parecer modesto em comparação com os massacres realizados pelos

---

169 Courtois, Stéphane; Werth, Nicolas; Panné, Jean-Louis; Paczkowski, Andrzej; Bartosek, Karel; Margolin, Jean-Louis. O Livro Negro do Comunismo. Crimes, terror e repressão. Rio de Janeiro: Bertrand Brasil, 2018. 11ª edição, pp. 714, 717-718.

170 "Haing Ngor relata a extirpação, numa prisão, do feto, do fígado e dos seios de uma mulher grávida assassinada; o feto é jogado fora (onde outros já se encontravam secando dependurados na beirada do telhado do cárcere), o resto é levado, com esse comentário: 'Esta noite teremos fartura de carne!'" (Courtois, Stéphane; Werth, Nicolas; Panné, Jean-Louis; Paczkowski, Andrzej; Bartosek, Karel; Margolin, Jean-Louis. O Livro Negro do Comunismo. Crimes, terror e repressão. Rio de Janeiro: Bertrand Brasil, 2018. 11ª edição, p. 719).

171 A morte foi a tal ponto banalizada que "matavam-se homens e mulheres para fazer adubo. Enterravam-se os cadáveres em valas comuns que eram onipresentes nos campos de cultivo, sobretudo nos de mandioca. Com frequência, ao arrancar os tubérculos de mandioca, desenterrava-se um crânio humano através de cujas órbitas saíam as raízes da planta comestível. Os senhores do país parecem por vezes ter acreditado que não há nada melhor do que os cadáveres humanos para a agricultura" (Courtois, Stéphane; Werth, Nicolas; Panné, Jean-Louis; Paczkowski, Andrzej; Bartosek, Karel; Margolin, Jean-Louis. O Livro Negro do Comunismo. Crimes, terror e repressão. Rio de Janeiro: Bertrand Brasil, 2018. 11ª edição, p. 728).

três grandes *serial killers*, mas passa a ter primazia absoluta quando se leva em conta a população total do Camboja, calculada, na época de seu advento, em 1975, em cerca de oito milhões de habitantes"[172]. "Posteriormente, terminada a tragédia, os curadores do *Cambodian Genocide Program*, um projeto da Universidade de Yale financiado pelo Departamento de Estado, chegaram a um cálculo provavelmente mais exato: pelo menos 1.700 milhão de cambojanos eliminados, ou seja, cerca de 20% da população, estimada em 1975 em 7.900 milhões de habitantes. Em 1981, em 170 distritos do país foram localizadas cerca de 9.138 fossas comuns, contendo meio milhão de cadáveres, e em outros 89 distritos foram encontrados outros tantos. Quanto aos edifícios públicos, foram destruídos 796 hospitais, 5.857 escolas, 1.987 pagodes, 108 mesquitas e um número mais modesto, porém impreciso, de igrejas católicas. A grande massa de doentes que foram deixados à morte durante as marchas de transferência, nos centros de reeducação e nos hospitais que restaram se explica também pelo massacre dos agentes sanitários, detestados pelos khmer vermelhos, como todos os cambojanos cultos: 91% dos médicos, 83% dos farmacêuticos, 45% dos enfermeiros e até 32% dos obstetras. Um atroz festival da ignorância. A pureza revolucionária implica, para Pol Pot, eliminação de qualquer traço de cultura"[173].

As mortes não colaboraram em nada para o avanço na economia do país. Pelo contrário, estima-se que, pela ineficiência dos administradores, ocorreu um recuo de cinquenta por cento da área cultivada em relação ao período pré-revolução. Como levados para locais distantes de suas moradas, os camponeses não conheciam as especificidades daqueles campos, impedindo-os de aplicar as técnicas milenares que conhecem. Em algumas áreas foram criadas novas redes de irrigação, porém, o abandono de toda técnica de engenharia fez com que muitos dos novos diques fossem destruídos na primeira enxurrada.

O regime do Khmer Vermelho terminou em 1979, quando o Vietnã invadiu o Camboja e depôs Pol Pot.

---

[172] Ghirelli, Antônio. Tiranos. De Hitler a Pol Pot: os homens que ensanguentaram o século 20. Rio de Janeiro: Editora Bertrand Brasil Ltda. 2003, p. 251

[173] Ghirelli, Antônio. Tiranos. De Hitler a Pol Pot: os homens que ensanguentaram o século 20. Rio de Janeiro: Editora Bertrand Brasil Ltda. 2003, p. 270

## A REVOLUÇÃO EM CUBA

Cuba, desde a sua independência, ocorrida em 1902, foi marcada por golpes e ditaduras. Foi o que novamente ocorreu em 1952. Fulgêncio Batista, general que já fora presidente, governando de 1940 e 1944, concorreu novamente ao mesmo cargo. Dessa vez, porém, alegando que houvera fraude nas eleições, tomou o poder pela força. A governança, que deveria ser provisória, durou até 1959. Nessa época Fidel Castro surgira como figura de oposição. Praticou vários atos de protesto e, em 26 de julho de 1953, por ter atacado o Quartel de Moncada, em Santiago, de onde pretendia roubar as armas, foi condenado a quinze anos de prisão. Depois de ter controlado a revolução, Fulgêncio Batista cedeu à pressão popular e anistiou sua pena, concedendo-lhe a liberdade depois de ter cumprido apenas um ano e dez meses. Solto em 1955, Fidel exilou-se no México, onde começou a organizar um exército que permitiria a tomada de poder na ilha. Ali conheceu Che Guevara e Camilo Cienfugos, personagens fundamentais na revolução. Em 19 de novembro de 1956, oitenta e dois homens embarcaram em um iate e tentaram, sem êxito, invadir Cuba. A repressão do governo foi forte, com vários mortos e feridos. Fidel, porém, conseguiu fugir e refugiou-se na Sierra Maestra, onde formou novo exército. Praticou táticas de guerrilha, com ataques seletivos ao exército cubano que, passo a passo, minaram o poder de Batista. Em 1.º de janeiro de 1959 os revolucionários tomaram o poder.

Em 17 de maio de 1959 foi assinada a Lei da Reforma Agrária, confiscando todas as terras. Houve a nacionalização das refinarias de petróleo em 29 de junho de 1960 e, em 6 de agosto de 1960, a desapropriação das centrais processadoras de açúcar, das companhias elétricas e telefônicas e das ferrovias. Um segundo processo de nacionalização ocorreu em 13 de outubro de 1960, quando houve a intervenção em praticamente todas as empresas e indústrias cubanas. O Estado passou a ser dono de 95% da indústria, 98% da construção, 95% do transporte, 70% da agricultura, 75% do comércio a varejo e 100% do comércio de atacado. A expropriação dos investimentos norte-americanos chegou a quase um bilhão de dólares e fizeram romper as relações diplomáticas.

Embora, a princípio, a revolução não fosse socialista, Fidel logo depois assim a declarou, em 1961, alinhando-se com a União Soviética. O Partido Único de Cuba foi consolidado em 1965. Durante todo esse período, houve censura dos meios de comunicação, o fuzilamento de mais de quatorze mil pessoas em dez anos, o controle absoluto dos órgãos da imprensa, a extinção das eleições livres e a suspensão das liberdades civis.

Para garantir o sucesso de sua empreitada, Fidel usou da violência que se fez necessária, investindo na criação de sua própria polícia (O Departamento de Segurança do Estado — DSE, apelidada de Gestapo Vermelha), perseguindo intelectuais e o clero, bem como todos aqueles que não se adaptassem ao perfil revolucionário "adequado"[174]. Como forma de castigo, além dos fuzilamentos, havia o envio dos contrarrevolucionários para campos de concentração, onde "eram desordenadamente atirados religiosos (católicos, entre os quais o atual arcebispo de Havana, Mons. Jaime Ortega, protestantes, testemunhas de Jeová), proxenetas, homossexuais e quaisquer indivíduos considerados 'potencialmente perigosos para a sociedade'. Os prisioneiros tinham de construir eles mesmos os seus abarracamentos, principalmente na região de Camagüey. As 'pessoas socialmente desviantes' eram submetidas a uma disciplina militar, que se transformou num regime de maus-tratos, de subalimentação e de isolamento. Para escapar a esse inferno, havia detidos que se automutilavam. Outros saíram psiquicamente destruídos pelo encarceramento"[175]. "Desde 1959, mais de cem mil cubanos conheceram os campos, as prisões ou as frentes abertas. Entre 15.000 e 17.000 pessoas foram fuziladas"[176].

A Revolução Cubana novamente evidenciou a grave falha doutrinária do marxismo: ela foi originada por um pequeno grupo de pessoas e não pelo proletariado. A revolta nem era, no princípio, propriamente socialista: Fidel apenas

---

[174] (Courtois, Stéphane; Werth, Nicolas; Panné, Jean-Louis; Paczkowski, Andrzej; Bartosek, Karel; Margolin, Jean-Louis. O Livro Negro do Comunismo. Crimes, terror e repressão. Rio de Janeiro: Bertrand Brasil, 2018. 11ª edição, p. 779).
"Em maio de 1961, todos os colégios religiosos foram fechados, e os respectivos edifícios, confiscados, inclusive o colégio jesuíta de Belen, no qual Fidel fizera os seus estudos. Envergando o seu uniforme, o Líder Máximo declarou: 'Que os padres falangistas se preparem para fazer as malas!'. A advertência não era gratuita, já que, em 17 de setembro de 1961, 131 padres diocesanos e religiosos foram expulsos de Cuba. Para sobreviver, a Igreja teve de voltar-se para si mesma". (Courtois, Stéphane; Werth, Nicolas; Panné, Jean-Louis; Paczkowski, Andrzej; Bartosek, Karel; Margolin, Jean-Louis. O Livro Negro do Comunismo. Crimes, terror e repressão. Rio de Janeiro: Bertrand Brasil, 2018. 11ª edição, p. 779).
"Uma das funções da UMAP foi a 'reeducação' dos homossexuais. Antes da sua criação, alguns deles tinham perdido os empregos, principalmente na área cultural; a Universidade de Havana foi alvo de depurações anti-homossexuais, e era comum 'julgá-los' em público, no próprio local de trabalho. Eram forçados a reconhecer os seus 'vícios', e renunciar aos mesmos ou serem despedidos, antes de serem presos" (Courtois, Stéphane; Werth, Nicolas; Panné, Jean-Louis; Paczkowski, Andrzej; Bartosek, Karel; Margolin, Jean-Louis. O Livro Negro do Comunismo. Crimes, terror e repressão. Rio de Janeiro: Bertrand Brasil, 2018. 11ª edição, p. 779).

[175] (Courtois, Stéphane; Werth, Nicolas; Panné, Jean-Louis; Paczkowski, Andrzej; Bartosek, Karel; Margolin, Jean-Louis. O Livro Negro do Comunismo. Crimes, terror e repressão. Rio de Janeiro: Bertrand Brasil, 2018. 11ª edição, pp. 778-779).

[176] (Courtois, Stéphane; Werth, Nicolas; Panné, Jean-Louis; Paczkowski, Andrzej; Bartosek, Karel; Margolin, Jean-Louis. O Livro Negro do Comunismo. Crimes, terror e repressão. Rio de Janeiro: Bertrand Brasil, 2018. 11ª edição, p.788).

assim a declarou para conseguir apoio financeiro da União Soviética, que nessa época ainda investia fortemente na evolução do socialismo em outros países. Cuba, uma ilha situada a cerca de cem quilômetros da costa dos Estados Unidos, seria um aliado perfeito naquele tempo de intensa Guerra Fria. Ademais, os revolucionários eram formados por integrantes do campo e da cidade. Nenhum operário criou um sentimento de autoconsciência e mobilizou seus pares para a tomada do poder. Por fim, a ditadura castrista dura mais de cinquenta anos e não se viu o fim do Estado, tampouco a melhoria sensível da população.

Trata-se, portanto, de mais uma prova de que o comunismo é incapaz de resolver os problemas sociais. Mais do que isso, ganha relevo a expressão de Gary Allen e de Larry Abraham de que "o socialismo seria a isca (...) a desculpa para implantar a ditadura. Como é difícil vender ditaduras em termos idealistas, era preciso acrescentar a ideia de que ela era apenas uma necessidade temporária a ser dissolvida por vontade própria. É preciso ser de fato muito ingênuo para engolir uma dessas, mas milhões engolem!"[177].

## AVALIAÇÃO DAS EXPERIÊNCIAS PRÁTICAS

Cada uma dessas experiências revelou como a teoria concebida por Marx e, em menor escala, por Engels, era em si mesmo utópica, incapaz de conduzir a sociedade para um padrão elevado de convivência pacífica. O mundo plenamente comunista, para os marxistas, seria marcado pela paz, harmonia e fraternidade universais, sem espaço para a exploração de uma pessoa por outra. Seus idealizadores chegaram inclusive a prever o fim do Estado: houve tempos primitivos, diziam eles, em que ele não existiu e, nesse período, as relações sociais e econômicas ocorriam naturalmente, sem que houvesse conflito entre os cidadãos. A sociedade comunista deveria caminhar para esse mesmo fim, em que os próprios habitantes governem-se a si mesmo, sem necessidade de qualquer órgão de controle[178].

---

177 Allen, Gary e Abraham, Larry. Política, Ideologia e Conspirações. A sujeira por trás das ideias que dominam o mundo. Barueri-SP: Faro Editorial, 2017, p. 30.

178 "Com o desaparecimento das classes, desaparecerá inevitavelmente o Estado. A sociedade, reorganizando de uma forma nova a produção, na base de uma associação livre de produtores iguais, mandará toda a máquina do Estado para o lugar que lhe há de corresponder: o museu de antiguidades, ao lado da roca de fiar e do machado de bronze" (Engels, Friedrich. A Origem da Família, da Propriedade Privada e do Estado. Disponível em https://www.marxists.org/portugues/marx/1884/origem/cap09.htm, acesso em 09 de julho de 2018).

"Revolução proletária, solução das contradições: o proletariado toma o poder político e, por meio dele, converte em propriedade pública os meios sociais de produção, que escapam das mãos da burguesia. Com esse ato redime os meios de produção da condição de capital, que tinham até então, e dá a seu caráter social plena liberdade para impor-se. A partir de agora já é possível uma produção social segundo um plano previamente elaborado. O desenvolvimento da produção

O que se assistiu, entretanto, não foi nem a sombra desse bem-estar social, que adviria do aumento da produção e da socialização plena dos frutos do trabalho comum. Diversamente, testemunhou-se um aumento enorme da pobreza da população, que foi privada do mínimo necessário para a própria subsistência. A "classe exploradora", que foi de imediato despojada de todos os bens e de seus direitos, sendo exilada em campos de trabalhos forçados, não foi a única atingida pelo despotismo governamental: também os trabalhadores foram oprimidos com medidas severíssimas, como a obrigação de trabalhos forçados sob pena de duros castigos.

Na *Rússia*, a política de Stalin exterminou dezenas de milhões de pessoas e levou ao genocídio em massa de diversas etnias. A coletivização das terras e a apreensão de todo o resultado da produção levou milhões de pessoas à morte por inanição. Nas cidades, a estatização da indústria levou a uma queda brutal da produção, considerando que, sem salário e sem qualquer recompensa em vista, o operário perdera a motivação para o trabalho. Na *China*, o sequestro dos meios de produção desencadeou uma crise severíssima, retirando da população camponesa o mínimo que lhe permitia sobreviver. As mortes decorrentes da fome, especialmente no período do "Grande Salto Adiante", alcançaram dezenas de milhões. Na cidade não havia a distribuição de alimentos necessários, o consumo diário de calorias era inferior ao que se observava nos campos de concentração nazistas. Além da fome, as mortes vinham da política de execuções públicas e do tratamento cruel que era dirigido aos "reeducandos" dos campos de trabalhos forçados. A classe intelectual era exterminada impiedosamente — e vale lembrar que esse conceito era totalmente abstrato. Havia inclusive uma cota de mortes a ser cumprida. Em todos os aspectos, a revolução chinesa foi uma réplica da soviética, com duas exceções: de que aquela teve início com o campesinato e de que não houve expurgos dentro do Partido Comunista Chinês, o que ocorreu sobremaneira na Rússia. Os efeitos devastadores do comunismo no *Camboja* foram semelhantes aos da China. Em *Cuba*, por fim, houve a execução dos inimigos da revolução, a nacionalização de empresas estrangeiras, o confisco de terras, a criação de grandes fazendas coletivas de

---

transforma num anacronismo a sobrevivência de classes sociais diversas. À medida que desaparece a anarquia da produção social, vai diluindo-se também a autoridade política do Estado. Os homens, donos por fim de sua própria existência social, tornam-se senhores da natureza, senhores de si mesmos, homens livres" (Engels, Friedrich. Do Socialismo Utópico ao Socialismo Científico. Acesso em 01 de julho de 2018).

trabalho, a separação de crianças de suas famílias para a educação em centros específicos. O resultado final dessas medidas é uma população que não possui nem mesmo os itens básicos de higiene e que se amontoa em filas quilométricas para, uma vez por ano, chupar um sorvete na fábrica estatal que os produz. A ditadura dos irmãos Castro dura quase cinquenta anos e, mais do que nunca, o Estado repressor e limitador das liberdades individuais permanece no poder, não havendo nem mesmo a sombra de um ambiente de relações econômicas harmônicas que não dependa da existência desse poder central organizado. O mesmo ocorre na China.

Nem de longe, portanto, viu-se a situação de paz e harmonia profetizada por Marx.

Enfim...

Essas quatro vias de governo socialista apresentam pequenas dissonâncias entre si. Por isso é que designações particulares foram atribuídas a cada um dos regimes, de acordo com o local em que seus princípios foram adotados: na União Soviética, o *Leninismo* ajustou os preceitos de Marx para as peculiaridades da Rússia, conferindo ao Partido Comunista a função de conscientizar a classe operária, e a política *Stalinista* reescreveu alguns aspectos teóricos para justificar a ditadura baseada no seu poder e na sua própria personalidade; no *Maoísmo* da China e do Camboja, dada a ausência de uma população operária, a classe camponesa foi a responsável pela revolução; no *Castrismo* de Cuba, uma classe mista de população rural e urbana conduziu o movimento revolucionário, que nasceu com os camponeses da Sierra Maestra e contou com o apoio de simpatizantes das cidades.

Embora variem os nomes, a cartilha comunista jamais foi alterada: erradicação da propriedade privada através da coletivização da agricultura e da estatização das empresas; abolição do direito de herança como decorrência do fim da propriedade privada; expurgos em massa, alcançando até as etnias minoritárias, cujos costumes próprios poderiam atentar contra o regime; criação de planos gerais para o desenvolvimento da indústria e da agricultura; trabalho obrigatório para todos os cidadãos; reforma cultural ampla, por meio da educação estatizada e da sua extinção. Uma breve comparação das medidas adotadas nesses países com o "Manifesto Comunista" de Marx e Engels[179] torna indubitável o uso de

---

[179] "Essas medidas, é claro, serão diferentes nos vários países. Todavia, nos países mais adiantados, as seguintes medidas

seus preceitos doutrinários. Pouco importa, portanto, se foi a classe operária ou a camponesa a protagonista da revolução: o passo a passo seguido em cada uma dessas iniciativas comunistas foi apoiado estritamente nos ensinos de Karl Marx e Friedrich Engels, havendo apenas as adaptações necessárias para as especificidades de cada localidade.

O marxismo é, definitivamente, uma doutrina falida.

Vladimir Tismăneanu vai inclusive mais longe, dizendo que "o comunismo representou o mal na história. O mal é uma categoria teológica, é uma categoria moral, mas, no século XX, o Mal passa a ser uma categoria política. No século XX talvez seja a primeira vez em que o Mal é institucionalizado politicamente e passa a ser ideologia que inspira experimentos de engenharia social em massa. Não é qualquer tipo de mal, mas um Mal que falsifica o Bem em nome da felicidade universal"[180]. Essa conclusão não é descabida, se forem ponderadas as mortes causadas pelos horrores do comunismo. "Nele se contém um balanço, o primeiro, grande e abrangente, em escala mundial, fundamentado, comentado, que leva ao total de 100 milhões de mortos de responsabilidade do comunismo (...) URSS, 20 milhões de mortos; China, 65 milhões de mortos; Vietnã, 1 milhão de mortos; Coréia do Norte, 2 milhões de mortos; Camboja, 2 milhões de mortos; Leste Europeu, 1 milhão de mortos; América Latina, 150.000 mortos; África, 1,7 milhão de mortos; Afeganistão, 1,5 milhão de mortos; Movimento comunista internacional e partidos comunistas fora do poder, uma dezena de milhões de mortos"[181].

---

poderão geralmente ser postas em prática: 1. Expropriação da propriedade latifundiária e emprego da renda da terra em proveito do Estado; 2. Imposto fortemente progressivo; 3. Abolição do direito de herança; 4. Confiscação da propriedade de todos os emigrados e sediciosos; 5. Centralização do crédito nas mãos do Estado por meio de um banco nacional com capital do Estado e com o monopólio exclusivo; 6. Centralização, nas mãos do Estado, de todos os meios de transporte; 7. Multiplicação das fábricas e dos instrumentos de produção pertencentes ao Estado, arroteamento das terras incultas e melhoramento das terras cultivadas, segundo um plano geral; 8. Trabalho obrigatório para todos, organização de exércitos industriais, particularmente para a agricultura; 9. Combinação do trabalho agrícola e industrial, medidas tendentes a fazer desaparecer gradualmente a distinção entre a cidade e o campo; 10. Educação pública e gratuita de todas as crianças, abolição do trabalho das crianças nas fábricas, tal como é praticado hoje; Combinação da educação com a produção material etc." (Marx, Karl e Engels, Friedrich. Manifesto do Partido Comunista. Disponível em <www.dominiopublico.gov.br>, acesso em 01 de julho de 2018>).

180 Em Do comunismo. O destino de uma religião política. Campinas – SP: Vide Editorial, 2015, p. 14.

181 Courtois, Stéphane; Werth, Nicolas; Panné, Jean-Louis; Paczkowski, Andrzej; Bartosek, Karel; Margolin, Jean-Louis. O Livro Negro do Comunismo. Crimes, terror e repressão. Rio de Janeiro: Bertrand Brasil, 2018. 11ª edição, pp. VI e 16.

## OS MARXISTAS DIANTE DAS FALHAS TEÓRICAS E DOS DESASTRES PRÁTICOS

O fracasso do marxismo escancarou-se irremediavelmente. Pessoas equilibradas e com um mínimo de bom senso lançariam uma pá de cal por sobre esses falidos princípios e retomariam os estudos em busca de uma nova sociedade. O que se notou, entretanto, foi o trilhar de caminhos exatamente opostos. Os enérgicos defensores das teses de Marx e Engels preferiram, por vezes, criticar a pessoa que governava o país, concluindo que a vaidade e o ideal totalitário fizeram-na se afastar dos ideais marxistas[182]. Foi o que ocorreu no discurso do Secretário Geral do Partido Comunista da União Soviética, Nikita Kruschev, pouco menos de três anos depois da morte de Stalin, ao bradar que "nós seremos levados a nos esforçar muito, para examinar criticamente, do ponto de vista marxista-leninista, e para corrigir as visões errôneas amplamente difundidas relacionadas com o culto do indivíduo na esfera da História, Filosofia, Economia e outras ciências, bem como na Literatura e nas Belas Artes. É especialmente necessário que, no futuro imediato, compilemos um livro-texto sério da história do nosso partido, que será editado de acordo com o objetivismo marxista científico, um livro-texto da história da sociedade soviética, um livro referente aos eventos da guerra civil e da grande guerra patriótica"[183].

Outras vezes, os marxistas diziam que a população era profundamente influenciada pelos preceitos burgueses ou que estratégias golpistas imperialistas conseguiram contaminar os puros ideais socialistas. Nessa direção, Roger Scruton pontua que, "de acordo com Bahro, então, o socialismo dos bolcheviques foi desviado de seus propósitos 'humanos'; e a primeira tarefa teórica é entender como isso aconteceu". A explicação, ele acredita, "reside na condição retrógrada da sociedade russa à época da revolução. Como um marxista experiente — cujo apaixonado 'marxolatório' o impede de pensar em outros termos —, Bahro vê a Rússia de 1917 como 'pré-capitalista', mesmo como uma forma do 'modo de produção asiático'; essa análise coloca uma pedra no

---

[182] Sobre Stalin, Robert Gellately explica que "os ensinamentos marxistas-leninistas estavam por trás de tudo em sua vida, da política à estratégia militar e aos valores pessoais. Ele se via como tudo menos uma versão atualizada de um csar russo dos velhos tempos. Por exemplo, em 1936 e num rotineiro formulário interno do partido, Stalin descreve seu cargo como revolucionário profissional e organizador do partido" (Gellately, Robert. A Maldição de Stalin. O projeto de expansão comunista na segunda guerra mundial e seus ecos para além da guerra fria. Rio de Janeiro: Editora Record, 2017, p. 21).

[183] O Discurso Secreto de Kruschev — O Culto da Personalidade e suas Consequências, proferido em 25 de fevereiro de 1956 no XX Congresso do Partido Comunista da União Soviética, disponível em < https://elearning-gilman.remote-learner.net/pluginfile.php/93508/mod_resource/content/1/Khrushchevs%20Secret%20Speech.p df.>

caminho de Marx"[184]. Uma inversão total de lógica: para eles, o problema não estava na areia que foi utilizada para produzir o pão, mas sim nos padeiros (que somente sabiam prepará-lo com farinha) e nos compradores (que não estavam acostumados a consumí-lo com saibro).

Dentre todas as trilhas por eles garimpadas para justificar os fracassos, porém, a mais chocante foi aquela de simplesmente fechar os olhos para a realidade. Geoff Bucher, por exemplo, citando Chodos, afirma que "no entanto, os defensores destes regimes podem apontar algumas realizações reais. As revoluções bem-sucedidas demonstraram que o capitalismo podia ser superado, quando as fases iniciais da reforma agrária e da industrialização geraram taxas de crescimento significativamente maiores do que as alternativas ocidentais. A construção socialista — ainda que imperfeita — resultou em melhores condições materiais para a população quando comparada com os regimes pré-revolucionários, na qual os grandes fossos de riqueza foram substituídos por arranjos de distribuição relativamente igualitários e acesso imensamente melhorado a serviços sociais. O bloco socialista sustentou a libertação nacional da dominação colonial e da intervenção militar imperialista em todo o mundo, e, com isso, a existência de uma alternativa ao capitalismo influenciou o estabelecimento do Estado do bem-estar no Ocidente"[185]. Esse argumento somente poderia ser aceito por alguém demasiadamente alienado da realidade ou completamente imoral.

Em primeiro lugar, não houve nenhuma revolução "bem sucedida", na medida em que todas foram implantadas por golpes de Estado que geram um injustificável número de mortes desnecessárias. Se houve sucesso, ele se restringiu aos interesses apenas da classe que tomou o poder, já que a população em si — e os anos posteriores demonstraram isso — não foi em nada acolhida. Além disso, as "fases iniciais da reforma agrária e da industrialização" não geraram taxas de crescimento maiores do que em outros países. Nesses momentos, a estratégia comunista simplesmente se apropriou da parte da produção que era destinada à subsistência das famílias. Em outras palavras, o que era mantido pelo trabalhador rural consigo mesmo para garantir a sua sobrevivência e de sua família foi deliberadamente furtado pelo Estado e colocado no mercado,

---

184 Scruton, Roger. Pensadores da Nova Esquerda. São Paulo, Brasil: É Realizações Editora, 2014, p. 112.
185 Chodos, 2007, p. 185, apud Boucher, Geoff. Marxismo. Série Pensamento Moderno. Petrópolis: Editora Vozes Ltda, 2012, pp. 115-116.

gerando apenas uma ilusória impressão de aumento da produção. Aqueles que insistissem em manter um pouco para saciar a fome eram condenados a trabalhos forçados, quando não mortos impiedosamente. Evidente que, com esse agir, houve um "aumento" dos números da economia. Qualquer Estado do mundo que decidisse arrancar forçadamente os bens dos seus cidadãos e os injetasse na economia veria um aumento expressivo dos índices negociais. Essa proposta é absolutamente ridícula, já que coloca o Estado como objetivo último de si mesmo, sacrificando as pessoas a quem o Estado deveria servir. O que se notou nos regimes socialistas foi o oposto, uma redução significativa da produção agrícola e industrial, pois a perda das recompensas, pelo resultado do trabalho, fez com que os operários se sentissem desestimulados e, com isso, minimizaram seu potencial.

A experiência socialista jamais resultou "em melhores condições materiais para a população". Como já dito, a política socialista causou a morte de dezenas de milhões por inanição. A interferência estatal nos meios de produção quebrou a lógica do livre mercado, no sentido de que ele mesmo se ajusta à demanda. Quando o Estado monopolizou a distribuição dos produtos à população, não havia mais condições de se aferir quais eram aqueles que precisavam ser fabricados em maior e em menor quantidade. Começaram a faltar algumas mercadorias. A população não podia mais satisfazer as necessidades que eram peculiares ao seu núcleo social. Isso apenas fez com que a condição de vida das pessoas piorasse, na medida em que privados dos itens necessários para a satisfação de suas necessidades.

Não houve "melhoria em relação ao período pré-revolucionário". É evidente que havia distinções de classe e de ordem patrimonial, mas lançar todas as pessoas na condição de privação total para, assim, alcançar uma igualdade na miséria, não é, nem jamais será, uma condição melhor para a população — embora, formalmente, os socialistas possam dizer que alcançaram a "igualdade" entre os cidadãos.

É impossível, a qualquer estudioso sério e comprometido com a verdade, concluir que houve "melhoria do acesso da população a serviços sociais". Os discursos apresentados pelos ditadores socialistas eram flagrantemente manipulados com argumentos que melhor lhe interessavam. Stalin, por exemplo, gabava-se de ter feito cessar a exploração da classe outrora dominante, mas isso ocorreu à custa do extermínio de fazendeiros, industriais, profissionais liberais e intelectuais. O mesmo ocorria com os números: Mao Tsé-Tung acreditava ter feito a China dar um grande salto econômico, mas isso ocorreu apenas remotamente e à custa de cinquenta e oito milhões de mortes. Se hoje a China é um país desenvolvido, tal se deve à adoção do regime do livre mercado, algo que era absolutamente inconcebível na mentalidade dos marxistas ortodoxos. Serviços sociais, se houvesse algum naquela época, eram o trabalho forçado nos campos de concentração em favor do aparelho político. No Camboja, por exemplo, a população era obrigada a usar exclusivamente as técnicas de tratamento dos seus ancestrais, com unguentos e chás, pois o uso de um anti-inflamatório ou de qualquer remédio francês seria um indicativo de que a pessoa não havia compreendido a carga burguesa capitalista envolvida no produto, o que de imediato levaria à condenação a castigo sob o fundamento de que ela se opunha à revolução socialista.

As ações implementadas pelo bloco socialista jamais sustentaram "a libertação nacional da dominação colonial e da intervenção militar imperialista em todo o mundo": se realmente isso houvesse ocorrido, não haveria como explicar por qual razão o proletariado pegou nas armas e lutou em prol dos seus países durante a Primeira Guerra Mundial, certamente, na visão dos marxistas, a maior expressão do "imperialismo burguês". Se assim fizeram, é porque o sentimento nacional era muito mais unificador do que a consciência da classe a que pertencia e também porque tinham a sincera esperança de que teriam, um dia, uma condição de vida melhor do que a preconizada pelos socialistas.

"A prática é sempre um teste da teoria", dizem os marxistas clássicos. Essa máxima é de tão modo inconsequente que, para eles, nem que toda a humanidade precisasse ser dizimada, o socialismo deveria ser reiteradamente tentado até que, um dia, suas fragilidades viessem a ser corrigidas na prática. Se a prática é de fato uma experimentação da validade da teoria, as dezenas, senão centenas de milhões de mortes estão mais do que expostas para demonstrar que o marxismo é falho na sua própria concepção. A destruição jamais conduzirá a nenhum resultado superior; o abandono dos valores acumulados ao longo dos séculos e que, ao final, garantiram a sobrevivência da humanidade, não poderá jamais reverter em seu próprio favor; a esperança da redenção não está, de modo algum, concentrada em alguma classe específica de homens.

"Não foi o verdadeiro socialismo[186]" ou "as experiências foram positivas, apesar de pequenas imperfeições", portanto, são as teses principais dos ardentes defensores do comunismo. Diante de uma postura como essa, mesmo perante as falhas teóricas e práticas existentes, apenas as oportunas lições de Adorno/Horkheimer e de Olavo de Carvalho podem justificar a defesa do marxismo. "É humanamente burro insistir em aprender com a experiência própria, quando fomos dotados de raciocínio lógico justamente para poder reduzir a quantidade de experiência necessária ao aprendizado. O que não é humano de maneira alguma é rejeitar a um tempo a lição da lógica que nos mostra a autocontradição de um projeto e a lição de uma experiência que, para redescobrir o que a lógica já lhe havia ensinado, causou a morte de 100 milhões de pessoas. Nenhum ser humano intelectualmente são tem o direito de apegar-se tão obstinadamente a uma ideia a ponto de exigir que a humanidade sacrifique, no altar das suas promessas, não apenas a inteligência racional, mas o próprio instinto de sobrevivência. Tamanha incapacidade ou recusa de aprender denuncia, na mente do socialista, o rebaixamento voluntário e perverso da inteligência a um nível infra-humano, a renúncia consciente àquela capacidade de discernimento básico que é a condição mesma da hominidade do homem. Ser socialista é recusar-se, por orgulho, a assumir as responsabilidades de uma consciência humana"[187]. "A burrice é uma cicatriz. Ela pode se referir a um tipo de desempenho entre outros, ou a todos, práticos e intelectuais. Toda burrice parcial de uma pessoa designa um lugar em que o jogo dos músculos foi, em vez de favorecido, inibido no momento de despertar. Com a inibição, teve início a inútil repetição de tentativas desorganizadas e desajeitadas. As perguntas sem fim da criança já são sinais de uma dor secreta, de uma primeira questão para a qual não encontrou resposta e que não sabe formular corretamente. A repetição lembra em parte a vontade lúdica, por exemplo do cão que salta sem parar em frente da porta que ainda não sabe abrir, para afinal desistir, quando o trinco está alto demais; em parte obedece a uma compulsão desesperada, por exemplo, quando o leão em sua jaula não para de ir e vir, e o neurótico repete

---

[186] Evandro Sinotti ataca frontalmente essa conclusão, dizendo que "ele não é um argumento conclusivo, ele é um argumento de FUGA, que poderia ser usado para sempre, a cada nova vez que o socialismo desse errado" (Sinotti, Evandro. Não, Sr. Comuna! Guia para desmascarar as falácias esquerdistas. Pirassununga/SP: 2015, p. 89).

[187] Carvalho, Olavo de. O Mínimo que Você Precisa Saber para Não Ser um Idiota. São Paulo: Editora Record, 2015. 18ª edição, p. 120.

a reação de defesa, que já se mostrara inútil. Se as repetições já se reduziram na criança, ou se a inibição foi excessivamente brutal, a atenção pode se voltar numa outra direção, a criança ficou mais rica de experiências, como se diz, mas frequentemente, no lugar onde o desejo foi atingido, fica uma cicatriz imperceptível, um pequeno enrijecimento, onde a superfície ficou mais sensível. Essas cicatrizes constituem deformações. Elas podem criar caracteres, duros e capazes, podem tornar as pessoas burras — no sentido de uma manifestação de deficiência, de cegueira e da impotência, quando ficam apenas estagnadas, no sentido da maldade, da teimosia e do fanatismo, quando desenvolvem um câncer em seu interior. A violência sofrida transforma a boa vontade em má. E não apenas a pergunta proibida, mas também a condenação da imitação, do choro, da brincadeira arriscada, pode provocar essas cicatrizes. Como as espécies do reino animal, assim também as etapas intelectuais no interior do gênero humano, e até mesmo os pontos cegos no interior de um indivíduo, designam as etapas em que a esperança se imobilizou e que são o testemunho petrificado do fato de que todo ser vivo se encontra sob uma força que domina"[188].

Várias das deficiências teóricas marxistas já eram perceptíveis na época da construção dos seus princípios fundamentais. Mesmo com as experimentações práticas comunistas levando a resultados diametralmente opostos aos esperados, não houve o abandono dos seus ideais.

A chama do marxismo permanece viva até hoje.

## A CRISE DA ORTODOXIA

Os preceitos marxistas não ficaram imunes às críticas ao longo do tempo. Muitos discordavam da visão de mundo apoiada excessivamente no determinismo econômico, outros rejeitavam o autoritarismo da Ditadura do Proletariado. Escorando-se nestas proposições, foram redigidos textos, artigos e livros propondo uma releitura das concepções marxistas. Os que se dedicaram a tal mister ficaram conhecidos como "revisionistas".

Uma das correntes revisionistas que floresceu, já no final do século XIX — e que até os dias atuais persiste, foi o Socialismo Democrático. Seus idealizadores pregavam que deveria ser abandonado o totalitarismo partidário e mitigada a

---

[188] Adorno, Theodor e Horkheimer, Max. Em Dialética do Esclarecimento, Rio de Janeiro: Zahar, 2006, pp. 210-211.

necessidade de uma revolução violenta para se iniciar o socialismo. Para eles, seria possível implantá-lo por meios pacíficos, através da conscientização do proletariado. Assim se portando, atenuaram o radicalismo do marxismo puro. O alemão Eduard Bernstein e o francês Jean Jaurès foram dois de seus grandes expoentes. Lenin manteve-se frontalmente contra essa atitude intelectual, principalmente nos seus escritos "Que Fazer" (1902) e "Marxismo e Revisionismo" (1908), onde criticou abertamente Bernstein, que é considerado o primeiro revisionista da história.

Trotski, nas décadas de 1920 e 1930, embora tenha se mantido fiel aos princípios econômicos e revolucionários originais, com o início da iniciativa comunista soviética, assumiu comportamento abertamente crítico ao governo de Stalin. Entendeu que ele fugira inteiramente dos valores puros, exercendo poderes autoritários na condição de um déspota e, com isso, abandonando os interesses do proletariado. Foi criada, nas suas palavras, uma elite poderosa em torno da figura do ditador. Acusado de revisionista e de inimigo do socialismo, Trotski foi caçado impiedosamente pelo resto de sua vida, até que foi assassinado na Cidade do México, em 1940.

A existência de linhas dissidentes internas e a necessidade de defender a doutrina em face de delicadas e requintadas críticas já era um indicativo claro de que ao sistema teórico se lhe deparou uma grave crise[189]. O pior ainda estava por vir. Os países europeus que possuíam um estado de industrialização muito avançado — como a Grã-Bretanha e a Alemanha, e os Estados Unidos, não viram florescer o propalado estado máximo de exploração do proletariado que conduziria à revolução. Em caminho oposto, o aumento dos salários e a melhoria das condições de vida nas indústrias fez com que os operários aderissem abertamente ao sistema capitalista[190][191] ou, no mínimo, ao social-liberalismo.

---

[189] Acerca dessa crise, Korsch escreveu que: "A atitude assumida em relação a essas questões pelas diversas correntes socialistas revelou a natureza da crise que, já há vários anos, grassava nas fileiras dos partidos socialdemocratas e dos sindicatos da Segunda Internacional disfarçada de uma querela entre marxismo ortodoxo e revisionismo e que era, apenas, a forma provisória e distorcida de uma fratura bem mais profunda que dividia a frente do próprio marxismo ortodoxo" (Korsch, Karl. Marxismo e Filosofia. Rio de Janeiro: Editora UFRJ, 2008, p. 36).

[190] "A teologia da 'luta de classes' deve parte de seu impacto à capacidade do trabalhador de identificar seu chefe como um antagonista, cujos interesses se opõem aos dele em cada aspecto; ela também depende da percepção intelectual de se estar excluído do poder e da influência que estão nas mãos dos políticos. Na América, empregador e empregado estão, ambos, escalando a rampa do sucesso; o que difere nesses casos são apenas os respectivos avanços. O primeiro antagonismo é, assim, diluído e temporário, uma distração de preocupações mais urgentes" (Scruton, Roger. Pensadores da Nova Esquerda. São Paulo, Brasil: É Realizações Editora, 2014, p. 41).

[191] "Diversamente do que fora por ele profetizado, o antagonismo de classes não aumentou sob o capitalismo. Cem anos

Esse foi o primeiro grande choque. Enquanto isso, países como a Itália, a Hungria e a Áustria viam uma forte resistência aos partidos de esquerda, o que deu origem a um nacionalismo exacerbado, culminando com o nazismo e o fascismo. A derrota socialista na Alemanha foi um destes estopins.

O segundo grande golpe veio com a Primeira Guerra Mundial. Nela, o proletariado adotou uma postura absolutamente incompreensível para a teoria comunista, pois, em defesa dos ideais imperialistas, especialmente na Alemanha, pegou em armas para lutar exatamente contra o proletariado de outros países. Como explicar que operários defendessem ideias da classe burguesa que os oprimia? Como poderiam litigar contra seus irmãos operários para defender a nação quando, na verdade, Marx ensinava que eles se uniriam entre si para atacar a burguesia capitalista?

O fracasso da iniciativa soviética foi o terceiro abalo profundo às bases ortodoxas. A ditadura sanguinária, os homicídios em massa e o genocídio de etnias, dentre tantos outros males, dificultaram o convencimento da população mundial de que este caminho seria um mero momento intermediário socialista que, superado, levaria à felicidade universal definitiva.

Logo após a Primeira Guerra Mundial — e este o quarto e derradeiro baque ao marxismo purista —, o capitalismo cresceu substancialmente em vários países ocidentais, denotando o fracasso do socialismo em ali se fazer presente[192].

---

não conseguiram desenvolver as duas classes violentamente antagônicas que Marx e Engels disseram ser inevitáveis. Os agitadores comunistas fizeram tudo que estava a seu alcance para atiçar a chama da consciência artificial de classe na mente dos trabalhadores, mas a luta básica entre capital e trabalho não havia sido derrubar o capitalismo, e sim conseguir para os trabalhadores uma parte mais justa dos frutos do capitalismo. Durante os últimos vinte anos, por exemplo, o trabalhador atingiu, nos Estados Unidos, um status mais elevado do que em qualquer outra época. Os comunistas tentaram assumir a liderança dessa tendência à reforma; porém, quanto mais os trabalhadores ganhavam, mais independentes se tornavam — não só por fazerem valer seus direitos em relação aos empregadores, mas também por se livrarem dos agitadores comunistas na liderança de seus sindicatos. Os trabalhadores não atenderam à convocação comunista para derrubar o capitalismo, e os autores comunistas admitiram essa verdade com certo amargor. Ao mesmo tempo, tanto os governos quanto os líderes industriais desenvolveram a filosofia de que o fortalecimento do poder aquisitivo da classe trabalhadora é essencial para se manter as engrenagens da indústria em movimento. O trabalhador, portanto, chegou mais próximo de assumir seu próprio papel como parte integrante do capitalismo do que havia chegado em qualquer época anterior. Essa tendência desmonta totalmente o comunismo, pois faz do trabalhador uma parte indispensável do capitalismo, em vez de seu inimigo com consciência de classe" (Skousen, W. Cleon. O Comunista Exposto. Desvendando o Comunismo e Restaurando a Liberdade. Campinas, SP. Vide Editorial, 2018, pp. 117-118).

192 "Os marxistas clássicos, desde Kautsky e Plekhanov até Stalin e Trotski, afirmaram que o colapso do capitalismo estava no horizonte depois da Primeira Guerra Mundial (1914-1918), e com ele a desintegração da ideologia liberal e o abandono da democracia parlamentar. A turbulência econômica e as convulsões políticas das décadas do entreguerras (1920-1940), como a Grande Depressão dos anos de 1930 e o surgimento do fascismo alemão e italiano, junto com a revolução socialista vitoriosa na Rússia (1917) e depois na China (1949), certamente pareciam confirmar as teses básicas do marxismo clássico. Porém, durante todo esse período, por causa da combinação paradoxal de sucessos políticos e previsões fracassadas, o marxismo clássico estava ele próprio em crise. Em 1918, a Segunda Internacional, fundada

Nesse período novas transformações sociais ocorriam que, nitidamente, não eram resultado da luta de classes, justamente o móvel propulsor dos fenômenos humanos para Marx. Como, então, explicá-las? Os teóricos de esquerda foram colocados diante dessas premissas e viram-se obrigados a delas extrair uma conclusão[193]. As perguntas que lhes afligiam eram, precipuamente: por quais razões a revolução não ocorreu segundo previra Marx? Por que não houve o alcance de uma ordem mundial harmônica?

A linha marxista tradicional dividiu-se em comunista e social democrata. Outros teóricos empenharam-se em maximizar a linha revisionista, reescrevendo as máximas comunistas. Nesse exato momento, o marxismo tradicional perdeu espaço. Inicialmente houve uma reanálise do marxismo sob a linha filosófica, criando-se uma nova forma de marxismo que abandonava o preceito revolucionário violento, batizada de "Marxismo Ocidental". Em um segundo momento, os ataques revolucionários foram vertidos para a estrutura social, política, científica e cultural (a superestrutura). Esta é a gênese do "Marxismo Cultural".

---

em torno da autoridade de Marx e Engels nos anos de 1880, dividiu-se, com a sua ala radical, a Terceira Internacional pró-leninista (comunista), rompendo com a maioria social democrata" (Boucher, Geoff. Marxismo. Série Pensamento Moderno. Petrópolis: Editora Vozes Ltda, 2012, pp. 103-104).

193 "O desafio em torno do qual a ortodoxia e o revisionismo tomaram forma no marxismo clássico pode ser reduzido a dois conjuntos básicos de fatores: intelectuais e políticos. Por um lado, o marxismo clássico tinha de lidar com uma série inteira de desenvolvimentos históricos e descobertas de pesquisas que provaram ser falsas as previsões específicas feitas por Marx. Embora o marxismo como programa de pesquisa na história fornecesse um imenso estímulo à investigação das sociedades passadas, muitos dos achados não confirmaram os elementos fundamentais da postura clássica. E o capitalismo do século XX provou ser muito mais complexo do que Marx e Engels tinham antecipado, catalisando novas e maiores teorias e graves disputas dentro do marxismo clássico. Por outro lado, como deve se esperar de uma perspectiva que via o sucesso político como a última afirmação de posições teóricas, a experiência revolucionária dominou o debate. Pois o que mudou entre a intervenção de Engels e os debates subsequentes e amargos no movimento comunista foi a emergência das revoluções socialistas reais. Mas estas revoluções ocorreram onde Marx e Engels jamais imaginariam que elas ocorreriam: na Rússia e na China — economias camponesas atrasadas, completamente diferentes das nações industrializadas de hoje" (Boucher, Geoff. Marxismo. Série Pensamento Moderno. Petrópolis: Editora Vozes Ltda, 2012, p.81).

# CAPÍTULO 4

## O marxismo ocidental

Um novo modo de pensar o marxismo fez-se imperioso. Os ortodoxos sabiam que estavam diante de uma crise, já que todos os eventos do início do século XX os deixaram sem explicação. Assim é que foram compelidos a garimpar explicações e, para tanto, abandonaram a lógica prática de Marx e derivaram a atenção da economia para a filosofia política. Uma nova linha de pensamento foi introduzida. Como esses teóricos estavam situados na Europa Central e Ocidental, ela foi batizada por eles de "marxismo ocidental"[194].

O interessante nesse processo é que, embora tenham utilizado lições do próprio Marx para repensar a doutrina, os escritores não perceberam que, voltando-se para o campo das ideias, eles se aproximaram, sobremaneira, do idealismo de Hegel, justamente um dos alvos de maior crítica de Marx. A filosofia passou a ter uma importância idêntica, senão maior, que a práxis do marxismo tradicional.

Nesse contexto da aproximação do marxismo com a filosofia, duas obras foram essenciais: Marxismo e Filosofia, de Karl Korsch e História e Consciência de Classes, de Györg Lukács, ambas publicadas no ano de 1923.

### KARL KORSCH

Karl Korsch nasceu em 1886 na cidade de Tostedt, próximo de Hamburgo, norte da Alemanha. Formou-se em Direito, Filosofia e Economia Política. Lutou na Primeira Guerra Mundial pelas forças alemãs e, em 1920, ingressou no Partido Comunista Alemão. Já em 1921 começou a expressar opiniões divergentes do marxismo tradicional, que o transformaram no fundador do "Marxismo Ocidental". Em 1923, durante a efêmera revolução operária iniciada em 21 de dezembro na Alemanha, assumiu o cargo de Ministro da Justiça. Entre 1924 e

---

[194] O termo pode ser atribuído a Perry Anderson, filósofo inglês militante do comunismo, em manifesto publicado no ano de 1976.

1928 foi deputado do *Reichstag*. Em 1926 foi expulso do Partido Comunista e passou a agir politicamente sem vinculação a qualquer organização específica. Publicou inúmeros estudos acentuando as suas críticas ao socialismo soviético, dirigindo parte delas também a alguns revisionistas teóricos. Quando angariou forte oposição de Lenin e de outros marxistas ortodoxos, redigiu trabalhos para rebatê-los, como "O Estado Atual do Problema — Anticrítica". Em 1933 deixou a Alemanha por causa da tomada do poder por Hitler e, depois de passar breve período na Inglaterra e na Dinamarca, radicou-se nos Estados Unidos, onde faleceu em 1961, na cidade de Belmont, Massachusetts.

Korsch entendia que a atenção quase que exclusiva dos marxistas tradicionais na luta de classes operária fez com que eles perdessem a capacidade de interpretar as transformações político-sociais da época[195]. Esse abandono ocorreu porque, quando tentaram extirpar da sociedade socialista a filosofia idealista burguesa, acabaram por também extinguir toda a filosofia em geral. Além da perda da capacidade interpretativa necessária para avaliar as transformações que a própria história estava operando, eles excluíram da atividade prática toda a concepção teórica que a define, o que impediu a possibilidade da eclosão da revolução marxista, pois não é possível nem mesmo conceber uma *ação revolucionária* desprovida de uma *base teórica revolucionária*.

O fracasso da iniciativa comunista soviética, em outras palavras, decorreu do abandono da filosofia teórica. Desprezando-a, os ortodoxos afastaram-se completamente da concepção dialética filosófica de Marx e Engels. A tomada do poder político os cegou. Calcado nessa premissa, Korsch redigiu o seu texto mais importante, *Marxismo e Filosofia*. Nele, procurou resgatar a base teórico-filosófica pura de Marx e Engels, argumentando que, para esses autores, a transição do idealismo dialético de Hegel para o materialismo dialético histórico, em nada, absolutamente, significava o abandono de qualquer pressuposto filosófico[196]. Valendo-se de um mecanismo engenhoso, Korsch

---

[195] "No início do século XX, quando o longo período de desenvolvimento puramente evolutivo chega ao fim e se anuncia um novo período de lutas revolucionárias, inúmeros indícios mostraram que a teoria do marxismo experimentava uma situação crítica, simultânea à modificação das condições práticas da luta de classes. Este marxismo vulgar, extraordinariamente trivial e simplificado, resultado da degeneração da doutrina marxista pela ação dos epígonos, possuindo apenas uma confusa consciência da totalidade dos seus próprios problemas, não tinha posições claras sobre toda um a série de questões" (Korsch, Karl. Marxismo e Filosofia. Rio de Janeiro: Editora UFRJ, 2008. p. 35).

[196] "E de concluir-se, pois, que, para os revolucionários Marx e Engels, no momento mesmo em que transitavam do idealismo dialético de Hegel para o materialismo dialético, a superação da filosofia não significava, de forma alguma, o seu simples abandono" (Korsch, Karl. Marxismo e Filosofia. Rio de Janeiro: Editora UFRJ, 2008, p. 51).

aplicou a dialética hegeliana na própria doutrina marxista, para que, segundo ele, fosse possível apreciar e compreender o momento de crise que enfrentavam. Concluiu que o marxismo havia enfrentado modificações históricas típicas da dialética evolutiva hegeliana, mas que, na sua época contemporânea, seria possível resgatar o ideal revolucionário pregado por Marx e Engels[197].

Compreendida essa evolução, dizia ele, seria possível, em face do novo momento histórico, reorganizar a luta operária e reiniciar a atividade revolucionária, mas dessa vez com o resgate da filosofia marxista, que agora seria uma filosofia da classe operária. Essa base teórica viabilizaria a atualização contemporânea do marxismo às novas realidades concretas que surgissem. Nesse ponto, é importante observar que a concepção filosófica de Korsch não representou um abandono das ideias de Marx. Ele não pretendia criar uma nova doutrina, mas apenas resgatar a base dialética de sua sistematização[198]. Por isso é que criticou tanto os "marxistas vulgares"[199] quanto os "socialistas democráticos"[200].

Korsch ficou no ostracismo político e teórico por muito tempo, em parte por sua expulsão do Partido Comunista e, precipuamente, pela subida de Stalin ao poder que, com sua política persecutória e difamatória dos opositores, e também com o isolacionismo da União Soviética no mundo, findou por deixar as suas ideias desvanecidas. De mais importante para os rumos do

---

[197] "Se aplicarmos deste modo a dialética materialista à história do marxismo, verificaremos que a teoria marxista percorreu, desde o seu nascimento, três grandes períodos, e que sua relação com o desenvolvimento real da sociedade tornou necessárias estas três etapas. A primeira começa por volta de 1843 (na história das ideias, com a Crítica da filosofia do direito de Hegel) e chega ao fim com a Revolução de 1848 (na história das ideias, com o Manifesto Comunista). A segunda se inicia com a sangrenta repressão ao proletariado parisiense em junho de 1848, seguida pela liquidação de todas as organizações e tendências emancipadoras da classe operária, 'numa época de atividade industrial febril, de descalabro moral e de reação política' magistralmente descrita por Marx na Mensagem Inaugural de 1864. Estenderemos sua duração até a virada do século porque não se trata, aqui, da história do proletariado em geral, mas da evolução interna da teoria de Marx em suas relações com a história do proletariado e, por isso, deixamos de lado fases de menor importância (fundação e declínio da Primeira Internacional; episódio da Comuna; confronto entre lassallianos e marxistas; lei antissocialista; sindicatos; fundação da Segunda Internacional). A terceira vem dessa época aos nossos dias e se estende até um futuro ainda indeterminado" (Korsch, Karl. Marxismo e Filosofia. Rio de Janeiro: Editora UFRJ, 2008, pp. 37-38).

[198] "A recolocação do problema marxismo e filosofia já seria necessária, portanto, do simples ponto de vista teórico, para resgatar a significação autêntica e íntegra da doutrina de Marx, edulcorada e desfigurada pelos epígonos" (Korsch, Karl. Marxismo e Filosofia. Rio de Janeiro: Editora UFRJ, 2008, p. 46).

[199] "Este marxismo vulgar, extraordinariamente trivial e simplificado, resultado da degeneração da doutrina marxista pela ação dos epígonos, possuindo apenas uma confusa consciência da totalidade dos seus próprios problemas, não tinha posições claras sobre toda uma série de questões" (Korsch, Karl. Marxismo e Filosofia. Rio de Janeiro: Editora UFRJ, 2008, p. 35)

[200] "Precisamente aí reside a oposição de princípio entre a concepção 'realista' (isto é, 'materialista dialética') do marxismo e as 'patranhas ideológicas, jurídicas e de outro tipo' próprias ao lassallismo e a todas as outras variedades, antigas ou recentes, desse 'socialismo vulgar' que, no plano dos princípios, não ultrapassou ainda o 'nível burguês', ou seja, o ponto de vista da sociedade burguesa" (Korsch, Karl. Marxismo e Filosofia. Rio de Janeiro: Editora UFRJ, 2008, pp. 33-34).

novo marxismo, porém, foi a ideia de Korsch de que a dimensão filosófica da doutrina é essencial, e foi exatamente esse aspecto que, posteriormente, daria origem ao marxismo cultural.

## GYÖRGY LUKÁCS

György Lukács foi um filósofo húngaro, nascido em 13 de abril de 1885 em Budapeste, filho do diretor do maior banco da Hungria. Graduou-se em Ciências Políticas, estudando nas universidades de Budapeste, Berlim e Heidelberg. Integrante de vários círculos socialistas, tornou-se marxista após a Revolução Russa de 1917 e ingressou no incipiente Partido Comunista Húngaro. Quando da curta experiência socialista na Hungria, em 1919, foi nomeado "Comissário do Povo para a Educação e a Cultura". Com a queda desse regime, pouco depois de quatro meses de sua implantação, exilou-se em Viena. Foi aí que publicou *História e Consciência de Classe*, em 1923. Mudou-se para Berlim, onde permaneceu de 1929 a 1933, quando foi obrigado a seguir para Moscou, na União Soviética, em razão da tomada do poder por Hitler. Ali trabalhou no "Instituto Marx-Engels". Retornou a Budapeste em 1957, onde faleceu em 1971.

Ao lado de Karl Korsch, foi outro teórico que resgatou o pilar filosófico do marxismo, retornando às bases hegelianas. Sua principal obra — *História e Consciência de Classes*, é um compêndio de ensaios que gravitam em torno do esforço em prover o marxismo leninista de uma melhor base filosófica. Esse livro é considerado o verdadeiro marco iniciador do "marxismo ocidental" e, baseados nele, muitos escritos de "Teoria Crítica" (da Escola de Frankfurt) foram redigidos, especialmente por Theodor W. Adorno e Max Horkheimer.

Em apertada síntese, Lukács tentou explicar por que razão a revolução do proletariado profetizada por Marx não ocorreu e, para tanto, refletiu sobre "os pensamentos e os sentimentos que os homens teriam tido, em uma situação vital determinada, se tivessem sido capazes de perceber perfeitamente essa situação e os interesses que daí decorrem"[201]. Vale dizer: se tivessem compreendido o momento que de fato viviam, em sua totalidade, galgando plena consciência crítica, como teriam agido? Com essa base, engendrou o conceito de "consciência de classe", um elemento que não dizia respeito a

---

[201] Lukács, Györg. Consciência de Classe. Disponível em <http://www.dominiopublico.gov.br>, acesso em 17 de julho de 2018>.

aspectos subjetivos de cada indivíduo, tampouco à média do pensamento das pessoas que compunham o estrato, mas à totalidade da classe em si, que conjuntamente deveria alcançar a visão total do seu papel histórico. Como, até então, o contexto fenomenológico histórico não havia autorizado o desencadear dessa consciência, a revolução não ocorrera.

A assimilação, por parte do proletariado, do seu papel de desencadeador da revolução socialista, é um processo histórico progressivo, que depende da evolução da própria sociedade burguesa e proletária. No período pré-capitalista, por exemplo, ela não era objetivamente conquistável porque o distanciamento entre os polos na relação de produção não era nítido — as próprias divergências de classes estavam ocultas. Com o advento da burguesia, porém, esse fenômeno começou a transparecer[202]. Importava, agora, que essa mudança de consciência dos operários ocorresse. "Por outras palavras: quando a crise econômica final do capitalismo começou, o destino da revolução (e com ela o da humanidade) passou a depender da maturidade ideológica do proletariado, de sua consciência de classe"[203].

O ponto fulcral de sua tese, por conseguinte, é o hiato existente entre a consciência real do proletariado e a consciência dele esperada, sendo de rigor o trabalho para desenvolver nos operários a consciência do seu papel histórico, consciência de classe que consistia na compreensão de que eles eram o resultado das contradições dialéticas na história da humanidade. Imprescindível era a busca da "transformação interna do proletariado, de seu movimento no sentido de ascender ao nível objetivo da sua própria missão histórica, crise ideológica cuja solução tornará possível, enfim, a solução prática da crise econômica mundial"[204] [205].

---

[202] "Antes de tudo, porque é da essência de toda sociedade pré-capitalista jamais poder fazer aparecer, em plena luz (econômica), os interesses de classe. A organização da sociedade dividida em castas, em estamentos, etc., é feita de tal maneira que, na estrutura econômica objetiva da sociedade, os elementos econômicos aparecem unidos inextricavelmente aos elementos políticos, religiosos, etc. Somente com a dominação da burguesia, cuja vitória significa a supressão da organização em estamentos, é que se torna possível uma ordem social em que a estratificação da sociedade tende à pura e exclusiva estratificação em classes" (Lukács, Györg. Consciência de Classe. Disponível em <http://www.dominiopublico.gov.br, acesso em 17 de julho de 2018>).

[203] Lukács, Györg. Consciência de Classe. Disponível em <http://www.dominiopublico.gov.br, acesso em 17 de julho de 2018>.

[204] Lukács, Györg. Consciência de Classe. Disponível em <http://www.dominiopublico.gov.br, acesso em 17 de julho de 2018>.

[205] "O que importa aqui é saber em que medida estão elas em condições de se tornarem conscientes das ações que devem executar, e efetivamente executam, para conquistar e para organizar sua posição dominante. Pois o que importa é a seguinte questão: que ponto a classe em questão cumpre 'conscientemente', até que ponto 'inconscientemente', até

Em termos mais simples: o proletariado já tem valores impregnados em sua formação, plantados pela sociedade burguesa capitalista, retratada no modo de vida ocidental. É necessário que eles sejam destruídos e substituídos por outros novos. Além de perceber essa fenda, Lukács deteve-se no seu estudo. Apoiando-se em Marx, ele argumentou que as relações comerciais de trocas entre pessoas tornaram-se tão costumeiras no capitalismo que acarretaram o redirecionamento do foco dos envolvidos nas negociações para a própria mercadoria e para o dinheiro que eram barganhados. As pessoas perderam a atenção principal e o processo mercantil passou a controlá-las e defini-las. Essa coisificação do homem, que Lukács chamou de "reificação" (*Verdinglichung*, em alemão), é um fenômeno que não ficou restrito à economia, alcançando também a cultura, a ciência e todas as relações sociais. Tal aconteceu porque o modo típico e específico de produção do capitalismo tornou-se tão mundialmente difundido e a mercadoria tão venerada que eles acabaram por impregnar a consciência das pessoas que, com isso, passaram a se comportar nessa melodia em todas as áreas de sua vida.

A reificação, portanto, tem suas origens no sistema capitalista de trabalho, mas apenas no capitalismo mais desenvolvido. Na época das relações de trocas, o caráter humano na negociação ainda era bem visível e, assim, as pessoas ainda podiam combater a coisificação. Com a vinda do dinheiro, a abstração da importância do homem ficou latente, tendo apenas se aprofundado com a introdução das máquinas e com a dependência do operário perante elas. No capitalismo moderno as coisas acontecem automaticamente, sem depender visivelmente de nós. Nesse ponto, não só os operários, mas toda a sociedade fica reificada. Além disso, o trabalhador recebe salários por seu trabalho, e esse trabalho, que produziu valor na produção de um bem, é tratado também como uma mercadoria abstrata, como se fosse qualquer outra. Esse "fetiche da mercadoria" contribuiu para a alienação do proletariado[206]. A mercadoria, enfim,

---

que ponto com uma consciência 'justa', e até que ponto com uma consciência 'falsa', as tarefas que lhe são impostas pela história? Essas não são distinções meramente acadêmicas. Porque, independentemente dos problemas da cultura, onde as dissonâncias resultantes dessas questões são de uma importância decisiva, o destino de uma classe depende de sua capacidade, em todas as suas decisões práticas, de ver com clareza e de resolver os problemas que a evolução histórica lhe impõe" (Lukács, Györg. Consciência de Classe. Disponível em <http://www.dominiopublico.gov.br, acesso em 17 de julho de 2018>).

206 "Surpreendentemente, tanto Marx quanto pensadores da psicanálise posteriores a ele derivaram seus relatos sobre fetichismo a partir das atitudes europeias do século XIX com relação a religiões africanas. Assim como, em algumas religiões, um objeto investido de poderes sobrenaturais é tornado um fetiche por aqueles que o cultuam, da mesma forma, no capitalismo, atribuem-se poderes mágicos e uma ilusória autonomia às mercadorias" (Jeffries, Stuart. Grande Hotel Abismo. A escola de Frankfurt e seus personagens. São Paulo: Editora Schwarcz 2018, p. 96).

que é a célula fundamental da economia burguesa, passou a ser a expressão da própria sociedade "reificada". Quanto mais se aprimora a relação capitalista de produção, mais as pessoas são coisificadas e, consequentemente, mais se afasta o proletariado da sua capacidade de compreender o destino histórico que lhe foi conferido.

Essa doutrina não foi criada por Lukács, ela já estava presente em Karl Marx. Mas foi profundamente detalhada. A surpresa é que suas conclusões foram praticamente as mesmas que as apontadas por Karl Marx em seus "Manuscritos Econômicos e Filosóficos", que foram descobertos e publicados em Moscou somente em 1932, cerca de cinquenta anos depois de sua morte e também após Lukács ter desenvolvido seus apontamentos.

É necessária a destruição prévia de toda a sociedade para que, então, o proletariado alcance a sua consciência. "Eis por que o proletariado não se pode libertar como classe, a não ser suprimindo a sociedade de classes em geral, que sua consciência, a última consciência de classe na história da humanidade, deve coincidir, de um lado com a revelação da essência da sociedade, e, de outro, tornar-se uma unidade sempre mais íntima da teoria e da práxis"[207]. É conhecida a sua frase — "quem nos salva da civilização ocidental?"[208], indicadora de todo o repúdio que dedicava aos países capitalistas da sociedade ocidental. Pregando a conscientização dos operários, Lukács simpatizava com a atuação pacífica e conscientizadora, sem que fosse inevitável uma revolução violenta para a implantação da Ditadura do Proletariado. "Agora a luta social se reflete em uma luta ideológica para a consciência, a revelação ou a dissimulação do caráter de classe da sociedade"[209].

Por esse aspecto ele foi enquadrado no rol dos "marxistas ocidentais", e, foi exatamente nesse pormenor, que ele atacou frontalmente os marxistas ortodoxos, dizendo que "(...) essa função única que a consciência tem na luta de classes do proletariado escapou sempre aos marxistas vulgares, que puseram em marcha

---

207 Lukács, György. Consciência de Classe. Disponível em <https://www.marxists.org/portugues/lukacs/1920/consciencia/cap02.htm, acesso em 8 de agosto de 2018>.

208 No prefácio de sua obra "A Teoria do Romance" (Coleção Espírito Crítico. São Paulo: Editora 34 Ltda, 1ª edição, 2000), ele disse: "Há também certa probabilidade de que o Ocidente triunfe sobre a Alemanha; se isso tiver como consequência a derrocada dos Hohenzollern e dos Habsburgos, estou igualmente de acordo. Mas então surge a pergunta: quem nos salva da civilização ocidental? (Tomava como um pesadelo a perspectiva de uma vitória final da Alemanha da época)". (pp. 07 e 08).

209 Lukács, Görg. Consciência de Classe. Disponível em <http://www.dominiopublico.gov.br, acesso em 17 de julho de 2018>.

um mesquinho 'realismo político', em lugar do grande combate conducente aos princípios e às questões últimas do processo econômico objetivo"[210].

A doutrina de Lukács foi elementar para o desenvolvimento do marxismo cultural, não apenas por ter devolvido a esfera filosófica à doutrina, mas também por ter representado um novo foco teórico e político do movimento, que verteu da revolução violenta para o ataque às estruturas que impediam a formação da consciência de classes. Lukács concluiu que foi a burguesia quem alienou o proletariado, por meio da estrutura socioeconômica e cultural criada pelo modo capitalista de produção, e, por isso, os operários deveriam livrar-se das amarras que os impediam de cumprir o papel revolucionário histórico que lhes fora outorgado[211]. "Essa estrutura se evidencia necessariamente de uma maneira ainda mais gritante em todos os domínios onde a evolução social ainda não progrediu o bastante para produzir, a partir dela própria, a possibilidade objetiva de uma visão da totalidade. É ali, na atitude teórica e prática do proletariado, frente a frente com as questões puramente ideológicas e com as questões de cultura, onde se pode vê-lo mais claramente. Essas questões ocupam, ainda hoje, uma posição quase isolada na consciência do proletariado; e sua ligação orgânica, tanto com os interesses vitais imediatos como com a totalidade da sociedade, não penetrou ainda na consciência. Eis por que os resultados, nesse domínio, raramente se elevam acima de uma autocrítica do capitalismo, realizada pelo proletariado. Nessa esfera, o que há de positivo, prática ou teoricamente, tem um caráter quase inteiramente utópico"[212].

Com Lukács, a dimensão filosófica plena do marxismo havia sido recuperada. Uma nova ótica fora gerida, consistente na atenção às estruturas burguesas arquitetadas para a alienação. O caminho para o marxismo cultural já estava bem pavimentado. Entretanto, um novo passo precisaria ser dado para que ele viesse plenamente à tona. Tanto Korsch quanto Lukács permaneceram na esfera idealista, sem propor condutas hábeis para transformar a realidade concreta. De outro

---

210 Lukács, Györg. Consciência de Classe. Disponível em <http://www.dominiopublico.gov.br, acesso em 17 de julho de 2018>.

211 "Como a dominação da burguesia se estende realmente a toda a sociedade, como visa efetivamente organizar toda a sociedade de conformidade com os seus interesses, e, em parte, teve êxito, ela deveria criar necessariamente tanto uma doutrina formando um todo da economia do Estado, da sociedade, etc. (o que pressupõe e implica já, em, e por si, uma 'visão do mundo') como desenvolver e tornar consciente nela a crença de sua própria vocação à dominação" (Lukács, Györg. Consciência de Classe. Disponível em <http://www.dominiopublico.gov.br, acesso em 17 de julho de 2018)>.

212 Lukács, Györg. Consciência de Classe. Disponível em <http://www.dominiopublico.gov.br, acesso em 17 de julho de 2018>.

turno, o trilhar da revolução violenta havia escancarado as suas imperfeições na experiência soviética. Como, então, romper com aquelas estruturas desviantes e alucinantes? Novas armas seriam necessárias para que o proletariado pudesse desenvolver a consciência de classes. Foi Gramsci quem as forjou.

## ANTONIO GRAMSCI

Antonio Gramsci nasceu em Ales, na Sardenha, em 22 de janeiro de 1891. Quarto filho de uma família de sete, logo na infância suportou um acidente que o deixou com sequelas permanentes: ao cair dos braços de uma babá, com quatro anos de idade, ficou corcunda e passou a ter problemas de ordem pulmonar[213]. Esse mal, somado às reiteradas crises nervosas, deixaram-no em condição precária de saúde por toda a vida. Depois de completar o ginásio em Oristano, iniciou o colegial em Cagliari e foi viver com o irmão Gennaro, que mais tarde tornou-se secretário de seção do Partido Socialista Italiano. Foi assim que Gramsci teve seu primeiro contato com o movimento socialista. Ao participar das agremiações estudantis que discutiam os problemas socioeconômicos da Sardenha (uma das regiões mais pobres da Itália), começou a ler autores comunistas. Quando se formou, em 1911, já havia publicado seu primeiro artigo.

Gramsci prestou uma prova e ganhou bolsa de estudos para o curso universitário, inscrevendo-se na Faculdade de Letras de Turim. Aí conheceu mais de perto a linguística, uma das marcas de seus estudos posteriores. Durante o curso frequentou aulas de Direito, Filosofia e Literatura. Em 1914, ingressou no Partido Socialista, período em que escreveu artigos mais frequentemente, contribuindo com periódicos. Pela enfermidade e por problemas financeiros, abandonou os estudos em 1918, nunca deixando, porém, de publicar material de apologia ao socialismo. Em 1921, discordando da linha política adotada pelo Partido, fundou, com outros dissidentes, o Partido Comunista da Itália, integrando o Comitê Central. Com a subida ao poder de Mussolini, em 1922, o partido entrou na clandestinidade e Gramsci ganhou do governo o rótulo de agitador. Foi eleito deputado pelo distrito do Vêneto, em 1923. Casou-se e teve um filho. Sua esposa Júlia, grávida, retornou a Moscou quando os conflitos na Itália com os fascistas ganharam dimensão. Seu segundo filho, Giuliano, ele nunca chegou a conhecer.

Em 8 de novembro de 1926, depois de um atentado praticado contra Mussolini

---

213 Estudos mais recentes atribuem esse seu defeito físico ao "Mal de Pott", uma espécie de tuberculose extrapulmonar que afeta a coluna vertebral.

em Bolonha, Gramsci, apesar de sua imunidade parlamentar, aos trinta e cinco anos de idade, foi preso com outros deputados comunistas, ficando no presídio de Regina Coeli. Depois, em uma breve permanência na Ilha de Ústica, no Mar Tirreno, foi para a prisão de San Vittore, em Milão. Nessa ocasião, sua cunhada Tatiana mudou-se de Roma para Milão, para ficar mais próximo dele. Foi ela, aliás, que após a morte de Gramsci salvou todas as anotações que ele fizera no período da restrição da liberdade. Sua condenação final foi de vinte anos, quatro meses e cinco dias de reclusão.

Sofrendo com altas taxas de ureia no sangue, Gramsci foi enviado para a Casa Penal Especial de Turi, na província de Bari. Conseguiu uma cela especial e o direito de nela escrever. Foi somente quando recebeu autorização para dispor de cadernos em brochura, em 8 de fevereiro de 1929, que iniciou a série de anotações que, depois de sua morte, fariam sucesso internacional. Quando da comemoração dos dez anos do regime fascista, sua pena foi reduzida para doze anos e quatro meses. Em novembro de 1933 foi transferido para a prisão de Civitavecchia, onde passou a ter graves crises pulmonares. Essas crises, e a pressão internacional que se estabeleceu em favor de sua libertação, permitiram a sua permanência em clínicas, sob liberdade condicional. Em abril de 1937 adquiriu a liberdade plena. Entretanto, no dia 25 desse mês, teve uma grave crise e sofreu um derrame. Dois dias depois, em 27 de abril, morreu.

Durante toda sua vida, Gramsci jamais publicou um só livro, embora tenha sido muito ativo na elaboração de artigos e críticas para revistas e jornais socialistas. Ainda que fosse puramente um militante, não um teórico, no período em que esteve preso escreveu inúmeras anotações em cadernos de capa dura, preenchendo ao total trinta e três deles. Se fossem transferidas para papel A4, suas notas ocupariam cerca de duas mil e quinhentas páginas. Quatro desses cadernos eram de tradução, sobretudo do inglês e do alemão. Os outros vinte e nove (salvo pequena parte do número sete e do número nove, também com traduções) foram divididos em dois grupos: os "cadernos de miscelânea" (1, 2, 3, 4, 5, 6, 7, 8, 9, 14, 15 e 17), em que ele inseria ideias esparsas e alguns estudos de que se ocupava, e os "cadernos especiais" (10, 11, 12, 13, 16, 18, 19, 20, 21, 22, 23, 24, 25, 26, 27, 28 e 29), em que redigia, de forma lógica e articulada, o pensamento que havia desenvolvido a partir das miscelâneas. O conjunto das anotações nos cadernos ficou conhecido como "Cadernos do Cárcere".

A história da preservação desses esboços é interessante. Quando foi transferido da prisão de Turi para uma clínica em Formia, temendo que a direção do presídio os confiscasse, Gramsci conseguiu distrair os carcereiros enquanto seu companheiro de cela Gustavo Trombetti os escondia no fundo da mala, sob as roupas. Depois de sua morte, a cunhada, Tatiana Schucht, teve acesso aos cadernos e os etiquetou, numerando-os, em algarismos romanos, de I a XXXIII. Enviou-os então à irmã, ainda residente em Moscou, que, por sua vez, os fez chegar nas mãos de Palmiro Togliatti, presidente do Partido Comunista Italiano, então exilado na Rússia. Esses documentos permaneceram ocultos por dez anos, até que, entre 1948 e 1951, após o fim da Segunda Guerra Mundial e a queda do regime fascista, uma primeira divulgação foi realizada.Apenas parte dos escritos foi trazida a público: seguindo indicações do próprio Gramsci, entendeu-se que a publicação deveria ser temática, colhendo de todas anotações os trechos respectivos. Assim é que foram lançados seis livros: "O Materialismo Histórico e a Filosofia de Benedetto Croce"; "Os Intelectuais e a Organização da Cultura"; "Risorgimento"; "Machiavel, a Política e o Estado Moderno"; "Literatura e Vida Nacional" e "Passado e Presente". Como a seleção dos textos foram promovidas por Togliatti, essa publicação ficou conhecida como "Edição Togliatti" ou "Edição Temática".

Esse método de publicação gerou, no público em geral, a impressão de que Gramsci, durante o tempo em que esteve detido, dedicou-se à escrita de seis livros autônomos. Apenas em 1975 tal visão foi superada, quando o "Instituto Gramsci" promoveu a divulgação integral dos cadernos, excetuando-se as obras de tradução, as minutas de cartas e os apontamentos que não diziam ao aspecto teórico. A organização competiu a Valentino Gerratana e a publicação ficou conhecida como "Edição Crítica". A maior dificuldade dos trabalhos foi estabelecer a ordem cronológica em que os cadernos foram escritos, tarefa em que até os dias atuais alguns se empenham.

Apenas na segunda metade dos anos 60 a "Edição Togliatti" chegou no Brasil. Logo após o início do regime militar de 1964, Leandro Konder, Luiz Mário Gazzaneo e Carlos Nélson Coutinho decidiram publicar quatro livros, contando com o apoio de Ênio Silveira, militante político e diretor da Editora Civilização Brasileira: "O Materialismo Histórico e a Filosofia de Benedetto Croce", "Os Intelectuais", "Notas sobre Maquiavel" e "Cartas do Cárcere". Foi o próprio

Ênio quem escolheu os tradutores e prefaciadores dos dois primeiros livros ("O Materialismo Histórico e a Filosofia de Benedetto Croce" e "Cartas do Cárcere") e quem decidiu que a publicação não seria integral (foram divulgadas, por exemplo, apenas partes das cartas e houve cortes em outros textos). O lançamento ao público ocorreu entre 1966 e 1968. Por medo da censura, o primeiro livro teve o nome substituído para "Concepção Dialética da História". A conjuntura nacional então vigente, especialmente o aprofundamento da ditadura, fez com que ocorresse um grande fracasso editorial, com os livros sendo vendidos em saldos, a preços módicos.

Na segunda metade da década de 1970, quando principiou no Brasil a discussão em torno da reabertura democrática, a Editora Civilização Brasileira promoveu nova edição, exatamente igual à anterior. Essa publicação foi um sucesso de vendagem. A edição completa dos Cadernos do Cárcere apenas começou em 1999, com a organização de Carlos Nelson Coutinho. Ela não repete integralmente a "Edição Crítica" de Gerratana, pois mescla elementos desta e também da "Edição Temática", transformando-se em uma terceira edição própria.

Superada essa história preliminar sobre Gramsci e os seus Cadernos do Cárcere, importa agora compreender a sua obra.

A interpretação de Gramsci não é simples. Embora seus textos sejam de leitura fácil, a falta de sistematização das notas torna a compreensão desarticulada — ele, por vezes, escrevia simultaneamente nos três cadernos que poderia ter ao mesmo tempo na cela, o que torna praticamente impossível decifrá-los cronologicamente. A piorar essa situação, era comum que reescrevesse notas ou fundisse duas ou mais em uma única anotação final. Como não teve tempo de organizar plenamente as ideias e de consolidá-las em um ou mais livros, deixou ao público apenas o trabalho metodológico inicial de pesquisa e de reflexão. Isso fica sensivelmente nítido nas lembranças que fazia a si próprio de que pesquisas seriam necessárias e de que outras consultas eram de rigor.

A desagregação das ideias deixou um campo de estudo infinito para os seus seguidores. Por não apontar as conclusões finais em todos os assuntos nos quais peregrinou, é possível construir toda uma vida de teses em cima de seus esboços. Essa circunstância, somada à abrangência das explorações — ele se aventurou na Filosofia, Sociologia, História, Economia, Pedagogia,

Jornalismo, Ciência Política, Religião, Psicologia, Arte Militar, Diplomacia, Literatura, Estética e Direito —, explicam porque tantos estudos e pesquisas têm-no como objeto.

Para o propósito deste livro, importam os estudos de Filosofia feitos por Gramsci. Para ele, ela era a concepção da realidade que norteia o agir de qualquer pessoa. Todo ser humano possui uma ótica individual de mundo e é ela que condiciona e dirige o seu proceder. Desse modo, todo homem é um filósofo, não no sentido profissional, mas na perspectiva de que tem um ponto de vista sobre si mesmo e sobre as relações humanas. Como é a ação da pessoa que externa a sua filosofia, Gramsci denominou o seu pensamento de "Filosofia da Práxis".

*O homem age de acordo com a concepção de mundo que possui.*

Todos têm uma certa consciência da realidade, mas nem todos a formam por si mesmos: muitos simplesmente guiam-se pelo que lhes é ditado, apreendendo acriticamente das relações sociais e do contexto histórico os elementos que comporão sua filosofia e que nortearão o seu agir. Gramsci batizou essa visão disseminada da realidade, absorvida pela pessoa sem uma aferição reflexiva prévia, de "senso comum"[214][215].

O homem muitas vezes age guiado por noções de senso comum que foram assimiladas do meio histórico-social sem qualquer reflexão prévia de sua parte. O personagem responsável por transformar esses fenômenos histórico-sociais em um determinado sistema ideológico e de difundi-los por toda a sociedade é o intelectual[216]. "Os intelectuais são os 'prepostos' do grupo dominante para o

---

[214] "Um trabalho como o Ensaio popular, destinado essencialmente a uma comunidade de leitores que não são intelectuais de profissão, deveria partir da análise crítica da filosofia do senso comum, que é a "filosofia dos não-filósofos", isto é, a concepção do mundo absorvida acriticamente pelos vários ambientes sociais e culturais nos quais se desenvolve a individualidade moral do homem médio. O senso comum não é uma concepção única, idêntica no tempo e no espaço: é o "folclore" da filosofia e, como o folclore, apresenta-se em inumeráveis formas; seu traço fundamental e mais característico é o de ser uma concepção (inclusive nos cérebros individuais) desagregada, incoerente, inconsequente, conforme a posição social e cultural das multidões das quais ele é a filosofia. Quando na história se elabora num grupo social homogêneo, elabora-se também, contra o senso comum, uma filosofia homogênea, isto é, coerente e sistemática" (Gramsci, Antonio. Cadernos do Cárcere. Volume 1: Introdução ao Estudo da Filosofia. A filosofia de Benedetto Croce. Caderno 11. Editora Civilização Brasileira. 1999. Rio de Janeiro, p. 114).

[215] "O senso comum é um aglomerado de hábitos e expectativas, inconscientes ou semiconscientes na maior parte, que governam o dia-a-dia das pessoas. Ele se expressa, por exemplo, em frases feitas, em giros verbais típicos, em gestos automáticos, em modos mais ou menos padronizados de reagir às situações" Carvalho, Olavo de. A Nova Era e a Revolução Cultural. Fritjof Capra & Antonio Gramsci. Campinas: Vide Editorial, 2014, 4ª edição, pp. 59-60).

[216] "Todo grupo social, nascendo no terreno originário de uma função essencial no mundo da produção econômica, cria para si, ao mesmo tempo, organicamente, uma ou mais camadas de intelectuais que lhe dão homogeneidade e consciência da própria função, não apenas no campo econômico, mas também no social e político: o empresário capitalista cria consigo

exercício das funções subalternas da hegemonia social e do governo político"[217]. Esse papel não é apenas do ser humano, uma organização também pode fazê-lo, como é o caso dos partidos políticos, das igrejas, das associações, dos jornais e de outros meios de divulgação. Cada um tem sua própria visão de mundo e a divulga, organizando as forças sociais no seu entorno e cooptando as pessoas para que participem. Com isso, os participantes modelarão o seu saber e o seu fazer com base na visão de realidade que lhes foi fornecida[218].

O intelectual tem em suas mãos o poder de elaborar uma doutrina e de disseminá-la na população.

A atividade do intelectual de contínua e reiteradamente agregar pessoas em torno do sistema ideológico que constrói culmina com a formação de uma "hegemonia". A hegemonia é basicamente a situação de controle cultural de uma sociedade em torno de uma doutrina que assegura a manutenção da classe dominante no poder. Esse domínio ocorre principalmente quando há o controle de órgãos de governo e de canais intelectuais de formação do pensamento. Como a burguesia alcançou essa posição, conseguiu relativa tranquilidade para superar as crises econômicas advindas da luta de classes — não fosse assim, a revolução socialista já teria sido desencadeada naturalmente. Como, graças à hegemonia cultural, a classe oprimida não conseguiu perceber o momento transformador que se lhe deparava, a elite capitalista pôde lidar, em segurança, com as crises que lhe sobreviveram. A dominação de classes ganha uma complexidade ímpar nessa vertente hegemônica, pois a burguesia apoia seus tentáculos, não apenas nas relações de produção, mas também nas conexões sociais, culturais, jurídicas, científicas e educacionais, difundindo, na sociedade, a sua inspiração de mundo, e, conduzindo as massas a um agir predeterminado. O poder da classe dominante, por conseguinte, não advém apenas do poder econômico, mas também do social e cultural.

---

o técnico da indústria, o cientista da economia política, o organizador de uma nova cultura, de um novo direito, etc., etc." (Gramsci, Antonio. Cadernos do Cárcere. Volume 2: Os Intelectuais. O Princípio Educativo. Jornalismo. Caderno 12. Editora Civilização Brasileira. 2001. 2ª edição. Rio de Janeiro – p. 15).

217 Gramsci, Antonio. Cadernos do Cárcere. Volume 2: Os Intelectuais. O Princípio Educativo. Jornalismo. Caderno 12. Editora Civilização Brasileira. 2001. 2ª edição. Rio de Janeiro, p. 20.

218 "Autoconsciência crítica significa, histórica e politicamente, criação de uma elite de intelectuais: uma massa humana não se 'distingue' e não se torna independente 'para si' sem organizar-se (em sentido lato); e não existe organização sem intelectuais, isto é, sem organizadores e dirigentes, ou seja, sem que o aspecto teórico da ligação teoria-prática se distinga concretamente em um estrato de pessoas 'especializadas' na elaboração conceitual e filosófica (Gramsci, Antonio. Cadernos do Cárcere. Volume 1: Introdução ao Estudo da Filosofia. A filosofia de Benedetto Croce. Caderno 11. Editora Civilização Brasileira. 1999. Rio de Janeiro, p. 104).

A hegemonia social, política, jurídica, científica e cultural é o recurso utilizado pela classe dominante para se perpetuar no poder.

Esses dois campos de dominação — o econômico e o cultural, estão em polos diversos. A base econômica, em que ocorrem as relações de produção e onde a t é transformada em mercadoria, é chamada de "estrutura". A base cultural, abrangendo os preceitos ideológicos, políticos, jurídicos, científicos e sociais criados para garantir a perpetuação da classe dominante no poder, é denominada de "superestrutura". Para os marxistas ortodoxos, a tomada do poder deveria ocorrer a partir da estrutura, por meio de uma revolução violenta que tomasse o poder econômico, para então adaptar a superestrutura à condição da nova classe dominante. Para Gramsci, porém, a revolução deveria começar na superestrutura[219], por meio da dominação

---

[219] "Em outras palavras, a teoria marxista da história, que explica todo desenvolvimento histórico em termos econômicos, é falsa. O desenvolvimento histórico é tanto o resultado da vontade política (como nossos historiadores 'burgueses' sempre insistiram) quanto o resultado das transformações 'materiais'. É claro, Gramsci não coloca isto desse modo — ele fala de uma relação 'dialética' entre superestrutura e base, usando, assim, o jargão marxista de forma a mascarar seu profundo acordo com a proposição fundamental do conservadorismo, a proposição de que a história não está do lado de ninguém. No entanto, a refutação de Gramsci do determinismo marxista é igualmente fundamental para sua própria 'filosofia da práxis'. Ela lhe permitiu fazer o que o marxismo clássico não pôde: reabilitar a esfera política. A política é não mais uma resposta às forças econômicas que brotam da terra, mas um princípio ativo de mudança, que pode colocar-se contra aquelas forças e aplacá-las ou controlá-las. A política comunista envolverá a substituição automática da hegemonia dominante. Assim, a superestrutura será transformada de forma gradual, ao ponto em que a nova ordem social, cuja emergência foi permanentemente bloqueada pela velha hegemonia, pode finalmente vir à tona sob seu próprio impulso. Esse processo é chamado de 'revolução passiva', e pode ser realizado somente pela conjunção de duas forças: a exercida de cima pelos comunistas intelectuais, que gradualmente deslocam a hegemonia da burguesia, e aquela exercida de baixo pelas 'massas', que carregam em si mesmas a nova ordem social que cresce por seu trabalho. A transformação ocorre somente quando estas forças agem em harmonia, como um 'bloco histórico': e o papel do partido é produzir esta harmonia, ao unir os intelectuais às massas em uma só força disciplinada. Este partido é o "Príncipe moderno", o único agente da mudança política verdadeira, que pode transformar a sociedade somente porque absorve em sua ação coletiva todas as menores ações da intelligentsia, e combina-se com a força das massas proletárias, dando força a uma e orientação à outra. Assim, o partido deve ser integrado à sociedade civil — ele deve gradualmente impor sua influência em toda a sociedade e, na realidade, substituir toda organização que sustenta alguma posição dentro da hegemonia da influência política. Gramsci pensava que este tipo de infiltração sistemática precipitaria a abolição do Estado. Os intelectuais comunistas e as massas estão, acreditava ele, vinculados por uma simpatia instintiva; isto removeria a necessidade do governo coercitivo e colocaria em seu lugar, por consenso, um governo ideal" (Scruton, Roger. Pensadores da Nova Esquerda. São Paulo, Brasil: É Realizações Editora, 2014, pp. 126-128).

do Direito[220], da religião[221], da educação, da ciência[222] e das artes em geral[223].

*A alteração da superestrutura é que permitirá o florescimento da futura revolução socialista.*

A doutrina de Gramsci é infinita, como já pontuado anteriormente, mas os destaques feitos em algumas frases no tópico em leitura permitem inferir a parte do seu pensamento que interessa a este estudo: *o homem age de acordo com a concepção de mundo que possui; ele muitas vezes é guiado por noções de senso comum que foram assimiladas do meio histórico-social sem que tenha feito qualquer reflexão prévia; o intelectual tem em suas mãos o poder de elaborar uma doutrina e de disseminá-la na população; a hegemonia social, política, jurídica, científica e cultural é o recurso utilizado pela classe dominante para se perpetuar no poder; somente com a alteração da superestrutura é que será possível o florescimento da revolução socialista.*

Fácil perceber que sua *práxis* foi aglutinada em torno de uma "revolução passiva", em que a intuição de mundo em vigor, contaminada pelo capitalismo, deveria ser modificada a partir da dominação da cultura da sociedade, mediante a destruição dos elementos políticos, científicos, jurídicos e morais atuais e

---

[220] "Se todo Estado tende a criar e a manter um certo tipo de civilização e de cidadão (e, portanto, de convivência e de relações individuais), tende a fazer desaparecer certos costumes e atitudes e a difundir outros, o direito será o instrumento para esta finalidade (ao lado da escola e de outras instituições e atividades) e deve ser elaborado para ficar conforme a tal finalidade, ser maximamente eficaz e produtor de resultados positivos. A concepção do direito deverá ser libertada de todo resíduo de transcendência e de absoluto, praticamente de todo fanatismo moralista, embora me pareça que não possa partir do ponto de vista de que o Estado não 'pune' (se este termo é reduzido a seu significado humano), mas apenas luta contra a 'periculosidade' social. Na realidade, o Estado será concebido como 'educador' na medida em que tende precisamente a criar um novo tipo ou nível de civilização (Gramsci, Antonio. Cadernos do cárcere. Volume 3: Maquiavel. Notas sobre o Estado e a política. 3ª edição. Caderno 13. Civilização Brasileira. Rio de Janeiro, 2007, p. 28).

[221] "Dado que todas as religiões ensinaram e ensinam que o mundo, a natureza, o universo, foi criado por Deus antes da criação do homem e, portanto, que o homem já encontrou o mundo pronto e acabado, catalogado e definido de uma vez por todas, essa crença tornou-se um dado férreo do 'senso comum', vivendo com a mesma solidez ainda quando o sentimento religioso está apagado e adormecido. Daí que, portanto, fundar-se nesta experiência do senso comum para destruir com a 'comicidade' a concepção subjetivista é algo que tem uma significação sobretudo 'reacionária', de retorno implícito ao sentimento religioso; de fato, os escritores e os oradores católicos recorrem ao mesmo meio para obter o mesmo efeito de ridículo corrosivo" (Gramsci, Antonio. Cadernos do Cárcere. Volume 1: Introdução ao Estudo da Filosofia. A filosofia de Benedetto Croce. Caderno 11. Editora Civilização Brasileira. 1999. Rio de Janeiro, p. 130).

[222] "Que a ciência seja uma superestrutura é demonstrado também pelo fato de que ela teve períodos inteiros de eclipse, obscurecida que foi por uma outra ideologia dominante, a religião, que afirmava ter absorvido a própria ciência; assim, a ciência e a técnica dos árabes eram tidas pelos cristãos como pura bruxaria. Além disso, não obstante todos os esforços dos cientistas, a ciência jamais se apresenta como uma noção objetiva; ela aparece sempre revestida por uma ideologia e, concretamente, a ciência é a união do fato objetivo com uma hipótese, ou um sistema de hipóteses, que superam o mero fato objetivo" (Gramsci, Antonio. Cadernos do Cárcere. Volume 1: Introdução ao Estudo da Filosofia. A filosofia de Benedetto Croce. Caderno 11. Editora Civilização Brasileira. 1999. Rio de Janeiro, p. 175).

[223] "Todo novo organismo histórico (tipo de sociedade) cria uma nova superestrutura" (Gramsci, Antonio. Cadernos do Cárcere. Volume 1: Introdução ao Estudo da Filosofia. A filosofia de Benedetto Croce. Caderno 11. Editora Civilização Brasileira. 1999. Rio de Janeiro, p. 125).

sua substituição por novos valores, mais consentâneos com a proposta revolucionária socialista[224]. Esse modo de agir é o que se convencionou denominar de "marxismo cultural".

Enquanto Karl Korsch e György Lukács meramente refletiram sobre uma nova visão filosófica do marxismo (o que inclusive os aproximou do idealismo de Hegel), Gramsci trouxe a doutrina novamente para o plano fenomênico. Suas premissas primordiais não restaram inertes em estantes de livros de Filosofia: pelo contrário, os comunistas agora tinham a base intelectual e o estímulo prático necessário para o ataque a todas as instituições e expressões culturais existentes. Os alicerces culturais, sociais, científicos e jurídicos deveriam ser mirados, pois contaminados pelos juízos capitalistas, de modo a extrair da população as teorias hegemônicas implantadas pela classe opressora. Essa mudança prepararia a ordem social para o advento da revolução socialista que, sem as amarras ideológicas que impediam o seu florescimento, viria naturalmente a lume, em razão da dialética da luta de classes. Quando ela surgisse, seria bem aceita pela população em geral, já aliciada ou, em outras palavras, já dominada pela hegemonia socialista, entendida como a "condição ou capacidade de influência e de direção política e cultural que, por intermédio de organismos sociais voluntários (aparelhos privados de hegemonia), um grupo social exerce sobre a sociedade civil, que esta exerce sobre a sociedade política (Estado) e que o partido da classe exerce sobre todo o processo revolucionário, sobre a Sociedade Civil e sobre a Sociedade Política"[225].

No modelo gramsciano de destruição dos princípios da elite capitalista burguesa, portanto, os intelectuais e o Partido, dois dos *personagens* da revolução, sistematizariam estratégias capazes de, dissimuladamente, extirpar da mente da população as ideias capitalistas e de incutir as socialistas; ocupariam todo o espaço disponível nos meios de difusão e, com isso, doutrinariam as massas, que é mais um personagem do engodo, em torno de suas concepções, promovendo a gradativa alteração do senso comum; deixariam a população em

---

224 "Gramsci transformou a estratégia comunista, de um grosso amálgama de retórica e força bruta, numa delicada orquestração de influências sutis, penetrante como a Programação Neurolinguística e mais perigosa, a longo prazo, do que toda a artilharia do Exército Vermelho. Se Lenin foi o teórico do golpe de Estado, ele foi o estrategista da revolução psicológica que deve preceder e aplainar o caminho para o golpe de Estado" (Carvalho, Olavo de. A Nova Era e a Revolução Cultural. Fritjof Capra & Antonio Gramsci. Campinas: Vide Editorial, 2014, 4ª edição, p. 56).

225 Coutinho, Sérgio. A Revolução Gramscista no Ocidente. A Concepção Revolucionária de Antônio Gramsci em Cadernos do Cárcere. Rio de Janeiro: Biblioteca do Exército, 2012, p. 24.

condição de agir conforme os interesses da vertente socialista. Mais um personagem fundamental desse trabalho são as organizações privadas, especialmente nas áreas da comunicação social e dos sindicatos, criadas especificamente para divulgar os preceitos subversivos de modo dissimulado, sem que ficasse claro o propósito revolucionário[226]. O resultado final de todo esse processo de dominação mental seria a subjugação da consciência da população, alterando o senso comum burguês para o comunista[227], e, com isso, abrindo caminho livre para o golpe de Estado e para a posterior implantação do processo de transição socialista para o comunismo[228].

O silabário prático gramsciano incluía alguns dos alvos a serem atingidos, o campo de batalha e a estratégia a ser adotada.

A religião era um dos principais alvos. Ao analisar a realidade de sua época, Gramsci concluiu que a cultura europeia era dominante em todo o mundo ocidental[229] e que essa cultura tinha base religiosa acentuada[230]. A fé, por isso,

---

[226] "As Organizações não governamentais — geralmente do tipo voluntário, de âmbito nacional ou internacional — objetivam promover um ideal ou realizar uma finalidade que julgam de benefício da nação ou da humanidade (...) Os aparelhos privados de hegemonia são ainda organismos de expressão do consenso e de difusão da ideologia. No seu conjunto, constituem o que se chama sociedade civil organizada que, integrando-se à sociedade política, realiza o conceito gramsciano atualmente citado como 'Estado Ampliado', na verdade, e mais propriamente 'Sociedade Ampliada'" (Coutinho, Sérgio. A Revolução Gramscista no Ocidente. A Concepção Revolucionária de Antônio Gramsci em Cadernos do Cárcere. Rio de Janeiro: Biblioteca do Exército, 2012, p. 56).

[227] "A superação do senso comum é um empreendimento de profunda e demorada transformação cultural e psicológica, da sociedade civil como um todo, e das classes subalternas, em particular. Consiste em apagar certos valores tradicionais e uma parte significativa da herança cultural (intelectual e moral) da sociedade burguesa e substituí-la por conceitos novos e pragmáticos, abrindo as mentes das pessoas para as mudanças políticas, econômicas e sociais que farão a transição para o socialismo" (Coutinho, Sérgio. A Revolução Gramscista no Ocidente. A Concepção Revolucionária de Antônio Gramsci em Cadernos do Cárcere. Rio de Janeiro: Biblioteca do Exército, 2012, p. 58).

[228] "Gramsci concebeu uma dessas ideias engenhosas, que só ocorrem aos homens de ação quando a impossibilidade de agir os compele a meditações profundas: amestrar o povo para o socialismo antes de fazer a revolução. Fazer com que todos pensassem, sentissem e agissem como membros de um Estado comunista enquanto ainda vivendo num quadro externo capitalista. Assim, quando viesse o comunismo, as resistências possíveis já estariam neutralizadas de antemão e todo mundo aceitaria o novo regime com a maior naturalidade" (Carvalho, Olavo de. A Nova Era e a Revolução Cultural. Fritjof Capra & Antonio Gramsci. Campinas: Vide Editorial, 2014, 4ª edição, p. 57).

[229] "Mesmo admitindo que outras culturas tiveram importância e significação no processo de unificação "hierárquica" da civilização mundial (e, por certo, isto deve ser admitido inequivocamente), elas tiveram valor universal na medida em que se tornaram elementos constitutivos da cultura europeia, a única histórica ou concretamente universal, isto é, na medida em que contribuíram para o processo do pensamento europeu e foram por ele assimiladas" (Gramsci, Antonio. Cadernos do Cárcere. Volume 1: Introdução ao Estudo da Filosofia. A filosofia de Benedetto Croce. Caderno 09. Caderno 15. Editora Civilização Brasileira. 1999. Rio de Janeiro, p. 264).

[230] "Para o senso comum, esta questão nem sequer existe; mas de onde se originou a certeza do senso comum? Essencialmente da religião (pelo menos do cristianismo, no Ocidente)" (Gramsci, Antonio. Cadernos do Cárcere. Volume 1: Introdução ao Estudo da Filosofia. A filosofia de Benedetto Croce. Caderno 11. Editora Civilização Brasileira. 1999. Rio de Janeiro, p. 173).

mais especificamente a Igreja Católica[231], deveria ser fulminada, na medida em que dela nasce o senso comum da sociedade ocidental[232,233]. Uma vez extinta essa força de resistência, em que os eclesiásticos são os intelectuais[234], o caminho para o socialismo terá evoluído.

O Direito era outro alvo digno de atenção. Para ele, a cultura jurídica ocidental era outro instrumento estatal de repressão, funcionando no âmbito da superestrutura como um perpetuador dos interesses da classe capitalista burguesa.

---

[231] "A Igreja Católica é 'a mais poderosa força conservadora que governa sob o ponto de vista do divino, salvação última onde a decadência dos valores humanos põe em perigo a estrutura social'. A Internacional vermelha é 'desvio da ideologia cristã, 'é ativa por toda parte, mas sobretudo onde uma sociedade econômica desenvolveu-se segundo o padrão do Ocidente. Subversora de valores, é força revolucionária e expansiva. Nega a ordem, a autoridade e a hierarquia constituídas, mas obedece à sua própria ordem, mais férrea e imperiosa do que a antiga por necessidade de conquista. Nega o divino, desconhece o Espírito, mas a ele obedece inconsciente e ineluctavelmente, afirmando uma inesgotável sede de justiça, ainda que sob a falaciosa miragem da Utopia. Quer reconhecer apenas os valores materiais e os interesses, mas obedece inconscientemente aos mais profundos impulsos espirituais e aos instintos que têm suas raízes mais profundas na alma humana. É mística. É absoluta. É impiedosa. É religião, é dogma. É tão flexível na abordagem das questões quanto intransigente na ideologia. Relação entre meio e fim. É política'. 'Como a Igreja, é subsidiada pelos crentes e alimentada por um serviço de informações mundial. A inteligência de todas as nações está a seu serviço; todos os recursos dos inumeráveis insatisfeitos que apuram o talento em vista da possibilidade de um amanhã melhor. Como toda sociedade humana, tem suas aristocracias'. 'Como a Igreja, diz a todos os povos a mesma palavra, traduzida em todos os idiomas. Seu poder subversivo é subterrâneo. Mina a construção social a partir dos seus fundamentos. Sua política carece de tradição, mas não de inteligência, de habilidade, de flexibilidade, sustentadas por uma firme determinação. Negociar com ela ou combatê-la pode ser sagacidade ou erro, a depender das contingências da política. Não levá-la em conta ou recusar-se a levá-la em conta é tolice" (Gramsci, Antonio. Cadernos do Cárcere. Volume 2: Os intelectuais. O Princípio Educativo. Jornalismo. Caderno 02. Editora Civilização Brasileira. 2001. 2ª edição. Rio de Janeiro – p. 65).

[232] "Os elementos principais do senso comum são fornecidos pelas religiões e, consequentemente, a relação entre senso comum e religião é muito mais íntima do que a relação entre senso comum e sistemas filosóficos dos intelectuais" (Gramsci, Antonio. Cadernos do Cárcere. Volume 1: Introdução ao Estudo da Filosofia. A filosofia de Benedetto Croce. Caderno 11. Editora Civilização Brasileira. 1999. Rio de Janeiro, p. 115).

[233] "Consciência crítica não pode nascer sem uma ruptura do conformismo católico ou autoritário e, portanto, sem um florescimento da individualidade" (Gramsci, Antonio. Cadernos do Cárcere Volume 3: Maquiavel. Notas sobre o Estado e a política. 3ª edição. Caderno 09. Civilização Brasileira. Rio de Janeiro, 2007, p. 289).

[234] "Todo grupo social "essencial", contudo, emergindo na história a partir da estrutura econômica anterior e como expressão do desenvolvimento desta estrutura, encontrou — pelo menos na história que se desenrolou até nossos dias — categorias intelectuais preexistentes, as quais apareciam, aliás, como representantes de uma continuidade histórica que não foi interrompida nem mesmo pelas mais complicadas e radicais modificações das formas sociais e políticas. A mais típica destas categorias intelectuais é a dos eclesiásticos, que monopolizaram durante muito tempo (numa inteira fase histórica, que é parcialmente caracterizada, aliás, por este monopólio) alguns serviços importantes: a ideologia religiosa, isto é, a filosofia e a ciência da época, com a escola, a instrução, a moral, a justiça, a beneficência, a assistência, etc. A categoria dos eclesiásticos pode ser considerada como a categoria intelectual organicamente ligada à aristocracia fundiária: era juridicamente equiparada à aristocracia, com a qual dividia o exercício da propriedade feudal da terra e o uso dos privilégios estatais ligados à propriedade. Mas o monopólio das superestruturas por parte dos eclesiásticos (disso nasceu a acepção geral de "intelectual", ou de "especialista", da palavra "clérigo", em muitas línguas de origem neolatina ou fortemente influenciadas, através do latim eclesiástico, pelas línguas neolatinas, com seu correlativo de "laico" no sentido de profano, de não-especialista) não foi exercido sem luta e sem limitações; e, por isso, nasceram, sob várias formas (que devem ser pesquisadas e estudadas concretamente), outras categorias, favorecidas e ampliadas pelo fortalecimento do poder central do monarca, até o absolutismo. Assim, foi-se formando a aristocracia togada, com seus próprios privilégios, bem como uma camada de administradores, etc., cientistas, teóricos, filósofos não eclesiásticos, etc." (Gramsci, Antonio. Cadernos do Cárcere. Volume 2: Os Intelectuais. O Princípio Educativo. Jornalismo. Caderno 12. Editora Civilização Brasileira. 2001. 2ª edição. Rio de Janeiro. p. 16-17).

Sua atividade repressora e educadora das massas deveria ser tomada como um passo para a libertação total da classe oprimida. As normas de conduta ocidentais eram assentadas no Direito Romano. "O texto de Gramsci é claro e suscita um tema: o do Estado moderno coincidente com o direito concebido à moda liberal, que utiliza a codificação napoleônico-bizantina para a repressão ou a educação, a força ou o conformismo espontâneo dissimulado. O Estado, todavia, na sua acepção moderna inexistia em Roma. Por outro lado, a referência explícita à democracia direta — levar as discussões legislativas aos organismos de massa numa transformação orgânica do conceito de referendo — evoca os mecanismos explicitados por Rousseau na república romana dos sucessos plebeus. Gramsci tem pleno conhecimento, como já mencionamos, de como o direito romano foi manipulado pelas novas classes dominantes, a ponto de transformar-se de técnica em código de normas, a serviço da propriedade burguesa"[235].

A família, do mesmo modo, foi outro alvo por ele selecionado. Afinal, como já advertira Engels no livro "A Origem da Família, da Propriedade Privada e do Estado", redigido com base em várias anotações que Karl Marx deixara antes de sua morte, é na família que se encontra a gênese das lutas de classes, onde o patriarca impõe sobre a esposa e os filhos a sua verve dominadora. É no seio da família, outrossim, que os valores da cultura grega ocidental e os princípios judaico-cristãos são implantados nas crianças.

Se o marxismo passou a ser cultural, evidente que o *campo de batalha* era a sociedade, definida como "o lugar onde as classes subalternas são chamadas a desenvolver suas convicções, a formar *consenso* e a lutar por um projeto hegemônico mais avançado (da sociedade como um todo em relação ao Estado), que poderá levá-las à gestão popular do poder e a inventar os termos de uma nova sociedade. Por isso, a sociedade civil é a arena mesma da luta de classes"[236]. Mais especificamente, os centros de formação das pessoas, como escolas e meios de comunicação de massas (a "escola dos adultos", para Gramsci), eram prioritários. Uma nova escola e um novo modelo de saber editorial seriam imprescindíveis. "A organização acadêmica deverá ser reorganizada e vivificada de alto a baixo. Territorialmente, terá uma centralização de competências e de

---

[235] Ronaldo, Poletti. Direito Romano em Gramsci. Revista de Informação Legislativa, v. 28, n. 109, p. 235-246, jan/mar 1991. <Disponível em http://www2.senado.leg.br/bdsf/handle/id/175855>.

[236] Coutinho, Sérgio. A Revolução Gramscista no Ocidente. A Concepção Revolucionária de Antônio Gramsci em Cadernos do Cárcere. Rio de Janeiro: Biblioteca do Exército, 2012, p. 23.

especializações: centros nacionais que agregarão a si as grandes instituições existentes, seções regionais e provinciais e círculos locais urbanos e rurais. Serão divididos por especializações científico-culturais, representadas, em sua totalidade, nos centros superiores, mas só parcialmente nos círculos locais. Unificar os vários tipos de organização cultural existentes: academias, institutos de cultura, círculos filológicos, etc., integrando o trabalho acadêmico tradicional — que se expressa sobretudo na sistematização do saber passado ou na busca da fixação de uma média do pensamento nacional como guia da atividade intelectual — com atividades ligadas à vida coletiva, ao mundo da produção e do trabalho. Serão controladas as conferências industriais, a atividade da organização científica do trabalho, os laboratórios experimentais das fábricas, etc. Será construído um mecanismo para selecionar e desenvolver as capacidades individuais da massa popular, que são hoje sacrificadas e definham em erros e tentativas sem perspectiva.

Cada círculo local deveria possuir necessariamente a seção de ciências morais e políticas, que organizará paulatinamente as outras seções especiais para discutir os aspectos técnicos dos problemas industriais, agrários, de organização e de racionalização do trabalho industrial, agrícola, burocrático, etc. Congressos periódicos de diversos níveis fariam com que os mais capazes fossem conhecidos. Seria útil possuir o elenco completo das academias e das outras organizações culturais hoje existentes, bem como dos assuntos tratados em seus trabalhos e publicados em suas atas: em grande parte, trata-se de cemitérios da cultura, embora desempenhem uma função na psicologia da classe dominante. A colaboração entre estes organismos e as universidades deveria ser estreita, bem como com todas as escolas superiores especializadas de qualquer tipo (militares, navais, etc.). A finalidade é obter uma centralização e um impulso da cultura nacional que fossem superiores aos da Igreja Católica"[237].

"A parte mais considerável e mais dinâmica dessa frente é o setor editorial em geral: editoras (que têm um programa implícito e explícito e se apoiam numa determinada corrente), jornais políticos, revistas de todo tipo (científicas, literárias, filológicas, de divulgação, etc.), periódicos diversos, até os boletins paroquiais. Seria mastodôntico um tal estudo, se feito em escala nacional: por

---

[237] Gramsci, Antonio. Cadernos do Cárcere. Volume 2: Os intelectuais. O Princípio Educativo. Jornalismo. Caderno 12. Editora Civilização Brasileira. 2001. 2ª edição. Rio de Janeiro, pp. 40-41

isso, poderia ser feita, para uma ou várias cidades, uma série de estudos. Um editor-chefe de um cotidiano deveria ter este estudo como índice geral para seu trabalho; ou, melhor, deveria refazê-lo por conta própria: quantos belíssimos artigos se poderiam escrever sobre a questão! A imprensa é a parte mais dinâmica desta estrutura ideológica, mas não a única: tudo o que influi ou pode influir sobre a opinião pública, direta ou indiretamente, faz parte dessa estrutura. Dela fazem parte: as bibliotecas, as escolas, os círculos e os clubes de variados tipos, até a arquitetura, a disposição e o nome das ruas. Não se explicaria a posição conservada pela Igreja na sociedade moderna se não se conhecessem os esforços, diuturnos e pacientes, que ela faz para desenvolver continuamente sua seção particular desta estrutura material da ideologia. Um tal estudo, feito com seriedade, teria uma certa importância: além de dar um modelo histórico vivo de urna tal estrutura, formaria o hábito de um cálculo mais cuidadoso e exato das forças ativas na sociedade. O que se pode contrapor, por parte de uma classe inovadora, a este complexo formidável de trincheiras e fortificações da classe dominante? O espírito de cisão, isto é, a conquista progressiva da consciência da própria personalidade histórica, espírito de cisão que deve tender a se ampliar da classe protagonista às classes aliadas potenciais: tudo isto requer um complexo trabalho ideológico, cuja primeira condição é o exato conhecimento do campo a ser esvaziado de seu elemento de massa humana"[238].

"A orientação redacional deve ser fortemente organizada, de modo a produzir um trabalho intelectualmente homogêneo, apesar da necessária variedade do estilo e das personalidades literárias; a redação deve ter um estatuto escrito, o qual, quando coubesse, impediria as improvisações, os conflitos, as contradições (por exemplo, o conteúdo de cada número deve ser aprovado pela maioria da redação antes de ser publicado). Um organismo unitário de cultura, que oferecesse aos diversos estratos do público os três tipos supracitados de revista (e, ademais, entre os três tipos deveria circular um espírito comum), ao lado de coleções de livros correspondentes, satisfaria as exigências de uma certa massa de público, que é mais ativa intelectualmente, mas apenas em estado potencial, e que é a que mais importa elaborar, fazer pensar concretamente, transformar, homogeneizar, de acordo com um processo de desenvolvimento orgânico que conduza

---

238 Gramsci, Antonio. Cadernos do Cárcere. Volume 2: Os intelectuais. O Princípio Educativo. Jornalismo. Caderno 03. Editora Civilização Brasileira. 2001. 2ª edição. Rio de Janeiro, pp. 78-79.

do simples senso comum ao pensamento coerente e sistemático"[239].

Os detalhes acerca do "onde agir" e do "como fazer" são impressionantes. Gramsci chegou a propor o formato ideal das revistas, dizendo que nelas "são indispensáveis ou úteis algumas rubricas:

1) Um dicionário enciclopédico político-científico e filosófico, no seguinte sentido: em cada número, devem-se publicar uma ou mais pequenas monografias de caráter enciclopédico sobre conceitos políticos, filosóficos e científicos, que apareçam frequentemente nos jornais e nas revistas, e que o leitor médio dificilmente compreende ou mesmo deforma. Na realidade, toda corrente cultural cria sua própria linguagem, isto é, participa do desenvolvimento geral de uma determinada língua nacional, introduzindo termos novos, enriquecendo de conteúdo novos termos já em uso, criando metáforas, servindo-se de nomes históricos para facilitar a compreensão e o julgamento de determinadas situações atuais, etc., etc. O tratamento deveria ser "prático", isto é, corresponder a exigências realmente sentidas e ser, quanto à forma de exposição, adequado à média dos leitores. Os redatores deveriam, na medida do possível, estar informados sobre os erros mais difundidos e reportarem-se às próprias fontes dos erros, isto é, às publicações científicas de baixo nível, tipo Biblioteca Popolare Sonzogno ou dicionários enciclopédicos (Melzi, Premoli, Bonacci, etc.), ou às enciclopédias populares mais difundidas (a Sonzogno, etc.). Essas exposições não deveriam apresentar-se de modo orgânico (por exemplo, em ordem alfabética ou de agrupamento por matéria), nem de acordo com uma economia preestabelecida de espaço, como se já fossem escritas tendo em vista uma obra de conjunto, mas deveriam, ao contrário, ser postas em relação imediata com os assuntos desenvolvidos pela própria revista, ou pelas revistas associadas de tipo superior ou mais elementar: a amplitude da exposição deveria ser fixada, em cada oportunidade, não de acordo com a importância intrínseca do tema, mas sim com o interesse jornalístico imediato (tudo isto é dito de modo geral e com o costumeiro grão de sal); em suma, a rubrica não deve se apresentar como um livro publicado em fascículos, mas como, em cada oportunidade, uma exposição de assuntos interessantes em si mesmos, dos quais poderá decorrer um livro, mas não necessariamente.

2) Ligada à anterior, tem-se a rubrica das biografias, que deve ser entendida

---

[239] Gramsci, Antonio. Cadernos do Cárcere. Volume 2: Os intelectuais. O Princípio Educativo. Jornalismo. Caderno 24. Editora Civilização Brasileira. 2001. 2ª edição. Rio de Janeiro, pp. 200-201.

em dois sentidos: seja na medida em que toda vida de um homem pode interessar à cultura geral de uma certa camada social, seja na medida em que um nome histórico pode entrar num dicionário enciclopédico por causa de um determinado conceito ou evento sugestivo. Assim, por exemplo, pode ocorrer que seja necessário falar-se de lorde Carson, a fim de fazer referência ao fato de que a crise do regime parlamentar já existia antes da guerra mundial e precisamente na Inglaterra, ou seja, no país onde este regime parecia ser mais eficiente e substancial; isto não quer dizer que se deva fazer toda a biografia de lorde Carson. A uma pessoa de cultura média interessam apenas dois dados biográficos:

a) Lorde Carson, em 1914, às vésperas da guerra, recrutou, em Ulster, um corpo armado bastante numeroso, a fim de se opor, através da insurreição, à aplicação da lei do Home Rule irlandês, aprovada pelo Parlamento, o qual — segundo "o modo de dizer" inglês — "pode fazer tudo, menos que um homem se torne mulher";

b) Lorde Carson não somente não foi punido por "alta traição", como logo depois se tornou ministro, quando eclodiu a guerra. (Pode ser útil que as biografias completas sejam apresentadas em rubrica separada.).

3) Uma outra rubrica pode ser a das autobiografias político-intelectuais. Se bem construídas, com sinceridade e simplicidade, podem ser do máximo interesse jornalístico e de grande eficácia formativa. O modo pelo qual alguém logrou separar-se de um certo ambiente provinciano e corporativo, através de que impulsos externos e de que lutas interiores, no sentido de atingir uma personalidade historicamente superior — isso pode sugerir, de modo vivo, uma orientação intelectual e moral, além de ser um documento do desenvolvimento cultural em determinadas épocas.

4) Uma rubrica fundamental pode ser constituída pelo exame crítico-histórico-bibliográfico das situações regionais (entendendo-se por região um organismo geoeconômico diferenciado). Muitos gostariam de conhecer e estudar as situações locais, que sempre interessam muito, mas não sabem como fazê-lo, por onde começar: não conhecem o material bibliográfico, não sabem fazer pesquisas nas bibliotecas, etc. Tratar-se-ia, portanto, de fornecer a trama geral de um problema concreto (ou de um tema científico), indicando os livros que trataram dele, os artigos publicados em revistas especializadas, bem como o material ainda bruto (estatísticas, etc.), sob a forma de resenhas bibliográficas, com particular difusão para as publicações pouco comuns ou em línguas estrangeiras. Este trabalho pode

ser feito, de diversos pontos de vista, não só para as regiões, mas para problemas gerais, de cultura, etc.

5) Uma compilação sistemática de jornais e revistas para as partes que interessam às rubricas fundamentais: apenas citação dos autores, dos títulos, com breves referências sobre as tendências: esta rubrica bibliográfica deveria ser compilada para cada número; para determinados assuntos, deveria ser também retrospectiva.

6) Resenhas de livros. Dois tipos de resenha. Um tipo crítico informativo: supõe-se que o leitor médio não possa ler o livro em questão, mas que lhe seja útil conhecer seu conteúdo e suas conclusões. Um tipo teórico-crítico: supõe-se que o leitor deva ler o livro em questão e, por conseguinte, ele não é meramente resumido, mas são desenvolvidas criticamente as objeções que lhe podem ser feitas, acentuam-se as partes mais importantes, desenvolve-se alguma parte que nele foi sacrificada, etc. Este segundo tipo de resenha é mais adequado às revistas de nível superior.

7) Uma compilação crítico-bibliográfica, ordenada por assunto ou grupo de questões, da literatura referente aos autores e às questões fundamentais para a concepção do mundo que está na base das revistas publicadas, envolvendo os autores italianos e as traduções italianas dos autores estrangeiros. Esta compilação deveria ser muito minuciosa e detalhada, pois deve-se levar em conta que somente através deste trabalho e desta elaboração crítica sistemática é que se pode chegar à verdadeira fonte de toda uma série de conceitos errados que circulam sem controle e sem censura. Deve-se também levar em conta que, em cada região italiana, dada a riquíssima variedade de tradições locais, existem grupos ou grupelhos caracterizados por motivos ideológicos e psicológicos particulares: "cada lugarejo tem ou teve seu santo local e, portanto, seu culto e sua capela"[240].

A *estratégia* era não menos clara. Os intelectuais deveriam ter extrema paciência na difusão dos princípios socialistas por causa da profundidade com que os ideais da classe dominante estão arraigados na mente e no agir das pessoas da sociedade ocidental[241]. Seria preciso atuar persistentemente, trabalhando com a repetição

---

[240] Gramsci, Antonio. Cadernos do Cárcere. Volume 2: Os intelectuais. O Princípio Educativo. Jornalismo. Caderno 24. Editora Civilização Brasileira. 2001. 2ª edição. Rio de Janeiro, fls. 202-205.

[241] "A constatação realizada por Gramsci de que as sociedades capitalistas tinham diferentes estágios de desenvolvimento o levou a classificá-las em dois tipos, como já vimos: sociedades 'orientais' e sociedades 'ocidentais', denominações que não possuem propriamente significado geográfico, mas relação com o estágio de avanço político, econômico e social no qual se encontram os países. Os de tipo oriental, de capitalismo primitivo, caracterizam-se por uma sociedade civil frágil, passiva, com pouca organização e sem maior articulação com o Estado. Nesses países o Estado é onipotente. A Rússia czarista era sociedade desse tipo em 1917. Os países de tipo ocidental, de capitalismo moderno, evidenciam-se pela sociedade civil forte, ativa e razoavelmente bem articulada com a sociedade política. O Estado é a primeira 'defesa'

reiterada de máximas de pensamento e até escondendo o propósito por meio da alteração da forma linguística, de modo a não deixar claro, para os destinatários, os propósitos doutrinantes obscuros[242].

"Nesta mesma ordem de observações insere-se um critério mais geral: as modificações nos modos de pensar, nas crenças, nas opiniões, não ocorrem mediante 'explosões' rápidas, simultâneas e generalizadas, mas sim, quase sempre, através de 'combinações sucessivas', de acordo com 'fórmulas de autoridade' variadíssimas e incontroláveis. A ilusão 'explosiva' nasce da ausência de espírito crítico. Assim como não se evoluiu, nos métodos de tração, da diligência puxada por animais aos modernos trens elétricos, mas evoluiu-se através de uma série de combinações intermediárias, que, em parte, ainda subsistem (como a tração animal sobre trilhos, etc., etc.); assim como ocorre que o material ferroviário obsoleto nos Estados Unidos ainda continua utilizado durante muitos anos na China, representando neste país um progresso técnico; assim também se combinam variadamente, na esfera da cultura, as diversas camadas ideológicas; e o que se tornou 'ferro velho' na cidade ainda é 'utensílio' na província. Na esfera da cultura, aliás, as 'explosões' são ainda menos frequentes e menos intensas do que na esfera da técnica, na qual uma inovação se difunde, pelo menos no plano mais elevado, com relativa rapidez e simultaneidade. Confunde-se a 'explosão' de paixões políticas acumuladas num período de transformações técnicas, às quais não correspondem novas formas de organização jurídica adequada, mas sim imediatamente um certo grau de coerções diretas e indiretas, com as transformações culturais, que são lentas e graduais; e isto porque, se a paixão é impulsiva, a cultura é produto de uma complexa elaboração. (A referência ao fato de que, por vezes, o que se tornou 'ferro velho' na cidade ainda

---

dos interesses da classe dominante, à retaguarda do qual se desenvolve uma poderosa rede de 'trincheiras' e 'barreiras', representadas por organismos e instituições governamentais e privadas, por meio das quais o grupo dominante exerce o domínio (coerção) e a direção (hegemonia) sobre toda a sociedade civil. As nações democráticas e de economia avançada são sociedades do tipo ocidental" (Coutinho, Sérgio. A Revolução Gramscista no Ocidente. A Concepção Revolucionária de Antônio Gramsci em Cadernos do Cárcere. Rio de Janeiro: Biblioteca do Exército, 2012, p. 35).

242 "O combate pela hegemonia requer uma pluralidade de canais de atuação informais e aparentemente desligados de toda política, através dos quais se possa ir injetando, imperceptivelmente, na mentalidade popular, toda uma gama de novos sentimentos, de novas reações, de novas palavras, de novos hábitos, que, aos poucos, vá mudando de direção o eixo da conduta. Daí que Gramsci dê relativamente pouca informação à pregação revolucionária aberta, mas enfatize muito o valor da penetração camuflada e sutil. Para a revolução gramsciana vale menos um orador, um agitador notório, do que um jornalista discreto que, sem tomar posição explícita, vá delicadamente mudando o teor do noticiário, ou do que um cineasta cujos filmes, sem qualquer mensagem política ostensiva, afeiçoem o público a um novo imaginário, gerador de um novo senso comum. Jornalistas, cineastas, músicos, psicólogos, pedagogos infantis e conselheiros familiares representam uma tropa de elite do exército gramsciano" (Carvalho, Olavo de. A Nova Era e a Revolução Cultural. Fritjof Capra & Antonio Gramsci. Campinas: Vide Editorial, 2014, 4ª edição, pp. 63-64).

é 'utensílio' na província, pode ser desenvolvida com utilidade)"[243].

"Disto se deduzem determinadas necessidades para todo movimento cultural que pretenda substituir o senso comum e as velhas concepções do mundo em geral, a saber: 1) não se cansar jamais de repetir os próprios argumentos (variando literariamente a sua forma): a repetição é o meio didático mais eficaz para agir sobre a mentalidade popular; 2) trabalhar de modo incessante para elevar intelectualmente camadas populares cada vez mais vastas, isto é, para dar personalidade ao amorfo elemento de massa, o que significa trabalhar na criação de elites de intelectuais de novo tipo, que surjam diretamente da massa e que permaneçam em contato com ela para se tornarem seus espartilhos"[244].

"O trabalho necessário é complexo e deve ser articulado e graduado: deve haver dedução e indução combinadas, a lógica formal e a dialética, identificação e distinção, demonstração positiva e destruição do velho. Mas não de modo abstrato, e sim concreto, com base no real e na experiência efetiva"[245].

"A 'repetição' paciente e sistemática é um princípio metodológico fundamental: mas a repetição não mecânica, 'obsessiva', material, e sim a adaptação de cada conceito às diversas peculiaridades e tradições culturais, sua apresentação e reapresentação em todos os seus aspectos positivos e em suas negações tradicionais, situando sempre cada aspecto parcial na totalidade. A elaboração nacional unitária de uma consciência coletiva homogênea requer múltiplas condições e iniciativas. A difusão, por um centro homogêneo, de um modo de pensar e de agir homogêneo é a condição principal, mas não deve e não pode ser a única"[246].

A esse ponto, poder-se-ia concluir que toda a construção teórica de Gramsci é absolutamente desvinculada das teorias de Karl Marx: a revolução seria desencadeada pelos intelectuais, não pelo proletariado; a atuação seria focada na superestrutura cultural, não na estrutura econômica; a tomada de poder seria pacífica, lenta e gradual, e não violenta por meio das armas. Ocorre que, para o próprio Gramsci, seu marxismo cultural está intimamente ligado a Karl Marx. Ele não atribuiu a si

---

[243] Gramsci, Antonio. Cadernos do Cárcere. Volume 2: Os intelectuais. O Princípio Educativo. Jornalismo. Caderno 24. Editora Civilização Brasileira. 2001. 2ª edição. Rio de Janeiro, p. 207.

[244] Gramsci, Antonio. Cadernos do Cárcere. Volume 1: Introdução ao Estudo da Filosofia. A filosofia de Benedetto Croce. Editora Civilização Brasileira. 1999. Rio de Janeiro, pp. 110-111.

[245] Gramsci, Antonio. Cadernos do Cárcere. Volume 2: Os intelectuais. O Princípio Educativo. Jornalismo. Caderno 24. Editora Civilização Brasileira. 2001. 2ª edição. Rio de Janeiro, p. 206.

[246] Gramsci, Antonio. Cadernos do Cárcere. Volume 2: Os intelectuais. O Princípio Educativo. Jornalismo. Caderno 24. Editora Civilização Brasileira. 2001. 2ª edição. Rio de Janeiro, p. 206.

qualquer papel criador novo: pelo contrário, reiteradamente explicitou onde encontrou os argumentos, querendo, de algum modo, resgatar a honra dos pais teóricos do comunismo. A própria base de seu pensamento, a "Filosofia da Práxis", é herança do seu guru, que também julgava serem inseparáveis teoria e prática[247]. "Gramsci foi um convicto marxista; todo o seu pensamento político está fundado nisso: construção de nova ordem política, econômica e social, a sociedade comunista, a que ele denominou de 'sociedade regulada'. Em que pesem as ideias inovadoras que propõe, Gramsci permanece sempre ligado, intelectual e ideologicamente, ao marxismo-leninismo; não é um dissidente nem um 'herético', mas um inovador"[248][249].

Portanto, o gramscismo não existiria sem Marx e Engels e ambos talvez nem fossem mais comentados, nos dias de hoje, se não fosse a adaptação desenvolvida pelo marxismo cultural. A grande armadilha da técnica gramscista de dominação cultural é o seu caráter oculto e dissimulado: hoje em dia as pessoas nem mesmo percebem o nível de influência a que são submetidas. A construção do vocabulário revolucionário incorporou-se, de tal modo na rotina, que a população segue agindo automaticamente na rota da própria destruição, sendo meros fantoches nas mãos de terceiros sem escrúpulos que visam apenas à tomada de poder. O agir furtivo e

---

247 "Referências ao senso comum e à solidez de suas crenças encontram-se frequentemente em Marx" (Gramsci, Antonio. Cadernos do Cárcere. Volume 1: Introdução ao Estudo da Filosofia. A filosofia de Benedetto Croce. Caderno 11. Editora Civilização Brasileira. 1999. Rio de Janeiro, p. 118-119).
"Recordar a frequente afirmação de Marx sobre a "solidez das crenças populares" como elemento necessário de uma determinada situação. Ele diz mais ou menos isto: "quando esta maneira de conceber tiver a força das crenças populares", etc. Outra afirmação de Marx é a de que uma persuasão popular tem, com freqüência, a mesma energia de uma força material, ou algo semelhante, e que é muito significativa (provar que ele buscou em Marx sua tese". (Gramsci, Antonio. Cadernos do Cárcere. Volume 1: Introdução ao Estudo da Filosofia. A filosofia de Benedetto Croce. Editora Civilização Brasileira. 1999. Rio de Janeiro, p. 238).
"A pretensão (apresentada como postulado essencial do materialismo histórico) de apresentar e expor qualquer flutuação da política e da ideologia como uma expressão imediata da infraestrutura deve ser combatida, teoricamente, como um infantilismo primitivo, ou deve ser combatida, praticamente, com o testemunho autêntico de Marx, escritor de obras políticas e históricas concretas. Para este aspecto, são importantes notadamente o '18 Brumário' e os escritos sobre a 'Questão Oriental', mas também outros ( 'Revolução e Contrarrevolução na Alemanha' , 'A guerra Civil na França' e menores). Uma análise destas obras permite fixar melhor a metodologia histórica marxista, complementando, iluminando e interpretando as afirmações teóricas esparsas em todas as obras (Gramsci, Antonio. Cadernos do Cárcere. Volume 1: Introdução ao Estudo da Filosofia. A filosofia de Benedetto Croce. Editora Civilização Brasileira. 1999. Rio de Janeiro, p. 238).

248 Coutinho, Sérgio. A Revolução Gramscista no Ocidente. A Concepção Revolucionária de Antônio Gramsci em Cadernos do Cárcere. Rio de Janeiro: Biblioteca do Exército, 2012, p. 21.

249 "A luta pela hegemonia é a visão atualizada que Gramsci tem de um momento da luta de classes. Contudo, é importante reconhecer que não se trata de um processo reformista, e sim de um processo transformador, revolucionário, conduzido em uma longa e original transição para o socialismo. Por isso, Gramsci discorda, tanto da proposta da social-democracia (luta de classes reivindicatória para obter reformas institucionais), quanto da revolução permanente e do marxismo-leninismo (assalto ao poder), estratégia adequada para as sociedades 'orientais' (Coutinho, Sérgio. A Revolução Gramscista no Ocidente. A Concepção Revolucionária de Antônio Gramsci em Cadernos do Cárcere. Rio de Janeiro: Biblioteca do Exército, 2012, p. 30).

camuflado foi tão bem pensado e tão eficientemente implantado que, em tempos contemporâneos, muitos nem mesmo percebem que estão na linha destrutiva das teorias de Gramsci: simplesmente repetem acriticamente o que lhes foi transmitido pelos canais de comunicação[250].

Gramsci foi a inspiração de diversos filósofos que lhe sucederam e, no Brasil, sua presença é espantosa.

---

[250] "O número dos adeptos conscientes e declarados do gramscismo é pequeno, mas isto não impede que ele seja dominante. O gramscismo não é um partido político, que necessite de militantes inscritos e eleitores fiéis. É um conjunto de atitudes mentais, que pode estar presente em quem jamais ouviu falar de Antonio Gramsci, e que coloca o indivíduo numa posição tal, perante o mundo, que ele passa a colaborar com a estratégia gramsciana, mesmo sem ter disto a menor consciência. Ninguém entenderá o gramscismo se não perceber que o seu nível de atuação é muito mais profundo que o de qualquer estratégia esquerdista concorrente. Nas demais estratégias, há objetivos políticos determinados, a serviço dos quais se colocam vários instrumentos, entre eles a propaganda. A propaganda permanece, em todas elas, um meio perfeitamente distinto dos fins. Por isto mesmo a atuação do leninismo, ou do maoísmo, é sempre delineada e visível, mesmo quando na clandestinidade. No gramscismo, ao contrário, a propaganda não é um meio de realizar uma política: ela é a política mesma, a essência da política, e, mais ainda, a essência de toda atividade mental humana. O gramscismo transforma em propaganda tudo o que toca, contamina de objetivos propagandísticos todas as atividades culturais, inclusive as mais inócuas em aparência. Nele, até simples giros de frase, estilos de vestir ou de gesticular podem ter valor propagandístico. É esta onipresença da propaganda que o singulariza e lhe dá uma força que seus adversários, acostumados a medir a envergadura dos movimentos políticos pelo número de adeptos formalmente comprometidos, nem de longe podem avaliar" Carvalho, Olavo de. A Nova Era e a Revolução Cultural. Fritjof Capra & Antonio Gramsci. Campinas: Vide Editorial, 2014, 4ª edição, p. 78).

# CAPÍTULO 5

## A Escola de Frankfurt

Enquanto Gramsci, na prisão, escrevia os seus "Cadernos do Cárcere", estando ainda Korsch e Lukács intelectualmente ativos, o movimento teórico comunista persistiu buscando novos caminhos para justificar o fracasso soviético e para consolar o abandono do ideal revolucionário pelo proletariado. Foi nesse contexto que a linha revisionista ganhou bastante força. Adotando a lógica de retomada do valor teórico do marxismo, como prelecionado por Karl Korsch, e focando na sociedade reificada como um fator de dominação cognitiva da classe revolucionária, tal como desenvolvido por György Lukács[251], surgiu a corrente de pensamento que, mais tarde, seria denominada de "Escola de Frankfurt".

"Escola de Frankfurt é o termo utilizado para designar um grupo, livremente associado, de filósofos, historiadores, economistas, críticos literários, teóricos do direito, teóricos sociais e psicanalistas, reunidos ao redor de um conjunto de instituições relacionadas, que foi fundado em Frankfurt, no final dos anos vinte, e que manteve sua identidade através de uma série de vicissitudes, pelo menos até o final dos anos sessenta"[252]. Não é correto concluir que os teóricos integrantes de seus quadros formem uma verdadeira escola, na medida em que os pensamentos não são uniformes entre si, havendo casos em que são até mesmo colidentes. É nítida a diferença de foco entre os pensadores da primeira fase e os que construíram seu segundo período. Adorno e Horkheimer, por exemplo, desenvolveram textos intensamente pessimistas, enquanto Marcuse viu um possível caminho revolucionário aberto e hábil para a mudança da sociedade atual. No princípio, a intenção era estudar o marxismo ortodoxo, depois houve uma transferência da análise para a sociedade e o nazismo. De qualquer modo, o termo foi cristalizado e é rotineiramente usado para se referir aos seus integrantes.

---

251 Os pensadores da Escola de Frankfurt detiveram-se cuidadosamente no abismo existente entre a consciência esperada do proletariado e a consciência real por eles detida, algo que foi sistematizado por Lukács.

252 Raymond Geuss, em Rush, Fred. (org.) Teoria Crítica. São Paulo: Editora Ideias & Letras, 2008, p. 137.

A escola era essencialmente progressista. Lutando para compreender a razão da paralisia do proletariado, agregou estudos das mais variadas áreas para socorrê-la na interpretação da situação contemporânea. "À medida que evoluía, durante a década de 1930, a Escola de Frankfurt combinou a análise social neomarxista com as teorias psicanalíticas freudianas para tentar compreender por que os trabalhadores alemães, em vez de se libertarem do capitalismo mediante uma revolução socialista, foram seduzidos pela sociedade consumista moderna e, fatidicamente, pelo nazismo"[253]. Os integrantes não se envolviam com a política, por entenderem que a atuação prática militante deveria ser reservada para os marxistas ortodoxos.

Não compreendiam o marxismo como luta política, mas como metodologia científica. Por isso é que a construção teórica foi gigantesca e a visão revisionista por eles perseguida ganhou o nome de "Marxismo Humanista". Dos integrantes, Herbert Marcuse foi o único que participou, de algum modo, da militância. Essa posição inerte e teórica rendeu críticas do próprio Lukács, que os acusava de serem hipócritas, especialmente porque vários deles fixaram residência nos Estados Unidos no período da guerra. Além de ficarem à margem das lutas políticas braçais, não apresentaram, nos estudos, sugestões concretas sobre como agir para superar a dominação reificante da sociedade industrial: tão somente observavam a realidade concreta posta e a criticavam acidamente. A destruição era o objetivo precípuo.

## HISTÓRIA

A Escola de Frankfurt nasceu como um instituto para pesquisas das relações sociais. A criação é de ser creditada diretamente a Felix Weil e, indiretamente, ao judeu Hermann Weil. Hermann trabalhou, na última década do século XIX, para uma companhia holandesa de grãos situada na Argentina, até que, em 1898, decidiu abrir seu próprio negócio, juntamente com seus irmãos. Fez tanto sucesso que, na virada do século, quando retornou para a Alemanha, era o maior comerciante de grãos do mundo. Sua fortuna era incalculável. Felix Weil, seu afortunado filho, também judeu, nascido em berço capitalista de ouro, nunca passou por privações de ordem material. Estudou na Alemanha e formou-se em ciências políticas. Desde logo,

---

[253] Jeffries, Stuart. Grande Hotel Abismo. A escola de Frankfurt e seus personagens. São Paulo: Editora Schwarcz 2018, p. 15

dedicou sua vida acadêmica à pesquisa das dificuldades práticas para a implantação do socialismo no mundo.

Chocado com a não eclosão da tão esperada revolução socialista, Felix decidiu, em 1923, promover, na cidade alemã de Ilmenau, na Turíngia, um simpósio de debates de uma semana de duração, durante o verão, que chamou de "Primeira Semana Marxista do Trabalho". Pretendia, com o colóquio, incentivar uma discussão conjunta sobre as razões que levaram à retomada das antigas forças ao poder, sobre os motivos da paralisia socialista e, por fim, acerca das diversas tendências do marxismo que proliferavam no mundo. A partir do debate, intencionava destilar um marxismo "verdadeiro" e "puro". No evento participaram figuras ilustres de esquerda, como György Lukács, Karl Korsch e Friedrich Pollock. Esse encontro foi a consolidação da linha marxista revisionista em todo o mundo. Por isso é que se afirma que, "em vez de revolucionar a Alemanha, eles revolucionaram a teoria marxista"[254].

O encontro animou sobremaneira Weil, que decidiu criar uma entidade específica que refletisse permanentemente sobre o marxismo em sua perspectiva teórica, abrindo espaço para a discussão em círculos universitários e científicos. Assim é que, em 1924, construiu, com o dinheiro do pai, uma sede na Viktoria Allee, número 17, na cidade de Frankfurt, e, no mesmo ano, em 22 de junho, fundou o "Instituto para Pesquisa Social", entidade que, embora autônoma e independente financeiramente, era vinculada à Universidade de Frankfurt — tanto que aceitava livremente estudantes para seus quadros. O dinheiro de Hermann Weil, ganhado às custas do capitalismo (o que foi criticado posteriormente por seus integrantes), foi fundamental para esse empreendimento. Ele, morto em 1927, não havia deixado uma quantia específica em dinheiro para que fosse administrada pelo filho ou um terceiro qualquer, mas criou um fundo que provia uma renda anual de cento e vinte mil marcos para o diretor, importe que depois foi suplementado por doações das mais diversas fontes. Foi esse fundo que garantiu a sobrevivência do Instituto no período de grande turbulência econômica e política mundial, como o *crash* da bolsa de Nova Iorque em 1929 e o período do Holocausto.

---

254 Jeffries, Stuart. Grande Hotel Abismo. A escola de Frankfurt e seus personagens. São Paulo: Editora Schwarcz 2018, p. 91.

O Instituto foi inicialmente dirigido por Carl Grünberg[255], professor de Direito e de Ciência Política na Universidade de Viena. Atuando de forma discreta, o Instituto defendeu claramente a orientação marxista como metodologia científica a ser seguida. Nesse tempo, aliás, a ligação com o "Instituto Marx-Engels", em Moscou, era muito próxima. "David Riazanov, diretor do Instituto Marx-Engels em Moscou, com o qual a Escola de Frankfurt esteve estreitamente ligada na década de 1920, insistiu que, sob Grünberg, o instituto deveria parecer ser impecavelmente burguês — estabelecendo, por exemplo, uma relação com a Universidade de Frankfurt —, mas, internamente, deveria se dedicar a uma pesquisa marxista coletiva. Assim, o instituto seria, em parte um estranho no ninho capitalista de Frankfurt e, em parte, um mosteiro dedicado ao estudo do marxismo"[256]. Naquela época, o Instituto era a única entidade fora da União Soviética dedicada precipuamente ao estudo do marxismo.

Grünberg compôs sua equipe com os amigos Friedrich Pollock e Max Horkheimer. O Instituto dedicou-se ao estudo do socialismo, da sua história e da teoria econômica. Colaborou com o Instituto Marx-Engels para a publicação de toda a obra de Marx e Engels. Esses temas mais burocráticos foram sua ênfase até que Carl Grünberg sofreu um derrame em 1928 e deixou o posto. Foi, em um primeiro momento, substituído por Friedrich Pollock e, depois, por Max Horkheimer, que revolucionou a Escola de Frankfurt. Com Horkheimer, o Instituto passou a admitir abertamente a situação falimentar do marxismo ortodoxo, que se esvaía com o fortalecimento do sistema capitalista e com a sucessiva adesão dos operários a esse sistema. Vendo cada vez mais distante a revolução profetizada pelos tradicionalistas, passou a sustentar que o contexto que impediu a revolução deveria ser observado em um nível mais amplo, não apenas na estreita relação do proletariado e da economia. Toda a sociedade deveria ser analisada, também a superestrutura, não apenas a estrutura econômica. A influência de Lukács é aqui evidente, pois, a análise da consciência reificada dos operários e a distância estabelecida entre a consciência real e a consciência atribuída, foi objeto de profunda análise. Com essa ótica, Horkheimer trouxe para o Instituto vários profissionais das mais diversas áreas, tornando-o uma instituição

---

[255] Carl Grünberg foi a segunda opção de Felix Weil para o cargo. Ele chamara, anteriormente, o economista Kurtz Gerlach, mas ele findou por falecer em função de um infarto antes que pudesse assumir o posto.

[256] Jeffries, Stuart. Grande Hotel Abismo. A Escola de Frankfurt e seus personagens. São Paulo: Editora Schwarcz 2018, p. 82.

multidisciplinar: filósofos, sociológicos, economistas, historiadores, cientistas políticos, psiquiatras e psicólogos foram agregados na busca da explicação para a atual condição da sociedade. "Leo Löwenthal chegou como conhecedor de Literatura; Erich Fromm como psicólogo social analítico; Herbert Marcuse foi contratado como filósofo político; Theodor Adorno como conferencista e escritor sobre Filosofia e Música"[257].

Em 1933, quando os nazistas tomaram Frankfurt, o Instituto para Pesquisa Social foi fechado, dois anos depois da assunção do posto de direção por Horkheimer. Seus integrantes decidiram emigrar, indo inicialmente para Genebra e, posteriormente, para os Estados Unidos, onde foram recebidos pela "Universidade Columbia", em Nova Iorque. Posteriormente, em 1941, Horkheimer foi para a Califórnia, sendo seguido, logo depois, por Adorno, Pollock, Löwenthal e Marcuse. Na Califórnia tiveram contato com a grande indústria cinematográfica de Hollywood e passaram a criticá-la. Foi ali redigida, a quatro mãos, por Adorno e Horkheimer, a obra "Dialética do Esclarecimento", que lançou as bases para o que viria a ser posteriormente conhecido como "Teoria Crítica", um modo de pensar que marcou indelevelmente o Instituto de Pesquisa Social. Em 1949 Adorno retornou para Frankfurt, depois de quinze anos nos Estados Unidos. Foi seguido por Horkheimer e Pollock, permanecendo nos Estados Unidos apenas Marcuse, Fromm, Löwenthal, Neumann e Kirchheimer. Mesmo voltando para a Alemanha, Adorno e Horkheimer preferiram ficar no lado ocidental, não na Alemanha Oriental. Em 1953 o Instituto foi novamente estabelecido em Frankfurt, em um novo prédio.

O resultado final dos escritos de seus integrantes foi uma reunião dispersa de pensamentos das mais variadas áreas, reunidos ao longo de décadas, não sendo possível apontar, com precisão, qual foi o norte metodológico que os uniu, salvo a crítica ácida à sociedade ocidental e o foco marxista revisionista da abordagem. Essa herança filosófica deixada para a humanidade é a "Teoria Crítica"[258].

---

257 Jeffries, Stuart. Grande Hotel Abismo. A Escola de Frankfurt e seus personagens. São Paulo: Editora Schwarcz 2018, p. 151.

258 Geoff Boucher afiança que "os membros da Escola de Frankfurt prudentemente descreveram o seu programa de pesquisa como 'Teoria Crítica', em parte como um eufemismo para o materialismo histórico que eles esperavam que afastasse a atenção hostil, e em parte para expressar a sua distância das formas ortodoxas do marxismo" (Boucher, Geoff. Marxismo. Série Pensamento Moderno. Petrópolis: Editora Vozes Ltda, 2012, p. 157).

## A TEORIA CRÍTICA

A Teoria Crítica foi a principal herança deixada para o mundo pela Escola de Frankfurt. Não é tarefa fácil delimitar o seu conteúdo, tampouco encontrar uma linha uniforme de pensamento, uma vez que seus diversos representantes percorreram diversas linhas de pesquisa e de estudos. Alguns apontamentos, porém, são possíveis. Em uma apertada síntese, pode-se assumir que, depois de abandonarem o estudo do marxismo ortodoxo, os integrantes do Instituto para Pesquisa Social, se lhes deparando o enriquecimento dos países capitalistas, o aburguesamento da classe operária e o totalitarismo da política socialista soviética, reconheceram, já sob a direção de Horkheimer e de seus afiliados, que a teoria pura de Marx e Engels continha falhas, não sendo mais apta para explicar inúmeros fenômenos mundiais contemporâneos. Propuseram novos rumos interpretativos e, nesse trilhar, agregaram à investigação filosófica contribuições de outras áreas do conhecimento, como da Psicanálise[259][260], da Sociologia, da História, da Linguística, da Pedagogia, visando a preencher as lacunas da falimentar doutrina marxista. Assim é que ressuscitaram o idealismo dialético de Hegel e investigaram Freud a fundo, criticando o modelo da "práxis", característico da ortodoxia. Assim nasceu a Teoria Crítica.

Para dissecar esses apontamentos e compreender perfeitamente como a teoria se desenvolveu, é preciso primeiramente resgatar a condição psicológica dos pensadores da Escola de Frankfurt naquela época: estavam estupefatos com os rumos que o cenário mundial trilhava, pois os operários quedavam-se inertes diante do capitalismo que, em todos os países, avançava fortemente; a ditadura russa depunha contra os princípios de Marx; a Primeira Guerra Mundial, imperialista, reunira o proletariado em torno dos ideais nacionalistas e não em torno da revolução. Nesse contexto, as principais linhas de pensamento existentes

---

[259] A Escola de Frankfurt foi a primeira a incorporar em uma mesma linha de pensamento as ideias de Marx e de Freud. A psicanálise foi fundamental no desenvolvimento da Teoria Crítica, uma vez que seria necessário penetrar na consciência do homem — e a psicanálise trabalhava justamente nisso — para tentar descobrir as razões que geravam a inércia do homem em se rebelar. A utilização pura do marxismo não seria viável, tendo em vista o seu caráter reducionista, atribuindo apenas a fatores econômicos o desenvolvimento da história mundial.

[260] "A intimidade entre a Escola de Frankfurt e a psicanálise era mais do que teórica. O Instituto de Pesquisa Social e o Instituto Psicanalítico de Frankfurt dividiam o mesmo edifício e davam aulas nas mesmas salas. Eminentes psicanalistas, como Anna Freud, Paul Federn, Hans Sachs e Siegfried Benrfeld, davam aulas para o público em geral, financiados pelos teóricos críticos. Max Horkheimer— o diretor do Instituto de Pesquisa Social — também fazia parte da direção do Instituto de Psicanálise. Eric Fromm — psicanalista formado e membro dos dois institutos — ajudou os críticos teóricos a entenderem os trabalhos da teoria psicanalítica" (Joel Whitebook, em Rush, Fred. (org). Teoria Crítica. São Paulo: Editora Ideias & Letras, 2008, p. 106).

— o marxismo ortodoxo (por vezes por eles chamado de "marxismo vulgar") e as escolas de pensamento tradicionais (chamadas por Horkheimer de "Teoria Tradicional"),— eram incapazes de oferecer uma análise e resposta adequadas.

Apesar dessa ineficácia das teorias existentes, a indignação com a realidade mundial, que julgavam sensivelmente injusta e opressiva, compelia-os a encontrar um fundo lógico explicativo de todo o caos existente. Voltaram os olhos para a sociedade e estudaram profundamente o cenário político-social, percebendo alguns fenômenos que foram fundamentais para a consecução da nova linha de pensamento: a objetivação, a universalização do pensamento, a limitação das crenças e as falsas convicções em necessidades ilusórias.

A objetivação é a qualidade das pessoas acharem que os seus pensamentos são sempre exteriores e indiferentes às coisas a que se referem. Explicando: É comum que os homens tenham opiniões sobre vários aspectos da vida que são considerados desvinculados das coisas em si. Se alguém, por exemplo, acredita que ao soltar uma garrafa no ar ela não cairá no chão, essa sua convicção não alteraria em absolutamente nada o fato de que a lei da gravidade atuará e fará com que o objeto vá ao solo. Logo, sua ideia é separada e independente da coisa em si. A separação da ideia do objeto, ou seja, a objetivação, é correta, precisa e inofensiva no campo das ciências e fatos naturais. Quando, porém, a atenção é voltada para as ciências sociais, a objetivação passa a ser um engano, pois as opiniões dos homens interferem diretamente na realidade social. A condição de desenvolvimento sociocultural de uma comunidade tem relação direta com os pensamentos das pessoas que nela vivem. É a soma das crenças e das opiniões que as pessoas têm sobre si mesmas e sobre o mundo que forma o tecido social. Como os homens não têm consciência dessa realidade, continuam com o pensamento objetivado, vivendo completamente alheios à influência que geram no meio social.

Os pensadores de Frankfurt notaram também que o pensamento objetivado é, tendencialmente, um pensamento universalizante, no sentido de que a impressão que uma pessoa tem acerca de um determinado evento local é geralmente transferida para o universal. Se as árvores frutíferas produzem seus frutos em determinado mês do Brasil, o ser humano conclui, sem pensar detidamente, que todas as árvores do mundo produzirão frutos no mesmo período, o que é errado. A chave aqui é a falta de reflexão cuidadosa sobre o assunto antes de generalizá-lo.

Atentaram-se, ainda, para a limitação das crenças ao pensamento dos homens. Se alguém acreditar que uma determinada rua é sem saída, fatalmente deixará de adentrar na via por pressupor que não haverá um caminho alternativo. A convicção sobre a circunstância impedirá a pessoa de agir.

Por fim, concluíram que os homens têm necessidades: algumas são reais, mas a maior parte, nos dias atuais, são ilusórias e falsas. "Uma falsa necessidade não é aquela cuja satisfação não é atingida, ou mesmo que não é atingida sistematicamente, mas, ao contrário, aquela que os agentes em questão não teriam desenvolvido se estivessem em uma posição para desenvolver livremente sua estrutura de necessidades"[261]. Há, assim, falsas convicções em necessidades ilusórias.

Essas quatro características entrelaçam-se entre si e formam, na visão desses teóricos, um quadro final de engenhosa dominação capitalista. Os capitalistas induzem nas pessoas falsas impressões sobre necessidades que não são, verdadeiramente, de primeira ordem. Introduzem a ideia, por exemplo, de que o consumismo é uma atitude absolutamente necessária e, assim, indispensável. Os homens ficam convencidos disso, incorporando o pensamento de forma irreflexiva, passando a achar que não é possível viver sem comprar bens. Na sequência, universalizam esse comportamento, acreditando que ele é aplicável mundialmente. A partir daí, passam a agir de forma espontânea, pensando que sua visão sobre o consumismo em nada interferirá na realidade social, adotando-o deliberadamente, objetivando a ação sem achar que isso irá, na verdade, definir a própria sociedade em que vivem. No final, desenvolvem uma certeza tão sincera de que a postura consumista é indispensável que acabam totalmente dominados e paralisados pela crença, que os domina, impedindo que possam sequer refletir sobre a necessidade[262].

O resultado de todo esse processo é uma sociedade dominada pelas ideias capitalistas, com as pessoas alienadas e vivendo no mundo de fantasia. Esse comportamento dos capitalistas não é acidental. Eles atentaram-se para a

---

261 Raymond Geuss, em Rush, Fred. (org.) Teoria Crítica. São Paulo: Editora Ideias & Letras, 2008, p. 165.

262 "Assim, as pessoas que cresceram numa sociedade comercial vão provavelmente pensar que a tendência para 'trocar e comprar' é natural e inerente a todos os seres humanos, e não algo adquirido apenas pelas pessoas numa sociedade com certas instituições socioeconômicas e certa história. Afirmar que a tendência para 'trocar e comprar' é natural e inerente é fazer mais do que meramente enunciar o resultado de uma sequência de observações; é aceitar isso tacitamente como parte da estrutura inquestionada usada para pensar a sociedade" (Raymond Geuss, em Rush, Fred. (org.) Teoria Crítica. São Paulo: Editora Ideias & Letras, 2008, p. 151).

peculiaridade e não tardaram em explorá-la. Visando a perpetuar a situação extremamente vantajosa aos seus lucros, passaram a impor às pessoas produtos que elas, em verdade, nem precisariam. Forçaram e compeliram à objetivação, impondo as falsas necessidades para impedir uma opinião reflexiva. É como se eles dissessem aos homens que eles têm um desejo quando, no fundo, não o possuem. Com isso, o consumismo ficou impregnado na mente do ser humano, que passou a agir como se fosse algo fundamental à sua existência. Os homens ficaram presos a padrões de ação que foram introduzidos e mantidos pelo sistema capitalista. Com isso, a possibilidade de uma revolução libertadora, como já ensinava Lukács, ficou cada vez mais distante.

O método de impregnação de necessidades falsas a uma comunidade de pessoas cujo pensamento é objetivante e universalizante é exercido por capitalistas, direta ou indiretamente, através do uso da razão. Essa razão, aperfeiçoada com o profundo conhecimento adquirido sobre os processos que regem a natureza e o próprio ser humano, fruto da investigação provinda da fase do Iluminismo, é utilizada para o mal, para o aprisionamento da sociedade, e não para a evolução e aperfeiçoamento. Ela foi denominada por Horkheimer e Adorno de "Razão Instrumental".

Quanto mais a industrialização e a tecnologia avançam, mais aumenta o controle social dominador, pois as pessoas ficam mais envolvidas no mundo do consumo. A cultura moderna e as comunicações de grande alcance apenas vêm a reforçar a tendência alienante. Nessa sociedade de massa os homens perdem a racionalidade, a liberdade e a individualidade, sem nem mesmo se aperceberem do controle em face deles exercido, conformando-se inertemente com a situação vigente. Uma prova utilizada pelos teóricos críticos da real existência dessa atuação sufocante é a preservação de algumas válvulas de escape da liberdade original do ser humano. Marcuse explorou detidamente esse aspecto, dizendo que algumas perversões e certos comportamentos primitivos seriam justamente o extravasamento da energia contida pela dominação capitalista.

Essa é a crítica à sociedade ocidental, individualista, consumista e, basicamente, alienada. A Teoria Crítica nasceu dessa percepção, consistindo em uma abordagem diversa da Teoria Tradicional que, de acordo com Horkheimer e Adorno, estaria viciada por não ser multidisciplinar e, assim, por não perceber a realidade subjacente às influências que a sociedade atual lhes inflige. Por isso é que foi necessário perquirir os fenômenos fora da órbita em que eles ocorriam, porque essa dimensão estava profundamente contaminada. Buscando ficar acima e fora de tal influência, os teóricos críticos atacaram acidamente a sociedade ocidental, apontando os vícios de uma sociedade massificada de consumo, cultura e política. "Se a teoria crítica significa alguma coisa, significa uma forma radical e desafiadora de repensar aquilo que ela considera serem as versões oficiais da história e do empenho intelectual. Talvez Benjamin a tenha iniciado, mas foi Max Horkheimer quem lhe deu o nome quando se tornou diretor da Escola de Frankfurt em 1930: a Teoria Crítica se opunha a todas as tendências intelectuais ostensivamente medrosas que prosperaram no século XX e serviram como ferramentas para manter uma irritante ordem social — o positivismo lógico, a ciência livre de juízos de valor, a sociologia positivista, entre outras. A teoria crítica opôs-se também ao que o capitalismo faz particularmente com aqueles a quem explora — comprando-nos fácil com bens de consumo, fazendo-nos ignorar a verdade de que somos ludibriados nesse sistema por nossa atração fetichista e nosso crescente vício de supostamente precisarmos do novo bem de consumo"[263].

Todas as incursões sociais da Teoria Crítica, inclusive nos aspectos ligados à música, literatura e cultura popular, tiveram sempre por escopo decifrar o exercício e os limites de atuação da dominação capitalista. Nessa atividade, duas direções principais foram por eles estabelecidas: aquela que cria verdadeiramente a capacidade de conscientização das pessoas, ou seja, a convicção de que, trazendo o estratagema à luz, os seres humanos alienados poderiam desenvolver uma consciência mínima e, talvez, atingir um nível de maturidade que pudesse levá-los à reação (pensamento nutrido por Marcuse); e uma outra tese, mais pessimista, de que os seres humanos estariam tão profundamente alienados que, em hipótese alguma, teriam condições de enveredarem-se na seara revolucionária (ideia defendida por Adorno e Horkheimer e seguida por inúmeros teóricos posteriores)[264].

O termo "Teoria Crítica" foi utilizado pela primeira vez por Horkheimer, em um artigo publicado em 1937, intitulado "Teoria Tradicional e Teoria Crítica".

---

[263] Jeffries, Stuart. Grande Hotel Abismo. A Escola de Frankfurt e seus personagens. São Paulo: Editora Schwarcz 2018, pp. 29-30.

[264] "Os membros da Escola de Frankfurt estão, em geral, profundamente comprometidos com o princípio da 'negatividade'. Dado o mal radical do mundo, qualquer forma de afirmação, mesmo do tipo artístico ou utópico altamente mediado, poderia ser equivalente à cumplicidade. A única via é o criticismo incansável do presente" (Raymond Geuss, em Rush, Fred. (org). Teoria Crítica. São Paulo: Editora Ideias & Letras, 2008, p. 172).

Nele, o autor teceu observações introdutórias sobre o conceito tradicional de teoria, transcrevendo definições de vários pensadores. Na sequência, fez crer que qualquer análise teórica deveria ser feita com a consciência de que os fatos sociais nos quais o pensador está envolvido naturalmente influirão na sua conclusão. Ao fazer os testes de validação da sua tese, o pesquisador atua ideologicamente, sem nem mesmo ter consciência de que assim está se portando. Afinal, "o cientista e sua ciência estão atrelados ao aparelho social, suas realizações constituem um momento da autopreservação e da reprodução contínua do existente, independentemente daquilo que imaginam a respeito disso"[265]. A Teoria Tradicional equivocar-se-ia justamente ao desconsiderar esses fatores sociais que atuam indiretamente, por ser isolada e restrita. "A consideração que isola as atividades particulares e os ramos de atividade juntamente com os seus conteúdos e objetos necessita, para ser verdadeira, da consciência concreta da sua limitação. É preciso passar para uma concepção que elimine a parcialidade que resulta necessariamente do fato de retirar os processos parciais da totalidade da práxis social. Na representação da teoria, tal como ela se apresenta ao cientista, como resultado necessário de sua própria profissão, a relação entre fato e ordem conceitual oferece um importante ponto de partida para tal eliminação"[266].

Ao adotar uma visão ampla da sociedade e dos próprios fatores que interferem diretamente, a Teoria Crítica declarou conseguir vencer as limitações da Teoria Tradicional. "A separação entre indivíduo e sociedade, em virtude da qual os indivíduos aceitam como naturais as barreiras que são impostas à sua atividade, é eliminada na teoria crítica, na medida em que ela considera ser o contexto condicionado pela cega atuação conjunta das atividades isoladas, isto é, pela divisão dada do trabalho e pelas diferenças de classe, como uma função que advém da ação humana e que poderia estar possivelmente subordinada à decisão planificada e a objetivos racionais. Para os sujeitos do comportamento crítico, o caráter discrepante cindido do todo social, em sua figura atual, passa a ser contradição consciente. Ao reconhecer o modo de economia vigente e o todo cultural nele baseado como produto do trabalho

---

[265] Horkheimer, Max. Teoria Tradicional e Teoria Crítica. Coleção "Os Pensadores". 1ª edição. São Paulo: Abril Cultural, 1975, fls. 131.

[266] Horkheimer, Max. Teoria Tradicional e Teoria Crítica. Coleção "Os Pensadores". 1ª edição. São Paulo: Abril Cultural, 1975, fls. 132.

humano, e como a organização de que a humanidade foi capaz e que impôs a si mesma na época atual, aqueles sujeitos se identificam, eles mesmos, com esse todo e o compreendem como vontade e razão: ele é o seu próprio mundo. Por outro lado, descobrem que a sociedade é comparável com processos naturais extra-humanos, meros mecanismos, por que as formas culturais baseadas em luta e opressão não são a prova de uma vontade autoconsciente e unitária. Em outras palavras: este mundo não é o deles, mas sim o mundo do capital"[267].

Em 1944 foi publicada a obra que é considerada a precursora dessa linha de pensamento, a "Dialética do Esclarecimento". Já no prefácio, Adorno e Horkheimer assumiram a paternidade da Teoria Crítica[268] e ali mesmo expõem a pretensão do livro: "o que nós propuséramos era, de fato, nada menos do que descobrir por que a humanidade, em vez de entrar em um estado verdadeiramente humano, está se afundando em uma nova espécie de barbárie"[269]. Os autores investigaram as origens da humanidade e as relações sociais estabelecidas desde o princípio dos tempos (as transformações constantes da sociedade sob uma visão dialética próxima daquela de Hegel é que justificaram o título da obra) para concluir que, desde o período do nomadismo, já se verificava uma nítida divisão entre o grupo que detinha o poder e a classe subjugada, dominação essa que vertia da própria atividade de controle da natureza[270]. Em dado momento, com o advento do sedentarismo, essa ordem foi extinta e a dominação que vertia do trabalho dele se separou, ganhando autonomia[271].

---

[267] Horkheimer, Max. Teoria Tradicional e Teoria Crítica. Coleção "Os Pensadores". 1ª edição. São Paulo: Abril Cultural, 1975, p. 138.

[268] Horkheimer, Max. Teoria Crítica I – Uma documentação. Tomo I. São Paulo: Perspectiva, 2015. Coleção "Estudos, Estudos, Estudos". 1ª edição, 6ª reimpressão.

[269] Horkheimer, Max. Teoria Crítica I – Uma documentação. Tomo I. São Paulo: Perspectiva, 2015. Coleção "Estudos, Estudos, Estudos". 1ª edição, 6ª reimpressão, p. 11

[270] "Nas primeiras fases do nomadismo, os membros da tribo têm ainda uma parte autônoma nas ações destinadas a influenciar o curso da natureza. Os homens rastreiam a caça, as mulheres cuidam do trabalho que pode ser feito sem um comando rígido. Quanta violência foi necessária antes que as pessoas se acostumassem a uma coordenação tão simples como essa é impossível determinar. Nela, o mundo já está dividido numa esfera do poder e numa esfera profana. Nela, o curso da natureza enquanto eflúvio do maná já está erigido em norma, que exige a submissão. Mas, se o selvagem nômade, apesar de toda submissão, ainda participava da magia que a limitava e se disfarçava no animal caçado para surpreendê-lo, em períodos posteriores o comércio com os espíritos e a submissão foram divididos pelas diferentes classes da humanidade: o poder está de um lado, a obediência do outro. Os processos naturais recorrentes e eternamente iguais são inculcados como ritmo do trabalho nos homens submetidos, seja por tribos estrangeiras, seja pelas próprias cliques de governantes, no compasso da maça e do porrete que ecoa em todo tambor bárbaro, em todo ritual monótono" (Horkheimer, Max. Teoria Crítica I – Uma documentação. Tomo I. São Paulo: Perspectiva, 2015. Coleção "Estudos, Estudos, Estudos". 1ª edição, 6ª reimpressão, p. 30).

[271] "Com o fim do nomadismo, a ordem social foi instaurada sobre a base da propriedade fixa. Dominação e trabalho separam-se" (Horkheimer, Max. Teoria Crítica I – Uma documentação. Tomo I. São Paulo: Perspectiva, 2015. Coleção

A partir do desenvolvimento das ciências e da mentalidade racional gerados no período do Esclarecimento ou Iluminismo, houve um aprofundamento do controle da natureza por parte do homem: ele passou a compreender, com o desenvolvimento do método científico, quais eram os princípios que a geriam e que regiam o próprio homem. O homem esclarecido não mais cria nos mitos como explicação para os fenômenos naturais. Embora o Esclarecimento tenha levado à superação dos medos de uma natureza desconhecida por meio do avanço tecnológico e racional, houve uma face cruel, pois não houve verdadeiro progresso do homem, mas uma dominação de si mesmo. Isso ocorreu em razão da padronização do pensamento e do comportamento humanos que se seguiu ao Iluminismo: a "materialização do conhecimento" fez com que o homem acreditasse apenas naquilo que decorre da razão e, nesse contexto, os detentores do poder passaram a ditar quais eram os comportamentos adequados segundo essa razão[272][273]. "Com efeito, a razão não permitiu que o homem se libertasse da natureza: a razão foi usada para dominá-la completamente e, nesse processo dominador, a própria consciência do homem acerca de si mesmo se perdeu. Isso aconteceu porque as relações capitalistas, no nível de desenvolvimento em que se encontravam, prenderam o ser humano em uma rede de consumo

---

"Estudos, Estudos, Estudos". 1ª edição, 6ª reimpressão, p. 25).

272 "O que os homens querem aprender da natureza é como empregá-la para dominar completamente a ela e aos homens. Nada mais importa. Sem a menor consideração consigo mesmo, o esclarecimento eliminou com seu cautério o último resto de sua própria autoconsciência. Só o pensamento que se faz violência a si mesmo é suficientemente duro para destruir os mitos" (Horkheimer, Max. Teoria Crítica I - Uma documentação. Tomo I. São Paulo: Perspectiva, 2015. Coleção "Estudos, Estudos, Estudos". 1ª edição, 6ª reimpressão, p. 18).

273 "O mito converte-se em esclarecimento, e a natureza em mera objetividade. O preço que os homens pagam pelo aumento de seu poder é a alienação daquilo sobre o que exercem o poder. O esclarecimento comporta-se com as coisas como o ditador se comporta com os homens. Este conhece-os na medida em que pode manipulá-los. O homem de ciência conhece as coisas na medida em que pode fazê-las" (Horkheimer, Max. Teoria Crítica I - Uma documentação. Tomo I. São Paulo: Perspectiva, 2015. Coleção "Estudos, Estudos, Estudos". 1ª edição, 6ª reimpressão, p. 21).
"Toda tentativa de romper as imposições da natureza rompendo a natureza, resulta numa submissão ainda mais profunda às imposições da natureza. Tal foi o rumo tomado pela civilização europeia" (Horkheimer, Max. Teoria Crítica I - Uma documentação. Tomo I. São Paulo: Perspectiva, 2015. Coleção "Estudos, Estudos, Estudos". 1ª edição, 6ª reimpressão, p. 24).
"A dominação universal da natureza volta-se contra o próprio sujeito pensante; nada sobra dele senão justamente esse eu penso eternamente igual que tem que poder acompanhar todas as minhas representações" (Horkheimer, Max. Teoria Crítica I - Uma documentação. Tomo I. São Paulo: Perspectiva, 2015. Coleção "Estudos, Estudos, Estudos". 1ª edição, 6ª reimpressão, p. 34).
"Esperava-se que o Esclarecimento emancipasse a humanidade do medo e da imaturidade e promovesse sua realização através do desenvolvimento da razão e do controle da natureza. Como concebido por Horkheimer e Adorno, entretanto, todo o processo de formação do ego, e, consequentemente, o projeto do esclarecimento, é autodestrutivo. Ele elimina, sistematicamente, a possibilidade de realizar seu próprio objetivo. O pensamento esclarecido reduz a função do ego a sua atividade de autopreservação — 'mera vida', no sentido aristotélico — e o sacrifício da natureza interior torna impossível uma vida completa" (Joel Whitebook, em Rush, Fred. (org.) Teoria Crítica. São Paulo: Editora Ideias & Letras, 2008, p. 110).

que leva à cegueira"[274]. Nesse passo, ele adentrou em um ambiente de controle ditado pela sociedade de massas, transformando-se em mero instrumento da ordem capitalista[275].

Daí em diante, o homem foi cada vez mais alienado de sua própria consciência, na medida em que foi doutrinado a servir à industrialização, sob o pretexto de que assim seria racional. "A razão, assim, passou a ser instrumental, ou seja, um instrumento para criar controles e alienações para si mesmo. A razão do Iluminismo permitiu ao homem conhecer melhor a natureza e assim dominá-la, porém essa dominação criou um ambiente em que o homem se tornou refém do processo industrial de dominação da natureza"[276][277]. A "razão" colocada à serviço da sociedade tecnológica moderna é chamada de "Razão Esclarecida", "Razão Técnica" ou "Razão Instrumental", termos que ganharam muita importância nas obras de Adorno, Horkheimer e de outros adeptos da Escola de Frankfurt[278]. O pensar passou a ser predeterminado pela ciência

---

[274] Jeffries, Stuart. Grande Hotel Abismo. A Escola de Frankfurt e seus personagens. São Paulo: Editora Schwarcz 2018, p. 248.

[275] "O cinema e a rádio não precisam mais se apresentar como arte. A verdade de que não passam de um negócio, eles a utilizam como uma ideologia destinada a legitimar o lixo que propositalmente produzem. Eles se definem a si mesmos como indústrias, e as cifras publicadas dos rendimentos dos seus diretores gerais suprimem toda dúvida quanto à necessidade social de seus produtos" (Horkheimer, Max. Teoria Crítica I – Uma documentação. Tomo I. São Paulo: Perspectiva, 2015. Coleção "Estudos, Estudos, Estudos". 1ª edição, 6ª reimpressão, p. 100).

[276] Jeffries, Stuart. Grande Hotel Abismo. A Escola de Frankfurt e seus personagens. São Paulo: Editora Schwarcz 2018, p. 248.

[277] "O tema subjacente à Dialética do Esclarecimento é o da alienação. A alienação é uma noção marxista, psicoterapêutica ou romântica, de que a humanidade é estranha ao mundo natural. Alguma coisa não se encaixa; os seres humanos estão violentando a natureza e, finalmente, a si mesmos. Os trabalhadores passam sua vida aprisionados em ocupações que odeiam, criando produtos de que ninguém precisa e que destroem o ambiente em que vivem, envolvidos em conflitos fúteis e enervantes com suas famílias, seus vizinhos, outros grupos sociais e nações. São escravizados por procedimentos e hierarquias obtusas de trabalho que os impedem sempre de se autorrealizar ou de perseguir suas próprias ideias e criatividade" "(Julian Roberts, em Rush, Fred. (org). Teoria Crítica. São Paulo: Editora Ideias & Letras, 2008, pp. 87-88).

[278] "Adorno e Horkheimer afirmam que a razão instrumental se desenvolve através de quatro etapas, implicitamente correspondendo à sequência de Marx dos modos de produção. Mas eles traçam as suas origens antropológicas da auto-preservação instintiva no ambiente natural. O objetivo básico do 'esclarecimento', em consonância com o seu subjacente impulso instintivo, é o domínio de uma natureza ameaçadoramente desconhecida e potencialmente fatal. Ele alcança esse objetivo através do crescente distanciamento da natureza, isto é, da desmistificação e dominação do ambiente natural, incluindo a dominação da natureza humana. Isto implica uma tese de generalidade escalonada: o avanço tecnológico das forças produtivas, o movimento histórico das relações de dominação social, o progresso científico no desencantamento da natureza, a racionalização das formas culturais e das visões de mundo, o progresso secular na renúncia da satisfação instintiva, a gênese histórica das estruturas de personalidade centrada num ego cada vez mais narcísico e o crescimento das formas calculadoras da conduta racional, todas estas coisas constituem o mesmo processo. O que isto significa é que a razão instrumental gradualmente gera o 'esclarecimento' formalista e as estruturas de personalidade que correspondem a ela, começando com o Iluminismo europeu do século XVIII. Este processo de 'esclarecimento' não surge de uma só vez, mas, ao contrário, desenvolve-se dialeticamente de dentro dos modos de pensamento pré-científicos, nesta combinação de objetivação e repressão que já exploramos (...) Não somente o eu social se separa progressivamente da natureza (exterior e interior), mas ele também cada vez mais trata os outros como coisas a serem manipuladas, de

de controle da natureza. Para provar essas conclusões, Adorno e Horkheimer valeram-se até de textos mitológicos antigos, como a "Odisseia" e a "Ilíada" de Homero e a obra "Juliette", do Marquês de Sade, que seriam meras metáforas da sociedade burguesa atual.

Como se nota, durante toda a história da Escola de Frankfurt a linha de pensamento foi muito influenciada pelos desdobramentos históricos mundiais. De um modo amplo, é possível dividi-la em dois grandes momentos. No primeiro, estudou-se o marxismo, em uma aproximação da linha ortodoxa. Depois, com Horkheimer, houve a incursão nas causas que geraram a apatia do proletariado, a acomodação do capitalismo e os horrores da Primeira Guerra Mundial. Os pensadores que integraram o Instituto nessa época e que desenvolveram suas obras nesses contextos são classificados como membros da *Primeira Fase da Escola de Frankfurt*. Em um segundo período, entre o fim da década de 1950 e o início da de 60, após a Segunda Guerra Mundial, com a divisão dos blocos políticos mundiais entre os Estados Unidos e União Soviética, novos pensadores aprofundaram os estudos na sociedade de massas, na influência cultural dos elementos alienantes e, em especial, no nazismo, buscando também novas possíveis figuras revolucionárias que substituíssem o proletariado. Seus representantes formam a *Segunda Fase da Escola de Frankfurt*. Apesar dessa distinção, dois pontos são constantes e percorrem uniformemente as duas fases: a análise profunda da realidade político-social da época em uma ótica marxista revisionista e a crítica à sociedade ocidental.

## A PRIMEIRA GERAÇÃO DA ESCOLA DE FRANKFURT

Há quem credite o início da Escola de Frankfurt à criação do Instituto para Pesquisa Social, abrangendo o momento de estudos focados exclusivamente no marxismo ortodoxo. Outros sustentam que o seu marco inaugural é a direção do instituto por Max Horkheimer. Independente da proposta que se adote, é certo que seus grandes expoentes, nos primórdios, foram Max Horkheimer, Theodor Adorno, Herbert Marcuse, Erich Fromm e Walter Benjamin, este último tendo ficado apenas temporariamente associado. Nessa fase, os estudos foram estruturados em duas linhas principais: a primeira procurou conceituar e bem

---

maneira que a dominação social acompanha a objetivação, naquilo que é reconhecidamente uma formulação freudiana das teses de Marx sobre alienação" (Boucher, Geoff. Marxismo. Série Pensamento Moderno. Petrópolis: Editora Vozes Ltda, 2012, pp. 185-186).

delimitar a Teoria Crítica em relação às outras linhas de pensamento existentes, especialmente o marxismo ortodoxo e a Teoria Tradicional; a segunda expressou um pessimismo exacerbado, fruto do desânimo com o distanciamento da tão esperada revolução social e com os horrores da Grande Guerra.

A exposição sintética de parte do trabalho dos expoentes da escola permitirá alcançar uma melhor compreensão dessa primeira geração de pensadores de Frankfurt.

## MAX HORKHEIMER

Max Horkheimer, filho de Moritz Horkheimer, um empresário proprietário de várias fábricas têxteis em Stuttgart, foi filósofo, crítico e, por cerca de trinta anos, diretor do Instituto para Pesquisa Social. Sua obra foi marcada pelo pessimismo acentuado para com a sociedade que, para ele, estava por completo alienada e tomada pelos princípios dominadores do capitalismo. Seu trabalho foi fundamental para o desenvolvimento da própria escola e também da Teoria Crítica, tanto que a maior parte dos integrantes lhe credita a criação e o método a ser adotado.

O tema "razão" foi por ele bastante explorado, dando origem ao conhecido termo "Razão Instrumental". Depois de abordar o assunto em "Dialética do Esclarecimento", retomou-o em "Eclipse da Razão", livro que é um compêndio de várias palestras proferidas na Universidade de Columbia, em 1944. Nele, Horkheimer teceu longas digressões sobre a visão da razão para várias correntes filosóficas da história, estabelecendo ainda outros apontamentos conceituais, como razão objetiva *versus* a subjetiva e sociedade reificada. Na sequência, tal como fizera em "Dialética do Esclarecimento", afiançou que a razão iluminista não levou ao progresso incomensurável, mas, de modo oposto, foi utilizada como um instrumento de dominação. Embora o avanço industrial e civilizacional do ocidente tenha realmente trazido maior esclarecimento das pessoas, o resultado foi a reificação e a desumanização, devidos à dominação da natureza humana[279]. Esta é a razão instrumental: o pensamento do homem utilizado como instrumento de controle, hábil a levá-lo à autodestruição, jamais à evolução[280].

---

[279] "A dominação da natureza envolve a dominação do homem. Cada sujeito, não apenas tem de tomar parte na sujeição da natureza externa, humana e não humana, mas, a fim de fazê-lo, deve sujeitar a natureza nele mesmo. A dominação torna-se 'internalizada' pelo bem da própria dominação" (Horkheimer, Max. Eclipse da Razão. São Paulo: Editora Unesp, 2015, pp. 106-107).

[280] "O que é geralmente indicado como uma finalidade — a felicidade do indivíduo, a saúde e a riqueza — ganha sentido exclusivamente por sua potencialidade funcional. Esses termos designam condições favoráveis para

Essa razão corrompida, por inibir os impulsos humanos naturais, por vezes é extravasada em comportamentos violentos e autoritários, fatores que inclusive levaram à Guerra Mundial[281].

Horkheimer também avançou na chamada "indústria cultural", dizendo que ela é grande instrumento de perpetuação da alienação e reificação. No seu sentir, "a moderna cultura de massa, embora se aproveite livremente de valores culturais caducos, glorifica o mundo como ele é. O cinema, o rádio, as biografias e os romances populares têm o mesmo refrão: esse é nosso filão, esse é o canal para o grande e para aquele que se pretenda grande — esta é a realidade como ela é e deveria ser e será"[282]. "Os padrões de pensamento que as pessoas aceitam prontos das agências de cultura de massas atuam, por sua vez, influenciando a cultura de massa como se fossem as ideias das próprias pessoas"[283].

Rascunhando aspectos de teoria social, analisou historicamente como se compôs a estrutura totalizante contemporânea e cobrou que o homem, diante desse contexto, não buscasse um retorno ao *status quo*, porque "o relógio não anda para trás, nem o desenvolvimento organizacional pode ser revertido ou mesmo, teoricamente, rejeitado. A tarefa das massas consiste hoje não em agarrar-se aos modelos partidários tradicionais, mas, antes, em reconhecer o padrão monopolista que se infiltra em suas próprias organizações e infesta individualmente suas mentes, e resistir a ele"[284]. Somente assim ele poderá se libertar da estrutura totalizante da sociedade capitalista e consumista atual, o que Horkheimer chama de "deificação da atividade industrial", que lhe é implantada desde a primeira infância.

Horkheimer retornou para a Alemanha em 1949, com o final da Segunda

---

a produção intelectual e material. Portanto, a autorrenúncia do indivíduo na sociedade industrial não tem qualquer finalidade que transcenda a sociedade industrial. Tal abnegação gera uma racionalidade com referência a meios e uma irracionalidade com referência à existência humana" (Horkheimer, Max. Eclipse da Razão. São Paulo: Editora Unesp, 2015, p. 107). A "mecanização é, de fato, essencial para a expansão da indústria; mas se ela se torna o traço característico das mentes, se a própria razão é instrumentalizada, ela assume certa materialidade e cegueira, torna-se um fetiche, uma entidade mágica que é aceita em vez de ser experimentada intelectualmente" (Horkheimer, Max. Eclipse da Razão. São Paulo: Editora Unesp, 2015, p. 31).

281 "A resistência e a repulsa que surgem dessa repressão da natureza têm assolado a civilização desde seus primórdios, tanto na forma de rebeliões sociais — como nas insurreições espontâneas de camponeses no século XVI ou nas revoltas raciais inteligentemente planejadas dos nossos dias — quanto na forma do crime individual e da perturbação mental" (Horkheimer, Max. Eclipse da Razão. São Paulo: Editora Unesp, 2015, p. 107).

282 Horkheimer, Max. Eclipse da Razão. São Paulo: Editora Unesp, 2015, pp. 157-158.

283 Horkheimer, Max. Eclipse da Razão. São Paulo: Editora Unesp, 2015, p. 170.

284 Horkheimer, Max. Eclipse da Razão. São Paulo: Editora Unesp, 2015, p. 162.

Guerra Mundial, reestabelecendo em Frankfurt o Instituto para Pesquisa Social. Faleceu em 7 de julho de 1973, aos setenta e oito anos, na cidade de Nuremberg, na Alemanha.

O seu feito principal, à parte da obra produzida, foi ter dado nova feição ao Instituto para Pesquisa Social, transformando-o em uma instituição multidisciplinar reputada pelos teóricos esquerdistas de todo o mundo. Regeu-o à mão de ferro e lançou as raízes que consubstanciariam a Escola de Frankfurt. Jamais conseguiu, porém, justificar adequadamente a razão por que decidiu fixar residência no país mais capitalista do mundo à época, os Estados Unidos — e o principal alvo de suas críticas —, de onde retirou a expressão financeira necessária para uma vida de conforto e prosperidade.

## THEODOR ADORNO

Theodor Ludwig Wiesengrund Adorno, filósofo, sociólogo e musicólogo, foi, sem dúvida, a principal figura intelectual da Escola de Frankfurt. Filho de um bem-sucedido comerciante de vinhos e de uma cantora lírica, contava com uma vida não menos próspera que a de Horkheimer. "Dificilmente pode-se dizer que as circunstâncias da juventude segura de Adorno tenham sido meramente incidentais para sua personalidade ou para suas realizações. Leo Löwenthal descreveu Adorno aos dezoito anos de idade como 'o mimado jovem cavalheiro de uma família próspera', e outros amigos observaram que enquanto a Alemanha, em geral, e o centro comercial de Frankfurt, em particular, desmoronavam na pobreza e na miséria durante a hiperinflação de 1922, quando o poder aquisitivo do marco alemão desabava, não de uma semana para outra mas, de hora em hora, Adorno e sua família puderam se permitir viajar para a Itália e continuaram a viver num estilo relativamente pródigo"[285].

O trabalho de Adorno tendeu nitidamente para uma abordagem mais estética da Teoria Crítica, utilizando a área musical e a literária para estudar os fenômenos da reificação e do fetichismo da sociedade de sua época. No seu livro "O Fetichismo na Música e a Regressão da Audição", tratou da mercadoria cultural, dizendo que, na produção destes bens, e na música especificamente, houve uma degradação da qualidade, com ela passando a ser procurada não pela beleza ínsita,

---

285 Jeffries, Stuart. Grande Hotel Abismo. A escola de Frankfurt e seus personagens. São Paulo: Editora Schwarcz 2018, p. 58.

mas pelo sucesso no mundo das massas[286]. Essa música popular foi por ele definida como "música ligeira", em contraposição à "música erudita". Como a música ligeira tem uma propensão maior para o entretenimento da população em geral, foi facilmente utilizada para levar ao fetichismo: por ser focada na mera diversão e entretenimento, não é necessário ocupar-se do seu conteúdo, bastando que ela seja divulgada e consumida. Houve, assim, uma verdadeira degradação da qualidade da música. A música virou mercadoria: aqui é que reside o fetichismo[287]. Os valores estéticos da obra deixaram de ser considerados quando adquiridos pela população[288].

A população, inebriada pelo consumo de músicas ligeiras e desprovidas de qualidades que lhes são inerentes, regrediu a audição. Essa regressão não é apenas uma piora do gosto em si, mas a depreciação dos critérios utilizados para escolher o bem que será consumido[289]. "Tal indivíduo já não consegue subtrair-se ao jugo da opinião pública, nem tampouco pode decidir com liberdade quanto ao que lhe é apresentado"[290].

---

[286] "Se perguntarmos a alguém se 'gosta' de uma música de sucesso lançada no mercado, não conseguiremos furtar-nos à suspeita de que o gostar e o não gostar já não correspondem ao estado real, ainda que a pessoa interrogada se exprima em termos de gostar e não gostar. Ao invés do valor da própria coisa, o critério de julgamento é o fato de a canção de sucesso ser conhecida de todos; gostar de um disco de sucesso é quase exatamente o mesmo que reconhecê-lo" (Adorno, Theodor. O Fetichismo na Música e a Regressão da Audição. Coleção "Os Pensadores". 1ª edição. São Paulo: Abril Cultural, 1975, p. 173).

[287] "O conceito de fetichismo musical não se pode deduzir por meios puramente psicológicos. O fato de que 'valores' sejam consumidos e atraiam os afetos sobre si, sem que suas qualidades específicas sejam sequer compreendidas ou aprendidas pelo consumidor, constitui uma evidência de sua característica de mercadoria. Com efeito, a música atual, na sua totalidade, é dominada pela característica de mercadoria: os últimos resíduos pré-capitalistas foram eliminados. A música, com todos os atributos do etéreo e do sublime que lhes são outorgados com liberalidade, é utilizada sobretudo nos Estados Unidos, como instrumento para a propaganda comercial de mercadorias que é preciso comprar para poder ouvir música" (Adorno, Theodor. O Fetichismo na Música e a Regressão da Audição. Coleção "Os Pensadores". 1ª edição. São Paulo: Abril Cultural, 1975, p. 180).

[288] "A ilusória convicção da superioridade da música ligeira em relação à séria tem como fundamento precisamente essa passividade das massas, que colocam o consumo da música ligeira em oposição às necessidades objetivas daqueles que a consomem" (Adorno, Theodor. O Fetichismo na Música e a Regressão da Audição. Coleção "Os Pensadores". 1ª edição. São Paulo: Abril Cultural, 1975, p. 177).

[289] "No polo oposto ao fetichismo da música opera-se uma regressão da audição. Com isto não nos referimos a um regresso do ouvinte individual a uma fase anterior do próprio desenvolvimento, nem a um retrocesso do nível coletivo geral, porque é impossível estabelecer um confronto entre os milhões de pessoas que, em virtude dos meios de comunicação de massas, são hoje atingidos pelos programas musicais e os ouvintes do passado. O que regrediu e permaneceu num estado infantil foi a audição moderna. Os ouvintes perdem com a liberdade de escolha e com a responsabilidade não somente a capacidade para um conhecimento consciente da música — que sempre constitui prerrogativa de pequenos grupos — mas negam com pertinácia a própria possibilidade de se chegar a um tal conhecimento. Flutuam entre o amplo esquecimento e o repentino reconhecimento, que logo desaparece de novo no esquecimento" (Adorno, Theodor. O Fetichismo na Música e a Regressão da Audição. Coleção "Os Pensadores". 1ª edição. São Paulo: Abril Cultural, 1975, p. 187-188).

[290] Adorno, Theodor. O Fetichismo na Música e a Regressão da Audição. Coleção "Os Pensadores". 1ªedição. São Paulo: Abril Cultural, 1975, p. 173.

No livro "Conferência sobre Lírica e Sociedade", verteu sua crítica da massificação da música e do fetichismo musical para o lirismo. Para ele, "o poema expressa o sonho de um mundo em que a situação seria outra. A idiossincrasia do espírito lírico frente à prepotência das coisas constitui uma forma de reação à coisificação do mundo, à dominação das mercadorias sobre os homens, a se alastrar desde o início da idade moderna e que desde a Revolução Industrial se desenvolveu como poder dominante da vida"[291]. A poesia, portanto, também estava sujeita à massificação cultural, expressando nitidamente as características de uma sociedade controlada pela dominação capitalista[292].

Adorno foi um personagem contraditório. Primeiro, porque criticou intensamente a massificação da cultura musical, valendo-se das músicas clássicas para fundamentar a má qualidade do produto moderno. Reiteradamente comparou as músicas atuais com as composições de Schubert, Haendel, Mozart, Tchaikóvski, Bach, Wagner e Beethoven, dentre outros, sem perceber que, assim, estava homenageando a cultura clássica, justamente aquela que os pensadores de esquerda pregavam a destruição, pois seria um obstáculo para se alcançar o tão desejado governo comunista. De certo modo, assim, ele nadou contra a maré da obra revolucionária. Em segundo lugar, quando das manifestações estudantis no final da década de 1960, ele inicialmente apoiou os estudantes, manifestando-se favoravelmente aos protestos. Em janeiro de 1969, porém, um grupo ocupou uma sala em que ele dava aula e fez um protesto silencioso. Adorno chamou a polícia, que prendeu todos os invasores[293].

---

291 Adorno, Theodor. Conferência Sobre Lírica e Sociedade. Coleção "Os Pensadores". 1ª edição. São Paulo: Abril Cultural, 1975, p. 203.

292 "Constituía afirmação minha que a formação lírica sempre é também a expressão subjetiva de um antagonismo social. Como porém o mundo objetivo que produz lírica é em si antagônico, o conceito de lírica não se revolve na expressão da subjetividade a que a linguagem dá objetividade. O sujeito lírico encarna não apenas o todo, e quanto mais adequadamente se manifesta, mais vinculativamente o faz. A subjetividade poética é devida, ela mesma, ao privilégio que foi permitido apenas a uma minoria dentre os homens por parte da pressão das necessidades vitais de apreender o universal num aprofundamento em si mesmos, e, de um modo geral, de se desenvolver como sujeitos autônomos, detentores da livre expressão de si mesmos. Os outros porém, aqueles que não apenas se situam como estranhos frente ao preconceituoso sujeito poético, como se fossem objetos, mas que, no significado literal, foram rebaixados a objeto da história, têm direito igual ou maior de procurar o som em que se casam sofrimento e sonho" (Adorno, Theodor. Conferência Sobre Lírica e Sociedade. Coleção "Os Pensadores". 1ª edição. São Paulo: Abril Cultural, 1975, p. 207).

293 "Em 22 de abril, Adorno passou por sua mais amarga humilhação. Ele começou sua aula da série 'Uma introdução ao pensamento dialético' convidando os estudantes a lhe fazerem perguntas sobre qualquer assunto. Dois estudantes lhe pediram que fizesse uma autocrítica por ter chamado a polícia para evacuar o instituto e por ter dado início a um processo legal contra Krahl. Foi então que um aluno escreveu no quadro: 'Se Adorno for deixado em paz, o capitalismo jamais cessará'. Outros gritaram 'Abaixo o informante!'. Adorno disse que daria cinco minutos para decidirem se queriam que ele continuasse a aula. Então três mulheres, como forma de protesto, o cercaram na tribuna, desnudaram os seios e jogaram nele pétalas de rosa e de tulipas. Ele pegou o chapéu e o casaco, saiu da sala e mais tarde cancelou a série de aulas"

## HERBERT MARCUSE

Herbert Marcuse nasceu na Alemanha, em Berlim, em 19 de julho de 1898. Estudou Política e Economia, tornando-se também doutor em Filosofia com a obra "A Ontologia de Hegel e os Fundamentos de uma Teoria da Historicidade". Filho de judeus, com a ascensão do nazismo fugiu para Genebra em 1933 e, logo depois, em 1934, radicou-se nos Estados Unidos, onde manteve contato muito próximo com outros membros da Escola de Frankfurt, dentre eles Horkheimer e Adorno. Trabalhou entre 1934 e 1942 na Universidade de Columbia, em Nova Iorque. De 1942 a 1951 mudou-se para Washington, época em que foi empregado pelo governo americano. Lecionou na Universidade da Califórnia.

Foi um legítimo representante da filosofia alemã, adotando o credo hegeliano de uma "dialética da destruição", ou seja, que a evolução do mundo somente ocorreria pelo advento de uma síntese gestada do contraste entre as teses e as antíteses.Cria profundamente que da destruição e da morte nasceriam frutos melhores, algo que abordou no seu livro "Razão e Revolução — Hegel e o Surgimento da Teoria Social", publicado na década de 1940, quando já estava nos Estados Unidos. Junto a essa concepção destrutiva, incorporou as ideias materialistas históricas de Karl Marx, com a ressalva de que era o desejo erótico, e não a luta de classes que condicionaria a máquina evolutiva humana. Seus livros são repletos de citações e referências ao marxismo.

No começo dos estudos ainda nutria esperança na classe proletária como a herdeira da revolução, como se vê do seu ensaio "Contribuições para a Compreensão de uma Fenomenologia do Materialismo Histórico", que possuía grandes pontos de contato também com Lukács. Com a ascensão do nazismo e a acomodação dos operários, abandonou a fé naquela classe. Órfão do messias redentor da humanidade, passou a olhar para a sociedade para, nela, tentar encontrar um novo responsável pela concretização do paraíso na Terra. Na década de 1960, quando publicou "O Homem Unidimensional", concluiu que as minorias, ou seja, os marginalizados e os excluídos, seriam os legítimos herdeiros dessa nobre tarefa, uma vez que eles ainda não estariam contaminados pela ideologia reificante dos capitalistas. Embora não tenha dito expressamente que eles se equipararim ao proletariado como a classe responsável pela revolução, neles viu a semente da recusa ao sistema social

---
(Jeffries, Stuart. Grande Hotel Abismo. A Escola de Frankfurt e seus personagens. São Paulo: Editora Schwarcz 2018, p. 362).

instituído na sociedade de massas.

Marcuse estudou cuidadosamente o ambiente social de sua época, incorporando a concepção de uma "cultura de massas", entendida como a atividade dos capitalistas de aculturação das pessoas por meio do entretenimento e do consumo, visando à alienação das consciências. Em determinado momento de rompimento hegeliano, ou seja, quando se alcançasse a consciência que induziria à revolta, o homem marginalizado daria início à revolução e, dela, nasceria o ser humano livre das condicionantes culturais opressivas, tornando-se o "homem não alienado", hábil para trazer ao plano terrestre as promessas redentoras do Paraíso.

No livro "Eros e Civilização — Uma Interpretação Filosófica do Pensamento de Freud", ligou a repressão freudiana à alienação marxista, concluindo que o trabalhador segue leis que julga racionais, mas que, na verdade, são meras expressões da atividade alienante imposta à sociedade de consumo. Para chegar a esse termo fez previamente uma longa análise da psicanálise de Freud, sintetizando seus principais aspectos e suas definições fundamentais. Focou na relação conflituosa entre a civilização e a liberdade do homem: para ele, a contenção da energia sexual e libidinosa (responsável pelo "Princípio do Prazer") ocorreu fortemente até hoje para que o ser humano pudesse destinar toda a sua atenção e a integralidade do seu agir na construção da sociedade através do trabalho organizado (consubstanciado no "Princípio da Realidade")[294][295]. Essa inibição foi bem alicerçada e permitiu que a civilização se aperfeiçoasse, tanto

---

[294] "A cultura coage tanto a sua existência social como a biológica, não só partes do ser humano, mas também sua própria estrutura instintiva. Contudo, essa coação é a própria pré-condição do progresso. Se tivessem liberdade de perseguir seus objetivos naturais, os instintos básicos do homem seriam incompatíveis com toda associação e preservação duradoura: destruiriam até aquilo a que se unem ou em que se conjugam. O Eros incontrolado é tão funesto quanto a sua réplica fatal, o instinto de morte" (Marcuse, Herbert. Eros e Civilização. Uma interpretação filosófica do pensamento de Freud. Rio de Janeiro: Editora LTC, 2018. 8ª edição, p. 09).

[295] "O princípio de prazer foi destronado não só porque militava contra o progresso na civilização, mas também porque militava contra a civilização cujo progresso perpetua a dominação e o trabalho esforçado e penoso" (Marcuse, Herbert. Eros e Civilização. Uma interpretação filosófica do pensamento de Freud. Rio de Janeiro: Editora LTC, 2018. 8ª edição, p. 31).

que o mundo vive um momento de grande avanço industrial e tecnológico[296][297]. Apesar disso, válvulas de escape da tensão libidinal estiveram sempre presentes em várias situações. Em um nível macro, as guerras, conflitos e tensões políticas seriam mera expressão dessa energia acumulada e reprimida e, em uma ótica micro, as fantasias dos homens[298] indicavam os seus desejos mais íntimos. Por isso é que, para Marcuse, o trabalho seria sempre desagradável[299], por ser a exata antítese da recompensa sexual corporificadora do "Princípio do Prazer". A única exceção a essa regra seriam os trabalhos artísticos sinceros[300][301].

---

296 "O princípio da realidade supera o princípio do prazer: o homem aprende a renunciar ao prazer momentâneo, incerto e destrutivo, substituindo-o pelo prazer adiado, restringido, mas garantido" (Marcuse, Herbert. Eros e Civilização. Uma interpretação filosófica do pensamento de Freud. Rio de Janeiro: Editora LTC, 2018. 8ª edição, p. 11).
"Com o estabelecimento do princípio de realidade, o ser humano que, sob o princípio do prazer, dificilmente pouco mais seria do que um feixe de impulsos animais, converte-se num ego organizado. Esforça-se por obter o que é útil e o que pode ser obtido sem prejuízo para si próprio e para o seu meio vital. Sob o princípio de realidade, o ser humano desenvolve a função da razão: aprende a examinar a realidade, a distinguir entre bom e mau, verdadeiro e falso, útil e prejudicial. O homem adquire as faculdades de atenção, memória e discernimento. Torna-se um sujeito consciente, pensante, equipado para uma racionalidade que lhe é imposta de fora" (Marcuse, Herbert. Eros e Civilização. Uma interpretação filosófica do pensamento de Freud. Rio de Janeiro: Editora LTC, 2018. 8ª edição, p. 11).

297 "Enquanto o trabalho dura, o que, praticamente, ocupa toda a existência do indivíduo amadurecido, o prazer é suspenso e o sofrimento físico prevalece. E como os instintos básicos lutam pelo predomínio do prazer e a ausência de dor, o princípio de prazer é incompatível com a realidade, e os instintos têm de sofrer uma arregimentação repressiva" (Marcuse, Herbert. Eros e Civilização. Uma interpretação filosófica do pensamento de Freud. Rio de Janeiro: Editora LTC, 2018. 8ª edição, p. 28).

298 "Contudo, a fantasia (imaginação) retém a estrutura e as tendências da psique anteriores à sua organização pela realidade, anteriores à sua conversão num 'indivíduo', em contraste com outros indivíduos. E do mesmo modo, tal como o id a que se mantém vinculada, a imaginação preserva a 'memória' do passado sub-histórico, quando a vida do indivíduo era a vida do gênero, a imagem da unidade imediata entre o universal e o particular, sob o domínio do princípio de prazer" (Marcuse, Herbert. Eros e Civilização. Uma interpretação filosófica do pensamento de Freud. Rio de Janeiro: Editora LTC, 2018. 8ª edição, p. 110).

299 "Os homens não vivem sua própria vida, mas desempenham tão só funções preestabelecidas. Enquanto trabalham, não satisfazem suas próprias necessidades e faculdades, mas trabalham em alienação. O trabalho tornou-se agora geral, assim como as restrições impostas à libido: o tempo de trabalho, que ocupa a maior parte do tempo de vida de um indivíduo, é um tempo penoso, visto que o trabalho alienado significa ausência de gratificação, negação do princípio de prazer. A libido é desviada para desempenhos socialmente úteis, em que o indivíduo trabalha para si mesmo somente na medida em que trabalha para o sistema, empenhado em atividades que, na grande maioria dos casos, não coincidem com suas próprias faculdades e desejos" (Marcuse, Herbert. Eros e Civilização. Uma interpretação filosófica do pensamento de Freud. Rio de Janeiro: Editora LTC, 2018. 8ª edição, p. 35). "O trabalho básico, na civilização, é não libidinal, é labuta e esforço; a labuta é 'desagradável' e por isso tem de ser imposta. 'Pois que motivo induziria o homem a colocar a sua energia sexual a serviço de outros fins, se pelo seu uso podia obter um prazer inteiramente satisfatório? Ele nunca se afastaria desse prazer nem realizaria maiores progressos'" (Marcuse, Herbert. Eros e Civilização. Uma interpretação filosófica do pensamento de Freud. Rio de Janeiro: Editora LTC, 2018. 8ª edição, p. 62).

300 "Certo, há um modo de trabalho que oferece um elevado grau de satisfação libidinal, cuja execução é agradável. É o trabalho artístico — sempre que genuíno — parece brotar de uma constelação instintiva não repressiva e visar a finalidades não repressivas — tanto assim que o termo sublimação parece requerer considerável modificação se o aplicarmos a esse gênero de trabalho" (Marcuse, Herbert. Eros e Civilização. Uma interpretação filosófica do pensamento de Freud. Rio de Janeiro: Editora LTC, 2018. 8ª edição, p. 64).

301 "A arte é, talvez, o mais visível 'retorno do oprimido', não só no indivíduo, mas também no nível histórico-genérico. A imaginação artística modela a 'memória inconsciente' da libertação que fracassou, da promessa que foi traída" (Marcuse, Herbert. Eros e Civilização. Uma interpretação filosófica do pensamento de Freud. Rio de Janeiro: Editora

Marcuse prosseguiu sustentando que a supressão da libido foi justificável até um determinado ponto. Atualmente, dado o nível de desenvolvimento da economia capitalista, não seria mais necessária. Ainda assim, ela permanece como um hábito, não mais como uma necessidade. Essa dose extra de contenção da energia libidinal foi por ele chamada de "Mais Repressão"[302] [303]. Por conseguinte, enquanto a repressão teve um lado positivo, consistente na possibilidade de focalização das atividades na perpetuação da humanidade, revelou simultaneamente uma face nefasta, a "Mais Repressão", mantida mesmo apenas para assegurar a alienação dos homens no consumo e na satisfação do "Princípio do Desempenho". Estabelecida essa premissa, Marcuse atestou que era chegado o momento da história em que a "Mais Repressão" deveria ser abandonada, deixando o homem livre para o exercício pleno da libido. Nesse ponto, embora tenha apoiado toda essa argumentação em Freud[304], foi mais longe que seu inspirador, pois Freud sustentou que a inibição deveria ser mantida sob pena de a civilização regressar para um período primitivo, anticivilizatório, em que o homem, agindo sob o domínio de sua energia sexual, viraria um ser incontrolável e indisciplinado, uma mera expressão de um animal guiado por sua sexualidade instintiva[305]. Isso fica nítido em vários pontos de sua obra.

---

LTC, 2018. 8ª edição, p. 111).

[302] "Além disso, embora qualquer forma do princípio de realidade exija um considerável grau e âmbito de controle repressivo sobre os instintos, as instituições históricas específicas do princípio de realidade e os interesses específicos de dominação introduzem controles adicionais acima e além dos indispensáveis à associação civilizada humana. Esses controles adicionais, gerados pelas instituições específicas de dominação, recebem de nós o nome de mais-repressão" (Marcuse, Herbert. Eros e Civilização. Uma interpretação filosófica do pensamento de Freud. Rio de Janeiro: Editora LTC, 2018. 8ª edição, p. 29).

[303] "Por consequência, a contínua organização repressiva dos instintos parece ser menos necessitada pela 'luta pela existência' do que pelo interesse em prolongar essa luta, isto é, pelo interesse em dominar" (Marcuse, Herbert. Eros e Civilização. Uma interpretação filosófica do pensamento de Freud. Rio de Janeiro: Editora LTC, 2018. 8ª edição, p. 100).

[304] Freud escreveu sobre esse assunto no livro "O Mal-Estar na Civilização", de 1930, onde afirmou que a civilização apenas foi construída em razão da subordinação do princípio do prazer humano ao trabalho, à monogamia e ao controle comportamental que a sociedade impõe. Logo, sempre houve um conflito entre o "Princípio da Realidade" e o "Princípio do Prazer".

[305] "Significaria isso que a civilização explodiria e reverteria à barbárie pré-histórica, que os indivíduos morreriam em resultado da exaustão dos meios acessíveis de gratificação e da sua própria energia, que a ausência de carência e repressão drenaria toda a energia suscetível de fomentar a produção material e intelectual em nível mais elevado e em maior escala? Freud respondeu afirmativamente. Sua resposta baseia-se na aceitação mais ou menos tácita de um certo número de pressupostos: que as livres relações libidinais são essencialmente antagônicas das relações de trabalho, que a energia tem de ser retirada daquelas para instituir estas, que só a ausência da plena gratificação mantém a organização social do trabalho. Mesmo em condições ótimas de organização racional da sociedade, a gratificação das necessidades humanas exigiria trabalho, e esse fato, só por si, imporia restrições quantitativas e qualitativas aos instintos, e, por conseguinte, numerosos tabus sociais. Por maior que seja a sua riqueza, a civilização depende de um trabalho constante e metódico, e, assim, de um desagradável retardamento da satisfação. Como os instintos primários se revoltam 'por natureza' contra tal retardamento, sua modificação repressiva continua sendo, portanto, uma necessidade para toda a civilização. Para

"Assim, a hipótese de uma civilização não repressiva tem de ser teoricamente validada, primeiro, demonstrando-se a possibilidade de um desenvolvimento não repressivo da libido, nas condições de civilização amadurecida. A direção de tal desenvolvimento é indicada por aquelas forças mentais que, de acordo com Freud, conservam-se essencialmente livres do princípio de realidade e transmitem essa liberdade ao mundo de consciência madura"[306].

"A reconciliação entre o princípio de prazer e o de realidade não depende da existência da abundância para todos. A única questão pertinente é se um estado de civilização pode ser razoavelmente preconizado, no qual as necessidades humanas sejam cumpridas de modo tal e em tal medida que a mais-repressão possa ser eliminada. Semelhante estado hipotético poder-se-ia supor, razoavelmente, em dois pontos, que se situam nos polos opostos das vicissitudes dos instintos: um deles estaria localizado nos primórdios da história primitiva; o outro, em seu estágio de maior maturidade. O primeiro referir-se-ia a uma distribuição não opressiva da escassez (como, por exemplo, poderá ter existido nas fases matriarcais da antiga sociedade). O segundo pertenceria a uma organização racional da sociedade industrial plenamente desenvolvida, após a conquista da escassez. As vicissitudes dos instintos seriam muito diferentes, claro, sob essas duas condições, mas uma característica decisiva deve ser comum a ambas: o desenvolvimento instintivo seria não repressivo no sentido de que, pelo menos, a mais-repressão requerida pelos interesses de dominação não seria imposta aos instintos. Essa qualidade refletiria a satisfação predominante das necessidades humanas básicas (mais primitivas no primeiro estágio, profundamente ampliadas e refinadas no segundo estágio), tanto sexuais como sociais: alimento, alojamento, vestuário, lazer. Essa satisfação seria (e este é o ponto importante) *sem labuta* — isto é, sem o domínio do trabalho alienado sobre a existência humana. Nas condições primitivas, a alienação *ainda não* se

---

fazer face a esse argumento, teríamos de mostrar que a correção freudiana 'repressão instintiva — labor socialmente útil — civilização' pode ser significativamente transformada na correlação 'libertação instintiva — trabalho socialmente útil — civilização'. Sugerimos que a repressão instintiva predominante resultou não tanto da necessidade de esforço laboral, mas da organização social específica do trabalho, imposta pelos interesses de dominação; essa repressão era, substancialmente, mais-repressão. Por consequência, a eliminação da mais-repressão tenderia per se a eliminar, não a atividade laboral, mas a organização da existência humana como instrumento de trabalho. Sendo assim, a emergência de um princípio de realidade não repressiva modificaria, mas não destruiria, a organização social do trabalho; a libertação de Eros poderia criar novas e duradouras relações de trabalho" (Marcuse, Herbert. Eros e Civilização. Uma interpretação filosófica do pensamento de Freud. Rio de Janeiro: Editora LTC, 2018. 8ª edição, pp. 118-119).

306 Marcuse, Herbert. Eros e Civilização. Uma interpretação filosófica do pensamento de Freud. Rio de Janeiro: Editora LTC, 2018. 8ª edição, p. 107.

revelou, por causa do caráter primitivo das próprias necessidades, o caráter rudimentar (pessoal ou sexual) da divisão do trabalho, e a ausência de uma especialização de funções institucionalizadas e hierárquicas. Sob as condições 'ideais' da civilização industrial madura, a alienação seria completada por uma automação geral do trabalho, redução do tempo de trabalho a um mínimo, e permutabilidade de funções"[307].

"A experiência de um mundo que não vai ser dominado e controlado, mas liberado — uma liberdade que desencadeará os poderes de Eros agora sujeitos nas formas reprimidas e petrificadas do homem e da natureza. Esses poderes são concebidos não como destruição, mas como paz, não como terror, mas como beleza. É suficiente enumerar as imagens reunidas, a fim de circunscrever-se a dimensão a que elas se encontram vinculadas: a redenção do prazer, a paralisação do tempo, a absorção da morte; silêncio, sono, noite, paraíso — o princípio do Nirvana, não como morte, mas como vida"[308].

Ele realmente cria que, recusando a "Mais-Repressão" e o controle exercido pela sociedade alienante, alcançaríamos um estado superior de civilização. "A catexe libidinal do ego (o próprio corpo do indivíduo) poder-se-á converter na fonte e reservatório para uma nova catexe libidinal do mundo objetivo — transformando esse mundo em um novo modo de ser"[309]. Por isso não é exagero dizer que, por detrás de toda construção de Marcuse, está o desejo de supressão de toda a civilização para o início do legado do prazer.

Uma grande e infinita atividade de libidinagem, com a energia sexual atuando de forma irrestrita, ilimitada e sem controle, era o mundo que ele esperava após a revolução que fulminaria a atual conformação societária. As perversões

---

307 Marcuse, Herbert. Eros e Civilização. Uma interpretação filosófica do pensamento de Freud. Rio de Janeiro: Editora LTC, 2018. 8ª edição, pp. 116-117.

308 Marcuse, Herbert. Eros e Civilização. Uma interpretação filosófica do pensamento de Freud. Rio de Janeiro: Editora LTC, 2018. 8ª edição, pp. 126-127.

309 Marcuse, Herbert. Eros e Civilização. Uma interpretação filosófica do pensamento de Freud. Rio de Janeiro: Editora LTC, 2018. 8ª edição, pp. 130-131.

sexuais[310] e o incesto[311] deixariam de ser um tabu, podendo ser exercitados livremente. A família monogâmica deixaria de ter prioridade[312]. A "tirania da sexualidade genital" que foi imposta à sociedade, ou seja, a inibição completa do desejo sexual instintivo para direcionar as energias ao trabalho imposto pelo capitalismo, seria cessada e o homem ressexualizado, retornando a um período erótico em que todas as relações dele consigo mesmo e com o próximo seriam libidinosas e, assim, aptas a gerar a plena felicidade.

O primeiro passo para esse "mundo paradisíaco" por ele concebido e desejado consistiria no que chamou de a "Grande Recusa" à atividade alienante. Negada a "Mais-Repressão", reconquistar-se-ia o eros humano, pois "o Eros órfico e narcisista é, fundamentalmente, a negação dessa ordem — a Grande Recusa"[313]. A realidade opressora seria então destruída e todos os desejos sexuais contidos aflorariam, induzindo à perfeita liberdade e felicidade. Até mesmo as zonas erógenas que foram paralisadas e dessensibilizadas ressurgiriam, levando a um gozo contínuo e permanente. Este estado seria semelhante ao da criança, cuja "perversidade polimórfica", ou seja, a capacidade de exercer sensações eróticas em todo o corpo, e não apenas na região genital, seria plena e ilimitada. A criança, refletia ele, não estava submetida à tirania genital estabelecida pela humanidade.

Marcuse, como é fácil notar, comportou-se como se fosse o único homem no mundo apto a interpretar os fenômenos, a discernir a singularidade humana

---

[310] "A organização sexual do instinto sexual interdita como perversões praticamente todas as manifestações que não servem ou preparam a função procriadora. Sem as mais severas restrições, neutralizariam a sublimação de que depende o desenvolvimento da cultura" (Marcuse, Herbert. Eros e Civilização. Uma interpretação filosófica do pensamento de Freud. Rio de Janeiro: Editora LTC, 2018. 8ª edição, p. 37).
"As perversões expressam a rebelião contra a subjugação da sexualidade à ordem de procriação e contra as instituições que garantem essa ordem" (Marcuse, Herbert. Eros e Civilização. Uma interpretação filosófica do pensamento de Freud. Rio de Janeiro: Editora LTC, 2018. 8ª edição, p. 38).
"As perversões parecem rejeitar a escravização total do ego do prazer pelo ego da realidade" (Marcuse, Herbert. Eros e Civilização. Uma interpretação filosófica do pensamento de Freud. Rio de Janeiro: Editora LTC, 2018. 8ª edição, p. 38).

[311] "Talvez o tabu sobre o incesto tenha sido a primeira grande proteção contra o instinto de morte: o tabu sobre o Nirvana, sobre o impulso regressivo para a paz que se ergueu no caminho do progresso, da própria Vida" (Marcuse, Herbert. Eros e Civilização. Uma interpretação filosófica do pensamento de Freud. Rio de Janeiro: Editora LTC, 2018. 8ª edição, p. 57).

[312] "A família monogâmica, com suas obrigações exigíveis do pai, restringe neste o seu monopólio de prazer; a instituição da propriedade privada transmissível por herança e a universalização do trabalho deram ao filho uma justificada expectativa do seu próprio prazer sancionado, de acordo com o seu desempenho socialmente útil. Dentro dessa estrutura de leis e instituições objetivas, os processos da puberdade conduzem à libertação do jugo paterno, como evento necessário e legítimo. Pouco falta para ser uma catástrofe mental — mas também não é mais do que isso. Portanto, o filho deixa a família patriarcal e prepara-se para ser ele próprio pai e patrão" (Marcuse, Herbert. Eros e Civilização. Uma interpretação filosófica do pensamento de Freud. Rio de Janeiro: Editora LTC, 2018. 8ª edição, p. 57).

[313] Marcuse, Herbert. Eros e Civilização. Uma interpretação filosófica do pensamento de Freud. Rio de Janeiro: Editora LTC, 2018. 8ª edição, p. 132.

com um conhecimento tão profundo e revelador a ponto de poder dizer para a própria pessoa que todos os seus desejos, intenções e propósitos seriam falsos, e que ele, apenas ele, onisciente, teria o dom de decifrá-los e revelá-los. Na verdade, tudo não passa de uma grande farsa. Marcuse sabe que a leitura que ele faz da sociedade não é correta. No seu sentir, ela é um aglomerado de pessoas sexualmente reprimidas pela sociedade de consumo, ansiando desesperadamente pelo momento em que poderão extravasar livremente todas as perversões sexuais inibidas. Ele também tem consciência que um mundo de permissividade total, sem restrições de ordem religiosa, moral e legal, conduziria a um primitivismo social e ao rompimento de todas as estruturas de controle da irracionalidade. Ele não olvida, por fim, que não há qualquer prova de que esse mundo por ele imaginado seria melhor. Apesar de saber disso tudo, ele não o diz abertamente. É vago e abstrato propositadamente, porque quer implantar a sua anarquia deliberada para poder viver um mundo pernicioso que ele desejava para si mesmo. Nem todas as pessoas possuem ressentimento contra a sexualidade genital, tal como ele quis fazer crer. Poucos, além disso, vivem com uma mentalidade sexualmente perversa, como ele vivia. Como não quer ser criticado e condenado pela sociedade, quer que nós também adentremos nesse rumo, confiando unicamente em sua palavra de que esse ambiente por ele pretendido seria paradisíaco.

Ele jamais apresentou qualquer evidência comprobatória do seu ponto de vista, tudo foi fruto de sua mentalidade perversa e corrompida[314]. Também não demonstrou como a libertação sexual geraria uma sociedade melhor. Ele jamais provou, apenas apelou para os instintos básicos do ser humano para ganhar a simpatia das pessoas. Sua obra não é empírica.

Alguns anos mais tarde, deixou escrito bem claramente que realmente queria implantar seu pensamento na mente das pessoas, alegando que elas são incapazes de determinar o que é melhor para si mesmas. "Em última análise, a questão sobre quais necessidades são verdadeiras ou falsas deve ser respondida

---

[314] "Mas como seria, uma vez alcançada, esta utopia? Como viveríamos o cotidiano? Como seriam conduzidas as relações entre povos de diferentes idiomas e maneiras distintas de comportamento cultural? Quem apaziguaria os ânimos, quem velaria para que a caça, em certas áreas, não fosse de todo dizimada, e para que os agressivos Smith e Jones não desviassem demais, no curso superior do rio, a água de que necessitamos desesperadamente para não perder as safras? Marcuse não faz nenhuma alusão à maneira de resolvermos tais problemas. Assegura que podemos nos tornar homens e mulheres ressexualizados. Também sugere que a racionalidade sensual, ao atingiríamos ao conquistar a liberdade, contém suas próprias leis morais (...) Marcuse não nos dá o menor indício de como serão estas leis, ou de como estarão presentes no homem renascido" (Vivas, Eliseo. Marcuse em Julgamento. Rio de Janeiro: Bloch Editores, 1972, pp. 43-44).

pelos próprios indivíduos, mas apenas em última análise, ou seja, se e quando eles são livres para dar sua própria resposta. Enquanto eles são mantidos na incapacidade de serem autônomos, enquanto eles são doutrinados e manipulados (até em suas próprias pulsões), sua resposta a essa questão não pode ser considerada como sendo dele próprio"[315].

Marcuse, ao sustentar a realização imperiosa de um estado de erotização plena do corpo, tal como é o estado da "perversidade polimórfica" nas crianças, findou por dar a base normativa para todas as ações atuais que pregam a erotização das crianças, como uma forma de impedir que elas, quando se tornarem adultas, não estejam sujeitas à tirania genital e também não suportem os efeitos alienantes da sociedade de consumo. "Marcuse criticou a submissão da 'perversidade polimórfica' — isto é, o erotismo generalizado do corpo da criança — à supremacia genital como uma forma de unificação violenta do sujeito. Seguindo sua estratégia geral, ele tentou historicizar a posição de Freud. De novo, a subordinação das etapas do desenvolvimento psicossocial em relação à genitália não é a manifestação de um programa biológico inerente tal como Freud havia argumentado. Ela resulta, antes, da necessidade socioeconômica de fabricar indivíduos intencionais unificados, que sejam administráveis e possam ser capazes de levar a cabo suas tarefas no processo produtivo. Imperativos econômicos necessitam da 'redução temporal da libido'. A menos que se esteja fora do processo de produção — sendo ou um aristocrata ou um mendigo, a atividade sexual deve ser restrita a um limitado espaço de tempo semanal. De maneira semelhante, a criação de sujeitos administráveis também requer a 'redução espacial' da libido, ou seja, 'a socialmente necessária dessexualização do corpo' e a concentração da sexualidade nos genitais"[316].

Essa postura fez com que fosse alvo de duras críticas. "Quando nos familiarizamos com o pensamento de Marcuse, sua ira concentrada, sua arrogância e intolerância, o desprezo que se oculta sob sua alegada preocupação pelas vítimas da repressão, sua confiança ilimitada na validez apodítica dos vagos sonhos milenares e anseios mal formados; quando, após muita hesitação, tomamos consciência do fato de que, por trás de seus anátemas descontrolados, de suas fulminações contra o nosso mundo, jaz um intelecto rude, do gênero oito ou

---

[315] Marcuse, Herbert. O Homem Unidimensional. São Paulo: Edipro, 2015. 1ª edição, p. 45.
[316] Joel Whitebook, em Rush, Fred. (org). Teoria Crítica. São Paulo: Editora Ideias & Letras, 2008, p. 122.

oitenta, preto ou branco, maniqueísta, somos de súbito iluminados por algo que a princípio parece impossível, mas que, quanto mais lhe damos atenção, mais ele parece ser a solução do enigma. O *mot juste* para esta coleção de indícios é a imaturidade — imaturidade moral. Pois, se o leitor preza a inteligência como eu prezo, que outra palavra pode encontrar para as supersimplificações, a ilimitada confiança em princípios expelidos pelo que parecem ser frustrações subjetivas, a raiva devotada a imperfeições inflacionadas por exigências despropositadas de uma mente bombástica?"[317].

Alguns anos depois da publicação de "Eros e Civilização", Marcuse optou por desenvolver mais profundamente o estudo da condição do homem no ambiente social alienado. Publicou, então, "O Homem Unidimensional", uma crítica áspera das sociedades contemporâneas ocidentais, especialmente a norte-americana (embora ele não deixe de atacar a sociedade soviética). Abordando as "novas formas de controle social" e o "conformismo sufocante" dos cidadãos em face desta dominação, e avaliando ainda a sociedade industrial contemporânea, ele pontuou como a produção, o consumo e a cultura, em geral, levaram a população à inércia, criando o que ele denominou de "sociedade tecnológica". A sociedade administrada pelos jogos de interesses dos capitalistas dominadores é marcada pela apatia e pela sujeição aos instrumentos de controle impostos subliminarmente, colocando em risco a própria liberdade humana. Esse livro representou uma clara influência da Escola de Frankfurt no pensamento de Marcuse, uma vez que ele trouxe para o campo cultural a crítica ácida que, nos tempos primevos, os marxistas ortodoxos dispensaram à seara econômica.

"O traço distintivo da sociedade industrial avançada é sua capacidade efetiva de sufocar aquelas necessidades que demandam libertação — libertação também daquilo que é tolerável, gratificante e confortável — enquanto sustenta e absolve o poder destrutivo e a função repressiva da sociedade afluente. Aqui, os controles sociais exigem a necessidade irresistível de produção e consumo de supérfluos; a necessidade de trabalho imbecilizante onde isso não é mais necessário; a necessidade de modos de relaxamento que aliviam e prolongam essa imbecilização; a necessidade de manter liberdades enganosas como a livre concorrência com preços administrados, uma imprensa livre que se autocensura, a livre escolha entre marcas idênticas e

---

[317] Vivas, Eliseo. Marcuse em Julgamento. Rio de Janeiro: Bloch Editores, 1972, pp. 110-111.

acessórios inúteis"[318].

"Os produtos doutrinam e manipulam; eles promovem uma falsa consciência que é imune à sua falsidade. E como esses produtos benéficos tornam-se disponíveis a mais indivíduos em mais classes sociais, a doutrinação que eles levam a cabo deixa de ser publicidade: torna-se um estilo de vida. É um bom estilo de vida — muito melhor que antes — e, enquanto um bom estilo de vida, ele age contra a mudança qualitativa. Surge assim um padrão de *pensamento e comportamento unidimensional*, no qual as ideias, aspirações e objetivos que, por seu conteúdo, transcendem o universo estabelecido do discurso e da ação, são ou repelidos ou reduzidos aos termos desse universo. Eles são redefinidos pela racionalidade do sistema dado e de sua extensão quantitativa"[319].

Diferentemente, porém, dos colegas da Escola de Frankfurt, ele ainda via uma esperança de revolução, elegendo como revolucionárias as minorias. "Entretanto, debaixo da base popular conservadora está o substrato dos proscritos e marginalizados, os explorados e perseguidos de outras raças e outras cores, o empregado e o *não-empregável*. Eles existem fora do processo democrático; sua vida é a mais imediata e a mais real necessidade pelo fim das condições e instituições intoleráveis. Assim sua oposição é revolucionária ainda que sua consciência não seja. Sua oposição atinge o sistema de fora para dentro e, portanto, não é bloqueada pelo sistema; é uma força elementar que viola as regras do jogo e, ao fazer isso, revela-o como um jogo viciado. Quando ficam juntos e vão para as ruas, sem armas, sem proteção, de modo a pedir pelos mais primitivos direitos civis, eles sabem que têm que enfrentar cães, pedras, bombas, cadeia, campos de concentração e mesmo a morte. Sua força está por trás de cada manifestação política pelas vítimas da lei e da ordem. O fato de eles começarem a se recusar a jogar o jogo pode ser o fato que marca o início do fim de um período"[320].

Essa conclusão faria dele um dos personagens mais citados das décadas seguintes, tornando-o o criador originário dos grupos de minorias que buscam incessantemente por inclusão social até os dias atuais. Ele se tornou, rapidamente, o guru da Nova Esquerda criada a partir da década de 1960. Era, enfim, mais um militante do que um teórico.

---

318 Marcuse, Herbert. O Homem Unidimensional. São Paulo: Edipro, 2015. 1ª edição, p. 46.
319 Marcuse, Herbert. O Homem Unidimensional. São Paulo: Edipro, 2015. 1ª edição, pp. 49-50.
320 Marcuse, Herbert. O Homem Unidimensional. São Paulo: Edipro, 2015. 1ª edição, p. 240.

## WALTER BENJAMIN

A Escola de Frankfurt contava com integrantes de um círculo interno, contratados definitivamente para o desempenho de suas funções, mas também com personagens coadjuvantes que, por alguns momentos, associavam-se em torno do instituto como colaboradores. Benjamin era um desses personagens periféricos. Ele e Horkheimer encontraram-se no ano de 1932 e, nessa oportunidade, acordou-se a publicação de artigos na "Revista de Pesquisa Social", publicada pelo instituto. Até 1937, Benjamin publicou ao menos um ensaio anual e algumas resenhas, recebendo mil francos mensais para tanto.

Nascido em 15 de julho de 1892 na cidade de Berlim, Alemanha, Walter Benedix Schönflies Benjamin cresceu no abastado lar dos comerciantes judeus Emil Benjamin e Paula Schönflies Benjamin. Emil fez fortuna como leiloeiro e sócio de uma casa de leilões, tendo ainda participação em pequenas sociedades de produtos médicos, construções e de distribuição de vinhos. Paula era filha de comerciantes de grãos e de gado na Alemanha. Apesar da educação impecável e das regalias financeiras[321], morando em um palacete e contando com babás francesas, não desenvolveu o menor interesse em trabalhar, tanto que passou a maior parte da vida dependendo da colaboração financeira dos pais, chegando a afirmar que trabalhar, para ele, era algo inimaginável[322].

---

321 "Como muitas das casas de infância dos principais membros da Escola de Frankfurt, as residências confortáveis e burguesas na zona oeste de Berlim em que moraram Pauline e Emil Benjamin, este um bem-sucedido comerciante de arte e antiquário, eram frutos de êxito nos negócios. Assim como os Horkheimer, os Marcuse, os Pollock, os Wiesengrund-Adorno e outras famílias de judeus assimilados das quais proviriam os pensadores da Escola de Frankfurt, os Benjamin viviam num luxo sem precedentes em meio à pompa e à pretensão guilhermianas do Estado alemão, que se industrializava rapidamente no início do século XX" (Jeffries, Stuart. Grande Hotel Abismo. A escola de Frankfurt e seus personagens. São Paulo: Editora Schwarcz 2018, p. 25).

322 "Benjamin pedia dinheiro aos pais quando já estava bem entrado na casa dos trinta, e em suas cartas dizia que a insistência deles em que trabalhasse para viver era inimaginável" (Jeffries, Stuart. Grande Hotel Abismo. A escola de Frankfurt e seus personagens. São Paulo: Editora Schwarcz 2018, p. 53). "Trabalhando em traduções, Dora tornou-se a principal provedora da família. Em vez de ganhar a vida, Benjamin comportava-se como se seus pais lhe devessem isso, contando com uma mesada de Emil e Paula enquanto permanecia desempregado. É difícil não imaginá-lo como alguém ridiculamente mimado e se achando com direito a tudo, menos ainda quando se sabe que culpava a mãe ostensivamente protetora pelo fato de ele, com quarenta anos de idade, não ser capaz de preparar uma xícara de café" (Jeffries, Stuart. Grande Hotel Abismo. A escola de Frankfurt e seus personagens. São Paulo: Editora Schwarcz 2018, p. 53).

Com quarenta anos de idade, morava com a esposa e o filho na residência paterna.

Não é secundário dizer que uma pessoa, quando escreve, expõe em letras a sua concepção de mundo. É impossível dissociar a obra do autor de sua cosmovisão, exceto quando ele deliberadamente a tanto se propõe. No caso de Benjamin, nada há a indicar que ele tenha escrito qualquer documento como se outrem pretendesse ser. Nessa seara, teve uma vida das mais desorganizadas e impolutas dentre todos os autores da Teoria Crítica, sendo comparável apenas à de Marcuse. Isso, obviamente, refletiu em seu trabalho.

Embora tenha escrito uma infinidade de notas, o único livro não técnico que redigiu e que foi publicado ainda em vida foi "Rua de Mão Única", inspirado na amante russa Asja Lacis, que conheceu em seu exílio na ilha de Capri. O restante de sua produção, composta de muitos artigos em revistas (como na "O Novo Mercúrio"), de vários ensaios literários ("As Afinidades Eletivas", "Destino e Caráter"), de inúmeras cartas e de alguns textos que fazia circular entre amigos (como o "Diálogo sobre a Religiosidade do Presente"), eram esparsos e desarticulados, escritos no mais das vezes ao longo de vários períodos interruptos. Sua tese de doutorado, versando sobre a origem do drama trágico alemão, foi redigida em vários países e ao longo de muitos e muitos intervalos. Exatamente assim era também a sua vida, cheia de ciclos não encerrados e de confusões ciclópicas. Abertamente adúltero[323], envolvia-se frequentemente em triângulos amorosos[324]. Tratava muito mal sua esposa e filho, o que lhe trouxe prejuízos financeiros de grande monta[325]

---

[323] "Asja Lacis voltou a Berlim, onde iria trabalhar na seção de cinema da missão comercial soviética. Enquanto Benjamim morava temporariamente com ela, as relações já há muito tempo tensas com a sua esposa se romperam inteiramente" (Witte, Bernd. Walter Benjamin. Uma biografia. Belo Horizonte- MG: Autêntica Editora, 2017, p. 86).
"A Itália foi para Benjamin, como já tinha sido para muitos alemães a partir de Goethe, um antídoto, uma distração e um lugar de renovação erótica. E isso ele demonstrou quando chegou a Nápoles com a atriz Lacis, deixando na Alemanha sua mulher Dora e o filho Stefan, de sete anos" (Jeffries, Stuart. Grande Hotel Abismo. A Escola de Frankfurt e seus personagens. São Paulo: Editora Schwarcz 2018, p. 109).

[324] "Como sugerem seus biógrafos, Benjamin se envolvia em triângulos amorosos, especialmente aqueles nos quais as outras duas pessoas tinham uma ligação. É essa geometria erótica, por exemplo, que faz com que sua longa correspondência íntima com Gretel Karplus, esposa de seu grande crítico e paladino Adorno, fosse tão convincente, tão tentadora para Benjamin e, afinal, assim pensariam pessoas de mentalidade convencional, tão insatisfatória para todos os envolvidos" (Jeffries, Stuart. Grande Hotel Abismo. A Escola de Frankfurt e seus personagens. São Paulo: Editora Schwarcz 2018, pp. 180-181).

[325] "Benjamin nasceu numa família abastada e passou grande parte da década de 1920 viajando, jogando, colecionando coisas, dando pouca atenção à mulher Dora e ao seu filho Stefan. Após seu divórcio litigioso de Dora em 1930, o tribunal decidiu destinar a ela a maior parte da herança dele como quitação compensatória por ele tê-la tratado tão mal — decisão que pesou muito na penúria que viria a ser o quinhão de Benjamin até sua morte, uma década depois" (Jeffries, Stuart. Grande Hotel Abismo. A Escola de Frankfurt e seus personagens. São Paulo: Editora Schwarcz 2018, p. 171).

em um processo de divórcio que lhe custou uma fortuna em custas[326]. Chegou a ter que viver do que chamou de "esmolas" e, enquanto esteve exilado em Ibiza, dependeu da renda mensal encaminhada pelo Instituto para Pesquisa Social. Usou substâncias entorpecentes pelo menos de 1927 a 1931[327] e não se preocupou em ocultar esse hábito, pretendia inclusive escrever um livro sobre o haxixe, anotando as sensações depois de consumi-lo[328].

Não é à toa que sua obra de maior extensão findou inacabada, tendo sido publicada apenas *post mortem*, por iniciativa de Theodor Adorno. Trata-se de "Passagens", em que Benjamin trabalhou nos últimos treze anos de sua vida, de 1927 a 1940. Não conseguiu conferir ao material uma ordem lógica ou condensada de suas afirmações. Restaram apenas fragmentos, esboços e anotações, totalizando mais de quatro mil trechos. Nesse "livro", até onde se pode inferir, pretendia utilizar o método marxista para obter uma plena visibilidade do capitalismo existente em seu tempo, como que compondo uma nova teoria da história. No compêndio de rascunhos há comentários sobre os seus próprios sonhos; os delírios que suportava quando consumia

---

326 "Ao longo do ano de 1929, houve um longo processo de divórcio, 'levado adiante pelos dois lados com grande rancor', cujo peso físico e psíquico foram tão fortes que o levaram a um novo colapso, em outubro. 'Eu não conseguia telefonar, falar com alguém, muito menos escrever'. Quando, em abril de 1930, o divórcio finalmente foi anunciado, Benjamin viu-se condenado a pagar de volta a Dora o seu elevado dote — 40 mil marcos, segundo indicações de Scholem (...) ele foi forçado a 'entregar' toda a sua herança para aliviar os custos do seu processo de divórcio" (Witte, Bernd. Walter Benjamin. Uma biografia. Belo Horizonte-MG: Autêntica Editora, 2017, p. 86).

327 "E especialmente se, como Benjamin fazia às vezes, você explorar uma cidade como Marselha depois de tomar haxixe. 'Os fatos aconteciam de tal maneira que a aparência das coisas me tocava com uma varinha mágica e eu mergulhava num sonho com elas', ele escreveu em 'Haxixe em Marselha'" (Jeffries, Stuart. Grande Hotel Abismo. A escola de Frankfurt e seus personagens. São Paulo: Editora Schwarcz 2018, p. 125).

328 "Ele transcreve alegremente a riqueza de relações gerada pelo inebriamento, em cujo ponto central, como no 'centro de todos os desregramentos', ele se sabe a si próprio: 'Pessoas e coisas comportam-se nessas horas como os objetos e as figuras feitos de medula de sabugueiro e colocados em caixas de folhas de estanho vitrificadas, que, pela fricção do vidro, ficam eletrificadas e a cada movimento são forçadas a entrar nas mais extraordinárias relações uns com os outros'. O homem que desfruta as imagens do inebriamento experimenta a si mesmo como um ensaísta onipotente que tem o mundo à sua disposição, sempre irradiando novas conexões no caleidoscópio do seu texto" (Witte, Bernd. Walter Benjamin. Uma biografia. Belo Horizonte-MG: Autêntica Editora, 2017, pp. 101-102).

drogas[329]; o fetiche da mercadoria[330]; a reificação[331]; a moda como mercadoria de consumo[332]; as passagens francesas, além de inúmeros outros temas das mais diversas naturezas, como espelhos, iluminação, pintura, jogo, ferrovias, fotografia e, especialmente, Charles Baudelaire. O resultado disso tudo? Um amontoado de pensamentos desconexos, vagos, desorientados, sem qualquer lógica intelectiva. Se ele pretendia um dia escrever um livro usando essas anotações, teria muita dificuldade em expor seus argumentos de forma clara e lúcida. Somente o consumo de haxixe, ao qual se dedicava abertamente, pode justificar tamanha abstração e desconexão. Quando conseguiu concatenar algumas linhas falando, por exemplo, das passagens de Paris, a falta de conclusão e de clareza na direção que pretendia seguir foram aberrantes.

Em 26 de setembro de 1940, quando fugia da França em direção à Espanha pelos Pirineus, parou na cidade de Portbou. Como não tinha o visto de saída da França, de onde pretendia fugir ilegalmente, foi rejeitado na Espanha. Na noite do dia 26 para 27 de setembro de 1940 ele tomou uma dose significativa de morfina, dando cabo à própria vida.

## ERICH FROMM

Erich Fromm nasceu em 23 de março de 1900, na cidade de Frankfurt, Alemanha. Filho de judeus, não enfrentou os dissabores da carência econômica que marcou o período, já que seu pai, comerciante de vinhos, contava com uma ótima condição financeira. Cursou Direito na universidade de sua cidade natal, mas posteriormente migrou para o curso de sociologia da Universidade de Heidelberg.

---

329 "A posição horizontal do corpo proporcionava as maiores vantagens para as fêmeas da espécie homo sapiens, a julgar por suas representantes mais antigas. Ela lhes facilitou a gravidez, como se pode deduzir ao considerar as cintas e bandagens às quais as mulheres grávidas de hoje costumam recorrer. Partindo dessa constatação, poder-se-ia ousar perguntar: o andar na posição ereta em geral não terá surgido antes nos machos do que nas fêmeas? Nesse caso, então, a fêmea teria sido outrora a acompanhante quadrúpede do homem, como hoje o cão ou o gato. A partir desta hipótese é apenas um passo para se chegar à suposição de que o encontro frontal dos parceiros, por ocasião do acasalamento, teria sido originalmente uma espécie de perversão, e talvez tivesse sido precisamente esta 'aberração' que fez com que a fêmea aprendesse a andar na posição ereta" (Benjamin, Walter. Passagens. 1.º volume. Belo Horizonte: Editora UFMG, 2018, p. 163).

330 "As exposições universais são lugares de peregrinação ao fetiche mercadoria" (Benjamin, Walter. Passagens. 1.º volume. Belo Horizonte: Editora UFMG, 2018, p. 59).

331 "Nossa pesquisa procura mostrar como, em consequência dessa representação coisificada da civilização, as formas de vida nova e as novas criações de base econômica e técnica, que devemos ao século XIX, entram no universo de uma fantasmagoria" (Benjamin, Walter. Passagens. 1º volume. Belo Horizonte: Editora UFMG, 2018, p. 72).

332 "A moda prescreve o ritual segundo o qual o fetiche, que é a mercadoria, deseja ser adorado" (Benjamin, Walter. Passagens. 1.º volume. Belo Horizonte: Editora UFMG, 2018, p. 78).

Posteriormente, especializou-se em psicanálise no Instituto Psicanalítico de Berlim. Ingressou no Instituto para Pesquisa Social a convite de Max Horkheimer, em razão de sua especialidade em psicanálise e, também, porque sua teoria bem mesclava o entendimento de Freud sobre o desenvolvimento social com a tese de Marx de que a estrutura econômica influenciava profundamente o desenvolvimento do indivíduo. A psicanálise e o marxismo uniram-se na Escola de Frankfurt porque as duas visões compartilham o mesmo entendimento sobre a realidade: entendem que há uma verdade oculta por detrás daquela perceptível. A psicanálise sustenta que nossas ações conscientes são condicionadas por aspectos inconscientes, enquanto o marxismo adverte que o homem age condicionado por uma superestrutura alienante. A Teoria Crítica, querendo trazer à tona essa atividade subjacente, uniu ambos.

Em três livros Erich Fromm trouxe elementos fundamentais para a compreensão de sua visão sobre o homem e a sociedade da época. Em "O Medo à Liberdade", "Análise do Homem" e "Psicanálise da Sociedade Contemporânea", publicados no período de cerca de uma década, ele teceu considerações profundas sobre ética, psicologia, sociologia, história, economia e, naturalmente, psicanálise.

Na "Análise do Homem" deteve-se mais na figura do ser humano em si, fundamentando o que chamou de "Ciência do Homem"[333]. Por ela, Fromm analisou a natureza humana[334], abordando sua personalidade[335], caráter[336], tempera-

---

[333] "A concepção de uma ciência do homem repousa na premissa de que seu objeto, o homem, existe e que há uma natureza humana característica da espécie humana" (Fromm, Erich. Análise do Homem. Rio de Janeiro: Zahar Editores S.A, 1981. 13ª Edição, p. 28).

[334] "O assunto da ciência do homem é a natureza humana. Essa ciência, porém, não começa logo com uma ideia completa e adequada do que é a natureza humana: uma definição satisfatória de seu assunto é seu objetivo, e não sua premissa. Seu método consiste em observar as reações do homem a variadas condições individuais e sociais, e da observação destas reações fazer inferência a respeito da natureza do homem" (Fromm, Erich. Análise do Homem. Rio de Janeiro: Zahar Editores S.A, 1981. 13ª Edição, p. 30).

[335] "Por personalidade compreendo a totalidade de qualidades psíquicas herdadas e adquiridas que caracterizam um indivíduo e o tornam original" (Fromm, Erich. Análise do Homem. Rio de Janeiro: Zahar Editores S.A, 1981. 13ª Edição, p. 52).

[336] "O caráter é essencialmente formado pelas experiências de pessoas, especialmente na infância, e modificável, até certo ponto, pelos insights e por novas espécies de experiências" (Fromm, Erich. Análise do Homem. Rio de Janeiro: Zahar Editores S.A, 1981. 13ª Edição, p. 53).

mento[337], a busca pela felicidade[338] e pelo prazer, a fé racional e irracional[339], para, ao final, tentar revelar a atual situação de completa alienação[340]. No decorrer da argumentação, apresentou importantes considerações sobre a ética humanista[341], contrapondo-a à ética absolutista[342], sustentando que o homem não é mau por razões inatas.

Em "Psicanálise da Sociedade Contemporânea" a atenção voltou-se mais para o ambiente social. Depois de afirmar e demonstrar historicamente que vivemos em um mundo de avançado desenvolvimento tecnológico e social, e que o homem, portanto, desfruta de uma condição individualmente saudável (até mesmo em decorrência das facilidades que a modernidade lhe trouxe), Fromm concluiu que ele está coletivamente doente, um mal que ele denominou de "enfermidade social"[343]. Essa enfermidade decorre de uma imperceptível "patologia da normalidade": por mais que pensemos estar em um mundo normal, tranquilo e saudável, na verdade, vivemos em um constante processo de desumanização gerado pelo capitalismo. Essa é a alienação, cujo estudo foi muito

---

337 "O temperamento refere-se à maneira de reagir, sendo constitucional e imutável" (Fromm, Erich. Análise do Homem. Rio de Janeiro: Zahar Editores S.A, 1981. 13ª Edição, p. 53).

338 "A felicidade é o indício de que o homem encontrou a solução para o problema de sua existência: a realização produtiva de suas potencialidades, e, assim, simultaneamente conseguiu unir-se ao mundo e preservar a integridade do próprio eu" (Fromm, Erich. Análise do Homem. Rio de Janeiro: Zahar Editores S.A, 1981. 13ª Edição, p. 163).

339 "A fé irracional é uma convicção fanática em alguém ou em algo, radicada na sujeição e na autoridade irracional, pessoal ou impessoal. A fé racional, em contraste, é uma convicção firme baseada na atividade produtiva, intelectual e emocional" (Fromm, Erich. Análise do Homem. Rio de Janeiro: Zahar Editores S.A, 1981. 13ª Edição, p. 175).

340 "Embora tenha criado maneiras novas e melhores para dominar a Natureza, tornou-se enleado em uma teia desses meios e perdeu de vista o fim que lhe dá significado — o próprio homem. Embora se tenha tornado senhor da Natureza, converteu-se em escravo da máquina construída por suas próprias mãos" (Fromm, Erich. Análise do Homem. Rio de Janeiro: Zahar Editores S.A, 1981. 13ª Edição, p. 14).
"Nosso problema moral é a indiferença do homem para consigo mesmo. Repousa no fato de termos perdido o senso do significado e originalidade do indivíduo, de nos termos transformado em instrumentos para finalidades alheias a nós mesmos, de nos sentirmos e tratarmos como mercadoria, e de nossos próprios poderes terem-se tornado estranhos para nós mesmos. Nós e o nosso próximo convertemo-nos em coisas" (Fromm, Erich. Análise do Homem. Rio de Janeiro: Zahar Editores S.A, 1981. 13ª Edição, p. 209).

341 "Na ética humanista, o próprio homem é que fixa as normas e a elas se sujeita, sendo ao mesmo tempo sua fonte formal ou órgão regulador e seu tema" (Fromm, Erich. Análise do Homem. Rio de Janeiro: Zahar Editores S.A, 1981. 13ª Edição, pp. 18-19).

342 "Na ética autoritária, uma autoridade enuncia o que é bom para o homem e promulga as leis e normas de conduta" (Fromm, Erich. Análise do Homem. Rio de Janeiro: Zahar Editores S.A, 1981. 13ª Edição, p. 18).

343 "O fato de o indivíduo estar ou não mentalmente sadio não é primordialmente um assunto individual, mas que depende da estrutura da sociedade. Uma sociedade sadia desenvolve a capacidade do homem para amar ao próximo, para trabalhar criadoramente, para desenvolver sua razão e sua objetividade, para ter um sentimento de si mesmo baseado em suas próprias capacidades produtivas. Uma sociedade insana é aquela que cria hostilidade mútua e desconfiança, que transforma o homem em instrumento de uso e exploração para outros, que o priva do sentimento de si mesmo, salvo na medida em que se submete a outros ou se converte em um autômato" (Fromm, Erich. Psicanálise da Sociedade Contemporânea. Rio de Janeiro: Zahar Editores S.A, 1959, p. 83).

aprofundado pelo autor, que demonstrou cuidadosamente como ela ocorre no nível da produção[344], do consumo[345], do homem consigo mesmo[346], com seus pares[347] e com as autoridades[348]. Fromm expressamente concluiu que o fascismo, o nazismo e outros totalitarismos são o ápice do processo alienante. Para sustentar seus argumentos, fez uma análise profunda da sociedade e do capitalismo desde os séculos passados, mostrando como as relações coletivas foram sendo instituídas e determinadas.

Erich Fromm trouxe muito do pessimismo característico da primeira fase da Escola de Frankfurt, deixando claro que a razão do homem estava contaminada e que a cultura atual o havia alienado. Em "Análise do Homem", estatuiu que o

---

[344] "O pequeno homem de negócios parece estar na mesma situação de seu predecessor de há cem anos: possui e dirige sua pequena empresa, está em contato com o conjunto da atividade comercial ou industrial, e em contato pessoal com seus empregados e operários. Porém, vivendo em um mundo alienado em todos os demais aspectos econômicos e sociais, e estando, ademais, sob a pressão constante de competidores maiores, não é, de modo algum, tão livre quanto o foi o seu avô, no mesmo negócio (...) Qual é, pois, a atitude do proprietário da grande empresa com relação à sua propriedade? É uma atitude de alienação quase total. Sua propriedade consiste em um pedaço de papel representativo de uma certa quantidade de dinheiro; não tem nenhuma obrigação com a empresa e nenhuma relação concreta com ela" (Fromm, Erich. Psicanálise da Sociedade Contemporânea. Rio de Janeiro: Zahar Editores S.A, 1959, pp. 135-136).

[345] "O processo de consumo é tão alienado quanto o processo de produção. Em primeiro lugar, adquirimos as coisas com dinheiro; estamos acostumados a isso e achamos natural. Porém essa é, na realidade, uma forma muito peculiar de adquirir as coisas. O dinheiro representa trabalho e esforço em uma forma abstrata; não necessariamente o meu trabalho e o meu esforço, posto que posso tê-lo adquirido por herança, fraude, sorte, ou de muitas outras maneiras. Porém ainda quando adquirido por meu esforço (deixando de lado, no momento, o fato de o meu esforço não poder produzir dinheiro se eu não empregar homens), eu o adquiri de um modo especial, com uma classe especial de esforço, correspondente a minhas perícias e capacidades, enquanto que, ao gastá-lo, o dinheiro se transforma em uma forma abstrata de trabalho e pode ser trocado por qualquer outra coisa. Se tenho dinheiro, não é necessário nenhum esforço ou interesse de minha parte para adquirir algo. Se tenho dinheiro, posso comprar um quadro original, ainda que não entenda nem um pouco de arte; posso comprar o melhor toca-discos, embora não tenha gosto musical; posso comprar uma biblioteca, mesmo que apenas para fins de ostentação. Posso adquirir uma educação, mesmo que não tenha nenhum uso para ela, a não ser como mais um haver social. Posso até destruir o quadro e os livros que comprei, e, além da perda em dinheiro, não sofro dano algum. A mera posse do dinheiro me dá o direito de adquirir o que queira e fazer com a aquisição o que bem me aprouver. O modo humano de adquirir consistiria em fazer um esforço qualitativamente proporcionado com o que eu quisesse. A aquisição de pão e de roupa dependerá exclusivamente da premissa de estar vivo; a aquisição de livros e quadros, de meu esforço para compreendê-los e de minha habilidade para usá-los" (Fromm, Erich. Psicanálise da Sociedade Contemporânea. Rio de Janeiro: Zahar Editores S.A, 1959, p. 139).
"O ato de comprar e consumir converteu-se em uma finalidade compulsiva e irracional, porque é um fim em si, com pouca relação com o uso ou o prazer das coisas compradas e consumidas" (Fromm, Erich. Psicanálise da Sociedade Contemporânea. Rio de Janeiro: Zahar Editores S.A, 1959, p. 142).

[346] "O homem se sente como uma coisa a ser empregada com êxito no mercado. Não se sente como um agente ativo, como o portador das potencialidades humanas. Está alienado de suas potencialidades. Sua finalidade é vender-se com êxito no mercado" (Fromm, Erich. Psicanálise da Sociedade Contemporânea. Rio de Janeiro: Zahar Editores S.A, 1959, p. 149).

[347] "Qual a relação do homem moderno com os seus semelhantes? É uma relação entre duas abstrações, entre duas máquinas vivas que se usam reciprocamente" (Fromm, Erich. Psicanálise da Sociedade Contemporânea. Rio de Janeiro: Zahar Editores S.A, 1959, p. 146).

[348] "Em meados do século XX a autoridade mudou de caráter: já não é uma autoridade manifesta, mas anônima, invisível, alienada. Ninguém dá ordens, nenhuma pessoa, nenhuma ideia, nenhuma lei moral; porém todos nós nos submetemos tanto ou mais do que as criaturas sujeitas a uma sociedade fortemente autoritária" (Fromm, Erich. Psicanálise da Sociedade Contemporânea. Rio de Janeiro: Zahar Editores S.A, 1959, p. 159).

ser humano, "lançado neste mundo em local e ocasiões acidentais, é obrigado a sair dele, também, acidentalmente. Tendo consciência de si mesmo, percebe sua impotência e as limitações de sua existência. Ele visualiza seu próprio fim: a morte. Nunca se vê livre da dicotomia de sua existência: não pode livrar-se da sua morte, mesmo que o quisesse; não pode livrar-se do seu corpo enquanto estiver vivo — e seu corpo faz com que ele queira estar vivo. A razão, a benção do homem, também é a sua maldição; ela o força a enfrentar incessantemente a tarefa de resolver uma insolúvel dicotomia"[349]. Apesar disso, afastou-se sensivelmente de Adorno e Horkheimer ao propor caminhos econômicos, políticos e culturais para superar a situação alienante e alcançar a tão desejada "saúde social". Ele, portanto, tinha ainda esperança no ser humano.

Para o setor econômico, "a única solução construtiva é a do socialismo, que visa a uma reorganização fundamental do nosso sistema econômico e social no sentido de livrar o homem do seu uso como um meio para fins estranhos ao seu íntimo, a criar uma ordem social na qual a solidariedade humana, a razão e a produtividade são estimuladas e não cerceadas"[350]. Não se trata, porém, do socialismo prático que se viu até hoje, mas de um "socialismo comunitário", em que "a tarefa de conduzir de fato os negócios deve passar às mãos dos trabalhadores neles envolvidos. A eles deve competir a determinação da produção, distribuição e troca. Eles devem conquistar a autodeterminação industrial, com o direito de eleger os seus próprios funcionários administrativos; devem compreender e controlar todo o complicado mecanismo da indústria e do comércio; devem tornar-se os agentes acreditados da comunidade na esfera econômica"[351].

Para a área política, "o progresso do sistema democrático deve dar mais um passo. Em primeiro lugar, deve ser reconhecido que as verdadeiras decisões não podem ser tomadas numa atmosfera de votação em massa, mas somente nos grupos relativamente pequenos correspondentes, talvez, ao velho 'Town Meeting', envolvendo, digamos, umas quinhentas pessoas. Em tais grupos pequenos as questões em pauta podem ser discutidas em maior detalhe, cada membro pode expressar suas ideias, pode ouvir e discutir cada argumento. As pessoas têm contato pessoal umas com

---

[349] Fromm, Erich. Análise do Homem. Rio de Janeiro: Zahar Editores S.A, 1981. 13ª Edição, pp. 43-44.
[350] Fromm, Erich. Psicanálise da Sociedade Contemporânea. Rio de Janeiro: Zahar Editores S.A, 1959, p. 277.
[351] Fromm, Erich. Psicanálise da Sociedade Contemporânea. Rio de Janeiro: Zahar Editores S.A, 1959, p. 286.

as outras, o que torna mais difícil a ação das influências demagógicas e irracionais sobre seus espíritos. Em segundo lugar, o cidadão deve, individualmente, conhecer os fatos vitais que lhe permitam tomar decisões razoáveis. Em terceiro lugar, o que ele decidir, como membro desse grupo pequeno e de contatos pessoais, deve ter influência direta sobre o poder de decisão exercido por um executivo parlamentar centralmente eleito. Caso contrário o cidadão continuaria tão politicamente estúpido quanto o é hoje"[352].

Por fim, no campo cultural, Fromm disse que "para que o trabalho do indivíduo se torne uma atividade baseada no seu conhecimento e na compreensão do que ele esteja fazendo, deverá processar-se uma mudança drástica no nosso método educacional, no sentido de combinar, desde o início, a instrução teórica com o trabalho prático (...) Certamente o colégio deve combinar o trabalho prático de um artesanato e da técnica industrial moderna com a instrução teórica"[353]. Além disso, a educação dos adultos deveria ser contemplada e deveriam ser estimulados os rituais coletivos artísticos, tudo em um âmbito descentralizado, tal como na área política.

Erich Fromm não foi um representante típico da Escola de Frankfurt, porque apresentou suas conclusões de forma clara, direta, concatenada e concisa. Ainda que se discorde de suas ideias, ninguém jamais poderá acusá-lo de ser um farsante linguístico. Quando usou expressões técnicas ou pouco comuns, fez questão de explicá-las. A crítica direta que se pode fazer ao seu trabalho é a indisfarçável veia autoritária, típica dos marxistas. Ele se posta diretamente contra a democracia, porque entende que de nada vale o voto de pessoas alienadas. "A democracia não pode funcionar numa sociedade alienada, e que a maneira como a nossa democracia está organizada contribui para o processo geral de alienação. Se democracia significa que o indivíduo possa expressar suas convicções e afirmar a sua vontade, é porque existe a premissa de que ele tem uma convicção e uma vontade. Contudo, os fatos demonstram que o indivíduo moderno, alienado, tem opiniões e preconceitos, mas não convicções, tem preferências e idiossincrasias, mas não tem vontade. Suas opiniões e preconceitos, preferências e idiossincrasias são manipulados, da mesma forma que o seu gosto, pelas máquinas de propaganda — as quais talvez não fossem

---

352 Fromm, Erich. Psicanálise da Sociedade Contemporânea. Rio de Janeiro: Zahar Editores S.A, 1959, p. 341.
353 Fromm, Erich. Psicanálise da Sociedade Contemporânea. Rio de Janeiro: Zahar Editores S.A, 1959, pp. 344-345.

eficazes se ele já não estivesse condicionado a tais influências pelos anúncios e por toda a sua forma alienada de vida[354]." Atribuiu a si mesmo o poder de dizer o rumo correto do mundo. Ele faz crer que é o único que pode dizer o que de fato interessa ou não às pessoas, colocando-se acima de todos os demais seres humanos. Mostrou a sua prepotência inata, a arrogância de se autoproclamar o senhor dos rumos da humanidade. Se pudesse, elegeria a si mesmo como o monarca dominador do homem e do mundo. Exatamente aqui é que reside a veia autoritária de toda escola socialista, qual seja, a certeza de que o marxista é um ser humano superior e, por isso, sua vontade e suas decisões podem ser impostas coercitivamente, pois os destinatários são ignorantes e incapazes de compreender a qualidade das ordens, por mais absurdas e violentas que possam ser.

Fromm abandonou a Alemanha e refugiou-se em Genebra, na Suíça, mudando-se posteriormente para os Estados Unidos. Trabalhou na Universidade de Colúmbia, em Nova Iorque. Em 1950 mudou-se para o México, onde permaneceu até 1974, lecionando em universidade. Voltou para a Suíça, onde faleceu em 18 de março de 1980.

## A SEGUNDA GERAÇÃO DA ESCOLA DE FRANKFURT
## JÜRGEN HABERMAS

No final dos anos 1950 e início da década de 1960 as circunstâncias históricas estavam dramaticamente alteradas. A tecnologia avançara, os operários não mais trabalhavam em condições angustiantes e tampouco uniam-se em uma série de trabalhos braçais. Por essa razão, a confiança no proletariado como salvador da humanidade estava definitivamente sepultada. Após o fim da Segunda Guerra Mundial a Alemanha também estava ideologicamente perdida no campo universitário: faculdades haviam sido tomadas pela linha de pensamento nazista e, com a queda do Terceiro Reich, foi deixado um vácuo com o abandono da doutrinação política. Era necessário iniciar um "rearmamento moral alemão", nas palavras de Roger Scruton.

Jürgen Habermas despontou no cenário mundial nesse panorama. Nascido em Düsseldorf, na Alemanha, em 1929, presenciou os horrores do conflito armamentista mundial e dedicou grande parte de sua carreira ao estudo dos

---

354 Fromm, Erich. Psicanálise da Sociedade Contemporânea. Rio de Janeiro: Zahar Editores S.A, 1959, pp. 338-339.

motivos pelos quais o nazismo aflorou. Lutou para que situação como tal nunca mais fosse repetida. Seu trabalho distanciou-se consideravelmente da geração anterior da Escola de Frankfurt, pois, enquanto a primeira fase deitou atenção às críticas e à postura pessimista diante do contexto político-social vigente, a segunda foi caracterizada pela esperança de uma possível mudança na conscientização da população, mas não a ponto de legitimar uma militância declarada.

    Habermas, que foi o principal expoente desse segundo momento, adotou uma posição intermediária: discordava do conformismo pessimista de Horkheimer e Adorno e não compartilhava do viés revolucionário de Marcuse[355]. Sua principal tese foi amparada na premissa de que a razão provinda do Iluminismo não estava tão contaminada e perdida como pensavam aqueles dois teóricos. Para ele, havia basicamente dois tipos de razão — a instrumental e a comunicativa: a primeira realmente era desprovida da fagulha redentora, mas a segunda guardava em si o potencial salvador. Ele, assim, deu uma visão *positiva* para sua obra, rompendo com a linha negativa do primeiro momento. Pormenorizou essa ideia (ao menos tentou) em uma conferência feita em 1983, intitulada de "Ciências Sociais Reconstrutivas *versus* Ciências Sociais Compreensivas". Na ocasião, ao distinguir o campo de incidência da área da hermenêutica em relação à aplicação da epistemologia, disse que: "Toda expressão dotada de sentido — seja um proferimento (verbal ou não verbal), um artefato qualquer como, por exemplo, um utensílio, uma instituição ou um documento — pode ser identificada, numa perspectiva bifocal, tanto como uma ocorrência observável, quanto como a objetivação inteligível de um significado. Podemos descrever, explicar ou predizer um ruído que equivalha ao proferimento vocal de uma frase falada, sem ter a menor ideia do que esse proferimento significa. Para captar (e formular) seu significado, é preciso participar de algumas ações comunicativas (reais ou imaginadas) no curso das quais se empregue, de tal modo, a frase mencionada, que ela seja inteligível para os falantes e ouvintes e para os membros eventualmente presentes da mesma comunidade linguística. Richard Rorty cita um caso extremo: 'Mesmo se pudéssemos predizer que sons a comunidade de pesquisadores vai emitir

---

[355] Em verdade, até mesmo Marcuse, personagem importante da primeira fase, redigiu textos que contam com essa visão otimista. De certo modo, portanto, sua obra tem um caráter dúplice, estando presente nos dois momentos da Escola de Frankfurt. Vale lembrar que ele encontrou resquícios de uma revolução que se julgava perdida nos estudantes e nas minorias excluídas da sociedade de consumo, algo que nem de longe passava na mente de Adorno e Horkheimer.

no ano 4000, nem por isso estaríamos em condições de participar de sua conversação'. A oposição entre 'predizer seu comportamento linguístico futuro' e 'participar de sua conversação' remete à distinção importante entre dois modos diferentes de uso da linguagem. Ou bem a gente diz o que é o caso, ou o que não é o caso, ou bem a gente diz algo para outrem, de tal modo que ele compreenda o que é dito. Só o segundo modo do uso linguístico está interna ou conceitualmente ligado às condições de comunicação. Dizer como as coisas se comportam não depende necessariamente de uma espécie de comunicação realmente efetuada ou pelo menos imaginada; não é preciso fazer nenhum enunciado, isto é, realizar um ato de fala. Ao invés disso, a gente pode dizer-se a si mesmo: 'p' ou, simplesmente, pensar 'que p'. Ao contrário, compreender o que é dito a alguém exige a participação no agir comunicativo. Tem que haver uma situação de fala (ou, pelo menos, ela deve ser imaginada) na qual um falante, ao comunicar-se com um ouvinte sobre algo, dá expressão àquilo que ele tem em mente. Deste modo, no caso do uso da linguagem cognitiva, não-comunicativa, é só uma relação fundamental que está implicada; vamos chamar-lhe a relação entre frases e algo no mundo 'sobre' o qual as frases enunciam algo. Se, ao contrário, a linguagem for empregada para o fim do entendimento mútuo (ainda que seja tão somente para constatar no final de um dissenso), haverá então três dessas relações: ao dar uma expressão de aquilo que se tem em mente, o falante comunica-se com um outro membro de sua comunidade linguística sobre algo no mundo"[356].

Sua ideia foi construída com nítido apoio na linguística, decifrando o modo como a linguagem é estabelecida entre as pessoas. Para ele, "ao passo que o uso cognitivo, não-comunicativo, da linguagem exige o aclaramento da relação entre a frase e o estado-de-coisas, seja em termos das intenções correspondentes, seja das atitudes proposicionais, das direções de adaptação ou das condições de satisfação, o uso comunicativo da linguagem coloca-nos diante do problema de como essa relação está vinculada às duas outras relações (e que consistem em 'ser expressão de alguma coisa' e em 'compartir alguma coisa com alguém')[357]". Ele observou o papel das pessoas envolvidas em um discurso e explicou como seria o comportamento de cada um sob a ótica da razão comunicativa. Ensaiou

---

356 Habermas, Jürgen. Consciência Moral e Agir Comunicativo. Rio de Janeiro: Tempo Brasileiro, 2003, pp. 39-40.
357 Habermas, Jürgen. Consciência Moral e Agir Comunicativo. Rio de Janeiro: Tempo Brasileiro, 2003, pp. 41-42.

que: "quem participa de processos de comunicação ao dizer algo e ao compreender o que é dito — quer se trate de uma opinião que é relatada, uma constatação que é feita, de uma promessa ou ordem que é dada; quer se trate de intenções, desejos, sentimentos ou estados de ânimo que são expressos —, tem sempre que assumir uma atitude performativa. Essa atitude admite a mudança entre a terceira pessoa ou a atitude objetivante, a segunda pessoa ou a atitude conforme a regras e a primeira pessoa ou a atitude expressiva. A atitude performativa permite uma orientação mútua por pretensões de validade (verdade, correção normativa, sinceridade) que o falante ergue na expectativa de uma tomada de posição por sim/não da parte ou ouvinte. Essas pretensões desafiam a uma avaliação crítica, a fim de que o reconhecimento intersubjetivo de cada pretensão particular possa servir de fundamento a um consenso racionalmente motivado. Ao se entenderem mutuamente na atitude performativa, o falante e o ouvinte estão envolvidos, ao mesmo tempo, naquelas funções que as ações comunicativas realizam para a reprodução do mundo da vida comum"[358]. Assim, estritamente ligada à razão comunicativa, estaria a atitude performativa dos debatedores, como um pressuposto para que aquela fosse alcançada.

    A razão comunicativa foi finalmente apresentada ao mundo, em sua versão lapidada, pela obra "Consciência Moral e Agir Comunicativo", em que Habermas inicialmente encenou várias concepções de ação para a teoria social e apresentou as dificuldades de enquadrá-la em uma teoria crítica. Na sequência, concluiu que as pessoas agiriam com o objetivo precípuo de alcançar um entendimento mútuo sobre o assunto, caso em que não haveria uma dialética de oposição das premissas, mas uma autorreflexão sobre cada uma delas, com o fim de depurar um entendimento uníssono e coletivamente comum compartilhado entre os debatedores. Esse método seria um "validador" de ações, ou seja, uma ação qualquer seria considerada justificada somente se todos com ela concordassem. Evidentemente, isso não significa que todas as discussões sejam comunicativas ou que todos deveriam assim se comportar, mas sim que uma determinada ação somente poderia ser considerada válida se proviesse de um debate alimentado por esse comportamento psíquico.

    Definida a ação comunicativa, Habermas cuidou de rascunhar o conceito de "Liberdade Comunicativa", consistente na capacidade das pessoas de aceitar ou

---

[358] Habermas, Jürgen. Consciência Moral e Agir Comunicativo. Rio de Janeiro: Tempo Brasileiro, 2003, pp. 41 e 42.

não uma posição sobre as questões debatidas durante a interação, e também de definir a "Razão Comunicativa", relativa ao tipo de razão utilizado nesse método de diálogo, em que se ajustam entendimentos comuns sobre o tema.

Procurando desatar o nó da teia tecida por Habermas, poder-se-ia assentar que ele adotou como ponto de partida para seu estudo a Teoria Crítica de Horkheimer e Adorno, adaptando-a radicalmente a seu ponto de vista; afastou a dedução inicial de que toda a racionalidade enraizada no Iluminismo seria meramente instrumental, e, portanto, imprestável para fins de evolução social; dividiu a razão em duas: uma racionalidade instrumental (a razão trazida ao conhecimento por Horkheimer e Adorno) e outra a racionalidade comunicativa (razão que não visa a influenciar outrem, mas chegar a um acordo ou denominador comum com uma ou mais pessoas)[359][360].

Habermas é o personagem mais adequado para iluminar a contradição essencial da própria Escola de Frankfurt. Preocupados em apenas criticar a sociedade contemporânea e todo o sistema econômico-político-cultural existente, os adeptos da primeira fase chegaram a um beco sem saída. Se alternativa não há para a humanidade, dado o irreversível nível de alienação das pessoas, no fundo nada do que eles escreveram faria qualquer sentido. De que serviria apenas revelar o caos, se ele sobreviria em qualquer condição? Nada mais seria do que a antecipação do inevitável. Quando se aperceberam disso, alguns arriscaram esboçar um "esforço conscientizador" subjacente, querendo fazer crer que, de algum modo inexplicável, a simples consciência da reificação bastaria para iniciar um processo de reversão.

Vendo-se nessa condição, mas não querendo se desapegar da herança frankfurtiana, Habermas viu-se impelido a achar uma solução, e assim sugeriu a

---

[359] "Chamo comunicativas as interações nas quais as pessoas envolvidas se põem de acordo para coordenar seus planos de ação, o acordo alcançado em cada caso medindo-se pelo reconhecimento intersubjetivo das pretensões de validez. No caso de processos de entendimento mútuo linguísticos, os atores erguem com seus atos de fala, ao se entenderem uns com os outros sobre algo, pretensões de validez, mais precisamente, pretensões de verdade, pretensões de correção e pretensões de sinceridade, conforme se refiram a algo no mundo objetivo (enquanto totalidade dos estados de coisas existentes), a algo no mundo social comum (enquanto totalidade das relações interpessoais legitimamente reguladas de um grupo social) ou a algo no mundo subjetivo próprio (enquanto totalidade das vivências a que têm acesso privilegiado). Enquanto que no agir estratégico um atua sobre o outro para ensejar a continuação desejada de uma interação, no agir comunicativo um é motivado racionalmente pelo outro para uma ação de adesão — e isso em virtude do efeito ilocucionário de comprometimento que a oferta de um ato de fala suscita" (Habermas, Jürgen. Consciência Moral e Agir Comunicativo. Rio de Janeiro: Tempo Brasileiro, 2003, pp. 61-62, como conteúdo da conferência "Notas Programáticas para a Fundamentação de uma Ética do Discurso").

[360] Essa distinção fez com que sua tese fosse denominada de "Teoria Dualista da Razão", em contraposição à "Teoria Monista" originária.

divisão da razão em duas. Trata-se, assim, de um esforço hercúleo e meramente retórico de tentar salvar um pouco da herança deixada por gerações de pensadores que, inequivocamente, muito contribuíram para a formação da civilização atual. Mas, no fim das contas, há algum sentido na afirmação de que a razão instrumental está contaminada enquanto a comunicativa não? Ora, é evidente que a razão é sempre a mesma, a diferença reside apenas no uso que se faz dela. No caminho de seus argumentos, ele tanto se perdeu que a compreensão clara e precisa dos seus livros é uma tarefa homérica, beirando a impossibilidade. Tal não passou despercebido ao perspicaz Roger Scruton: "Antes de examinar este programa revolucionário, no entanto, devemos observar um aspecto importante da definição supracitada. Ela é, na verdade, a combinação de obviedades inúteis ('estes prognósticos podem mostrar-se corretos ou incorretos') e saltos de pensamento radicais e injustificados. O que começa como 'ação instrumental', de repente se transforma em 'escolha racional', que, por sua vez, assume a forma de 'regras técnicas', fundadas no 'conhecimento empírico'. Mais tarde, a definição é ainda ampliada para 'regras de preferência' e 'procedimentos de decisão'. Movimentos associativos semelhantes ocorrem nos outros trabalhos de Habermas deste período"[361].

Curioso é que Habermas é confuso e claudicante apenas quando adentra na rua sem saída em que se postou, porque em diversos outros artigos por ele redigidos ou de que participou ("Fundamentalismo e Terrorismo"; "O que Significa a Derrubada do Monumento?"; "O 15 de Fevereiro ou: o que Une os Europeus"; "É Necessária a Formação de uma Identidade Europeia? E Ela é Possível?", etc.) desenvolve uma linha clara de argumentação, com textos limpos e perfeitamente compreensíveis já na primeira leitura.

Essa é a marca característica, enfim, da reunião dos trabalhos da chamada "Nova Esquerda": um aglomerado de estudos desarticulados sobre os mais variados temas, jamais permitindo a formação de um metasignificado comum.

## A ESCOLA DE FRANKFURT E O MARXISMO.

Os teóricos da Escola de Frankfurt foram revisionistas, ou seja, discordaram da revolução armada como uma forma legítima de tomar o poder da burguesia capitalista. Por isso não se envolveram com a militância. As raízes

---

361 Scruton, Roger. Pensadores da Nova Esquerda. São Paulo, Brasil: É Realizações Editora, 2014, pp. 182-183.

marxistas, apesar disso, são indisfarçáveis. Em pelo menos cinco aspectos há uma união indissolúvel entre eles e Karl Marx.

No *primeiro*, especialmente Horkheimer e Adorno procuraram interpretar os fenômenos mundiais, como, por exemplo, a ascensão do nazismo, com uma ótica material de causa e efeito, utilizando o método dialético materialista da história. Chegaram à conclusão de que o capitalismo era alienante da sociedade, exatamente a mesma concepção marxista. "A primeira Teoria Crítica é um tipo de marxismo, e a figura histórica central da explicação de Horkheimer sobre o tipo correto de materialismo para reformar o idealismo é Marx. Marx incrementa o potencial dialético de Hegel ao inverter seu idealismo, tornando-o um materialismo dialético, segundo o qual a atividade humana prática determina e transforma a realidade à luz dos desejos e necessidades historicamente condicionados e dos impulsos que são estabelecidos na existência física. A união da ênfase sobre a base material ou natural com os meios historicamente disponíveis para sua transformação permite uma variedade de interpretações, e os Marxistas de várias vertentes assumiram diferentes posições em relação à predominância de um fator sobre outro. A crítica de Horkheimer da razão instrumental leva-o a favorecer a ênfase no elemento histórico, mas substituir o *Geist* hegeliano pelo trabalho cooperativo humano como a principal categoria da ação não requer um ceticismo em relação ao pensamento instrumental (como é evidenciado pelas próprias concepções de Marx). O marxismo "ortodoxo" concebe tipicamente a superação da alienação e da dominação de classes como envolvendo apenas o desenvolvimento dessas capacidades para manipular a natureza. Assim, enquanto que para Horkheimer a atividade humana construtiva tem como sua principal categoria o 'trabalho social' e enquanto ele enfatiza a atividade material humana, ele deseja evitar um entendimento por demais reducionista e naturalista do papel da 'existência sensível'. Dito de outra maneira, na avaliação de Horkheimer muitas das características censuráveis que ele encontra em Engels ou Plekhanov, que é também indicativo da forma peculiar do movimento de 'retorno a Kant' da Segunda Internacional, deve ser evitado"[362].

No *segundo*, toda a construção doutrinária da Teoria Crítica foi fundada na reificação que, embora detalhada por Lukács, já estava bem presente em Karl Marx. A sociedade atual estaria supostamente organizada em um sistema de

---

[362] Fred Rush, em Rush, Fred. (org). Teoria Crítica. São Paulo: Editora Ideias & Letras, 2008, pp. 47-48.

dominação disfarçado pela impregnação de valores como consumo, tecnologia, cultura de massas, com o fim de manter o ser humano alienado. Com essa condição, ele continuaria derivando os seus esforços para o trabalho. "A tecnologia se torna o grande veículo de *reificação* — reificação em sua forma mais madura e efetiva"[363].

No *terceiro* aspecto eles eram identicamente críticos da sociedade ocidental capitalista. "A transformação de todos os produtos da atividade humana em mercadorias foi atingida apenas com a emergência da sociedade industrial. As funções outrora realizadas pela razão objetiva, pela religião autoritária ou pela metafísica foram assumidas pelos mecanismos reificantes do aparato anônimo da economia. É o preço pago no mercado que determina a vendibilidade da mercadoria e, assim, a produtividade de um tipo de trabalho específico. As atividades são rotuladas como carentes de sentido ou supérfluas, como luxos, ao menos que sejam úteis ou, como em tempos de guerra, contribuam para a manutenção e a salvaguarda das condições gerais sob as quais a indústria pode prosperar"[364]. "Para a maioria da humanidade, a civilização significou a pressão para tornar-se adulto e responsável, e ainda significa miséria"[365]. "Uma não-liberdade confortável, muito agradável, racional e democrática prevalece na civilização industrial avançada, um sinal do progresso técnico. Na verdade, o que poderia ser mais racional que a supressão da individualidade na mecanização de performances socialmente necessárias, mas penosas"[366].

No *quarto* ponto, tanto o marxismo quanto a Teoria Crítica, exclusivamente em Habermas e a Marcuse, criam sinceramente que a teoria poderia fazer alguma diferença na prática.

Por fim, um *quinto* ponto que os ligou diretamente ao marxismo foi a adoção da "Teoria da Destruição", o que se vê também em Habermas e Marcuse. Em outras palavras, eles criam que da destruição emergiria um mundo melhor. "Nós sabemos que a destruição é o preço do progresso"[367]. "O mundo da experiência imediata — o mundo no qual nos encontramos vivendo — precisa ser compreendido, transformado, até subvertido para se tornar o que ele realmente

---

363 Marcuse, Herbert. O Homem Unidimensional. São Paulo: Edipro, 2015. 1ª edição, p. 172.
364 Horkheimer, Max. Eclipse da Razão. São Paulo: Editora Unesp, 2015, pp. 49-50.
365 Horkheimer, Max. Eclipse da Razão. São Paulo: Editora Unesp, 2015, p. 133.
366 Marcuse, Herbert. O Homem Unidimensional. São Paulo: Edipro, 2015. 1ª edição, p. 41.
367 Marcuse, Herbert. O Homem Unidimensional. São Paulo: Edipro, 2015. 1ª edição, p. 154.

é"³⁶⁸. "Somos instigados a destruir este nosso mundo a fim de realizarmos um vago sonho que nada nos diz, a não ser que nós gozaremos e fantasiaremos com um mínimo de trabalho. Marcuse apresenta-o como uma visão agradável e atraente. Mas quando eu olho, do ponto de vista crítico, para ela, e considero o que sei da doutrina marcusiana além de seu repugnante hedonismo; quando me dou conta do irritante e tirânico meio-tom de seu programa, fico cada vez mais alarmado. O que temos é bastante ruim. O que nos é prometido, se chegamos a discerni-lo no tumulto verbal e na autoconfiança apodítica das proposições de sua antropologia filosófica, não pode ser levado a sério. Devemos levar a sério, isto sim, o temperamento que anima o argumento"[369].

A crença na destruição não era apenas da civilização ocidental, mas também das instituições que a estruturam, como a religião cristã e a família.

"Se seguirmos essa linha de pensamento para além de Freud e a ligarmos com a dupla origem do sentimento de culpa, a vida e morte de Cristo teria o aspecto de uma luta contra o pai — e um triunfo sobre o pai. A mensagem do Filho era a mensagem de libertação: a destruição da Lei (que é dominação) pelo Ágape (que é Eros). Isto ajustar-se-ia à imagem herética de Jesus como o Redentor na carne, o Messias que veio para salvar os homens na Terra. Depois, a subsequente transubstanciação do Messias, a deificação do Filho ao lado do Pai, seria a traição à sua mensagem pelos seus próprios discípulos — a negação da libertação na carne, a vingança sobre o Redentor. Portanto, o cristianismo preferiria o evangelho de Ágape-Eros, cedendo novamente à Lei; a soberania do pai seria restaurada e fortalecida. Em termos freudianos, o crime primordial poderia ter sido expiado, de acordo com a mensagem do Filho, numa ordem de paz e amor na Terra. Mas não foi; pelo contrário, foi suplantado por outro crime – o cometido contra o Filho. Com a sua transubstanciação, também o seu evangelho foi transubstanciado; a sua deificação removeu a sua mensagem deste mundo. O sofrimento e a repressão foram perpetuados"[370].

"Na construção freudiana, o primeiro grupo humano foi estabelecido e mantido pelo domínio imposto de um indivíduo sobre os outros. Num dado momento da vida do gênero homem, a vida grupal foi organizada por

---

368 Marcuse, Herbert. O Homem Unidimensional. São Paulo: Edipro, 2015. 1ª edição, p. 137.
369 Vivas, Eliseo. Marcuse em Julgamento. Rio de Janeiro: Bloch Editores, 1972, p. 159.
370 Marcuse, Herbert. Eros e Civilização. Uma interpretação filosófica do pensamento de Freud. Rio de Janeiro: Editora LTC, 2018. 8ª edição, p. 53.

*dominação*. E o homem que conseguiu dominar os outros era o *pai*, quer dizer, o homem que possuía as mulheres desejadas e que, com elas, gerara e conservara vivos os filhos e filhas. O pai monopolizou para si próprio a mulher (o prazer supremo) e subjugou os outros membros da horda ao seu poder. Conseguiu estabelecer o seu domínio por que lograra excluir os outros membros do prazer supremo? Em todo caso, para o grupo como um todo, a monopolização do prazer significou uma distribuição desigual de sofrimento: '...a sorte dos filhos era árdua; se excitavam o ciúme do pai, eram mortos, castrados ou expulsos. Eram obrigados a viver em pequenas comunidades e munir-se de esposas roubando-as de outros. O fardo de todo e qualquer trabalho a realizar na horda primordial era imposto aos filhos que, por sua exclusão do prazer reservado ao pai, tinham ficado 'livres' para a canalização da energia instintiva para as atividades desagradáveis, mas necessárias. A repressão da gratificação das necessidades instintivas, imposta pelo pai, a supressão do prazer, não foi, portanto, um resultado apenas da dominação, mas criou também as precondições mentais que eram propícias ao *contínuo funcionamento* da dominação. Nessa organização da horda primordial, racionalidade e irracionalidade, fatores biológicos e sociológicos, o interesse comum e o particular estão inextricavelmente interligados. A horda primordial é um grupo em funcionamento temporário, que se mantém numa espécie de ordem; portanto, é legítimo supor que o despotismo patriarcal, que estabeleceu essa ordem, fosse 'racional' na medida em que criou e preservou o grupo — mediante a reprodução do todo e o interesse comum. Ao estabelecer o modelo para o subsequente desenvolvimento da civilização, o pai primordial preparou o terreno para o progresso através da repressão imposta ao prazer e à abstinência forçada; criou, assim, as primeiras precondições para a disciplinada 'força de trabalho' do futuro. Além disso, essa divisão hierárquica do prazer foi 'justificada' pela proteção, segurança e até amor; em virtude de o déspota ser o pai, a aversão com que os seus súditos o viam devia, desde o princípio, fazer-se acompanhar de uma afeição biológica — emoções ambivalentes que se expressavam no desejo de substituir e de imitar o pai, de identificarem-se com ele, com o seu prazer e o seu poder. O pai estabelece a dominação em seu próprio interesse, mas, ao fazê-lo, está justificado pela sua idade, sua função biológica e (sobretudo) pelo seu êxito:

ele criou aquela 'ordem' sem a qual o grupo imediatamente se dissolveria. Nesse papel, o pai primordial prenuncia as subsequentes e dominadoras imagens paternais, em cuja sombra a civilização progrediu"[371].

"Precisamente em sua gratificação e, em especial, em sua gratificação sexual, o homem tinha de comportar-se como um ser superior, vinculado a valores superiores; a sexualidade tinha de ser dignificada pelo amor. Com o aparecimento de um princípio de realidade não repressivo, com a abolição da mais-repressão requerida pelo princípio de desempenho, esse processo seria invertido. Nas relações sociais, a coisificação reduzir-se-ia à medida que a divisão do trabalho se reorientasse para a gratificação de necessidades individuais desenvolvendo-se livremente; ao passo que, na esfera das relações libidinais, o tabu sobre a coisificação do corpo seria atenuado. Tendo deixado de ser usado como instrumento de trabalho em tempo integral, o corpo seria ressexualizado. A regressão envolvida nessa propagação da libido manifestar-se-ia, primeiro, numa reativação de todas as zonas erotogênicas e, consequentemente, numa ressurgência da sexualidade polimórfica pré-genital e num declínio da supremacia genital. Todo o corpo se converteria em objeto de catexe, uma coisa a ser desfrutada — um instrumento de prazer. Essa mudança do valor e extensão das relações libidinais levaria a uma desintegração das instituições em que foram organizadas e as relações privadas interpessoais, particularmente a família monogâmica e patriarcal"[372].

Erich Fromm, além de transparecer nos seus estudos essa aproximação tênue, diretamente atacou aqueles que discordavam dos preceitos de seu guia de ação. "A reação irracional evocada pelas palavras socialismo e marxismo é intensificada pela impressionante ignorância por parte da maioria dos que se tornam histéricos quando as ouvem. A despeito do fato de todos os trabalhos de Marx e dos socialistas serem acessíveis à leitura de todos, a maioria dos que reagem mais violentamente contra o socialismo e o marxismo jamais leram uma só palavra de Marx, e muitos outros têm apenas um conhecimento muito superficial de tais obras. Se assim não fosse, tornar-se-ia impossível que homens com algum grau de introspecção e raciocínio adulterassem a ideia de

---

371 Marcuse, Herbert. Eros e Civilização. Uma interpretação filosófica do pensamento de Freud. Rio de Janeiro: Editora LTC, 2018. 8ª edição, pp. 46-47.

372 Marcuse, Herbert. Eros e Civilização. Uma interpretação filosófica do pensamento de Freud. Rio de Janeiro: Editora LTC, 2018. 8ª edição, p. 154.

socialismo e marxismo ao ponto em que ela é hoje apresentada. Até muitos liberais, e os relativamente libertos de reações histéricas, acreditam que o 'marxismo' seja um sistema baseado na ideia de que o interesse pelas vantagens materiais constitua a força mais ativa no homem, e que ele vise a aumentar a ambição material e sua satisfação. Se nós apenas nos lembrarmos de que o principal argumento em favor do capitalismo é a ideia de que o interesse no lucro material constitua o principal incentivo ao trabalho, será fácil constatar que o próprio materialismo atribuído ao socialismo é a particularidade mais característica do capitalismo, e se alguém se der ao trabalho de estudar os escritores socialistas com relativa objetividade, constatará que a sua orientação é exatamente o oposto, que eles criticam o capitalismo por seu materialismo, por seu efeito paralisador sobre as faculdades genuinamente humanas do homem. De fato, o socialismo, em suas várias escolas, só pode ser considerado um dos movimentos mais significativos, idealistas e morais"[373].

Por fim, não se deve esquecer que a produção e o consumo, como ferramentas da burguesia, estão presentes desde o Manifesto Comunista de Marx e Engels. Embora esse tema tenha sido ventilado apenas *en passant* neste que é, indubitavelmente, o maior panfleto de propaganda comunista da história mundial, ele já bastou para lançar as raízes do que, posteriormente, seria profundamente explorado pela Teoria Crítica.

## A HERANÇA DA ESCOLA DE FRANKFURT

Alguns breves apontamentos sobre cada um dos integrantes da escola foram traçados no tópico respectivo. Em uma visão mais ampliada, abrangendo todo o conjunto dos escritos, poder-se-ia dividir a herança da Escola de Frankfurt em duas linhas essenciais: uma teórica e outra história.

No campo do *legado intelectual*, o Instituto para Pesquisa Social pouco pôde acrescentar ao mundo, exceto para os inarredáveis defensores cegos do pensamento esquerdista. Depois de atacarem grosseiramente a civilização ocidental e de decretarem-lhe a sentença falimentar, perceberam que incorreram na contradição de lançar as suas próprias conclusões no lixo: afinal, de que adianta expor o vício se ele não pode ser corrigido? Eles sepulcraram o próprio trabalho.

Contra eles — ainda, de certo modo, no campo intelectual — também

---

[373] Fromm, Erich. Psicanálise da Sociedade Contemporânea. Rio de Janeiro: Zahar Editores S.A, 1959, pp. 249-250.

pesa a flagrante hipocrisia. Eram filhos ricos e mimados de pais milionários, quando não bilionários, que se rebelaram e fizeram de tudo para desonrar a ascendência. Hipócritas, criticaram acidamente a fortuna provinda de práticas capitalistas, mas dela gozaram incessantemente, mantendo um estilo de vida exclusivamente voltado aos estudos. Com raras exceções, contavam com personalidades deturpadas: eram, alternativa ou cumulativamente, usuários de drogas, incestuosos, libertinos, preguiçosos, presunçosos.

"Max Horkheimer (1895-1973), o filósofo, crítico e, durante mais de trinta anos, diretor do Instituto para Pesquisa Social, era filho de um proprietário de fábrica de tecidos em Stuttgart. Herbert Marcuse (1898-1979), o filósofo político e queridinho dos estudantes radicais da década de 1960, era filho de um abastado comerciante de Berlim e foi educado como um jovem de classe média alta numa família judaica integrada na sociedade alemã. O pai do cientista social e filósofo Friedrich Pollock (1894-1970) abandonou o judaísmo e tornou-se um bem-sucedido homem de negócios como proprietário de uma fábrica de couros em Freiburg im Breisgau. Enquanto menino, o filósofo, compositor, teórico da música e sociólogo Theodor Wiesengrund Adorno (1903-1969) viveu num conforto comparável ao do jovem Walter Benjamin. Sua mãe, Maria Calvelli-Adorno, fora cantora de ópera, e seu pai, Oscar Wiesengrund, era um judeu assimilado e bem-sucedido comerciante de vinho em Frankfurt, de quem, como afirma o historiador Martin Jay, também da Escola de Frankfurt, '[Theodor] herdou o gosto por coisas finas na vida, mas pouco interesse pelo comércio' — uma observação que se aplica a vários membros da Escola de Frankfurt, que dependiam das atividades comerciais dos pais, mas repeliam a ideia de ficarem contaminados por seu espírito. O principal pensador da Escola de Frankfurt em termos psicanalíticos, Erich Fromm (1900-1980), foi um pouco diferente de seus colegas, não por seu pai ter sido só um moderadamente bem-sucedido comerciante de vinhos de frutas baseado em Frankfurt, mas por ser um judeu ortodoxo que servia como cantor na sinagoga local e observava as festas e os costumes judaicos"[374].

Esse paradoxo, aliás, esteve presente até na criação do instituto, uma vez que foi o pai de Felix Weil quem angariou os recursos necessários para sua instituição e manutenção, apesar de o filho criticar ferozmente o capitalismo mercenário.

---

[374] Jeffries, Stuart. Grande Hotel Abismo. A escola de Frankfurt e seus personagens. São Paulo: Editora Schwarcz 2018, p. 25.

"Seu filho Felix, como tantos filhos daqueles homens de negócios judeus dos quais tratamos no capítulo anterior, voltou-se contra esse éthos. Mais uma vez o filho judeu intelectual marxista postava-se contra os valores capitalistas por meio dos quais seu pai empresário tinha conquistado sucesso material. E ainda assim, mais uma vez, esse filho dependia do dinheiro do papai para poder realizar seu destino manifesto — fustigar o sistema econômico do qual seu pai tinha prosperado e teorizar sua derrocada. Felix tornou-se, como ele mesmo definiu depreciativamente, um 'bolchevique de salão', que se associava àqueles que queriam destruir o sistema capitalista no qual o pai tinha feito fortuna"[375].

Residindo nos Estados Unidos, por certo o país mais capitalista do mundo, esses teóricos souberam aproveitar ao máximo os ganhos proporcionados pelo país, prosperando enormemente em meio às críticas daquele que lhes conferia enorme prosperidade[376][377]. Quando puderam ir embora, uma vez encerrada a Segunda Guerra Mundial, optaram por permanecer na América ou, no caso de Adorno e Horkheimer, em refugiar-se na Alemanha Ocidental capitalista.

Essa flagrante hipocrisia, digna do adágio popular do "faça o que eu digo, mas não faça o que eu faço", desautoriza por completo a obra destes incongruentes teóricos.

No *campo histórico*, infelizmente nota-se a presença dos estudos de Teoria Crítica em várias manifestações políticas e sociais. Embora muito se tenha alegado sobre a suposta "isenção política" dos teóricos de Frankfurt, valendo lembrar que especialmente Adorno e Horkheimer eram acentuadamente críticos e absolutamente pessimistas com relação a uma possível alteração do quadro então vigente, não se pode ser inocente a ponto de imaginar que

---

[375] Jeffries, Stuart. Grande Hotel Abismo. A escola de Frankfurt e seus personagens. São Paulo: Editora Schwarcz 2018, pp. 85-86.

[376] "A Escola de Frankfurt não era tanto um instituto marxista quanto uma hipocrisia organizada, uma ovelha conservadora nas roupas de um lobo radical. Os homens a quem Brecht chamou desdenhosamente de 'frankfurturistas' estavam acima dos partidos e nunca sujaram suas mãos na luta política (Grossman era, poderia ter dito Brecht, a exceção que confirmava a regra); eram homens com tarefas confortáveis que prosperavam em seu exílio nos Estados Unidos" (Jeffries, Stuart. Grande Hotel Abismo. A escola de Frankfurt e seus personagens. São Paulo: Editora Schwarcz 2018, pp. 88-89).

[377] "Este foi o primeiro presente de Adorno a seus anfitriões norte-americanos: um eviscerante ataque aos valores capitalistas e à cultura mercantilizada e customizada que, para ele, dominava o novo mundo no qual vivia. Ainda mais incendiária foi sua proposição de que os Estados Unidos, em suas técnicas de controle das massas, não eram diferentes da Alemanha, da qual ele tinha fugido para o exílio exatamente para evitar isso. A ideia de que havia um paralelo entre a comunicação de massa nos Estados Unidos de Roosevelt e na Alemanha de Hitler pode ter parecido escandalosa na época, e pode parecer agora, mas a Escola de Frankfurt não abandonaria essa convicção durante os anos de exílio nos Estados Unidos. Pelo contrário, eles aprofundaram essa convicção quando experimentaram mais do novo mundo" (Jeffries, Stuart. Grande Hotel Abismo. A escola de Frankfurt e seus personagens. São Paulo: Editora Schwarcz 2018, p. 220).

pudesse existir alguma escola crítica que não tivesse viés político. Quando se critica um contexto social ou uma postura inerte da população, indiretamente se ataca o fundamento teórico que alicerça esse quadro estabelecido. A prova dessa afirmação é que a Teoria Crítica foi e tem sido incansavelmente utilizada para sustentar manifestações políticas das mais variadas áreas. Já nos idos de 1960, por exemplo, a esperança de Marcuse de uma revolução social que poderia nascer no seio das minorias socialmente excluídas, ou mesmo dos estudantes, fez dele o guru da "Nova Esquerda", tornando-se um dos escritores mais citados nas décadas seguintes. Nos protestos contra a Guerra do Vietnã, na militância estudantil e no movimento hippie, o nome de Marcuse era o estandarte dos grupos políticos.

O Estruturalismo, o Pós-Estruturalismo, o Materialismo Cultural, o Pós-Colonialismo e inúmeras outras teorias também ganharam apoio na Teoria Crítica, auxiliando a promoção de programas políticos. Na verdade, raramente há a utilização de apenas uma das linhas críticas para tanto. É possível mesclar várias teorias para a formatação de um plano político que atenda aos interesses do organizador: o marxismo pode ser misturado com o estruturalismo, o Pós-Colonialismo com o Estruturalismo. Não é nem mesmo possível apontar todos os movimentos existentes, considerando que eles mesmos possuem variações de si próprios, em uma espécie de subcorrentes doutrinárias que se entrelaçam e se estendem *ad infinitum*.

O feminismo, citando mais um exemplo, foi a corporificação de aspectos da Teoria Crítica na seara da economia e da filosofia, dando origem a ramificações como o Feminismo Pós-Marxista, o Feminismo da Diferença, o Ginocriticismo e o Pós-Feminismo. O mesmo ocorreu com a Teoria Queer e a Identidade Sexual, que teve como grande protagonista Judith Butler; com o Criticismo Negro; com a Sexualização da Infância, focada basicamente no desenvolvimento da sexualidade polimórfica exposta por Freud e desenvolvida por Marcuse.

# PARTE II

## Por que as ideias do marxismo permanecem influenciando a atual geração

# CAPÍTULO 6

## A moral comunista

O comunismo é repleto de falhas teóricas que, desde o princípio, já denunciavam a sua absoluta inviabilidade. Ainda assim, seus princípios foram implantados em vários países e, como resultado, houve mais de cem milhões de mortes. Qualquer pessoa que possuísse o mínimo de senso crítico e um bom senso mediano iria, de automático, concluir que jamais se poderia dar espaço para que novas tentativas de sua implantação fossem levadas a efeito. Não é esse, porém, o comportamento que se observa em vários países e em milhões de pessoas. Como explicar uma permissividade tão grande com o mal? Como justificar a manutenção no ideário popular de uma doutrina destrutiva?

Para que essas respostas sejam desenvolvidas, é necessário compreender como funciona a moral comunista. O comunista acredita que a sociedade burguesa consolidou e mantém seu poder por meio de estruturas políticas, econômicas, sociais e culturais essencialmente capitalistas que lhe dão pleno apoio. Nada há, nesse mundo, afora o próprio ideal marxista, que seja digno de respeito. A moral que é comum ao homem médio, portanto, — e moral entendida como o conjunto de valores, princípios e regras que orientam o comportamento de uma determinada sociedade, estabelecendo o que é certo ou errado, adequado ou inapropriado —, seria, para eles, uma mera construção ideológica imposta pela classe exploradora e que quer manter o seu poder. A moral para os marxistas, assim, é "produto do desenvolvimento social; que ela nada tem de imutável; que serve aos interesses da sociedade; que esses interesses são contraditórios; que, mais do que qualquer outra forma de ideologia, a moral tem o caráter de classe"[378].

Trotski disse, sem rodeios, que "as normas de moral 'obrigatória' têm um enorme conteúdo de classe, ou seja, um conteúdo antagônico. A norma moral é

---

[378] Trotski, Leon. A Nossa Moral e a Deles. 1938. Disponível em <http://www.direitoshumanos.usp.br/index.php/Documentos-n%C3%A3o-Inseridos-nas- Delibera%C3%A7%C3%B5es-da-ONU/leon-trotski-a-nossa-moral-e-a-deles-1938.html, acesso em 08 de julho de 2018>

tanto mais categórica quanto menos é 'obrigatória para todos'. A solidariedade dos trabalhadores, sobretudo dos grevistas e dos que lutam em barricadas, é infinitamente mais 'categórica' do que a solidariedade humana em geral. A burguesia, cuja consciência de classe é muito superior à do proletariado em plenitude e intransigência, tem interesse vital em impor sua filosofia moral às massas exploradas. É exatamente por isso que as normas concretas do catecismo burguês são mascaradas sob abstrações morais patrocinadas pela religião, pela filosofia, ou por essa coisa híbrida que se chama 'senso comum'. O recurso a normas abstratas não é um erro filosófico desinteressado; é um elemento necessário no mecanismo do logro de classe. Desnudar esse logro, que contém a tradição de milhares de anos, é o primeiro dever de uma revolução proletária"[379].

Olavo de Carvalho afiançou essa conclusão: "O revolucionário, o militante, o malfeitor ideológico, quando exposto às provas inumeráveis de seus crimes sangrentos e inumanos, se sente revigorado, enaltecido. Pois esses crimes, para ele, não são crimes: são sinais da bondade futura. Só assim se explica que homens que, por onde quer que tenham subido ao poder, só espalharam morte, miséria e sofrimentos incomparáveis, como fizeram no leste europeu, na China, no Vietnã, na Coréia do Norte, no Camboja e em Cuba, ainda se sintam com autoridade bastante para verberar os pecados das democracias capitalistas, como se estas não tivessem provado mil e uma vezes sua capacidade de corrigir-se a si mesmas e se encontrassem urgentemente necessitadas dos conselhos morais de revolucionários, narcoguerrilheiros e genocidas (...) Quando o encargo de julgar moralmente a sociedade recai precisamente sobre aqueles indivíduos que se tornaram os mais incapazes de julgar-se a si mesmos, o resultado é esse: uma moral invertida, uma antimoral de perversos e celebrados afirma-se com a intransigência de um neomoralismo mais rígido e intolerante do que todos os moralismos conhecidos"[380]. "Para as modernas ideologias revolucionárias, a vida individual não tem nenhum sentido e só adquire algum na medida da sua participação na luta pela sociedade futura. É a consecução

---

379 Trotski, Leon. A Nossa Moral e a Deles. 1938. Disponível em <http://www.direitoshumanos.usp.br/index.php/Documentos-n%C3%A3o-Inseridos-nas- Delibera%C3%A7%C3%B5es-da-ONU/leon-trotski-a-nossa-moral-e-a-deles-1938.html, acesso em 08 de julho de 2018>.

380 Carvalho, Olavo de. O Mínimo que Você Precisa Saber para Não Ser um Idiota. São Paulo: Editora Record, 2015. 18ª edição, p. 226/227.

desse objetivo que servirá de medida para a avaliação dos atos individuais. Atingida a meta, tudo o que tenha concorrido para 'apressá-la', mesmo o pecado, a fraude, o crime e o genocídio, será resgatado na unidade do sentido final e, portanto, considerado bom. O que contribua para 'atrasá-la' será mau"[381].

A moralidade como conhecida na sociedade ocidental, por conseguinte, seria burguesa, e "a moral que domina na sociedade burguesa consagra o regime de exploração e desigualdade, o regime de opressão e escravidão criado pela propriedade privada"[382]; "a moral que domina na sociedade burguesa é determinada pelas relações capitalistas de produção, caracterizada pela exploração do homem pelo homem"[383].

As consequências dessa conclusão são importantíssimas para a nossa vida cotidiana. A dialética platônica — método de debate que permite alcançar o conhecimento —, pressupõe que duas ou mais pessoas, apresentando teses e antíteses, cheguem a um resultado verdadeiro, a síntese. Um comunista jamais participará dessa metodologia, porque ele não acredita nisso: trata-se de mais um fruto da estratégia burguesa de manutenção do seu poder. Um comunista autêntico jamais aceitará travar um debate lógico leal com qualquer pessoa que tenha princípios ideológicos diversos dos seus. Para ele, qualquer argumento que for utilizado estará profundamente contaminado por uma influência capitalista que deve ser de imediato repelida. Ele nem mesmo dar-se-á ao trabalho de ouvir a sustentação verbal e, se o fizer, seu proceder será o de destruir o argumentante, jamais o argumento, porque é o que lhe resta em um contexto em que seus fundamentos são pífios. O marxista autêntico inverte a estrutura da argumentação. Enquanto na lógica tradicional o silogismo é composto de duas proposições válidas das quais decorre uma conclusão igualmente coerente, no comunismo essa regra é alterada: independente das proposições, a conclusão já está estabelecida e ela consiste exatamente na necessidade de sustentação e implantação da sua verdade. Não importa se as premissas são verdadeiras, elas devem ser ajustadas e até manipuladas para garantir o alcance da verdade deturpada preestabelecida[384].

---

381 Carvalho, Olavo de. O Mínimo que Você Precisa Saber para Não Ser um Idiota. São Paulo: Editora Record, 2015. 18ª edição, p. 135.

382 Kolbanoski, V. A Moral Comunista. 1947. Disponível em <https://www.marxists.org/portugues/tematica/rev_prob/17/moral.htm#r4, acesso em 06 de julho de 2018>.

383 Kolbanoski, V. A Moral Comunista. 1947. Disponível em <https://www.marxists.org/portugues/tematica/rev_prob/17/moral.htm#r4, acesso em 06 de julho de 2018>.

384 "(...) são todos o resultado de uma artimanha, na qual a evidência é reinterpretada a fim de sustentar a conclusão

Por isso Olavo de Carvalho sugere que, em uma conversa com um comunista, provar que ele está errado não importa. "Você tem é de mostrar como ele é mau, perverso, falso, deliberado e maquiavélico por trás de suas aparências de debatedor sincero, polido e civilizado. Faça isso e você fará essa gente chorar de desespero, porque, no fundo, ela se conhece e sabe que não presta. Não lhe dê o consolo de uma camuflagem civilizada tecida com a pele do adversário ingênuo"[385]. Nessa mesma linha de raciocínio, Gary Allen e Larry Abraham dizem explicitamente que a própria mentira é da essência do comunismo. "Na realidade, o comunismo é uma tirania planejada por gente com fome de poder cuja arma mais efetiva é a mentira. Quando se decantam todas as mentiras do comunismo, o resultado são duas grandes mentiras das quais todas as outras brotam: 1) O comunismo é inevitável; 2) O comunismo é um movimento das massas oprimidas erguendo-se contra os patrões exploradores"[386].

Quando não consegue implantar essa forma dialética, o esquerdista prefere rotular as pessoas em vez de enfrentar as suas teses. Por isso ataca a pessoa, não suas ideias. Ele, em um primeiro momento, insere o adversário no universo da classe oposta em conflito e, na sequência, regurgita sobre ela qualificações depreciativas como "golpista", "burguês", "alienado", "coxinha", "elitista", "homofóbico", "machista", "fascista", dentre outras[387]. Nesse mister, aliás, ele sente-se bem à vontade, porque a luta de classes está na essência de seu pensamento. É-lhe muito tranquilo concluir que existem apenas duas classes de pessoas, as que concordam com o seu ponto de vista e as que discordam, e que, naturalmente, existe uma luta entre estes dois polos. Se você não está ao seu lado, está contra. Não existe meio termo, não há espaço para uma adaptação de doutrinas. O raciocínio marxista é binário e maniqueísta: somente existem

---

desejada" (Scruton, Roger. Pensadores da Nova Esquerda. São Paulo, Brasil: É Realizações Editora, 2014, p. 81-82).

385 Carvalho, Olavo de. O Mínimo que Você Precisa Saber para Não Ser um Idiota. São Paulo: Editora Record, 2015. 18ª edição, p. 241.

386 Allen, Gary e Abraham, Larry. Política, Ideologia e Conspirações. A sujeira por trás das ideias que dominam o mundo. Barueri-SP: Faro Editorial, 2017, fls. 27.

387 Frédéric Bastiat, economista francês que publicou o livro citado em 1850, sugere que esse comportamento também deriva da confusão que os socialistas fazem entre governo e sociedade. "Assim como as velhas ideias de que brota, o socialismo confunde o governo com a sociedade. O resultado é que cada vez que nos opomos a que o governo faça uma coisa, concluem que nos opomos a que a coisa seja feita. Se desaprovamos a educação pública, dizem que nos opomos à educação como um todo. Se fazemos objeções à religião estatal, dizem que não queremos religião nenhuma. Se desaprovamos a igualdade imposta pelo Estado, dizem que somos contra a igualdade. E assim por diante...É como se os socialistas nos acusassem de não querer que as pessoas comam porque não queremos que o Estado cultive trigo" (Bastiat, Frédéric. A Lei. Por que a esquerda não funciona? As bases do pensamento liberal. Barueri-SP: Faro Editorial, 2016, fls. 68).

os que estão a seu favor e os que estão contra. Não pense que há qualquer culpa nesse proceder, pois a culpa, para ele, não é nada mais do que um sentimento judaico-cristão transmudado do arrependimento bíblico, ou seja, é apenas mais uma estrutura criada para consolidar o ideal burguês de dominação. E se, intimamente, um comunista sentir o menor traço de pesar, imediatamente deverá reavaliar a sua própria posição intimista, considerando que, de algum modo, está-se deixando influenciar por valores impostos pela classe capitalista cristã, no caso, o arrependimento.

A lógica destrutiva do marxismo fica bastante evidente nesse assunto. Tudo o que nos rodeia, contaminado pela burguesia, deve ser aniquilado para, com a instauração do regime comunista, novas bases serem estabelecidas. As relações sociais, econômicas, políticas e culturais, repise-se, estão indelevelmente infectadas pelo vírus capitalista. A religião, a pintura, o conhecimento, a música, os escritos literários: tudo é lixo, por terem raízes nos princípios cristãos e no conhecimento adquirido ao longo dos séculos.

A ética comunista, enfim, é a seguinte: é moral apenas aquilo que contribua para a consolidação do regime comunista. Tudo que não caminha nessa direção, é burguês. "A moralidade comunista segue uma fórmula simples: Tudo que promove a causa comunista é bom; qualquer coisa que a prejudique é má"[388]. "Por isso, do ponto de vista da ética comunista, é moral o que contribui para a destruição da velha sociedade exploradora e para a construção da nova sociedade, a sociedade comunista. Tudo que impeça a realização desse objetivo é reprovável e amoral. Daí se conclui que a luta pela edificação do comunismo é o critério mais elevado da moral comunista" [389]. "Negamos a moral extraída de um conceito alheio à humanidade e alheio às classes. Afirmamos que se trata de um logro, de uma chantagem e de entorpecimento da mente dos operários e camponeses em defesa dos interesses dos latifundiários e capitalistas. Afirmamos que nossa moral se acha totalmente subordinada aos interesses da luta de classes do proletariado. Nossa moral decorre dos interesses da luta de classes do proletariado"[390]. "Assim,

---

388 Skousen, W. Cleon. O Comunista Exposto. Desvendando o Comunismo e Restaurando a Liberdade. Campinas, SP. Vide Editorial, 2018, p. 115.

389 Boldyriev, Nikolai Ivanovich. A Formação da Moral Comunista. Coleção Revolucionários vol II. p. 7

390 Trotski, Leon. A Nossa Moral e a Deles. 1938. Disponível em <http://www.direitoshumanos.usp.br/index.php/Documentos-n%C3%A3o-Inseridos-nas- Delibera%C3%A7%C3%B5es-da-ONU/leon-trotski-a-nossa-moral-e-a-deles-1938.html, acesso em 08 de julho de 2018>

mesmo na questão mais grave — a do homicídio — as normas morais absolutas mostram-se fúteis. As avaliações morais decorrem, como os juízos políticos, das necessidades internas da luta"[391]. "Bem ao contrário da moral burguesa, a moral comunista, da mesma forma que o direito comunista, destina-se a servir ao fortalecimento da propriedade socialista coletiva. Na sociedade em que a terra, as fábricas e as usinas deixaram de ser a propriedade dos exploradores e se tornaram apanágio do povo inteiro, a propriedade socialista coletiva é sagrada e inalienável; tem seu defensor fiel não só no direito socialista, como também na moral comunista. A moral comunista defende o novo regime social criado na base da propriedade socialista coletiva, regime de que foram banidas a exploração e todas as formas de opressão e escravização"[392].

Enquanto a sociedade ocidental em geral entende que existem atos por si só repulsivos, como as mentiras, as traições, as maquinações, os assassinatos, as condenações injustas, os julgamentos parciais, as ofensas públicas, os atentados à liberdade de locomoção, as violações à integridade física e à saúde, os comunistas autênticos entendê-los-ão legítimos se esses mesmos atos abjetos forem praticados com o fim de permitir a implantação do regime. Trostki afiança essa conclusão, ao dizer que "permitidos e obrigatórios são aqueles e apenas aqueles meios que unem o proletariado revolucionário, enchem seus corações de um ódio implacável à opressão, ensinam-nos a desprezar a moral oficial e seus arautos democráticos, imbuem-nos da consciência de sua missão histórica, aumentam-lhes a coragem e o espírito de auto-sacrifício na luta"[393].

Para um comunista, tudo, absolutamente tudo, vale se for em favor da causa marxista. Isso fica nítido nas estratégias por eles adotadas para a consolidação de suas ideias, tidas, no mínimo, como imorais pela maioria absoluta da sociedade ocidental. "A União Soviética tem sabotado a obra das Nações Unidas desde o início de suas atividades. Sua arma principal tem sido o veto, que, em junho de 1961, foi usado 82 vezes. Os delegados soviéticos têm, várias vezes, se retirado das reuniões do Conselho de Segurança. Têm-se recusado a

---

[391] Boldyriev, Nikolai Ivanovich. A Formação da Moral Comunista. Coleção Revolucionários vol II. pp. 13-14.

[392] Kolbanoski, V. A Moral Comunista. 1947. Disponível em https://www.marxists.org/portugues/tematica/rev_prob/17/moral.htm#r4, acesso em 06 de julho de 2018

[393] Trotski, Leon. A Nossa Moral e a Deles. 1938. Disponível em <http://www.direitoshumanos.usp.br/index.php/Documentos-n%C3%A3o-Inseridos-nas- Delibera%C3%A7%C3%B5es-da-ONU/leon-trotski-a-nossa-moral-e-a-deles-1938.html, acesso em 08 de julho de 2018>.

participar do trabalho de numerosas agências da ONU, como o Fundo Monetário Internacional, a Organização de Trabalho Internacional e muitas outras. Ao invés disso, têm usado as Nações Unidas como veículo de sua propaganda, abusando do prestígio da organização mundial para seus próprios propósitos"[394].

"Seu ataque principal é desfechado contra a lei e o governo representativo. Por razões óbvias, os comunistas preferem um estado de coisas no qual possam funcionar legalmente. Mas como consideram o estado o 'comitê executivo da classe dominante' com o qual consideram-se em guerra perpétua, os comunistas, nas palavras dos Estatutos de Admissão ao Comintern, '...não podem confiar nas leis burguesas...' Onde a lei proíbe atividades comunistas, estabeleceu os Estatutos, os comunistas devem descobrir uma maneira de agirem legalmente, através de partidos e organizações 'testas-de-ferro' e, ao mesmo tempo, devem continuar a funcionar ilegalmente. Uma combinação de trabalho legal e ilegal é absolutamente necessária"[395].

Causa perplexidade, portanto, uma pessoa "burguesa" (assim entendida, pelos comunistas, como todo que não professa a causa comunista) debater temas ligados à ideologia de gênero, ao feminismo, à sexualização da infância, à doutrinação estudantil e a qualquer outro assunto relacionado com o tema, com a tentativa de provar legal ou moralmente que a conduta é criminosa, desleal, imoral ou inadequada. O nosso julgamento é feito apoiado em princípios cristãos, filosóficos ou familiares, ou seja, em valores "contaminados" pela luta de classes que culminou com a prevalência capitalista[396]. Nossa moral não permite estarmos no mesmo nível desleal dos revolucionários, para quem todos os métodos são válidos, independentemente de serem honestos e dignos ou não.

---

394 Decter, Moshe. Cartilha de Comunismo – Teoria e Prática. Rio de Janeiro: Edições GRD, 1964, p. 99-100

395 Decter, Moshe. Cartilha de Comunismo – Teoria e Prática. Rio de Janeiro: Edições GRD, 1964, p. 77-78.

396 "A regra comum do debate, que você segue à risca esperando que ele faça o mesmo, é para ele apenas uma cláusula parcial num código mais vasto e complexo, que confere a ele meios de ação incomparavelmente mais flexíveis que os do adversário. Para você, uma prova de incoerência é um golpe mortal desferido a um argumento. Para ele, a incoerência pode ser um instrumento precioso para induzir o adversário à perplexidade e subjugá-lo psicologicamente. Para você, a contradição entre atos e palavras é uma prova de desonestidade. Para ele, é uma questão de método. A própria visão do confronto polêmico como uma disputa de ideias é algo que só vale para você. Para o revolucionário, as ideias são partes integrantes do processo dialético da luta pelo poder; elas nada valem por si; podem ser trocadas como meias ou cuecas. Todo revolucionário está disposto a defender 'x' ou o contrário de 'x' conforme as conveniências táticas do momento. Se você o vence na disputa de 'ideias', ele tratará de integrar a ideia vencedora num jogo estratégico que a faça funcionar, na prática, em sentido contrário ao do seu enunciado verbal. Você ganha, mas não leva. A disputa com o revolucionário é sempre regida por dois códigos simultâneos, dos quais você só conhece um. Quando você menos espera, ele apela ao código secreto e lhe dá uma rasteira" (Carvalho, Olavo de. O Mínimo que Você Precisa Saber para Não Ser um Idiota. São Paulo: Editora Record, 2015. 18ª edição, p. 240).

Não é demais lembrar que a imoralidade estava presente desde os pais fundadores do marxismo, Marx e Engels, como relembra J. O. de Meira Penna: "Ora, Marx deliberadamente refugou qualquer moralismo e qualquer apelo à justiça no *corpus* de sua doutrina. Referindo-se aos miseráveis famintos que chamava de *Lumpen*, 'lixo esfarrapado', em *A Ideologia Alemã*, Marx os descreve do seguinte modo: 'ralé, massa apodrecendo passivamente, expulsa pelas camadas mais baixas da velha sociedade...e preparada muito mais para o papel de instrumento subornado da intriga reacionária'... E comentando a 'Crítica do Programa de Gotha', que é o texto constitutivo da Primeira Internacional, de 1864, Marx escreve com ironia: 'Impuseram-me ao preâmbulo duas frases sobre o deveres e direitos, a Verdade, a Moral e a Justiça — mas os consignei de tal maneira que não possam fazer muito mal'. A esse comentário, Engels acrescentou: 'nunca se deve ceder à indignação moral'. Torna-se óbvio, depois dessas citações, que os marxistas não estão preparados para o bem"[397].

Com esse exposto, demonstra-se porque a moral comunista foi inserida em capítulo específico: porque todas as críticas até hoje feitas ao marxismo e as que ainda poderiam surgir em nada afetarão a classe comunista. Ela não se abala com qualquer observação de caráter técnico ou lógico, uma vez que provêm de pessoas contaminadas pela cultura burguesa. Não importam, portanto, as falhas teóricas e os desastres práticos que se acumulam ao longo das gerações: isso em nada, absolutamente em nada os conscientiza ou perturba.

Essa circunstância é uma das que permitem, até hoje, que a chama do funesto regime comunista, mesmo que trasmudado em práticas culturais subliminares, permaneça acesa entre nós, procurando países que possa incendiar.

---

[397] Penna, J. O. de Meira. A Ideologia do Século XX. Ensaios sobre o nacional-socialismo, o marxismo, o terceiro-mundismo e a ideologia brasileira. Campinas-SP: Vide Editorial, 2017, 2ª edição, fls. 102.

# CAPÍTULO 7

## A propaganda marxista

No sentido vulgar, a propaganda é uma forma de convencimento das pessoas sobre um determinado produto ou serviço, visando a informá-las sobre suas características essenciais e a induzi-las à compra. Para os comunistas, entretanto, a definição é bem mais específica: a Propaganda é o principal meio de formação das massas e da população dos preceitos do Partido Comunista e dos atos praticados pelos governos socialistas, com a finalidade de cooptá-los para a defesa dessas máximas e para a ação universal em prol do movimento.

Ela é parte indissociável do marxismo, nasceram juntas e assim permaneceram. Desde a gênese, foi utilizada como fator de autopromoção: Marx, por exemplo, pelos quatro ventos, explicitamente atribuiu a si a concepção de um materialismo histórico que seria a doutrina definitiva, a única explicação válida para toda a história da humanidade. Não parou por aí: ao criticar o socialismo francês, chamando-o de utópico, imputou a si mesmo a descoberta de um novo socialismo, o científico, elevando-o à categoria de ciência. Engels, fiel vassalo, não se desviou dessa linha, dizendo que "essas duas grandes descobertas — a concepção materialista da história e a revelação do segredo da produção capitalista através da mais-valia — nós as devemos a Karl Marx. Graças a elas o materialismo converte-se em uma ciência, que só nos resta desenvolver em todos os seus detalhes e concatenações"[398]. Ao dizerem que o marxismo seria científico, ambos criaram uma espécie de espectro de infalibilidade que, posteriormente, foi utilizado por ditadores para desprezar por completo todas as teorias que lhe desafiavam e para justificar os atos mais bárbaros de que se teve notícia na história. Esse foi o efeito da Propaganda. "É a elevação da ideologia e da política à condição de Verdade absoluta, porque 'científica', que fundamenta a dimensão 'totalitária' do comunismo. É ela que comanda o partido único. É ainda ela que justifica

---

398 Engels, Friedrich. Do Socialismo Utópico ao Socialismo Científico, acesso em 01 de julho de 2018.

o Terror. E é ela que obriga o poder a permear todos os aspectos da vida social e individual"[399].

Esse espírito de elevação promovido pelos fundadores do marxismo foi divulgado reiteradamente para toda a sociedade, criando um contexto teórico que fez impregnar os princípios revolucionários nos cidadãos — mais um dos indeléveis efeitos da técnica. Aliás, o próprio "Manifesto Comunista", mais do que uma convocação de todos em torno do ideal do "Proletários de todos os países: uni-vos!", é indisfarçavelmente uma obra de Propaganda explícita dos princípios marxistas.

A enxurrada de informações deificando o marxismo fez com que muitas pessoas realmente acreditassem que seus princípios são equilibrados e sensatos. Ao minar as fontes de conhecimento dos cidadãos, a Propaganda aniquilou a capacidade de resistência. O sistema, então, tornou-se verdade absoluta em diversos países. Só isso já justifica um estudo mais detalhado do tema.

## A PROPAGANDA

Na seara da Propaganda, os soviéticos estão anos-luz à frente de qualquer outro país, pois refinaram a técnica de forma impressionante. Logo depois de tomarem o poder, precisavam destruir todo o sistema de valores anteriormente existente, porque supostamente contaminado pelo vício burguês. Ocuparam-se, também, de exterminar os intelectuais que tiveram contato com essa moral capitalista. Na União Soviética, "em 20 de maio de 1922, Lenin expôs, numa longa carta a Dzerjinski, um grande plano de 'expulsão do país de escritores e dos professores que ajudam a contra-revolução'. É preciso preparar com bastante cuidado essa operação, escrevia Lenin. Reunir uma comissão especial. Obrigar os membros do Politburo a dedicarem de duas a três horas por semana ao exame de um certo número de livros e de revistas (...) Reunir informações sistemáticas sobre o passado político, os trabalhos e a atividade literária dos professores e dos escritores"[400].

Apagado todo o histórico cultural construído por séculos, senão milênios, os marxistas passaram a ter em mãos uma página em branco, na qual poderiam

---

[399] Courtois, Stéphane; Werth, Nicolas; Panné, Jean-Louis; Paczkowski, Andrzej; Bartosek, Karel; Margolin, Jean-Louis. O Livro Negro do Comunismo. Crimes, terror e repressão. Rio de Janeiro: Bertrand Brasil, 2018. 11ª edição, p. 876.

[400] Courtois, Stéphane; Werth, Nicolas; Panné, Jean-Louis; Paczkowski, Andrzej; Bartosek, Karel; Margolin, Jean-Louis. O Livro Negro do Comunismo. Crimes, terror e repressão. Rio de Janeiro: Bertrand Brasil, 2018. 11ª edição, p. 158.

escrever a narrativa que julgassem conveniente, e assim agiram, pondo em ação o instrumento da propaganda. Foram profissionais nessa seara. Crendo que a elite ativista conduz e manipula as massas e que o controle da mente é um meio hábil de movimentar as pessoas, os soviéticos criaram órgãos governamentais internos e externos e lapidaram técnicas precisas para executar a política. Através da propaganda difundiram seus programas e seus atos. Utilizaram-na ampla e cuidadosamente, adaptando-a para os diferentes setores da sociedade e aperfeiçoando-a para ser infalivelmente convincente, independente da notícia divulgada ser verdadeira ou falsa.

Na esfera interna, o objetivo era a promoção do "novo homem comunista", o cidadão político amparado nos ideais marxistas-leninistas-stalinistas que cresceria alicerçado na ética socialista: ateísmo, amor pelo trabalho, patriotismo, primazia da coletividade. As escolas foram todas dominadas pelos ensinamentos revolucionários, desde o primário até a universidade. Os valores antiamericanos foram cuidadosamente plantados nas mentes das crianças e dos jovens, que eram mais suscetíveis à crença por não terem tido contato com o mundo pré-revolução, e eram reforçados nas conferências e encontros dos órgãos. Além das escolas, a Propaganda estava presente na imprensa escrita, nos programas de rádio e televisão, nos panfletos distribuídos aos cidadãos e em outdoors que inundavam as cidades. Os grandes desfiles públicos também eram um canal convincente, destinados a mostrar o poderio bélico e militar da União Soviética. A ciência, a literatura, a pintura a música e toda arte realizada nos países socialistas era cuidadosamente fiscalizada e previamente aprovada por órgãos de controle[401], assegurando que nenhum trabalho burguês seria exposto às pessoas.

A imprensa tinha uma posição central nesse mister. Lenin, desde os primórdios da revolução, pregou a criação de um jornal de circulação nacional que propalasse os ideais revolucionários: "Infelizmente, para educar pessoas para

---

[401] "A imprensa soviética assim como as atividades editoriais em geral são todas controladas pelo Partido por meio de uma arma fundamental: a licença de publicação. Qualquer periódico, panfleto ou livro tem de ser submetido para fins de licença tanto na fase das provas quanto da impressão. Exceto para aquelas destinadas ao consumo externo, devem essas publicações trazer os detalhes da licença, inclusive o número permitido e as especificações técnicas (detalhes que muitos bibliotecários ocidentais receberiam com prazer por motivos não ideológicos!). Pouco se sabe do funcionamento desse sistema de licenças, mas por meio dele o Partido, agindo através do Estado, tem um firme controle administrativo sobre tudo que está sendo publicado, desde o vespertino local até a Grande Enciclopédia Soviética" (...) Os serviços de rádio — assim como os de televisão — ficam sob a supervisão geral de outro órgão governamental, o Comitê Federal de Rádio e Televisão, que por sua vez é rigorosamente controlado pelo departamento de Agitrop do Partido" (Clews. John C. Técnicas da Propaganda Comunista. Rio de Janeiro: Edições O Cruzeiro, 1966, pp. 84-86).

formar organizações políticas fortes não há outro meio senão um jornal para toda a Rússia"[402]. O caráter propagandista era evidente, no sentido de que visava a espalhar entre os cidadãos as ações comunistas empreendidas, de modo que todos se alegrassem com os resultados. "O jornal não é apenas um propagandista coletivo e um agitador coletivo; é também um organizador coletivo. A esse respeito, pode-se compará-lo aos andaimes que se levantam ao redor de um edifício em construção; constitui o esboço dos contornos do edifício, facilita as comunicações entre os diferentes construtores, permitindo-lhes que repartam a tarefa e atinjam o conjunto dos resultados obtidos pelo trabalho organizado (...) Esse jornal seria parte de um gigantesco fole de uma forja que atiçasse cada fagulha da luta de classes e da indignação popular, para daí fazer surgir um grande incêndio"[403].

Um outro instrumento eficaz totalmente controlado foram as artes. Nos momentos iniciais da implantação do regime, os artistas gozavam até de uma relativa liberdade de criação: é certo que não tinham o menor espaço para apresentar críticas à revolução, mas podiam escolher livremente o gênero literário que gostariam de compor e o estilo de pintura que optassem por adotar. Vale dizer, havia apenas uma relativa liberdade, o que se comprova pela criação, em 1917, das Associações de Cultura e Educação Proletárias que, apesar de não serem vinculadas ao Partido Comunista, tinham por finalidade a introdução de uma cultura artística proletária. A escolha do conteúdo ao qual se dedicariam não fazia parte da liberdade artística, ele sempre deveria gravitar em torno da exaltação do socialismo, servindo, portanto, não para o seu fim original, que é o de criar uma obra para enaltecer o belo, mas para o propósito de fazer divulgação do governo. Por isso é que a arte comunista não é propriamente arte: é propaganda dos ideais revolucionários. "Do ponto de vista comunista, a arte é uma arma de classe, da mesma forma que a ciência. A arte e a ciência devem servir aos interesses do estado. A função geral da arte é a de enaltecer a vida no mundo soviético; a função geral da ciência é a de desenvolver métodos para a construção do mundo soviético. O partido comunista e a polícia secreta são os juízes finais de questões artísticas e de problemas científicos. As obras de arte

---

[402] Lenin, Vladimir. Que Fazer? Disponível em < https://www.marxists.org/portugues/lenin/1902/quefazer/index.htm, acesso 29 de agosto de 2018>

[403] Lenin, Vladimir. Que Fazer? Disponível em <https://www.marxists.org/portugues/lenin/1902/quefazer/index.htm, acesso 29/08/2018>

e o trabalho de cientistas são julgados pelos seus serviços à política do estado. O que tenha sido uma vez aprovado por cumprir uma necessidade do estado, pode ser mais tarde condenado se a política a que serviu tiver sido mudada. Artistas e cientistas usam uniformes invisíveis no serviço de estado"[404][405].

Com a criação da Nova Política Econômica por parte de Lenin, no final da década de 1920 e início da de 1930, houve um aumento da interferência estatal na área cultural, sendo os artistas obrigados a criar obras que exaltassem os supostos resultados primorosos desse programa. O controle absoluto somente veio com a subida de Stalin ao poder: aniquilou-se integralmente qualquer resquício de liberdade antes concedida aos artistas. Em 1932, por meio de um decreto baixado por Stalin (cuja epígrafe era "Sobre a Reorganização da Arte e das Organizações Literárias"), o Partido Comunista dissolveu todas as associações existentes e criou órgãos de controle a ele vinculados: a "Associação dos Escritores Soviéticos" e a "Associação dos Compositores Soviéticos". Concentrando em suas mãos a vigilância sobre os artistas, esses órgãos passaram a ditar exatamente como deveriam ser as obras a serem produzidas.

Em agosto de 1934 foi criado o I Congresso da União dos Escritores Soviéticos, oportunidade em que Andrej Zdanov, o responsável pelo controle cultural stalinista, fez um discurso de abertura explicando em que a arte deveria consistir. Impôs-se, desde então, um imenso rigor formal e uma enorme limitação do conteúdo, que jamais poderia se afastar da apologia ao governo, da glorificação do socialismo e da luta do proletariado em todo o mundo. Afinal, era imperioso que a arte promovesse a educação e a formação das massas para o socialismo. Quanto à forma, as obras deveriam ser simples, descritivas e figurativas, para que pudesse alcançar a população em geral, desde o camponês até o intelectual, e não somente a elite mais educada. Os artistas que não se ajustassem a esse perfil eram classificados como contrarrevolucionários e, quando não mortos, eram enviados para campos de trabalhos forçados. No entender da liderança, "nenhum governo interessado numa guerra séria pode permitir que se imprimam em seu território publicações

---

[404] Decter, Moshe. Cartilha de Comunismo – Teoria e Prática. Rio de Janeiro: Edições GRD, 1964, pp. 117-118.

[405] "Em outra ocasião, Jdanov destacou o papel ideológico e político que as artes tinham que desempenhar na União Soviética. Disse que o leninismo 'parte da premissa' de que a literatura não deve ser apolítica. Não havia lugar para a 'arte pela arte' e os romances, poemas, peças teatrais e todo o restante precisavam assumir papel de liderança na formação da nova sociedade" (Gellately, Robert. A Maldição de Stalin. O projeto de expansão comunista na Segunda Guerra Mundial e seus ecos para além da guerra fria. Rio de Janeiro: Editora Record, 2017, p. 246).

que, abertamente ou não, favoreçam o inimigo"⁴⁰⁶ ⁴⁰⁷.

"A literatura soviética, herdeira ideológica das melhores tradições da literatura clássica russa, tem uma tarefa criadora a cumprir: a de educar o homem novo. A literatura soviética reflete na arte o processo grandioso da edificação da sociedade comunista, o processo de transformação da consciência dos homens e coopera para cultivar neles novas e altas qualidades morais. Durante a grande guerra patriótica, que exigiu a mobilização de todas as forças morais do povo soviético, nossos escritores produziram inúmeras obras de valor, que refletem a superioridade moral e a grandeza dos homens soviéticos, as quais contribuíram seriamente para a educação de milhões de leitores soviéticos. A literatura soviética e a arte soviética destinam-se, hoje, na nova conjuntura, a levantar bem alto a bandeira da educação comunista dos homens. A literatura e arte soviéticas devem refletir, sob formas artísticas, tudo o que há de heroico e de criador na vida dos povos soviéticos, formá-los nos exemplos de heroísmo, no combate, no trabalho e nas manifestações de um verdadeiro humanismo. A literatura e a arte soviéticas devem desempenhar um grande papel na luta contra os remanescentes do capitalismo na consciência dos homens, revelar as manifestações da instabilidade moral, da psicologia ligada à propriedade privada, da dissolução pequeno-burguesa dos costumes e da indisciplina anarquista dos 'defensores das tradições do capitalismo'. A literatura soviética deve possuir uma alta ideologia e tomar por guia a política do Estado soviético. A resolução do Comitê Central do P. C. (b), de 14 de agosto de 1946, acentua: 'A força da literatura soviética, a literatura mais avançada do mundo, está no fato de que não tem, nem pode ter outros interesses do que os interesses do povo e do Estado. A tarefa da literatura soviética consiste em ajudar o Estado, a educar bem a juventude, responder às necessidades, formar uma nova geração de homens ardentes, confiantes em sua obra, não

---

406 Trotski, Leon. Terrorismo e Comunismo e anti Kautsky. Rio de Janeiro: Editora Saga S.A, 1969, p. 60.

407 "Mas o maior número de baixas parece ter ocorrido entre os escritores, ameaçados em duas direções. Havia sido imposta a eles uma teoria do correto método estético e, ao mesmo tempo, o conteúdo de suas obras era submetido a uma investigação minuciosa. Há poucos anos, foi revelado que dos 700 escritores presentes ao I Congresso de Escritores, em 1934, apenas cinquenta sobreviveram para comparecer ao Segundo, realizado em 1954 (...) Recentemente também foi revelado que depois do XX Congresso do Partido Comunista, realizado em 1956, foi confidencialmente admitida 'a existência de mais de 600 escritores culpados de nenhum crime, obedientemente abandonados pelo Sindicato (dos Escritores) à sua própria sorte nos campos de trabalhos forçados e prisões'. Alexander Solzhenitsyn, mencionando este fato, acrescenta que na realidade a lista era muito maior" (Conquest, Robert. O Grande Terror. Os expurgos de Stalin. Rio de Janeiro: Editora Expressão e Cultura, 1970, p. 320).

temendo as dificuldades e dispostos a vencê-las todas, quaisquer que sejam. Por essa razão a falta de ideologia, o caráter apolítico, 'a arte pela arte', são estranhos à literatura soviética, são prejudiciais aos interesses do povo e do Estado soviéticos e não devem ter lugar em nossas revistas'. A arte dramática soviética, o teatro, devem desempenhar grande papel educativo. Todo mundo sabe o quanto as representações cênicas têm o poder de impressionar. É claro que a questão do repertório tem uma importância primordial. Se começarmos a fazer prevalecer no teatro as peças dos autores burgueses, no gênero das peças de Moguem, se não dermos uma atenção limitada às peças que têm um tema do passado longínquo, portanto relativas à vida das camadas superiores da antiga sociedade e representando os hábitos, os costumes e as opiniões dos parasitas, é claro que nesse caso, o teatro, o propagador da cultura socialista e da moral comunista, se transforma numa instituição que arrastará o espetáculo soviético para a moral e a ideologia do inimigo. Os homens soviéticos têm necessidade de peças saturadas de um conteúdo ideológico elevado e que reflitam a verdade magnífica de nossa vida. Temos necessidade de peças que cultivem entre os homens soviéticos os pensamentos, os sentimentos, os traços de caráter novos e que lhes mostrem as novas normas de conduta dos homens. O cinema tem excepcional importância como instrumento de combate ideológico de nosso Partido e do Estado soviético na formação cultural e política do povo. O que distingue o cinema soviético, o que o coloca bem acima da cinematografia estrangeira, é seu valor ideológico. É inadmissível encontrar no cinema soviético, a arte de massa por excelência, a ausência de conteúdo político, o abandono da atualidade e a fuga para o passado distante, assim como uma atração desmedida pelas produções literárias e dramáticas antigas. O cinema deve ser estreitamente ligado à vida, à atualidade soviética e ser seu fiel reflexo. Isto exige dos diretores uma grande probidade na elaboração do tema. O filme feito às pressas, sem um conhecimento bastante profundo da vida soviética, sem um estudo atento dos caracteres, do meio representado, faz surgir a realidade sob uma forma desfigurada e tolhe a educação política justa das massas. Só os filmes que são profundamente ligados à realidade soviética, que são o fruto do estudo consciencioso desta realidade e que a refletem com veracidade, sob uma forma artística, podem servir com maior êxito à causa da educação comunista. Na hora presente, quando nosso povo sofreu com heroísmo a prova cruel da guerra e obteve uma vitória sem par na história, devemos estar especialmente vigilantes às manifestações de autossuficiência, capazes de prejudicar o desenvolvimento ulterior da sociedade soviética. Novas tarefas exigem de nós um novo impulso de nossas forças, exigem que vençamos novas dificuldades que se apresentam diante do país. Para cumprirmos essas tarefas com êxito, é necessário elevar a educação comunista das massas, ensinar-lhes a moral comunista, ensinar-lhes, em suma, a servir com desinteresse à pátria e à causa do comunismo"[408].

O engessamento formal e substancial provindo principalmente do I Congresso da União dos Escritores Soviéticos deu origem ao movimento artístico denominado de "Realismo Soviético". Diz-se realismo porque, nascido na França, o realismo propriamente dito teve por foco a representação de aspectos da vida e dos costumes da sociedade com objetividade, afastando-se do sentimentalismo que marcou o Romantismo. O Realismo Soviético distinguiu-se do Realismo Francês, naturalmente, pelo absoluto controle do processo produtivo do artista[409]. "Teatro, literatura e artes visuais deveriam ter um compromisso primeiro com a educação e formação das massas para o socialismo em construção no país. Uma arte proletária e progressista, empenhada politicamente, envolvida com os temas nacionais e com as questões do povo russo, esta é a aspiração da tendência artística. Na definição de Aleksandr Gerasimov (1881-1963), o estilo é 'realista na forma' e 'socialista no conteúdo', quer dizer, a obra de arte deve ser acessível ao povo — figurativa e descritiva — e sua mensagem, um instrumento de propaganda do regime. Desenhos, telas e cartazes publicitários mostram proletários, camponeses, soldados, líderes e heróis nacionais, frequentemente idealizados, seja pela exaltação de corpos vigorosos (indicando força e saúde), seja pela celebração de movimentos sociais e feitos políticos ('Celebrando a Colheita', 1951, de Alla Zaimai e 'Retrato de Stalin', 1949, de Aleksander Ivanovich). Trata-se de louvar a nova sociedade, pela representação de jovens saudáveis

---

408 Kolbanoski, V. A Moral Comunista. 1947. Disponível em <https://www.marxists.org/portugues/tematica/rev_prob/17/moral.htm#r4, acesso em 06 de julho de 2018>.

409 O realismo socialista é assim definido por André Breton e Louis Aragon: "El realismo socialista, por ser el método de base a la literatura y de la crítica soviética, exige del artista una representación verídica, históricamente concreta de la realidad em su desarrollo revolucionario. Además, el carácter verdadero e históricamente concreto de dicha representación artística de la realidad debe combinarse con el deber de transformación ideológica y de educación de las masas dentro del espíritu del socialismo" (em Surrealismo Frente a Realismo Socialista, Barcelona-ES: Tusquets Editor, 1973, p. 74).

e felizes, em atividades de trabalho ou em cenas populares"[410].

Em síntese, todas as áreas da vida cotidiana do cidadão soviético estavam a serviço do ideal comunista. A propaganda não era dirigida apenas ao público interno, havia um braço voltado para o exterior[411]. Como o comunismo é um regime que homenageia o proselitismo, ou seja, busca em todo o mundo converter mais pessoas para os seus quadros, é natural que houvesse um órgão específico. A interna e a externa pouco divergiam entre si, salvo com relação à qualidade dos destinatários e quanto ao espaço disponível para a Propaganda. Desse modo, as duas "estão estreitamente ligadas, uma sendo em essência a projeção além das fronteiras soviéticas da outra. Há, contudo, uma grande diferença. O auditório interno é, em sua maior parte, cativo. Todos os meios de comunicação na União Soviética são controlados pela máquina comunista. Esta pode enviar suas mensagens na intensidade e na direção que quiser. Imprensa, rádio, televisão, filmes e o teatro estão todos disponíveis para o *Agitprop*[412], e todos são extensamente usados. Reuniões, conferências, grupos de debate e encontros pessoais são amplamente utilizados para popularizar a política do momento relativa a questões gerais (propaganda) ou para atiçar emoções e gerar ação quanto a assuntos específicos (agitação)"[413].

Havia, para o público exterior, dois pontos básicos de atuação: os partidos comunistas nacionais em cada país e as organizações comunistas. Em qualquer dos dois a linha de comando partia sempre da União Soviética, que criou uma organização de controle específica para tratar da Propaganda em nível estrangeiro, o "Comintern", nascido em 1919. O objetivo era pregar a extinção do capitalismo e o estabelecimento do comunismo em todo o mundo. O Comintern foi mais atuante sob o governo de Lenin, tendo recebido menos

---

410 Andrade, H. (2010). O realismo socialista e suas (in)definições. Literatura E Sociedade, 15(13), 152-165. <https://doi.org/10.11606/issn.2237-1184.v0i13p152-165, acesso em 29 de agosto de 2018>.

411 "Um papel muito especial é atribuído à propaganda comunista. Quando as táticas mais diretas são impraticáveis ou débeis, a propaganda prepara o caminho para elas; quando são efetivas, complementa-as; e onde foram bem-sucedidas, consolida sua vitória. A propaganda comunista tem dois ângulos: o doméstico e o exterior. Domesticamente é, juntamente com as pressões políticas, sociais e policiais, o instrumento mais valioso para assegurar a lealdade continuada do povo por meio de doses maciças de constante doutrinação, dirigidas ao denegrimento do mundo não-comunista e à glorificação do regime comunista. Fora do império comunista, enormes somas são gastas anualmente e grande número de funcionários do partido são empregados, especialmente na Ásia, África e América Latina, na tentativa de solapar a fé dos povos na democracia e ganhar adeptos para a causa comunista. As baterias publicitárias são assestadas contra todos os segmentos da população, e todas as injustiças feitas a trabalhadores, camponeses, jovens e intelectuais são exploradas" (Decter, Moshe. Cartilha de Comunismo — Teoria e Prática. Rio de Janeiro: Edições GRD, 1964, p. 85).

412 Nome abreviado para "Agitação e Propaganda", um dos nomes dados à disseminação da Propaganda Comunista.

413 Clews. John C. Técnicas da Propaganda Comunista. Rio de Janeiro: Edições O Cruzeiro, 1966, p. 73.

apoio na época de Stalin, porque ele entendia que os partidos comunistas deveriam ter mais independência na luta pela implantação da Ditadura do Proletariado em seu país.

Os partidos comunistas nacionais em cada país eram extremamente fiéis aos ditames soviéticos. As reuniões dos seus líderes com as autoridades do partido, em Moscou, eram frequentes. Quando se estabelecia uma estratégia de propaganda, os materiais eram produzidos na própria União Soviética e encaminhados para os demais países, que se incumbiam de distribuí-los livremente entre a população de sua sede. Independente destas estratégias eventuais, os partidos poderiam, sempre com a fiscalização do material pelo Comintern, produzir periódicos de exaltação do regime socialista dirigidos aos próprios países, para convencer as massas locais de acordo com suas especificidades. "É assim que os canais de comunicação levam as mensagens e ordens comunistas aos partidos comunistas nacionais do mundo inteiro. Encontros com líderes do Partido em Moscou, periódicos internacionais do Partido — e, quanto a isso, não devemos esquecer os principais periódicos soviéticos, tais como o *Kommunist*, que as hierarquias no exterior leem sistematicamente para suas instruções e explicações das linhas do momento — e as milhares de publicações regionais e locais, lemas de aniversário e todos os meios de transmissão das mensagens indicativo-imperativo, tais são os meios publicamente divulgados pelos quais é mantido o contato entre o aparelho comunista internacional"[414].

Além dos partidos comunistas, a União Soviética possuía, em cada país, organizações comunistas disfarçadas sob a forma de Organizações Não Governamentais. "Essas organizações comunistas disfarçadas atendem aos gostos de todos os grupos sociais. Organizações profissionais e de comércio são abrangidas pela Federação Mundial de Sindicatos, a Federação Mundial dos Trabalhadores Científicos, a Organização Internacional de Jornalistas, a Associação Médica Internacional e a Associação Internacional dos Advogados Democráticos. Para as mulheres existem a Federação Internacional Democrática Feminina e sua subsidiária, o Comitê Internacional Permanente de Mães. Os jovens ficam sob a asa da Federação Mundial da Juventude Democrática e da União Internacional de Estudantes. Num sentido mais generalizado, as questões internacionais são cobertas pelo Conselho Mundial da Paz, com um aspecto

---

[414] Clews. John C. Técnicas da Propaganda Comunista. Rio de Janeiro: Edições O Cruzeiro, 1966, p. 80.

especializado da paz ficando sob a Federação Internacional dos Combatentes da Resistência"[415]. Somente nos Estados Unidos, havia seiscentas e sessenta e três dessas organizações no ano de 1962[416]. Essas entidades realizavam não somente atividades de Propaganda, mas também de Desinformação (como será melhor explorado no capítulo seguinte)[417]. Na seara da Propaganda, elas explicitamente enalteciam as virtudes comunistas por todo o mundo e, graças à sua suposta desvinculação para com a União Soviética, a credibilidade era maior. Existiam, porém, com o propósito de servirem exclusivamente ao Partido Comunista em Moscou, irradiando por todo o mundo as ideias socialistas.

A tarefa dessas organizações foi estabelecida pelo Comintern em 1928 em um programa de seis pontos: "1. Despertar o interesse daqueles milhões de trabalhadores apáticos e indiferentes que não estão interessados na propaganda comunista, tendo de ser atraídos com processos novos; 2. Agir como ponte para

---

415 Clews. John C. Técnicas da Propaganda Comunista. Rio de Janeiro: Edições O Cruzeiro, 1966, pp. 98-99.

416 Clews. John C. Técnicas da Propaganda Comunista. Rio de Janeiro: Edições O Cruzeiro, 1966, p. 92.

417 John C. Clews ainda dá diretrizes para identificar essas organizações disfarçadas: "(1) Até que ponto a organização coopera com as campanhas, atividades e publicações do partido comunista ou organizações a ele filiadas? Isso podemos verificar por um estudo geral das suas atividades e as dos outros grupos. Podemos também fazer uma verificação sobre até que ponto os seus funcionários e adeptos estão ligados aos outros grupos. (2) Tem ela o mesmo endereço das outras organizações? Para verificar isso, poderá ser necessário recuar no tempo, porque quando uma organização se muda para um local maior (ou menor!) deixa o lugar a outra como sucessora. O proprietário do local pode muito bem ser um simpatizante. (3) Colabora ela com sindicatos controlados por comunistas, talvez com exclusão de outros? Isso pode ser importante num nível local, nos casos em que um sindicato nacionalmente não-comunista tem localmente seções controladas por comunistas. (4) Faz uso, para suas campanhas financeiras, de artistas que estão, profissionalmente ou em caráter privado, ligados a órgãos comunistas? Esse fenômeno é bastante comum em grandes cidades. (5) Recebe publicidade favorável na imprensa comunista? Tomado isoladamente, este critério pode dar margem a uma interpretação errônea, uma vez que as ações objetivamente independentes de um órgão podem ser interpretadas subjetivamente como favoráveis à causa comunista. (6) Suas publicações refletem a linha do Partido Comunista? Publica artigos de comunistas ou simpatizantes e anuncia atividades comunistas? Alusões ocasionais dessa natureza podem, é claro, não ter significação alguma. Mas a publicação sistemática desse material pode ser muito significativa. (7) Os trabalhos de impressão da organização são feitos por uma tipografia comunista? Nos países em que os nomes da editora e da oficina gráfica são exigidos por lei, isso se torna logo óbvio, embora por si mesmo possa significar nada mais que a economia no custo oferecida pela tipografia em questão! (8) Segue a organização a linha do partido comunista? Isso nem sempre é tão fácil de distinguir quanto o critério do item 6, pois a própria organização poderá ser melhor julgada por suas ações do que por suas palavras. (9) É a organização uniformemente leal à União Soviética ou China Comunista? Sob um ponto de vista nacional poderíamos ter uma resposta a tal pergunta, mas no âmbito local seria mais difícil, especialmente quando as atividades são difusas. (10) São os fundos da organização transferidos direta ou indiretamente para o partido comunista ou outras organizações comunistas? A maioria dessas organizações raramente, se tanto, publicam suas contas e seria muito difícil responder a essa pergunta baseado em fontes claras. (11) Tem a organização comunistas ou pessoas de sua confiança em postos de direção? Têm eles habitualmente a palavra em suas reuniões? Esta poderá ser a pergunta mais fácil de responder — tanto no âmbito nacional quanto internacional. Mas sob um ponto de vista local poderia se emparelhar com a pergunta precedente como a mais difícil de responder com segurança. Personalidades proeminentes do Partido ou outras organizações comunistas são facilmente identificáveis, mas já não acontece o mesmo com os luminares menores cuja reserva a respeito de suas filiações comunistas é tantas vezes dissimulada pela preeminência dada a seus nomes em outros Círculos mais aceitáveis. De um modo geral estes critérios, em seu todo ou em parte, constituem ajuda essencial para o reconhecimento de uma organização comunista" (em Técnicas da Propaganda Comunista. Rio de Janeiro: Edições O Cruzeiro, 1966, pp. 93-94).

aqueles que simpatizam com os comunistas, mas não deram o passo final de ingresso no Partido; 3. Ampliar a esfera de influência comunista; 4. Proporcionar um vínculo de organização com os que simpatizam com a União Soviética e com os comunistas; 5. Neutralizar o trabalho das organizações não-comunistas; 6. Proporcionar treinamento para quadros militares e funcionários do Partido Comunista dotados de habilidade de organização"[418].

Voltada para o público doméstico ou para o estrangeiro, a Propaganda era sempre muito bem planejada. Para tanto, era inicialmente identificado o grupo de pessoas objetivadas (intelectuais, crianças, jovens, operários, minorias, pessoas dentro da Rússia, pessoas do exterior); na sequência, era realizada uma análise da condição atual desse grupo, para definir a melhor estratégia psicológica a ser implantada; na sequência, eram ajustados os instrumentos e ferramentas que seriam manuseados; e, por fim, definidos o tempo de duração e o local de abrangência. Os assuntos usualmente divulgados eram os sucessos econômicos do governo, as safras agrícolas espetaculares, os pontos positivos da ideologia marxista, as virtudes do homem socialista, os atos governamentais, a história do Partido Comunista, a vida dos seus maiores expoentes, a supremacia do povo russo, a força do seu habitante, a política nacional e tudo o mais que pudesse exaltar a revolução.

Com todas essas técnicas, a população foi cada vez mais envolvida em um mundo fantasioso. Talvez alguns adultos ou pessoas mais velhas até se lembrassem de uma época antiga em que as benesses de um mundo livre ainda ressoavam em sua memória, mas, certamente, os mais novos que nasceram no ambiente ideologizado foram aculturados em uma sociedade de fala única, em que o comunismo foi e ainda é propagado como o melhor de todos os regimes existentes no mundo.

Está aí, portanto, mais um mecanismo de manutenção do marxismo em nossos dias.

---

418 Clews. John C. Técnicas da Propaganda Comunista. Rio de Janeiro: Edições O Cruzeiro, 1966, pp. 92-93.

# CAPÍTULO 8

## A desinformação

A Desinformação tem sido muito mal compreendida nos tempos atuais. Divulgado à saciedade pela imprensa e, muitas vezes, até nominando livros, o termo é acriticamente utilizado para representar uma notícia equivocada ou uma mera mentira deliberada exclamada ao público. Ela, porém, é muito mais delicada e refinada que isso. Importa, portanto, como tarefa preliminar, estabelecer a sua definição, origem, objetivo, destinatário e método. Releva, ainda, distingui-la da propaganda. Na sequência, a partir dessas anotações prévias, será possível compreender a dimensão e profundidade do seu uso pelo regime comunista.

A Desinformação pode ser definida como uma tática, originariamente de guerra, utilizada por um dos polos combatentes para fazer com que as decisões estratégicas do inimigo fossem tomadas com base em informações propositalmente adulteradas ou falsificadas. São, assim, fabricadas percepções falsas que conduzirão o inimigo a tecer conclusões baseadas em premissas falsas. Uma verdadeira "arte do engodo", em que o expediente psicológico é utilizado no lugar da força. "O termo denomina o emprego de um esforço sistemático em disseminar falsa informação e distorcer, ou encobrir, dados autênticos para dissimular a situação real e as políticas do mundo comunista, de modo que o mundo não-comunista acabe confuso, logrado e influenciado, suas políticas comprometidas, e os adversários ocidentais do comunismo induzidos a contribuir involuntariamente para a concretização dos planos que antagonizam"[419].

Não é possível identificar sua *origem* precisa. Há resquícios no livro "A Arte da Guerra", de Sun Tzu, datado do Século IV a.C, quando ele sugere que se atraia o inimigo com artimanhas. Embora suas raízes sejam remotas, não há a menor dúvida de que, de modo sistemático e organizado, a técnica nasceu na

---

[419] Golitsyn, Anatoliy. Meias Verdades, Velhas Mentiras. A estratégia comunista de embuste e desinformação. Campinas-SP: Vide Editorial, 2014, p. 21.

União Soviética de Stalin, que, chamando-a de *Dezinformatsiya*, utilizou-a em abundância não só para fins bélicos, mas também no campo político e cultural. "Foi durante o período que precedeu a Segunda Guerra Mundial que o líder do Kremlin começou a pensar seriamente em dominação mundial e em melhorar a organização e encargos de seu serviço de inteligência estrangeiro. Em qualquer outro lugar do mundo, serviços de inteligência estrangeiros estavam em primeiro lugar dedicados a coletar informação para ajudar seus chefes de Estado a conduzir as relações exteriores, mas na Rússia, e mais tarde por toda a esfera de influência russa, essa atividade sempre foi mais ou menos irrelevante. Aí o objetivo era manipular o futuro, não apenas aprender sobre o passado. Em específico, a ideia é fabricar um novo passado para alvos inimigos, de modo a alternar o modo como o mundo os percebe. Além de mirar governantes ocidentais — em particular dos Estados Unidos — o Kremlin veio a compreender as religiões ocidentais como ameaças perigosamente hostis. Isso nos traz ao título desse livro. Desde a Segunda Guerra Mundial, *desinformação* tem sido a mais eficiente arma do Kremlin contra o Ocidente, especialmente contra a religião ocidental"[420].

O *objetivo* da Desinformação é atuar psicologicamente no adversário para levá-lo à confusão. Meticulosamente preparada, o enganado toma decisões prejudiciais aos seus próprios interesses, porém vantajosas aos de quem a manuseia. "Seu propósito é criar condições favoráveis para a implementação das políticas de longo alcance do bloco comunista, impedir a adoção de medidas preventivas ou políticas efetivas por parte do mundo não-comunista, e assegurar ganhos estratégicos ao comunismo internacional"[421].

Quanto ao *destinatário*, a notícia falaciosa pode ser desenvolvida para influir em uma determinada pessoa (normalmente aquela que ocupa um alto cargo em posto do inimigo), em um grupo ou organização (foi comum, durante os anos de Guerra Fria, a inserção de dados falsos pelos soviéticos para prejudicar as agências de inteligência norte-americanas) e, por fim, em toda a população de um país (várias Organizações Não Governamentais esquerdistas foram plantadas em países do ocidente com o intuito de macular a imagem do próprio

---

[420] Pacepa, Ion Mihai e Rychlak, Ronald J. Desinformação. Ex-chefe de espionagem revela estratégias secretas para solapar a liberdade, atacar religião e promover o terrorismo. Campinas-SP: Vide Editorial, 2015, p. 33.
[421] Golitsyn, Anatoliy. Meias Verdades, Velhas Mentiras. A estratégia comunista de embuste e desinformação. Campinas-SP: Vide Editorial, 2014, pp. 21-22.

país em que instaladas, tendo por escopo, portanto, alcançar a população em geral: são exemplos a Federação Mundial de Sindicatos – WFTU, a Federação Democrática Internacional das Mulheres – WIDF, a União Internacional dos Estudantes – IUOS, presentes em mais de uma centena de países[422]). O Papa Pio XII, por exemplo, foi fortemente acusado de ter sido um apoiador do nazismo — por isso apelidado de "O Papa de Hitler" —, quando, na verdade, sustentou e trabalhou exatamente na linha oposta. Como consequência dos artifícios empregados, foram redigidos livros totalmente baseados nos documentos falsos produzidos pela polícia secreta soviética. Quando a medida não funcionou, optou-se por mudar o passado dos seus cardeais mais próximos (Cardeais Alojzije Stepinac, Jószef Mindszenty e Stefan Wyszynski, por exemplo), visando a manchar sua reputação indiretamente. O Papa João Paulo II também foi alvo desse estratagema, que falhou por imperícia do seu executor[423]. O mesmo ocorreu com cada um dos injustamente incriminados e então condenados a trabalhos forçados ou à morte por atentados contra a revolução proletária.

O *método* é sofisticado. Normalmente, as notícias não são plantadas por órgãos do governo socialista pois, se assim fossem, ficaria totalmente patenteado o interesse denegridor. Usam-se meios sub-reptícios, como jornalistas e outros meios de comunicação, previamente recrutados, do país em que a notícia deve ser divulgada. Organizações Não Governamentais à abundância são criadas com esse propósito. Todas as inverdades criadas invariavelmente têm uma base mínima de credibilidade, ainda que deturpada: assim, caso haja a busca de sua origem, um liame mínimo com a realidade pode ser estabelecido. Um exemplo disso é inventar que certo político viajou a outro país para conspirar contra o governo: as mentiras são criadas a partir da real ocorrência da viagem, embora a pessoa não tenha feito qualquer um dos atos que lhe

---

422 Conforme Pacepa, Ion Mihai e Rychlak, Ronald J. Desinformação. Ex-chefe de espionagem revela estratégias secretas para solapar a liberdade, atacar religião e promover o terrorismo. Campinas-SP: Vide Editorial, 2015, p. 77.

423 "Valendo-se de seus especialistas em contrafação, em 1983 agentes de inteligência poloneses arquitetaram um diário falsificado supostamente escrito por uma ex-amante do Cardeal Wojtyla. Eles usaram a identidade de uma mulher que ele teria conhecido, mas que agora, é claro, estava morta. O plano era deixar o diário escondido em um apartamento no qual seria encontrado durante uma batida policial. Repórteres ocidentais o tomariam por legítimo e o divulgariam dessa forma. Como veio a se descobrir, no entanto, o agente designado para plantar o diário falso ficou bêbado e se envolveu em um acidente de carro. Num esforço para evitar a prisão e detenção, explicou quem ele era e expôs o plano. Imagina-se o que teria acontecido se a credibilidade do Papa tivesse sido atingida no começo do seu pontificado por um esquema de desinformação como esse" (Pacepa, Ion Mihai e Rychlak, Ronald J. Desinformação. Ex-chefe de espionagem revela estratégias secretas para solapar a liberdade, atacar religião e promover o terrorismo. Campinas-SP: Vide Editorial, 2015, p. 248).

são imputados. Todos os instrumentos são permitidos: testemunhas falsas, evidências mentirosas, documentações forjadas[424]. A Desinformação pode ser empregada tanto para promover uma pessoa quanto para destruí-la. Ao longo da história, foi utilizada para exaltar líderes e personagens importantes comunistas, como Lenin, Stalin, Kruschev, Che Guevara, bem como para transformar inimigos em traidores da causa revolucionária, como ocorreu às escâncaras nos julgamentos-espetáculos promovido por Stalin quando de seus expurgos. Hitler usou esse expediente para instigar os alemães contra os judeus. Esse processo de alterar o passado das pessoas era chamado de "enquadramento". "Os enquadramentos do Kremlin podem ser negativos, para gerar desprestígio, ou positivos, para gerar prestígio; de um modo ou outro, podem afetar diretamente o curso da história mundial. Pessoas admiráveis do Ocidente foram difamadas ou 'enquadradas' como criminosas, ao passo que personagens criminosamente indignos pertencentes à esfera de influência soviética/russa foram retratados ou 'enquadrados' como santos"[425]. Depois de idealizada, os partidos comunistas de todos os países são convocados para defendê-la. Após a divulgação das notícias, todos se unem para garantir a maior publicidade possível, através de "declarações e discursos de estadistas e oficiais do país de origem; documentos oficiais de governo; jornais e outros tipos de material publicados no país em questão; publicações estrangeiras inspiradas por agentes em serviço entre jornalistas estrangeiros e outros especialistas; operações especiais de desinformação; e agentes de influência e de outros tipos lotados no estrangeiro"[426].

A Desinformação é diferente da Propaganda, embora ambas estejam intimamente ligadas. A *origem* da Desinformação está na tática de guerra de ludibriar o inimigo, enquanto a gênese da Propaganda reside nos instrumentos de marketing. No *objetivo*, a Propaganda tem por escopo reunir mais pessoas em torno do ideal comunista para que trabalhem ao seu favor, ao passo em que a Desinformação pretende incutir na mente das pessoas ideias que as façam

---

424 "O escopo e a escala da desinformação praticada por regimes comunistas são virtualmente ilimitados. Não existem barreiras legais ou políticas para operações de desinformação" (Golitsyn, Anatoliy. Meias Verdades, Velhas Mentiras. A estratégia comunista de embuste e desinformação. Campinas-SP: Vide Editorial, 2014, p. 25).

425 Pacepa, Ion Mihai e Rychlak, Ronald J. Desinformação. Ex-chefe de espionagem revela estratégias secretas para solapar a liberdade, atacar religião e promover o terrorismo. Campinas-SP: Vide Editorial, 2015, p. 80.

426 Golitsyn, Anatoliy. Meias Verdades, Velhas Mentiras. A estratégia comunista de embuste e desinformação. Campinas-SP: Vide Editorial, 2014, p. 65.

interpretar os fenômenos de forma equivocada, levando-as a tomar decisões prejudiciais aos seus próprios valores e favoráveis às bandeiras comunistas. Sobre o *alvo*, a Propaganda mira a emoção das pessoas, apelando para seus instintos mais básicos, como a preservação dos valores familiares, o desejo de satisfação das necessidades, o desejo sexual e o impulso pela sobrevivência; já a Desinformação apela à razão para a interpretação dos dados mentirosos plantados. Quanto ao *método*, a Propaganda é explícita, ela expressamente expõe o propósito de enaltecer o regime, ao passo que a Desinformação é dissimulada e disfarçada, ocultando o seu fim de atuar em favor do socialismo. Por fim, no que tange ao *conteúdo*, a Propaganda pode utilizar informações verdadeiras ou falsas, porque o que importa são os resultados obtidos; a Desinformação, em outro oposto, sempre propaga notícias falsas, embora ela tenha uma base mínima de veracidade, que é distorcida para os propósitos espúrios.

Estabelecidas essas bases introdutórias, é possível analisar como os países comunistas usaram intensamente a Desinformação.

## A DESINFORMAÇÃO SOVIÉTICA

Uma das maiores patentes militares do bloco soviético a deserdar para os Estados Unidos, senão a maior, foi Ion Mihai Pacepa, Tenente-General que assumiu o posto de chefe do setor de inteligência estrangeira da Romênia. Nessa função, teve contato próximo com os maiores líderes do bloco socialista, inclusive com Nikita Kruschev, quando pôde conhecer profundamente as estratégias de desinformação empregadas — mesmo porque ele foi um dos que as utilizou largamente. Com tal experiência, afiançou que a Desinformação existiu durante a Guerra Fria e persiste até hoje. No passado, o valor dado à estratégia era tão grande que "mais pessoas no bloco soviético trabalhavam no maquinário da *desinformação* do que no exército e na indústria de defesa somados. Só a comunidade de inteligência do bloco tinha facilmente mais de 1 milhão de agentes e vários milhões de informantes ao redor do mundo. Todos estavam envolvidos no propósito de enganar o Ocidente — e seus próprios povos — ou em apoiar esse propósito. A estes se deve acrescentar o vasto número de pessoas trabalhando para organizações internacionais de *desinformação* que a KGB criara em segredo. Essas organizações eram sediadas fora da União Soviética, fingiam ser entidades internacionais independentes e publicavam os seus próprios jornais em francês ou inglês"[427].

Na mesma linha, Anatoliy Golitsyn, um ucraniano que integrou a inteligência soviética, trabalhando como chefe de seção no departamento de serviço de inteligência responsável pela contraespionagem contra os Estados Unidos, afiançou que, "desde 1958, há um programa de operações estratégicas de desinformação política em andamento"[428].

A União Soviética, portanto, foi a pioneira a utilizar o método de forma organizada e metódica que, certamente, levou-a a um nível profissional ímpar. Um dos motivos que permitiu a perfeita simbiose entre ambas foi o autoritarismo do socialismo marxista. Detendo o Partido Comunista o total e absoluto controle dos meios de comunicação, não havia o mínimo espaço para que fossem desmentidas as histórias internas criadas pelos governantes. Em países democráticos, qualquer inverdade divulgada pode ser submetida ao controle da imprensa e dos próprios cidadãos, o que é totalmente vedado nos países comunistas. Uma outra razão reside no controle rigoroso exercido nas fronteiras: nos períodos de maior recessão, em que o próprio socialismo esteve em risco na União Soviética, as pessoas que entravam e saíam do país eram submetidas a uma cuidadosa gerência, havendo a expressa vedação de que mantivessem contato com pessoas de outros Estados. Com isso, os habitantes locais não podiam explicar para os estrangeiros o que de fato ali ocorria. O governo possuía amplo espaço para divulgar as informações que bem entendesse, inclusive falseando deliberadamente o estado caótico interno. A terceira razão é a transparência no mundo ocidental: quando ocorre uma crise política interna, rapidamente ela cai no conhecimento público. No bloco socialista, ninguém conseguia identificar tal crise — muitas vezes, nem mesmo os próprios cidadãos[429].

---

[427] Pacepa, Ion Mihai e Rychlak, Ronald J. Desinformação. Ex-chefe de espionagem revela estratégias secretas para solapar a liberdade, atacar religião e promover o terrorismo. Campinas-SP: Vide Editorial, 2015, p. 72.

[428] Golitsyn, Anatoliy. Meias Verdades, Velhas Mentiras. A estratégia comunista de embuste e desinformação. Campinas-SP: Vide Editorial, 2014, p. 21.

[429] "Sistemas democráticos, mais abertos, portanto politicamente mais estáveis por natureza, não precisam de desinformação para encobrir as eventuais crises internas, ou ainda os meios pelos quais são resolvidas. Crises vêm a público, e não se podem esconder (...) [Nos regimes democráticos] a vulnerabilidade política, a tensão em torno da própria estabilidade e os métodos nada democráticos para lidar com crises internas obrigam esses regimes a dispor de desinformação em larga escala, para encobrirem e dispersarem as ameaças à sua existência, e ainda pintarem a si próprios como formas estáveis de sociedade" (Golitsyn, Anatoliy. Meias Verdades, Velhas Mentiras. A estratégia comunista de embuste e desinformação. Campinas-SP: Vide Editorial, 2014, p. 24).

Golitsyn expõe os três principais padrões de Desinformação utilizados pelos soviéticos: o primeiro é reservado para a implantação de políticas de longo alcance; o segundo para momentos de crise política comunista; e o terceiro para períodos de transição de governantes nos regimes socialistas.

O primeiro tipo é chamado *padrão declínio-evolução* ou *cálculo de moderação ideológica*, em que o próprio regime imputa a si mesmo, por meio de notícias plantadas nos meios de comunicação internacionais, um modelo mais moderado de governo, fazendo crer que a intensidade da revolução e do totalitarismo fora amenizado. Expondo-se como um modelo que evolui, os comunistas desarmam os ocidentais, pois eles maneiram nos ataques com a expectativa de que possam realizar negócios. Isso aconteceu, por exemplo, na década de 1920, quando o socialismo estava à beira do colapso, com a destruição das indústrias nacionais pela guerra, com os efeitos do terror promovido por Lenin, com as revoltas camponesas eclodindo e com os movimentos nacionalistas deflagrando nos países satélites. Lenin, então, lançou um novo modelo econômico, que denominou de "Nova Política Econômica – NEP", divulgando por todo o mundo a Desinformação de que a Rússia admitira o fracasso do socialismo e, por isso, promovia uma maior abertura econômica em direção à adoção do capitalismo pleno. "As características dessa desinformação seriam uma aparente moderação da ideologia comunista, a tática de evitar referências à violência dos métodos comunistas, o exagero quanto ao grau de restauração do capitalismo na Rússia soviética, o uso de um estilo sóbrio e prático nas negociações diplomáticas e comerciais com o Ocidente e a ênfase no desarmamento e na coexistência pacífica"[430]. As notícias foram divulgadas pelo próprio governo nos seus canais oficiais e, também, por revistas dissimuladamente criadas em Praga e Paris, que tinham a fachada de serem independentes. Os países ocidentais, crendo na história, fizeram concessões políticas, abriram empresas, aproximaram-se politicamente. Todas essas mudanças promovidas pelo bloco soviético eram falsas e foram cuidadosamente maquinadas, operadas de um modo para que não se perdesse o controle efetivo de todo o país. Quando finalmente conseguiu afastar-se dos riscos que acometiam o regime no início da década de 1920, Stalin encerrou a Nova Política Econômica em 1929, cancelou as concessões feitas às

---

[430] Golitsyn, Anatoliy. Meias Verdades, Velhas Mentiras. A estratégia comunista de embuste e desinformação. Campinas-SP: Vide Editorial, 2014, p. 30.

indústrias estrangeiras, coletivizou novamente a agricultura, confiscou os bens privados e realizou expurgos contra os opositores políticos[431].

O segundo tipo de desinformação é utilizado para os períodos de crise interna, quando há ataques à liderança ou ao sistema. Também chamado *fachada-resistência* ou *Vila de Potemkin*, por este método "o padrão lógico para a desinformação vai no sentido de disfarçar a crise e suas dimensões, de chamar a atenção para outras áreas e problemas, e de apresentar a situação, seja domesticamente ou para o mundo lá fora, sob a luz mais favorável possível (...) Segundo o padrão fachada-resistência, suprimem-se as informações danosas ao regime ao passo que se exageram as informações que o favoreçam. A imprensa reflete os problemas reais muito vagamente, se é que os refletem. Estatísticas são omitidas ou adulteradas. A propaganda tem um papel de destaque, a ponto de se tornar ela mesma a principal forma de desinformação. Levam-se a cabo fraudes especiais para dar suporte à sua credibilidade. Os erros e fraquezas do regime são retratados como êxitos e demonstrações de força; passividade e fuga, como vitórias políticas e ideológicas; inquietações sobre o futuro, como segurança"[432]. Um exemplo foi a ocultação da grande fome de 1932-1933 no exterior[433] [434]. Nessa

---

[431] "A desinformação levada a cabo nos tempos da NEP fora bem-sucedida. Vista por olhos ocidentais, a ameaça do comunismo parecia ter-se tornado difusa. O temor do bolchevismo esmoreceu. O posicionamento anticomunista foi minado. Despertaram-se as expectativas de reconciliação. O público ocidental, relutante a sacrifícios, impeliu os seus governos a se acostumarem com o regime comunista. Na realidade, o desafio do comunismo recrudescera (as expectativas ocidentais estavam por se destroçar), mas os estrategistas comunistas tinham aprendido a lição de que os líderes ocidentais se poderiam enganar e induzir a erros de análise e de cálculo político relativamente à União Soviética. Com efeito, a desinformação criou condições favoráveis para o sucesso da política interna, da diplomacia ativista e da ação do Comintern soviéticos" (Golitsyn, Anatoliy. Meias Verdades, Velhas Mentiras. A estratégia comunista de embuste e desinformação. Campinas-SP: Vide Editorial, 2014, p. 33).

[432] Golitsyn, Anatoliy. Meias Verdades, Velhas Mentiras. A estratégia comunista de embuste e desinformação. Campinas-SP: Vide Editorial, 2014, p. 37-38.

[433] "Ao contrário da fome de 1921-1922, reconhecida pelas autoridades soviéticas que apelaram constantemente à ajuda internacional, a de 1932-1933 sempre foi negada pelo regime que encobriu com sua propaganda as poucas vozes que, do exterior do país, chamavam a atenção para essa tragédia. Para tanto, ele recebeu a ajuda de 'testemunhos' solicitados, como o do deputado francês e líder do Partido Radical, Édouard Herriot, que, viajando pela Ucrânia no verão de 1933, alardeava que havia apenas 'hortas nos kolkhozes admiravelmente irrigadas e cultivadas' e 'colheitas decididamente admiráveis', antes de concluir, peremptório: 'Atravesseis a Ucrânia. Pois bem! Afirmo-lhes que a vi tal qual um jardim em plena floração'. Essa cegueira era, inicialmente, o resultado de uma fantástica farsa montada pela GPU para os hóspedes estrangeiros cujo itinerário era marcado por kolkhoses e jardins de infância modelos" (Courtois, Stéphane; Werth, Nicolas; Panné, Jean-Louis; Paczkowski, Andrzej; Bartosek, Karel; Margolin, Jean-Louis. O Livro Negro do Comunismo. Crimes, terror e repressão. Rio de Janeiro: Bertrand Brasil, 2018. 11ª edição, p. 193).

[434] Essa fome "é a única grande fome cuja existência foi ignorada ou negada pelas autoridades governamentais e mesmo em alto grau bem escondida da opinião pública mundial. O processo pelo qual isto aconteceu é bastante infeliz, envolvendo reações políticas que continuam existindo até hoje. Evidentemente não era possível esconder o fato totalmente. Em Moscou sabia-se do fato, e funcionários do governo ocasionalmente falavam sobre a fome com estrangeiros. Alguns estrangeiros — inclusive Malcolm Muggeridge e Tom Jones, o secretário de Lloyd George — chegaram até a penetrar na área da fome e viram os resultados por si mesmos. Mas naturalmente as informações sobre a fome eram divulgadas no

estratégia, o socialismo nunca foi visto como um regime frágil, violento, injusto e suscetível. Para o público em geral, sempre foi infalível e estável, liderado por personagens fortes e destemidos, não tendo sido jamais abalado por qualquer revolta ou atentado. Todos os expurgos promovidos por Lenin, Stalin e pelos governantes posteriores foram plenamente justificados, quiçá necessários, uma vez que as vítimas, sem uma exceção sequer, foram fabricadas pelo governo como antirrevolucionárias, traidoras e desleais. Os ocidentais e a própria população local acreditaram piamente nesta obra fraudulenta.

O terceiro e último modelo de desinformação é aquele reservado para os momentos de transição política interna, quando um governante deixa o poder e outro assume. "As metas da desinformação naqueles tempos eram ocultar do Ocidente as dimensões da crise no mundo comunista, borrar as diferenças políticas entre os concorrentes à sucessão, encobrir a selvageria da sua disputa e passar uma impressão enganosa do processo de desestalinização"[435]
. Foi esse o caminho adotado por Kruschev quando lutou com seus opositores Beriya, Malenkov, Molotov e Bulganin para assumir o posto de governante máximo, após a morte de Stalin. Ocultando os seus reais propósitos, ele fez crer, por meio da Desinformação, que pretendia implantar uma forma de governo menos tirânica e terrorista que a utilizada pelo seu antecessor. Proferiu um conhecido discurso no Vigésimo Congresso do Partido Comunista, em 1956, apelidado de "Relatório Secreto", em que condenou abertamente o culto à personalidade promovido por Stalin e as medidas por ele adotadas, inclusive contra integrantes do partido. Embora, no próprio corpo do seu discurso, ele tenha rogado aos integrantes do partido que as notícias ali apontadas não fossem divulgadas, todo o discurso foi deliberadamente publicado para a imprensa internacional através de jornalistas previamente recrutados. Criado o contexto favorável, Kruschev assumiu o poder. A partir daí, regressou integralmente aos métodos stalinistas, com expurgos, táticas terroristas e, enfim, assumindo

---

Ocidente pelos maiores adversários da União Soviética. Por uma reação comum — apesar de impensada e infeliz — a esquerda e mesmo os círculos moderados foram capazes de se convencer de que a história era falsa ou (um ponto de vista muito mais fácil) grandemente exagerada. O governo soviético não havia admitido a sua existência. Ocasionalmente, viajantes acompanhados (por exemplo, Sir John Maynard) eram levados a lugares especialmente preparados na área sujeita à fome e faziam suas generalizações a partir daí" (Conquest, Robert. O Grande Terror. Os expurgos de Stalin. Rio de Janeiro: Editora Expressão e Cultura, 1970, p. 35).

435 Golitsyn, Anatoliy. Meias Verdades, Velhas Mentiras. A estratégia comunista de embuste e desinformação. Campinas-SP: Vide Editorial, 2014, p. 43.

idêntico culto à sua personalidade.

Essas medidas fraudulentas tomadas pelo governo soviético, em sua grande maioria, obtiveram o resultado desejado. A própria experiência e uma mera consulta às notícias publicadas pela imprensa denotam como realmente houve grande resistência interna e internacional para que os Estados Unidos se envolvessem na Segunda Guerra Mundial, na Guerra do Vietnã[436], nas Guerras do Golfo, na Guerra contra o terrorismo nos países do Oriente Médio e em todos os demais territórios de interesse da União Soviética ou da Rússia.

Esse grande êxito é devido a três principais fatores. "Em primeiro lugar, esses serviços operam em uma escala muito maior: o potencial de inteligência dos regimes totalitários é sempre maior que o dos democráticos, pois sua estabilidade respalda-se em polícias secretas. A determinação com que os regimes comunistas promovem os seus sistemas em outros países implica um alargamento do papel a ser desempenhado por seus serviços de inteligência no exterior. Por conseguinte, esses regimes levam as atividades de inteligência e de segurança mais a sério, e despendem nelas muito mais recursos humanos e financeiros que as democracias. Na União Soviética é possível formar quadros com o equivalente a um diploma universitário nessas disciplinas. Há incentivos para que essas pessoas, tanto dentro como fora de suas próprias áreas geográficas, ampliem massivamente as suas redes de informantes. Em segundo lugar, os líderes comunistas reconhecem a importância das atividades de segurança para a sua própria sobrevivência e o aporte construtivo de uma boa inteligência para a sua estratégia internacional. Os serviços de segurança e de inteligência comunistas estão, portanto, livres de severas, se não incontornáveis, restrições que se impõem às atividades de suas equivalentes em países democráticos. Desfrutam de um lugar oficialmente reconhecido e honrado entre as instituições comunistas; não têm por que brigar com a imprensa ou com a opinião pública em seus próprios países; e podem permitir-se ser mais agressivos, especialmente no recrutamento de novos agentes. O terceiro fator,

---

[436] "Esses terroristas chegaram ao poder com a ajuda de milhões de jovens militantes americanos e europeus que, manipulados por uma rede de organizações esquerdistas e um exército de pop stars das artes e letras, marcharam 'pela paz' nos anos sessenta, sob lindos pretextos idealistas e humanitários, forçando os EUA a desistir de uma guerra vitoriosa, sair do Vietnã do Sul e deixar o caminho livre para que os comunistas armados pela China invadissem esse país e o vizinho Camboja. Resultado final do massacre: três milhões de civis mortos, mais de três vezes o total das vítimas da guerra" (Carvalho, Olavo de. O Mínimo que Você Precisa Saber para Não Ser um Idiota. São Paulo: Editora Record, 2015. 18ª edição, p. 148).

e possivelmente o mais importante, está em que, desde fins da década de 1960, todos os recursos de inteligência e de segurança do bloco comunista inteiro têm-se destinado a um papel ativista na implementação da nova política, papel esse que implica o fornecimento de informações internas, 'secretas' e cuidadosamente selecionadas para a inteligência ocidental"[437].

A esses fatores, outro deve ser acrescentado: a crença ocidental de que artifícios dessa natureza jamais seriam empregados por um governo. "O que aconteceu na URSS sob Stalin, não poderia ser compreendido ou calculado pelo observador baseado no senso comum, julgando-se como senso comum as noções consideradas razoáveis e naturais por um democrata ocidental. Muitos dos mal-entendidos que surgiram na Inglaterra e nos Estados Unidos durante a época dos grandes julgamentos deviam-se a preconceitos — não necessariamente a preconceitos favoráveis ao regime soviético ou a Stalin, mas pelo menos o preconceito relativo a certos acontecimentos e suas interpretações. Os grandes julgamentos eram, e isto deveria ter ficado claro mesmo naquela época, grandes falsificações. Mas para muitos ocidentais era extremamente difícil acreditar nisto: acreditar que um Estado pudesse realmente realizar em tão larga escala um sistema tão ordinário de falsificações da verdade"[438].

Robert Conquest destaca que "uma das realizações do stalinismo foi a sua capacidade de, apesar de existirem muitas informações contradizendo a versão oficial, impor sua versão a jornalistas, sociólogos e outros visitantes usando métodos que podem parecer crus e óbvios, mas funcionaram esplendidamente. Turistas visitaram a URSS, durante a Yezhovshcina, em maior número do que em qualquer época anterior. E não perceberam nada. As prisões noturnas, as câmaras de tortura de Lefortovo e as celas superlotadas da Butyrka, os milhões de prisioneiros sujeitos à fome e ao frio nos grandes campos do norte, tudo foi escondido deles. As únicas cenas dramáticas foram os três grandes julgamentos públicos. E mesmo estes foram estritamente controlados e não se afastaram muito do roteiro previamente estabelecido"[439].

---

[437] Golitsyn, Anatoliy. Meias Verdades, Velhas Mentiras. A estratégia comunista de embuste e desinformação. Campinas-SP: Vide Editorial, 2014, pp. 103-104.

[438] Conquest, Robert. O Grande Terror. Os expurgos de Stalin. Rio de Janeiro: Editora Expressão e Cultura, 1970, p. 501.

[439] Em O Grande Terror. Os expurgos de Stalin. Rio de Janeiro: Editora Expressão e Cultura, 1970, p. 497.

## A ARTE COMUNISTA DE CRIAR DEMÔNIOS

A técnica de Desinformação voltada à demonização de inimigos da revolução foi uma prática escancaradamente comum nos regimes socialistas. Robert Conquest narra com detalhes esse método ao descrever como ocorriam os "julgamentos-espetáculos" promovidos por Stalin, para macular a reputação de seus adversários e de garantir a condenação, tendo, para tanto, o apoio interno e o internacional. Trechos de um desses famosos julgamentos são a seguir retratados. "O julgamento começou às 12h10min do dia 19 de agosto ante uma sessão do Colégio Militar da Suprema Corte, no pequeno 'Salão Outubro' do Palácio dos Sindicatos — escolhido em detrimento do enorme 'Salão das Colunas', que havia sido o local dos julgamentos públicos anteriores (...) Neste salão, só havia lugar para cerca de cento e cinquenta cidadãos soviéticos e cerca de trinta jornalistas e diplomatas estrangeiros. Esta plateia estrangeira era de importância capital para o espetáculo. Uma crítica unanimemente hostil poderia ter evitado outros julgamentos deste tipo. Muitas dessas privilegiadas testemunhas deixaram-se levar por uma conspiração improvável e detalhes incríveis. Os espectadores soviéticos foram todos selecionados pela NKVD e, em sua maior parte, eram funcionários e agentes da própria NKVD. Dizem que a plateia soviética recebeu instruções para a um dado sinal causar a maior comoção possível no tribunal, o que seria necessário se algum dos acusados resolvesse desobedecer as regras do jogo (...) Um aspecto importante pelo qual a justiça soviética diferia da praticada por seus futuros colegas em Nuremberg era o de que as sentenças haviam sido preparadas previamente por autoridades não judiciais. 'A prática era a preparação, por parte da NKVD, de listas de pessoas cujos casos estavam sob a jurisdição do Colégio Militar e cujas sentenças eram preparadas antecipadamente. Depois disso, Yezhov mandava estas listas para serem submetidas a Stalin, para a aprovação das punições propostas (...) Pouco antes do início das sessões do tribunal, Yagoda e Yezhov haviam mantido uma conferência com Zinoviev, Kamenev, Evdokimov, Bakayev, Mrachkovsky e Ter-Vaganian. Yezhov repetiu a promessa feita por Stalin, de que suas vidas seriam poupadas, e também preveniu-os de que qualquer tentativa de 'traição' seria considerada como implicando todo grupo. Agora eles estavam acomodados, pouco à vontade entre os agentes provocadores espalhados entre eles e separando-os. A prática de se julgar um grupo de prisioneiros políticos importantes juntamente com vários patifes de segunda categoria (ou pretensos patifes), como se formassem um único grupo, é uma técnica bastante antiga. No julgamento de Danton e dos Moderados, no 13-14 Germinal, ele e quatro de seus seguidores mais íntimos foram misturados com homens acusados por roubo e espionagem comum, e cada um foi cuidadosamente ligado aos outros por uma acusação conjunta. A imprensa soviética estava fazendo exatamente isso (...) Ulrick deu prosseguimento às formalidades de identificação dos acusados e perguntou se havia objeções à Corte e se os acusados desejavam advogados para defendê-los. A resposta a estas duas perguntas foi unânime e negativa. Então o secretário do tribunal procedeu à leitura da citação. Esta se baseava no julgamento de janeiro de 1935, durante o qual, afirmava a citação, Zinoviev e seus colegas haviam negado sua responsabilidade direta pelo assassinato de Kirov. As circunstâncias reveladas depois deste julgamento indicavam que eles e os trotskistas, que muito antes já haviam praticado o terrorismo, haviam constituído um bloco unido em fins de 1932. Também o grupo de Lominadze estava ligado a eles. Recebiam instruções de Trotski, através de agentes especiais, e para o cumprimento destas instruções haviam organizado grupos terroristas que já 'haviam preparado uma série de medidas práticas' para o assassinato de Stalin, Kaganovich, Kirov, Ordzhonikidze, Zhdanov, Kossior, Postyshev e outros; sendo que um destes grupos terroristas já assassinara Kirov. Além dos assassinatos não possuíam nenhum programa político (...) Depois da leitura do sumário os acusados reconheceram sua culpa, exceção feita a Smirnov e Holtzman[440 441] (...) Quando Fritz David terminou, a corte retirou-se para considerar o veredicto. Yagoda já o aprontara e esperava pelos juízes, na sala

---

[440] "Os oposicionistas — com a exceção do próprio Trotsky — haviam cometido um erro tático básico. Suas constantes admissões de pecados políticos, suas admissões de que afinal de contas Stalin estava certo, baseavam-se na ideia de que era correto 'rastejar no pó', sofrer qualquer humilhação, para permanecer ou voltar ao Partido. Desta forma eles pensavam que, quando fosse a vez de a própria política stalinista rastejar, estariam lá, disponíveis como a alternativa de liderança que o Partido então deveria procurar (...) Sua visão da história fazia com que eles não concebessem a ideia de que o partido do proletariado pudesse ser transformado, pela intriga política ou qualquer outro meio, em instrumento de ditadura pessoal" (Conquest, Robert. O Grande Terror. Os expurgos de Stalin. Rio de Janeiro: Editora Expressão e Cultura, 1970, p. 134).

[441] A tortura era um meio muito comum de obter as confissões, seja pela tortura física, seja pela psicológica. Certamente, porém, o meio mais eficaz era a tomada de familiares como reféns, com a promessa de que seriam liberados em caso de confissão. Obviamente, todos eram mortos ou enviados a campos de concentração mesmo depois que a confissão fosse prestada nos julgamentos públicos. "Não há dúvida de que as ameaças à família — quer dizer, o emprego de reféns como garantia de bom comportamento — era uma das medidas mais poderosas dentre as precauções de Stalin. Parece ter sido a regra geral que, por ocasião das confissões de figuras proeminentes, membros de suas famílias estavam em poder da NKVD" (Conquest, Robert. O Grande Terror. Os expurgos de Stalin. Rio de Janeiro: Editora Expressão e Cultura, 1970, p. 150).

do conselho. Mas deixaram passar um intervalo razoável e, às 2h30min da madrugada seguinte, a corte voltou a reunir-se e julgou todos os envolvidos culpados por todas as acusações. Todos foram sentenciados à morte (...) Zinoviev estava adoentado e febril. Disseram-lhe que ele iria ser transferido para uma outra cela. Mas quando viu os guardas imediatamente compreendeu a situação. Todas as versões concordam com o fato de ele ter entrado em colapso, gritando em altos brados um desesperado apelo para que Stalin cumprisse a promessa feita (...) No todo, o julgamento foi um grande sucesso para Stalin. Os comunistas e o povo russo não podiam fazer objeções abertas à sua versão. E o resto do mundo, a cujos representantes ele havia permitido presenciar o julgamento como uma forma de autenticá-lo, pela forma com que ele foi levado a efeito tendia, pelo menos no começo, a não rejeitá-lo completamente como uma falsificação. Quanto às confissões, havia um mal-estar considerável. Mas mesmo se elas tivessem sido obtidas por métodos pouco legais, isto por si só não demonstrava que elas eram falsas. Na verdade, o fenômeno mais difícil de ser reconciliado com a completa inocência dos acusados eram exatamente as suas confissões. Assim, de uma forma considerável, o método das confissões encontrou sua justificação política. Hoje em dia, para os que sabem da falsidade das acusações e algo a respeito de como a coisa toda foi preparada, o próprio caso pode nos parecer um anticlímax. Na época, para o mundo e para o Partido, ele pareceu diferente — como um terrível acontecimento público. As acusações foram examinadas detalhadamente. Vários advogados ingleses e jornalistas ocidentais consideraram-nas bastante verdadeiras"[442].

Julgamentos como esses ocorreram dezenas, senão centenas de vezes[443]. Sobre eles, é ainda importante anotar que Stalin não só desejava exterminar seus opositores, pois isso ele poderia obter facilmente por meio de sua polícia secreta, a NKVD. Ele pretendia humilhá-los publicamente, deturpando

---

442 Conquest, Robert. O Grande Terror. Os expurgos de Stalin. Rio de Janeiro: Editora Expressão e Cultura, 1970, pp. 114-128.

443 "Excepcional evento-espetáculo, os processos de Moscou foram também eventos-fachada que desviaram a atenção dos observadores estrangeiros convidados ao espetáculo de tudo o que se passava ao lado e atrás: a repressão em massa de todas as categorias sociais. Para esses observadores, que já haviam guardado silêncio sobre a deskulakização, a fome e o desenvolvimento do sistema de campos de concentração, os anos 1936-1938 foram apenas o último ato da luta política que opuseram, por mais de seis anos, Stalin a seus principais rivais; ou, ainda, o fim do confronto entre a 'burocracia termidoriana' stalinista e a 'velha guarda leninista' que permanecera fiel aos compromissos revolucionários" (Courtois, Stéphane; Werth, Nicolas; Panné, Jean-Louis; Paczkowski, Andrzej; Bartosek, Karel; Margolin, Jean-Louis. O Livro Negro do Comunismo. Crimes, terror e repressão. Rio de Janeiro: Bertrand Brasil, 2018. 11ª edição, p. 223).

todos os seus passados para que fossem literalmente apagados das páginas da história[444]. Exatamente nesse ponto fica patenteada a importância que a União Soviética dava a essa técnica de adulteração da verdade.

Nem seria necessário esclarecer, por ser intuitivo, que essa técnica se repetiu nos demais regimes socialistas ao redor do mundo. O general cubano Arnaldo Ochoa, por exemplo, combatente na Sierra Maestra, herói da revolução de Cuba e militar com um número gigantesco de condecorações, foi julgado e condenado por tráfico de drogas em um processo público falso tramado por Fidel Castro. Depois de ter a sua reputação manchada indelevelmente, foi executado em 3 de julho de 1989.

Falsear verdades, criar provas inexistentes, desmoralizar publicamente o personagem, ofendê-lo pelos meios de comunicação, expulsá-lo do partido revolucionário e puni-lo exemplarmente: essa é a técnica comunista para a criação de demônios.

## A ARTE COMUNISTA DE CRIAR SANTOS

A Desinformação não apenas serviu para "enquadrar" inimigos, mas também para criar heróis. Dois casos mais recentes, de Fidel Castro e de Ernesto Che Guevara, ilustram essa conclusão.

Fidel Castro foi romantizado como o líder simples que comandou uma revolução social em Cuba, mantendo-se íntegro, honesto e alheio aos preceitos capitalistas americanos ao assumir o poder. Em vários discursos proferidos, apresentou-se como alguém que defendia o ideal da humildade. No dia 16 de abril de 1961, em homenagem às vítimas do bombardeio suportado por Cuba em 1961, exclamou que: "Compañeros obreros y campesinos de la patria, el ataque de ayer fue el preludio de la agresión de los mercenarios, el ataque de ayer que costó siete vidas heroicas, tuvo el propósito de destruir nuestros aviones en tierra, mas fracasaron, solo destruyeron tres aviones, y el grueso de los aviones enemigos fue averiado o abatido (Aplausos). Aquí, frente a la tumba de los compañeros caídos; aquí, junto a los restos de los jóvenes heroicos, hijos de obreros e hijos de familias humildes, reafirmemos nuestra decisión, de que al igual que ellos pusieron su pecho a las balas, al igual que ellos dieron su vida, vengan cuando vengan los

---

[444] "Stalin desejava não só matar seus oponentes, mas também destrui-los política e moralmente" (Conquest, Robert. O Grande Terror. Os expurgos de Stalin. Rio de Janeiro: Editora Expressão e Cultura, 1970, p. 154).

mercenarios, todos nosotros, orgullosos de nuestra Revolución, orgullosos de defender esta Revolución de los humildes, por los humildes y para los humildes, no vacilaremos, frente a quienes sean, en defenderla hasta nuestra última gota de sangre (Aplausos)"[445]. Na comemoração dos quarenta anos desse mesmo ataque, Fidel reafirmou sua posição: "Hoy no venimos a conmemorar el 40 aniversario de la proclamación del carácter socialista de la Revolución; hemos venido a ratificarlo, hemos venido a volver a jurar. Utilizando exactamente las mismas palabras de aquel inolvidable día hace 40 años, les pregunto: "Obreros y campesinos, hombres y mujeres humildes de la patria, ¿juran defender hasta la última gota de sangre esta Revolución de los humildes, por los humildes y para los humildes?" (Exclamaciones de: "¡Juramos!") Aquí, frente a la tumba de los compañeros caídos; aquí, junto a los restos de los jóvenes heroicos, hijos de obreros e hijos de familias humildes" — a lo que añado hoy dos frases: en memoria de todos los caídos por la patria y la justicia desde hace 133 años, en nombre de los que dieron sus vidas por la humanidad en heroicas misiones internacionalistas—, reafirmemos nuestra decisión de que al igual que ellos pusieron su pecho a las balas, al igual que ellos dieron sus vidas, vengan cuando vengan los mercenarios, todos nosotros, orgullosos de nuestra Revolución, orgullosos de defender esta Revolución de los humildes, por los humildes y para los humildes, no vacilaremos, frente a quienes sean, en defenderla hasta nuestra última gota de sangre"[446]. Esses e outros discursos estão disponíveis em sítio eletrônico oficial de Cuba[447], podendo ser acessados livremente por qualquer pessoa.

Ninguém o admoestava, nacional ou internacionalmente, quando repetia que "não possuía nenhum patrimônio além de uma modesta 'cabana de pescador' em algum ponto da costa"[448]. Por declarações dessa natureza, ditas por ele e repetidas à exaustão pela mídia nacional e estrangeira, Fidel foi chamado de

---

[445] "Discurso pronunciado por Fidel Castro Ruz, Presidente de Dobla República de Cuba, en las honras fúnebres de las víctimas del bombardeo a distintos puntos de la república, efectuado en 23 y 12, frente al cementerio de Colón, el día 16 de abril de 1961". Disponível em http://www.cuba.cu/gobierno/discursos/1961/esp/f160461e.html, acesso em 20 de agosto de 2018.

[446] "Discurso pronunciado por Fidel Castro Ruz, Presidente de los Consejos de Estado y de Ministros de la República de Cuba, en el acto en conmemoración del aniversario 40 de la proclamación del carácter socialista de la Revolución, efectuado en 12 y 23, el 16 de abril de 2001". Disponível em http://www.cuba.cu/gobierno/discursos/2001/esp/f160401e.html, acesso em 20 de agosto de 2018.

[447] <www.cuba.cu>

[448] Sánchez, Juan Reinaldo. A vida Secreta de Fidel. As revelações de seu guarda-costas pessoal. São Paulo: Editora Paralela, 2014, p. 16.

"Escravo do Povo"[449]. Essa imagem ficou tão consolidada que, quando acusado de escravizar os cubanos, ninguém se espantou com a declaração bradada em sua própria defesa de que: "O escravo sou eu! Sou o escravo do meu povo. Dedico-lhes dias e noites há já quase cinquenta anos"[450]. Junto à ideia de ser uma pessoa humilde e totalmente devota à população, a Desinformação fez colar em Fidel a reputação de ser um combatente da injustiça, um "estadista corajoso que chegou ao poder por meio de uma luta justa, combatendo de maneira heroica e épica todo tipo de injustiça e exploração a que Cuba estava sujeita", que "manteve sempre aceso o ideal revolucionário dentro de si. Preocupou-se desde cedo com o bem-estar de seu povo e lutou contra a injustiça, a opressão de governantes corruptos e a exploração norte-americana na ilha"[451]

Tudo, porém, não passou de pura manipulação da informação.

Juan Reinaldo Sánchez trabalhou dezessete anos, de 1977 a 1994, diretamente na guarda-pessoal de Fidel. Era o guarda-costas número 1. Quando decidiu se aposentar, em 1994, foi torturado pelo regime e preso de 1994 a 1996. Seu desgosto fez com que, depois de fugir da ilha, publicasse um livro expondo a hipocrisia de seus discursos e os seus excessos capitalistas. "Fidel Castro também insinuou, e às vezes afirmou, que a Revolução não lhe dava nenhuma trégua, nenhum descanso; que ele ignorava, ou até mesmo desprezava o conceito burguês de férias. Mentira. De 1977 a 1994, acompanhei-o centenas e centenas de vezes ao pequeno paraíso de Cayo Piedra. Participei de inúmeras pescarias e caçadas submarinas. Na boa estação, de junho a setembro, Fidel e Dalia iam para Cayo Piedra todos os finais de semana. Na estação das chuvas, em contrapartida, Fidel privilegiava La Deseada. Em agosto, os Castro se instalavam por um mês em sua ilha dos sonhos. Quando um imperativo de trabalho ou a visita de uma personalidade estrangeira obrigava o 'comandante da revolução' a voltar a Havana, não havia problema: ele embarcava no helicóptero que ficava permanentemente estacionado em Cayo Piedra durante sua estada. E ele ia e voltava no mesmo dia, se preciso!"[452].

---

449 Lorenzato, Rodolfo. Dossiê Fidel Castro – Vida, aventuras e desventuras do último grande revolucionário da história. São Paulo: Universo dos Livros, 2009, livro digital.

450 Lorenzato, Rodolfo. Dossiê Fidel Castro – Vida, aventuras e desventuras do último grande revolucionário da história. São Paulo: Universo dos Livros, 2009, livro digital.

451 Lorenzato, Rodolfo. Dossiê Fidel Castro – Vida, aventuras e desventuras do último grande revolucionário da história. São Paulo: Universo dos Livros, 2009, livro digital.

452 Sánchez, Juan Reinaldo. A vida Secreta de Fidel. As revelações de seu guarda-costas pessoal. São Paulo: Editora

"Dada a impossibilidade de avaliarmos a fortuna de Fidel Castro, podemos ao menos tentar estimar seu patrimônio. Num país onde não existe mercado imobiliário, é difícil dar um preço à imensa propriedade de Punto Cero (com sua piscina, seu jardim arborizado e suas terras) ou à ilha paradisíaca de Cayo Piedra[453]. Esses bens excepcionais não deixam de possuir um valor intrínseco, que seria fácil comparar a seus equivalentes no mercado de luxo, muito valorizados no mar das Antilhas, nas Bahamas, em Granada ou Antígua. Portanto, a ilha privada de Cayo Piedra pode ser avaliada, por baixo, entre 2 milhões e 10 milhões de dólares. Mas o patrimônio de Fidel não se limita a essas duas casas principais. É preciso somar a elas dezenas de outras residências. Numa avaliação rigorosa, objetiva e minimalista, limito-me às vinte casas que servem para uso exclusivo do comandante, as que conheço por tê-las visitado pessoalmente e por tê-las visto com meus próprios olhos, sem levar em conta outras moradias que poderiam mais parecer alojamentos de serviço. Passemos por este portfólio imobiliário, região por região, de oeste a leste da ilha. Na província de Pinar del Río, no extremo oeste de Cuba, ele tem três bens: a casa Del Americano (com piscina descoberta), a fazenda de La Tranquilidad na localidade de Mil Cumbres (pouquíssimo frequentada por Fidel; só estive lá duas vezes) e La Deseada, um chalé de caça que conheci bem, situado na zona pantanosa onde ele caçava patos no inverno. Em Havana, *el comandante* — além da casa de Punto Cero — tem seis residências: a casa de Cojímar, que foi sua primeira morada depois do Triunfo da Revolução, em 1959; a da rua 160, no bairro de Playa, que é bastante luxuosa[454]; uma terceira casa, reservada aos encontros

---

Paralela, 2014, p. 17.

453 Essa ilha é um lugar paradisíaco, com um quilômetro e meio de extensão. Cayo Piedra não designa uma ilha, mas duas: a passagem de um ciclone a dividiu, mas Fidel resolveu o problema mandando construir uma ponte de 215 metros entre as duas metades. A Ilha Sul, a principal, é a maior das duas. Ali Fidel construiu uma casa térrea, quadrangular, com um terraço a leste que se abre para o alto-mar. Possuía um quarto para o casal, um quarto para as crianças, uma cozinha e uma sala que dava para o terraço. Do terraço se via o heliporto. A uma centena de metros havia a casa reservada aos guarda-costas e, na frente dela, havia outra para acolher os cozinheiros, mecânicos, eletricistas, oficiais de rádio e uma dezena de oficiais armados. Ainda na Ilha Sul havia o depósito de combustível, uma reserva de água doce trazida da terra firme e uma minicentral elétrica. A oeste existia um pequeno cais para atracar o Aquarama II, tendo sido aberto um canal de um quilômetro de comprimento para comportar o calado do barco, de 2,5 metros. O atracadouro com sessenta metros era o epicentro da vida social em Cayo Piedra: tinha um píer flutuante de quinze metros e, sobre ele, um restaurante com bar e churrasqueira. Do restaurante podia-se ver o viveiro de tartarugas marinhas e o golfinário. A Ilha Norte era praticamente deserta: além de uma rampa de lançamento de mísseis antiaéreos havia a casa de hóspedes, com quatro quartos e uma grande sala de estar. Ali havia uma piscina de água doce de 25 metros de comprimento (Sánchez, Juan Reinaldo. A vida Secreta de Fidel. As revelações de seu guarda-costas pessoal. São Paulo: Editora Paralela, 2014, pp. 15-16).

454 "Punto Cero é um amplo terreno de trinta hectares situado na zona oeste de Havana, não muito longe do mar: precisamente a 1,3 quilômetro da marina Hemingway e a dez quilômetros do Palácio presidencial. Quatro jardineiros

amorosos: a residência de Carbonel, localizada dentro da Unidade 160; uma adorável casinha em Santa Maria del Mar, em estilo anos 1950, de frente para o mar e ao lado do hotel Trópico (na municipalidade de Havana do Leste); e por fim as duas moradias dotadas de abrigos antiaéreos para a família Castro, em caso de guerra: a casa de Punta Brava (onde Dalia viveu em 1961, antes de morar com Fidel) e a Casa Del Gallego, bem perto da Unidade 160. Na província de Matanas, ele tem duas casas de veraneio nos litorais norte e sul: ao norte, uma residência no coração da estação turística de Varadero, muito estimada pelos filhos que teve com Dalia, pois ela fica de frente para a praia; e, ao sul, La Caleta del Rosario (na Baía dos Porcos), onde uma marina serve de porto de matrícula ao iate *Aquarama II*[455] e ao resto da flotilha privada do comandante. Mais a leste, na província de Ciego de Avila, outra casa dá para a areia fina: a de Isla de Turiguano, perto do ponto turístico Cayo Coco, apreciado pelos mergulhadores do mundo inteiro, na costa setentrional de Cuba. Na província de Camagüey, mais a leste, encontramos a pequena *hacienda* de San Galletano, que, apesar de Fidel não montar a cavalo, tem um picadeiro ao ar livre (chamado de "carreira" no mundo da equitação). Outra casa, chamada Tabayito, também em Camagüey, fica protegida dentro de um complexo que abriga outras residências reservadas aos membros da nomenklatura. Por fim, conheço outra propriedade chamada

---

trabalhavam na manutenção desse parque arborizado que, além de uma casa senhorial de quinhentos metros quadrados, em forma de L (com dois andares), abrigava uma piscina de quinze metros, seis estufas para o cultivo de frutas e legumes, e um amplo gramado para as crianças brincarem. Sem falar na segunda casa de moradia (350 metros quadrados, em dois andares), situada a cinquenta metros da casa principal, onde ficavam alojados os guarda-costas da escolta, bem como os empregados da casa. Com suas laranjeiras, limoeiros, tangerineiras, árvores de toranjas e bananeiras, o parque parecia um verdadeiro Jardim do Éden. Principalmente quando comparado ao famoso carnê de racionamento com o qual todos os cubanos — inclusive nós, guarda-costas de Fidel Castro — abasteciam suas despensas mensalmente, por pessoa: cinco ovos, quinhentos gramas de frango, 250 gramas de peixe, 250 mililitros de óleo e de feijão preto, leite em pó (reservado às crianças de menos de sete anos) e um pão por dia, o que era notoriamente insuficiente para ir além de quinze dias e obrigava os infelizes cubanos a buscar todo tipo de truque para saciar a fome).

A imensa casa dos Castro estava decorada com gosto, no estilo clássico das casas senhoriais nas Antilhas: persianas nas janelas, móveis de vime e madeiras tropicais, aquarelas e pratos de porcelana pendurados nas paredes. Ao que se somava uma profusão de livros nas estantes e nas mesas de centro". O imóvel ainda contava com um viveiro de gansos, galinhas poedeiras e gado, todos cuidados por veterinários. Cada vaca, dada a diversidade da acidez e das características do leite de cada uma, era escolhida para produzir o leite para cada um dos integrantes de sua família, de acordo com a preferência pessoal. Havia uma fábrica de sorvetes para visitantes e um ateliê artesanal que atendia somente a Fidel, um museu de presentes e um cinema particular (Sánchez, Juan Reinaldo. A vida Secreta de Fidel. As revelações de seu guarda-costas pessoal. São Paulo: Editora Paralela, 2014, pp. 36-37 e 58-59).

455 Trata-se de um iate de luxo, o único da ilha. Tem casco branco, com noventa pés (27,5 metros). É equipado com duas cabines duplas, contando a de Fidel com banheiro privativo. O barco tem leitos para mais doze pessoas. As seis poltronas do salão principal podiam ser reclinadas. Dois catres serviam a sala de comunicação por rádio. E a cabine reservada à tripulação, na proa, tinha mais quatro deles. O iate oferecia todo tipo de conforto moderno: ar-condicionado, dois chuveiros, banheiro, televisão, bar (Sánchez, Juan Reinaldo. A vida Secreta de Fidel. As revelações de seu guarda-costas pessoal. São Paulo: Editora Paralela, 2014, p. 11).

Guardalavaca, na província de Holguín, e duas casas em Santiago de Cuba, a grande cidade do leste da ilha: uma na rua Manduley (com dois andares e uma pista de boliche) e outra, com piscina, dentro de um complexo que pertence ao Ministério do Interior. Nem o presidente dos Estados Unidos deve dispor de um patrimônio imobiliário tão abundante. Seja qual for a verdade, Fidel jura, olhos nos olhos, e quer que acreditemos: ganha apenas novecentos pesos por mês"[456].

Além desses luxuosos imóveis, Sánchez retrata o conjunto de casas de propriedade de sua antiga amante, com quem tinha encontros diários. "Enquanto membro do terceiro anel, minha primeira nomeação foi para El Once (O Onze). Tratava-se de um conjunto de casas localizado na calle Once (na rua Onze), no agradável bairro de Vedado, a cinco ruas do mar. Essa nomeação não era nem um pouco insignificante, pois El Once designava antes de tudo o prédio onde morava Celia Sánchez, personagem marcante da Revolução em geral e da vida privada de Fidel em particular (...) Na época era um dos lugares secretos que Fidel frequentava quase diariamente sem que ninguém ou quase ninguém soubesse. Para garantir sua segurança, todo o conjunto de casas fora privatizado, e o acesso do público a essa porção de rua, bloqueado por checkpoints nas duas extremidades. Nos telhados, todos os terraços das casas eram interligados, criando uma ampla rede de comunicação ao ar livre. Com o passar dos anos, algumas modificações foram feitas. Um elevador e uma sala de ginástica foram instalados, e até uma quadra de boliche, decorada com luxo; duas pistas de parquet envernizado, margeadas por um paredão de samambaias e rochas trazidas das encostas da Sierra Maestra, sublime. Mais o elemento mais surpreendente com certeza era o estábulo que Fidel mandara construir no quarto andar do Once, no coração da capital! No início de 1969, quatro bovinos tinham sido levados para lá, içados da rua até os terraços com uma grua. El comandante podia, assim, se dedicar a seu grande capricho do momento: o cruzamento de vacas europeias Holstein (pretas e brancas) com zebus cubanos, na esperança de criar uma nova raça de bovinos que permitisse modernizar a agricultura e aumentar a produtividade de leite (...) Por fim, não posso falar do imóvel do Once sem mencionar a existência da quadra de basquete privada,

---

[456] Sánchez, Juan Reinaldo. A vida Secreta de Fidel. As revelações de seu guarda-costas pessoal. São Paulo: Editora Paralela, 2014, pp. 181-182.

reservada para uso exclusivo de Fidel Castro. Em 1982, ou seja, dois anos depois da morte de Celia Sánchez, uma empresa canadense modernizou a quadra de atletismo do estádio Pedro Marrero, em Havana, transformando-a numa pista sintética para os XIV Jogos Centro-Americanos e do Caribe, previstos para o fim daquele ano. A fim de manter as melhores relações com seu cliente, a empresa disse a Fidel que daria a Cuba a infraestrutura de sua escolha. Ora, em vez de aproveitar a oportunidade para dotar alguma localidade necessitada de um complexo escolar ou esportivo, el comandante pediu que construíssem, para seu uso pessoal, uma quadra de basquete indoor"[457].

Fidel nunca foi, verdadeiramente, escravo do povo. Ele soube, e bem, explorar os cidadãos para o seu próprio proveito, nunca vivendo na condição de humildade que atribuía a si e que cobrava duramente dos demais. Gozava férias permanentes e, mesmo no meio dos seus afazeres, contava com os melhores imóveis, a melhor alimentação, os melhores recursos, enquanto o povo cubano sofria com a cota mensal de produtos que lhe eram distribuídos. Portanto, "ao contrário do que sempre afirmou, Fidel nunca renunciou ao conforto capitalista, nem escolheu viver com austeridade. Seu modo de vida é exatamente o oposto, assemelha-se ao de um capitalista sem qualquer tipo de restrição. Nunca considerou ter que seguir seus discursos sobre o modo de vista austero próprio a todo bom revolucionário. Ele e Raúl nunca aplicaram a si mesmos os preceitos que recomendavam aos compatriotas"[458].

A técnica da Desinformação também ficou muito nítida em relação a Ernesto Che Guevara. Tanto Fidel Castro quanto a União Soviética uniram-se no propósito de transformar essa conhecida figura da revolução cubana em um herói sem paralelos. Nesse caso, a ideia era colocar duas realidades frente a frente: de um lado, alguém que representasse a luta pela sociedade comunista; do outro, a crítica à política imperialista norte-americana, capitalista ao extremo e disposta a qualquer fim para alcançar o lucro. Se alguém que portasse elevados valores morais (construídos pela Desinformação, obviamente) fosse apresentado mundialmente como fortemente refratário ao americanismo, como o antiburguês modelo, a própria reputação dos Estados Unidos estaria comprometida.

---

[457] Sánchez, Juan Reinaldo. A vida Secreta de Fidel. As revelações de seu guarda-costas pessoal. São Paulo: Editora Paralela, 2014, pp. 32-35.

[458] Sánchez, Juan Reinaldo. A vida Secreta de Fidel. As revelações de seu guarda-costas pessoal. São Paulo: Editora Paralela, 2014, p. 43.

Ernesto Guevara apresentou-se como o sujeito perfeito para essa empreitada. Em 11 de dezembro de 1964 já havia abertamente proclamado, na Assembleia Geral da ONU, o seu ódio indisfarçado para com os Estados Unidos. Morto, não poderia se envolver em qualquer episódio que maculasse a imagem construída. Não mais representava um risco para a imagem do governante soviético e cubano, mantendo-se incólume o culto à personalidade desenvolvido por ambos. Havia apenas um defeito nesse plano: o passado de Guevara não era dos mais nobres. Isso, porém, era facilmente solucionável pelas técnicas de Desinformação.

Agentes cubanos trabalharam cuidadosamente para plantar, nos meios de comunicação internos e nos internacionais, informações que recheavam Ernesto Guevara dos mais nobres princípios éticos: um homem desprovido de ambições financeiras, um abnegado em busca de um mundo melhor para seu povo, um verdadeiro santo em solo terreno. Fidel Castro envolveu-se pessoalmente nessa atividade. No discurso solene proferido quando da morte de Che Guevara, na Praça da Revolução em Cuba[459], ele abertamente o classificou como "una de esas personas a quien todos le tomaban afecto inmediatamente, por su sencillez, por su carácter, por su naturalidad, por su compañerismo, por su personalidad, por su originalidad, aun cuando todavía no se le conocían las demás singulares virtudes que lo caracterizaron. No es fácil conjugar en una persona todas las virtudes que se conjugaban en él. No es fácil que una persona de manera espontánea sea capaz de desarrollar una personalidad como la suya. Diría que es de esos tipos de hombres difíciles de igualar y prácticamente imposibles de superar. Pero diremos también que hombres como él son capaces, con su ejemplo, de ayudar a que surjan hombres como él. Porque Che reunía, en su extraordinaria personalidad, virtudes que rara vez aparecen juntas. El descolló como hombre de acción insuperable, pero Che no solo era un hombre de acción insuperable: Che era un hombre de pensamiento profundo, de inteligencia visionaria, un hombre de profunda cultura. Es decir que reunía en su persona al hombre de ideas y al hombre de acción. Pero no es que reuniera esa doble característica de ser hombre de ideas, y de ideas profundas, la de ser hombre de acción, sino que

---

[459] "Discurso pronunciado por el comandante Fidel Castro Ruz, Primer Secretario del Comite Central del Partido Comunista de Cuba y Primer Ministro del Gobierno Revolucionario, en la velada solemne en memoria del comandante Ernesto Che Guevara, en la Plaza de La Revolucion, el 18 de octubre de 1967", disponível em <http://www.cuba.cu/gobierno/discursos/1967/esp/f181067e.html, acesso em 20 de agosto de 2018>.

Che reunía como revolucionario las virtudes que pueden definirse como la más cabal expresión de las virtudes de un revolucionario: hombre íntegro a carta cabal, hombre de honradez suprema, de sinceridad absoluta, hombre de vida estoica y espartana, hombre a quien prácticamente en su conducta no se le puede encontrar una sola mancha. Constituyó por sus virtudes lo que puede llamarse un verdadero modelo de revolucionário. Pero además añadía otra cualidad, que no es una cualidad del intelecto, que no es una cualidad de la voluntad, que no es una cualidad derivada de la experiencia, de la lucha, sino una cualidad del corazón, ¡porque era un hombre extraordinariamente humano, extraordinariamente sensible!". A enxurrada de elogios persistiu, tendo Fidel definido Che Guevara como "revolucionario comunista, verdaderamente comunista, tenía una infinita fe en los valores morales, tenía una infinita fe en la conciencia de los hombres. Y debemos decir que en su concepción vio con absoluta claridad en los resortes morales la palanca fundamental de la construcción del comunismo en la sociedad humana". Por isso, era digno de ser seguido: "¡Y el ejemplo del Che debe ser un modelo para nuestro pueblo, el ejemplo del Che debe ser el modelo ideal para nuestro pueblo! Si queremos expresar cómo aspiramos que sean nuestros combatientes revolucionarios, nuestros militantes, nuestros hombres, debemos decir sin vacilación de ninguna índole: ¡Que sean como el Che! Si queremos expresar cómo queremos que sean los hombres de las futuras generaciones, debemos decir: ¡Que sean como el Che! Si queremos decir cómo deseamos que se eduquen nuestros niños, debemos decir sin vacilación: ¡Queremos que se eduquen en el espíritu del Che! Si queremos un modelo de hombre, un modelo de hombre que no pertenece a este tiempo, un modelo de hombre que pertenece al futuro, ¡de corazón digo que ese modelo sin una sola mancha en su conducta, sin una sola mancha en su actitud, sin una sola mancha en su actuación, ese modelo es el Che! Si queremos expresar cómo deseamos que sean nuestros hijos, debemos decir con todo el corazón de vehementes revolucionarios: ¡Queremos que sean como el Che!".

Vinte anos depois, em novo discurso, este rememorando as duas décadas da morte do revolucionário, Fidel novamente repetiu que Che Guevara "tenía no solo todas las virtudes, y todas las cualidades humanas y morales para ser un símbolo, sino que el Che tenía, además, la estampa del símbolo, la imagen del símbolo: su mirada, la franqueza y la fuerza de su mirada; su rostro, que refleja carácter, una determinación para la acción incontenible, a la vez que una gran inteligencia y una gran pureza—, cuando vemos los poemas que se han escrito, los episodios que se cuentan y las historias que se repiten, palpamos esa realidad de la vigencia del Che, de la presencia del Che (...) Si hace falta un paradigma, si hace falta un modelo, si hace falta un ejemplo a imitar para llegar a esos tan elevados objetivos, son imprescindibles hombres como el Che, hombres y mujeres que lo imiten, que sean como él, que piensen como él, que actúen como él y se comporten como él en el cumplimiento del deber, en cada cosa, en cada detalle, en cada actividad; en su espíritu de trabajo, en su hábito de enseñar y educar con el ejemplo; en el espíritu de ser el primero en todo, el primer voluntario para las tareas más difíciles, las más duras, las más abnegadas, el individuo que se entrega en cuerpo y alma a una causa, el individuo que se entrega en cuerpo y alma a los demás, el individuo verdaderamente solidario, el individuo que no abandona jamás a un compañero, el individuo austero; el individuo sin una sola mancha, sin una sola contradicción entre lo que hace y lo que dice, entre lo que practica y lo que proclama: el hombre de acción y de pensamiento que simboliza el Che (Aplausos)[460]".

O plano deu certo. Várias pessoas, inclusive artistas com grande capacidade de formação de seguidores, elegeram-no como modelo de vida, chegando ao ponto de tatuar em seu próprio corpo a imagem de Che Guevara. Jean Paul Sartre o descreveu como "não apenas um intelectual, mas o mais completo ser humano de nossa época"[461]. "No final da década de sessenta, inúmeros protestos e manifestações ao longo do mundo traziam bandeiras com o rosto de Che Guevara como símbolo de guerrilheiro romântico"[462]. Nos dias de hoje, conforme fez publicar a Revista Time em maio de 1968[463], ele ganhou a adoração de intelectuais e estudantes, tornando-se a

---

[460] "Discurso pronunciado por el Comandante en Jefe Fidel Castro Ruz, Primer Secretario del Comité Central del Partido Comunista de Cuba y Presidente de los Consejos de Estado y de Ministros, en el acto central por el XX Aniversario de la caída en combate del comandante Ernesto Che Guevara, efectuado en la ciudad de Pinar del Río, el 8 de octubre de 1987, "Año 29 de la Revolución", disponível em <http://www.cuba.cu/gobierno/discursos/1987/esp/f081087e.html, acesso 20 de agosto de 2018>.

[461] Conforme <www.independent.co.uk/news/world/americas/the-big-question-who-was-che-guevara-and-does-he-deserve-his-iconic-status-481194.html, acesso em 20 de agosto de 2018>.

[462] Lorenzato, Rodolfo. Dossiê Fidel Castro – Vida, aventuras e desventuras do último grande revolucionário da história. São Paulo: Universo dos Livros, 2009, livro digital.

[463] Conforme Fontova, Humberto. O Verdadeiro Che Guevara. E os idiotas úteis que o idolatram. São Paulo: É Realizações Editora, 2015, p. 53.

perfeita representação da conduta pós-moderna não-conformista e revolucionária. Philip Benett, então copista do Boston Globe, hoje editor executivo do Washington Post, nos garante que "foi ajudado por uma completa ausência de aspirações materiais"[464]. "O escritor John Anderson, do New Yorker, escreve uma biografia de 814 páginas sobre Che intitulada Che: A Revolutionary Life. Considerando-se sua pesquisa exaustiva, ele assevera: 'Ainda não encontrei nenhuma fonte confiável de um caso sequer em que Che tenha executado um inocente'. Não obstante, centenas de testemunhas oculares das execuções sumárias perpetradas por Che estão a um táxi de distância de Anderson em Nova Iorque. O próprio Che se gabava de 'produzir evidências' e dizia em alto e bom som: 'Não preciso de prova para executar um homem — apenas de prova acerca da necessidade de executá-lo'"[465].

O verdadeiro Che Guevara não era exatamente assim. Sensibilidade, caráter, integridade, honradez, vida modesta: estas e tantas outras virtudes passavam longe do personagem real. Ele tinha um chocante desrespeito à vida alheia, não se importando nem um pouco em matar tantas pessoas quantas fossem necessárias para alcançar seu objetivo. Disse isso abertamente no discurso proferido na Assembleia Geral da ONU em 11 de dezembro de 1964 e não o escondeu nas anotações de seu diário[466]: "Louco de fúria eu tingirei meu rifle de vermelho ao matar o inimigo que cai em minhas mãos. Minhas narinas se dilatam ao sentir o odor acre de pólvora e sangue. Matando meus inimigos eu preparo meu ser para a luta sagrada e me junto ao triunfante proletariado com um uivo bestial"[467]. Em uma carta enviada para seu pai, escreveu orgulhoso: "Papai, eu queria confessar que agora eu descobri que realmente gosto

---

[464] Fontova, Humberto. O Verdadeiro Che Guevara. E os idiotas úteis que o idolatram. São Paulo: É Realizações Editora, 2015, p. 32

[465] Fontova, Humberto. O Verdadeiro Che Guevara. E os idiotas úteis que o idolatram. São Paulo: É Realizações Editora, 2015, p. 34.

[466] "Os diários de Che foram publicados pelo departamento de propaganda de um regime totalitário, com prefácio de ninguém menos que o próprio Fidel Castro. Não obstante, tanto os principais 'estudiosos' de Che quanto a grande imprensa em geral os aceitam sem qualquer senão. Com efeitos, estes biógrafos os cultuam como se fossem os manuscritos do Mar Morto. Será que poderia haver certa maquiagem e omissões estratégicas nesses diários de Che — nesses 'documentos' que figuram de modo tão proeminente nas versões da imprensa esquerdista sobre a genialidade e o heroísmo de Guevara? Absolutamente, dizem os tais 'estudiosos'. Porém, segundo há de ver-se nas páginas que seguem, os antigos camaradas revolucionários de Che, vivendo hoje em exílio, juntamente com os próprios homens que o capturaram, têm uma história muito diferente para contar" Fontova, Humberto. O Verdadeiro Che Guevara. E os idiotas úteis que o idolatram. São Paulo: É Realizações Editora, 2015, p. 38).

[467] Fontova, Humberto. O Verdadeiro Che Guevara. E os idiotas úteis que o idolatram. São Paulo: É Realizações Editora, 2015, p. 120.

de matar"[468]. Roberto Marín-Pérez, amigo de infância da viúva de Che Guevara, assegurou que "Guevara, por outro lado, parecia regozijar-se com a matança. Parecia deleitar-se com a carnificina em si e por si mesma"[469]. Racista, repetia à abundância comentários depreciativos a negros e mexicanos, fossem eles presos condenados ou colegas da revolução armada: "Che adorava diminuir um guerrilheiro cubano chamado Juan Almedia, que era negro. Ele sempre se referia a ele como 'el negrito'. Almedia ficava possesso com Che, de modo que eu finalmente lhe disse: 'Olha, Juan, quando Che te chamar de el negrito, chama-o de el chancho (o porco), porque o cara nunca toma banho'. Isto funcionou durante algum tempo. Mas Che logo encontrou outras vítimas para seu racismo inato, desprezando todos esses mexicanos, índios e iletrados"[470]. "Quanto a Che, longe de partilhar dos bons sentimentos de Jackson, considerava os negros como indolentes e extravagantes, gastando o seu dinheiro em bebida e frivolidades"[471]. Hippies, homossexuais, livres-pensadores, poetas: todos que não se conformassem ao padrão eugênico por ele imposto eram perseguidos, presos, torturados, enviados para campos de trabalhos forçados, mortos. Seu nível de preconceito era tão intenso que até o próprio estilo musical do rock foi considerado subversivo em Cuba.

A tática de Desinformação aplicada a Che Guevara é atestada e detalhada por Ion Pacepa: "Os irmãos Castro de Cuba, que temiam qualquer liberalização, decidiram que era mais fácil apenas rebocar o seu comunismo com uma fachada revolucionária romântica. Escolheram Che como seu garoto-propaganda porque ele já tinha sido executado na Bolívia — um país aliado dos EUA; depois de ter, sem sucesso, tentado iniciar uma guerra de guerrilha, podia ser retratado como um mártir do imperialismo americano. A KGB ofereceu ajuda imediatamente. O DIE romeno, que na época mantinha relações próximas com seu equivalente cubano, o DGI, também recebeu ordens de dar uma mãozinha, o que me trouxe diretamente à cena. A 'Operação Che' foi lançada com o livro 'Revolução da

---

468 Fontova, Humberto. O Verdadeiro Che Guevara. E os idiotas úteis que o idolatram. São Paulo: É Realizações Editora, 2015, p. 121.

469 Fontova, Humberto. O Verdadeiro Che Guevara. E os idiotas úteis que o idolatram. São Paulo: É Realizações Editora, 2015, p. 129.

470 Fontova, Humberto. O Verdadeiro Che Guevara. E os idiotas úteis que o idolatram. São Paulo: É Realizações Editora, 2015, p. 242.

471 Fontova, Humberto. O Verdadeiro Che Guevara. E os idiotas úteis que o idolatram. São Paulo: É Realizações Editora, 2015, p. 34.

Revolução', volume básico de insurreição de guerrilha, o qual louvava Che até mais não poder. O autor, o terrorista francês Régis Debray, era um agente da KGB tido em alta conta. Em 1970, os irmãos Castro levaram a santificação de Che à potência máxima. Alberto Korda, um oficial de inteligência cubano trabalhando disfarçado de fotógrafo no jornal Revolución, produziu uma fotografia romantizada de Che. Desde então, o agora famoso Che, com mechas de cabelo longas e curvas, usando uma boina revolucionária com uma espada desenhada e olhando diretamente para os olhos do espectador, inundou o mundo. A fotografia de Che se tornou o logo do filme de Steven Soderbergh de 2009, o filme épico de quatro horas em língua espanhola— Che, que retrata um assassino sádico que dedicou sua vida a levar a América Latina para o redil do Kremlin como um 'verdadeiro revolucionário atravessando as estações do seu martírio'. Até o dramaturgo ao qual foi creditada a peça que caluniou o Papa Pio XII, O Vigário, foi alistado no esforço de promover Che. A revista Time noticiou em outubro de 1970: 'No momento, Che aparece toda noite em uma nova peça, As Guerrilhas [The Guerrilhas], do dramaturgo alemão Rolf Hochhuth'. Na peça, 'um jovem senador de Nova Iorque, que também é líder de um movimento clandestino no estilo do de Che, pede a Guevara para que abandone sua batalha boliviana. Che se recusa. 'Minha morte aqui — em um sentido premeditado — é a única vitória possível', ele diz. 'Preciso deixar uma marca'. Defendendo mais ainda os interesses da KGB, a peça também atribui aos Estados Unidos assassinato político e racial. A KGB também foi fundamental no embelezamento de um diário que Che manteve durante seus anos de estudante e em sua transformação em um livro de propaganda, Das Kapital encontra Easy Rider, depois renomeado Diários de Motocicleta. Hoje, Che é um ícone do movimento da teologia da libertação e da teologia da libertação negra"[472].

Não só em relação a Fidel Castro e Che Guevara, dois exemplos mais modernos, a Desinformação santificou personagens. Desde os primórdios do socialismo suas figuras mais expoentes foram classificadas como heróis revolucionários que lutaram bravamente pela implantação de um governo mais justo, igualitário e fraternal, permitindo às classes oprimidas a ascensão a uma condição de vida digna. Por isso é que, quando Karl Marx, Trotski, Stalin,

---

[472] Pacepa, Ion Mihai e Rychlak, Ronald J. Desinformação. Ex-chefe de espionagem revela estratégias secretas para solapar a liberdade, atacar religião e promover o terrorismo. Campinas-SP: Vide Editorial, 2015, pp. 154-155.

Mao Tsé-Tung e Pol Pot são citados, a primeira imagem que vem à mente de muitas pessoas é a de intelectuais de gabarito ou de governantes revolucionários dignos e honestos. Uma breve análise da vida de cada um, porém, revela que todos tinham personalidades corrompidas e deturpadas, caracteres imorais e grotescos ao extremo, absolutamente avessos à bondade, portadores de vícios gravíssimos que os impediam de ter uma vida equilibrada ou minimamente controlada. Eram péssimos pais, maridos infiéis, indiferentes para com a vida humana. Para esconder seus defeitos, ou para dar-lhes o ar de um desajuste proposital para com todas as normas vigentes, a Desinformação ganhou cena[473].

---

473 "A exaltação romântica do Bom Revolucionário, do guerrilheiro, terrorista e conspirador, dos Che Guevara, Camilo Torres, Fidel Castro e Abimael Guzman, do Sendero Luminoso e dos Tupamaros, de Luís Carlos Prestes, Marighela e Capitão Lamarca, criou o terreno propício para a contaminação da intelligentsia deste continente pela Vulgata marxista" (Penna, J. O. de Meira. A Ideologia do Século XX. Ensaios sobre o nacional-socialismo, o marxismo, o terceiro-mundismo e a ideologia brasileira. Campinas-SP: Vide Editorial, 2017, 2ª edição, p. 41).

Karl Marx mostrava um desprezo ímpar para com seus pais[474] e pouca consideração pelos filhos[475]. Adúltero, teve um filho fora do casamento[476].

Trostki era egocêntrico a ponto de desprezar a própria família[477]. Nem mesmo os filhos contavam com seu suporte[478]. Era arrogante[479], cruel[480] e adúltero[481]. "Muitos

---

[474] "As ansiedades dos pais evidentemente tinham pouco espaço na nova vida de Karl. Em 8 de novembro de 1835, três semanas depois que ele saiu de casa, Heinrich escreveu censurando sua 'negligência sem fim' por não escrever" (Jones, Gareth Stedman. Karl Marx. Grandeza e Ilusão. São Paulo: Companhia das Letras, 2016, p. 61).
"A aparente falta de interesse genuíno pela situação da família — mesmo diante das nuvens negras que se acumularam em volta dela no ano anterior — parecem ter sido elementos característicos das cartas de Karl para sua gente. Essa pelo menos era a essência das reiteradas queixas do pai e ocasionalmente de outros membros da família quando ele morava em Berlim" (Jones, Gareth Stedman. Karl Marx. Grandeza e Ilusão. São Paulo: Companhia das Letras, 2016, p. 80).

[475] "Talvez o fundo do poço tenha sido 14 de abril, com a morte de sua filhinha de um ano, Franziska. Para começar, ele não tinha ficado muito comovido com a chegada dela. Em 2 de abril de 1851, ele escreveria para Engels: 'Minha mulher, ai de mim, deu à luz uma menina, e não um garçon. E, o que é pior, é muito adoentada'. Mas pareceu mais afetado ao escrever para Engels em 14 de abril de 1852: 'Só umas duas linhas para lhe dizer que nossa filhinha morreu esta manhã, à uma e quinze'" (Jones, Gareth Stedman. Karl Marx. Grandeza e Ilusão. São Paulo: Companhia das Letras, 2016, p. 342). Apesar de ter uma família com histórico de problemas pulmonares, ele não se importava nem um pouco se seus hábitos poderiam levar qualquer deles à morte. "Quando entramos no quarto de Karl, a fumaça do carvão e do tabaco fazia os olhos marejarem, tanto que por um instante tínhamos a impressão de estar às apalpadelas dentro de uma caverna, mas aos poucos, à medida que nos habituávamos ao nevoeiro, dava para ver alguns objetos, que se destacavam da névoa circundante. Tudo é sujo e coberto de pó, a tal ponto que sentar é um negócio muito arriscado. Numa família com predisposição hereditária para doenças tuberculares e respiratórias, os efeitos dessas condições eram devastadores. Três das crianças morreram na Dean Street, duas ainda bebês e uma antes dos dez anos" (Jones, Gareth Stedman. Karl Marx. Grandeza e Ilusão. São Paulo: Companhia das Letras, 2016, p. 344).

[476] "No começo do verão de 1851, escreveu Jenny em seu 'Breve Esboço', 'aconteceu uma coisa que não quero relatar aqui em detalhes, apesar de ter contribuído muito para aumentar as nossas preocupações, tanto pessoais como de outra natureza'. Tratava-se do nascimento do filho de Lenchen, Henry Frederick Demuth, depois conhecido como Freddy, em 23 de junho de 1851, na Dean Street, número 28. Parece não haver dúvida de que o pai era Karl, embora ele não reconhecesse oficialmente (...) Jenny era uma mulher inteligente. É difícil acreditar que se deixasse enganar pela fórmula criada para salvar as aparências atribuindo a paternidade a Engels" (Jones, Gareth Stedman. Karl Marx. Grandeza e Ilusão. São Paulo: Companhia das Letras, 2016, pp. 348-349).

[477] "Mal a boca foi consertada, chegaram sua irmã, Elizaveta, e o filho dela, Alexander, para passar uma quinzena. Em seguida apareceu o pai de Trotski, após um intervalo de cinco anos, acompanhado por Zina Bronstein, então com 11 anos, e permaneceu durante todo o verão. Trotski queixou-se com pessoas de fora sobre a 'cascata de parentes'. Sua rotina de trabalho foi perturbada" (Service, Robert Trotski. Uma Biografia. Rio de Janeiro: Editora Record, 2009, p.175).
"Segundo o que disse a Angélica Balabanova, secretária da Komintern, Trotski recusou-se a demonstrar qualquer favoritismo pelo pai e não requisitou nem mesmo um par de sapatos para ele. Se assim foi, não sentiu a mesma inibição quanto a assegurar a manutenção de sua mulher e filhos num estilo burguês" (Service, Robert. Trotski. Uma Biografia. Rio de Janeiro: Editora Record, 2009, p.347).
"Trotski nunca revelou se soubera que o pai estava gravemente doente antes de comparecer ao Congresso. Se sabia, seu egocentrismo foi extraordinário. Se não sabia, sua despreocupação foi igualmente notável" (Service, Robert. Trotski. Uma Biografia. Rio de Janeiro: Editora Record, 2009, p.347).

[478] "Desconhecia as necessidades dos filhos, especialmente quando seus interesses políticos interferiam" (Service, Robert Trotski. Uma Biografia. Rio de Janeiro: Editora Record, 2009, p. 29).

[479] "Ele tinha imensa imperiosidade e uma incapacidade ou má vontade de manifestar qualquer forma de gentileza ou atenção para com as pessoas" (Service, Robert Trotski. Uma Biografia. Rio de Janeiro: Editora Record, 2009, p. 306).

[480] "As execuções sumárias eram uma de suas medidas favoritas" (Service, Robert Trotski. Uma Biografia. Rio de Janeiro: Editora Record, 2009, p.310).

[481] "e o caso amoroso seria trazido à baila por Natalia contra Trotski, tempos depois, quando eles tiveram uma séria briga conjugal no México" (Service, Robert Trotski. Uma Biografia. Rio de Janeiro: Editora Record, 2009, p.350).
"Persistiam os rumores sobre Trotski e seus romances. Bem-apessoado e carismático, ele certamente despertava a

traços do seu caráter também o empurravam, involuntariamente, para essa sugestão: seu egoísmo — expressado com contundência; sua confiança exagerada; sua vaidade extrema e doentia; sua propensão à extravagância na fala, na escrita e na conduta, uma espécie de pedantismo implicante"[482].

Stalin era um homem de caprichos, humor instável, rude, violento, vaidoso, prepotente e arrogante[483]. Seu caráter e personalidade eram tão deturpados que sua segunda esposa e seu filho tentaram suicídio: o segundo, sem êxito[484]. No dia seguinte à morte de sua esposa iniciou um novo relacionamento amoroso[485], demonstrando o nível de desrespeito e desinteresse pelas relações com as pessoas, ainda que íntimas. Nem mesmo no enterro da própria mãe compareceu[486]. Foi capaz de destruir a vida emocional de um de seus filhos, Vassilli[487]. Cruel e impiedoso, levou à morte milhões e milhões de pessoas, a quem executou por fuzilamento ou encarcerou em campos de trabalhos forçados que, na prática, eram uma condenação à morte. Mandou matar inclusive amigos íntimos e os próprios familiares. Neurótico, prendia parentes de seus amigos mais próximos para testá-los[488].

---

atenção feminina. Mal se encerraram as especulações sobre Clare Sheridan, começaram outras sobre Larisa Reissner. Ela era uma das mais atraentes entre as mulheres bolcheviques. Casada com um seguidor de Trotski, Fiodor Raskolnikov, era de uma beleza excepcional" (Service, Robert Trotski. Uma Biografia. Rio de Janeiro: Editora Record, 2009, p. 443).

482 Service, Robert Trotski. Uma Biografia. Rio de Janeiro: Editora Record, 2009, p. 446.

483 Marcou, Lilly. A Vida Privada de Stalin. Rio de Janeiro: Zahar, 2013, fls. 76-77.

484 O filho Yakov Djugashvili tentou suicídio, sem êxito, dando um tiro em si mesmo. A reação de Stalin foi "não sabe nem mesmo atirar direito".

485 "Outro caso amoroso, que logo assumiu ares de lenda, está associado ao nome da cantora estrela do Bolshoi, Vera Aleksandrovna Davidova, cujo talento, e talvez encantos, Stalin apreciava. Esse romance teria começado no dia seguinte à morte de Alliluyeva e durado um certo tempo (Marcou, Lilly. A Vida Privada de Stalin. Rio de Janeiro: Zahar, 2013, fls. 127).

486 "Conforme radicalizava o terror, perdia qualquer noção de apego ou afeição, ou mesmo de piedade, e as relações com a mãe, já bastante tênues, esgarçaram-se (...) Ela morreu em 4 de junho. Stalin não compareceu ao enterro" (Marcou, Lilly. A Vida Privada de Stalin. Rio de Janeiro: Zahar, 2013, fls. 163).

487 "Era uma criança atormentada. Um irmão que tentara o suicídio e uma mãe que o consumara, depois o desaparecimento da família — não faltavam motivos para desestabilizá-lo. Passava a maior parte do tempo com os guarda-costas e empregados; convivia pouco com o pai. Começou a beber muito jovem" (Marcou, Lilly. A Vida Privada de Stalin. Rio de Janeiro: Zahar, 2013, fls. 167).

488 "A primeira pessoa próxima de Stalin e tombar foi Abel Enukidze, velho amigo georgiano e, acima de tudo, padrinho de Nadejda. Caído em desgraça em junho de 1935, foi preso e fuzilado em 1937" (Marcou, Lilly. A Vida Privada de Stalin. Rio de Janeiro: Zahar, 2013, fls. 154).

"Mariko, cunhada de Stalin, havia sido secretária de Enukidze entre 1927 e 1934. Foi presa em 1937 e condenada a dez anos de campo" (Marcou, Lilly. A Vida Privada de Stalin. Rio de Janeiro: Zahar, 2013, fls. 154).

"O terror varrera assim os principais membros da família de Stalin, que tinham sido igualmente seus melhores amigos" (Marcou, Lilly. A Vida Privada de Stalin. Rio de Janeiro: Zahar, 2013, fls. 162).

"Após destruir boa parte da família, Stalin viu-se, no resquício de vida privada que subsistira ao terror, face a uma existência das mais penosas" (Marcou, Lilly. A Vida Privada de Stalin. Rio de Janeiro: Zahar, 2013, fls. 164).

"Stalin confinou os últimos membros de sua família ao mesmo tempo em que empreendia uma campanha antissemita

Mao Tsé-Tung não tinha o menor apreço por suas várias esposas[489] ou pelos filhos: abandonava-os sem nenhum remorso[490]. Sua própria família foi vítima de expurgos[491]. Era egocêntrico ao extremo[492] e cruel à última potência[493], levando à morte cerca de setenta milhões de pessoas. Era maldoso por puro prazer[494]. Não possuía qualquer valor moral digno de apreço: quando necessitou de recursos, dedicou-se ao tráfico de drogas[495]. Devasso, obrigava que qualquer mulher se

---

sem precedentes na URSS" (Marcou, Lilly. A Vida Privada de Stalin. Rio de Janeiro: Zahar, 2013, fls. 196).

"Por que prenderam minhas tias? Indaga Svetlana, perplexa, ao pai. 'Elas falaram demais. Sabiam coisas demais. Isso era usado pelo inimigo', respondeu-lhe Stalin" (Marcou, Lilly. A Vida Privada de Stalin. Rio de Janeiro: Zahar, 2013, fls. 197).

"Stalin, com sua falta de sensibilidade e compaixão, aparentemente não sentia nem remorso nem constrangimento diante dos sogros ou dos próprios filhos, que se mostravam perplexos com o desaparecimento dos principais membros de suas famílias" (Marcou, Lilly. A Vida Privada de Stalin. Rio de Janeiro: Zahar, 2013, fls. 166).

489 Quando a esposa foi atingida por uma granada, "o médico que lhe deu uma injeção de cardiotônico achou que ela talvez tivesse duas horas de vida. Os líderes de sua companhia decidiram deixá-la com uma família local. Mao, que estava na aldeia seguinte, foi informado sobre a condição dela. Ele não foi vê-la — estava cansado" (Halliday, Jon e Chang, Jung. Mao – a história desconhecida. São Paulo: Editora Schwarcz Ltda. 2005, p. 196).

490 "Mao tivera três filhos com sua segunda esposa Kai-hui, executada pelos nacionalistas em 1930. Após a morte da mãe, os meninos foram levados para Xangai, ficando aos cuidados dos comunistas na clandestinidade. Eles passaram tempos difíceis. O mais novo, Na-long, morreu aos quatro anos, logo depois da chegada em Xangai. Os outros dois, An-ying e An-ching, tiveram de levar uma vida clandestina" (Halliday, Jon e Chang, Jung. Mao – a história desconhecida. São Paulo: Editora Schwarcz Ltda. 2005, p. 229).

"Várias horas depois, deu à luz uma menina, seu quarto filho com Mao, em 15 de fevereiro de 1935. O bebê foi-lhe mostrado enrolado numa jaqueta por sua cunhada, a esposa de Tse-min. O exército ficou apenas um dia em Areia Branca. Como já fizera duas vezes antes, Gui-yuan teve de deixar a bebê para trás, com um punhado de dólares de prata e um pouco de ópio, que era usado como moeda, para encontrar uma família que cuidasse dessa (...) A velha que ficou com a criança não tinha leite. Três meses depois, a bebê teve um ataque de furúnculos e morreu" (Halliday, Jon e Chang, Jung. Mao – a história desconhecida. São Paulo: Editora Schwarcz Ltda. 2005, p. 195).

"Nenhuma criança poderia ir junto, então o filho deles, Pequeno Mao, de dois anos de idade, teve de ser deixado para trás. Mao nunca mais o viu (...) Mao não demonstrou nenhuma tristeza em particular por abandonar Pequeno Mao, nem disse adeus ao filho" (Halliday, Jon e Chang, Jung. Mao – a história desconhecida. São Paulo: Editora Schwarcz Ltda. 2005, pp. 167-168, 169).

491 "O resultado foi que o irmão de Mao e duas outras figuras importantes do PCC foram executados em 27 de setembro, sob a acusação de tramar um golpe". (Halliday, Jon e Chang, Jung. Mao – a história desconhecida. São Paulo: Editora Schwarcz Ltda. 2005, p. 315).

492 "Claro que existem pessoas e objetos no mundo, mas eles estão todos lá somente para mim" (Halliday, Jon e Chang, Jung. Mao – a história desconhecida. São Paulo: Editora Schwarcz Ltda. 2005, p. 32).

493 "Exigiu mais prisões em massa, mortes em massa. Em 23 de janeiro de 1951, por exemplo, criticou uma província por 'ser demasiado leniente e não matar [o suficiente] (...) Mao queria que as matanças fossem feitas com o máximo impacto e isso significava execuções públicas (...) Mao queria que a maioria da população — adultos e crianças — testemunhasse a violência e as mortes. Seu objetivo era atemorizar e brutalizar toda a população, em um grau que ia muito mais longe do que Stalin ou Hitler, que mantiveram a maior parte de seus crimes fora da vista" (Halliday, Jon e Chang, Jung. Mao – a história desconhecida. São Paulo: Editora Schwarcz Ltda. 2005, p. 403).

494 "O que realmente aconteceu é que Mao descobriu dentro de si uma paixão pelo banditismo sanguinolento. Esse prazer visceral, que beirava o sadismo, misturou-se à — mas precedeu — sua afinidade com a violência leninista. Mao não chegou à violência pelo caminho da teoria. A propensão veio de seu caráter e teria um impacto profundo em seus futuros métodos de governo" (Halliday, Jon e Chang, Jung. Mao – a história desconhecida. São Paulo: Editora Schwarcz Ltda. 2005, p. 64).

495 "A invasão alemã da Rússia em junho de 1941 fez Mao olhar em volta na busca de uma fonte alternativa de recursos, caso Moscou não conseguisse manter o subsídio. A resposta foi o ópio. Em poucas semanas, Yenan comprou grandes quantidade de sementes de Papoula. Em 1942, começou um amplo negócio de plantação e venda de ópio" (Halliday, Jon

submetesse à sua ânsia sexual[496].

Pol Pot, nome de guerra de Saloth Sar, era um homem de incrível ferocidade e de absoluto desprezo a qualquer afeição. Sua indiferença com a própria família era enorme, "a ponto de evitar qualquer relação, inclusive com os parentes mais próximos, como seus dois irmãos e sua cunhada. Deportados sem que ele intervenha, os três infelizes nem suspeitam que Saloth Sar seja o novo primeiro-ministro e, quando por acaso o identificam a partir de uma fotografia, evitam revelar aos carcereiros quem eles são"[497]. Era obsessivo e sanguinário, a mentira lhe era ínsita[498]. Paranóico e cruel[499], dizimou cerca de um terço da população.

Essa, enfim, é a arte comunista de criar santos: apagar o caráter demoníaco e o passado sanguinário, apondo por sobre todas as atrocidades a assinatura de um revolucionário virtuoso e inconformado com a maldade e desigualdade no mundo, lutando para fazê-las desaparecer[500].

---

e Chang, Jung. Mao – a história desconhecida. São Paulo: Editora Schwarcz Ltda. 2005, p. 343).

496 "Enquanto isso, Mao se entregava a todos os caprichos sexuais, em segredo muito bem guardado. Em 9 de julho de 1953, o Exército recebeu ordens de selecionar mulheres jovens de seus grupos de entretenimento para formar uma trupe especial na guarda pretoriana. Todos os envolvidos no episódio sabiam que sua principal função seria fornecer parceiras de cama para Mao (...) Além de cantoras e dançarinas, enfermeiras e criadas eram escolhidas a dedo para as mansões de Mao, a fim de propiciar um fundo comum de mulheres dentre as quais ele pudesse escolher a que quisesse para fazer sexo" (Halliday, Jon e Chang, Jung. Mao – a história desconhecida. São Paulo: Editora Schwarcz Ltda. 2005, pp. 413-414).

497 Ghirelli, Antônio. Tiranos. De Hitler a Pol Pot: os homens que ensanguentaram o Século 20. Rio de Janeiro: Editora Bertrand Brasil Ltda. 2003, p.258.

498 "Ele mentiu, de fato, até quando se apresentou pela primeira vez como candidato às eleições de 1976, fazendo-se passar por um ex-boia-fria agrícola; assim como, ao fugir treze anos antes para a capital a fim de escapar da prisão, tinha mentido fazendo espalhar o boato de sua morte". Ghirelli, Antônio. Tiranos. De Hitler a Pol Pot: os homens que ensanguentaram o século 20. Rio de Janeiro: Editora Bertrand Brasil Ltda. 2003, p. 259.

499 "Pol Pot está convencido, tal como ou ainda mais que Stalin e Mao, que nunca se desconfia suficientemente do próximo, mesmo que, ou principalmente, se este próximo milita em seu próprio partido e se arrisca, por capacidade pessoal, a ter atitudes críticas ou laços com os comunistas do Vietnã vizinho, podendo revelar-se futuramente seu perigoso rival na liderança do movimento. Aos infelizes portadores destes traços bastam três denúncias para provocação: a incriminação, a que se segue infalivelmente; o encarceramento sem processo; e cruéis torturas que visam a extorquir confissões verdadeiras ou falsas. O próprio Pol Pot, nos casos mais clamorosos, não se mostra infenso a participar pessoalmente dos espancamentos e suplícios" (Ghirelli, Antônio. Tiranos. De Hitler a Pol Pot: os homens que ensanguentaram o século 20. Rio de Janeiro: Editora Bertrand Brasil Ltda. 2003, p.265).

500 "É só estudar as vidas de Marx, de Lenin, de Stalin, de Mao, de Guevara, de Fidel Castro, de Yasser Arafat (ou de seus acólitos intelectuais, os Sartres, Brechts, Althussers e tutti quanti) para entender do que estou falando: cada um desses homens que tiveram nas mãos os destinos de milhões de pessoas foi um deficiente emocional, cronicamente imaturo, incapaz de criar uma família, de arcar com uma responsabilidade econômica ou de manter relações pessoais normais com quem quer que fosse. Em compensação do aborto moral de suas vidas, criaram a idealização pomposa do 'revolucionário' (isto é, deles próprios), como encarnação de um tipo superior de humanidade, adornando com um toque de estética kitsch a mentira existencial total" (Carvalho, Olavo de. O Mínimo que Você Precisa Saber para Não Ser um Idiota. São Paulo: Editora Record, 2015. 18ª edição, p. 143).

## EFEITOS DA DESINFORMAÇÃO

À parte das graves consequências nos campos político e militar trazidas pela Desinformação, muitos reflexos culturais são percebidos até hoje. Seria tarefa hercúlea, senão impossível, enumerar todos. O ocidente em geral, por exemplo, acredita que o marxismo é uma forma de governo humano e fraternal, apto a erradicar a pobreza e a desigualdade no mundo. Os governantes, em todos os países que adotaram o socialismo, foram fortes e equilibrados, comprometidos com a população e imensamente justos, na medida em que permitiram a todos os acusados de conspiração o julgamento imparcial por tribunais isentos. Revolucionários foram glorificados como heróis na luta contra um capitalismo anárquico, responsável pela manutenção da pobreza e desarmonia no mundo. Essas ideias são tolas e falsas, nutridas por incautos que desconhecem o conteúdo dos regimes sociais-comunistas. Foram resultado de estratégias de enquadramento, de criação de um passado heroico aos governantes e de eliminação dos seus opositores.

Em nível mais amplo, citando um outro exemplo, todos os crimes praticados pelo nazismo, que causaram cerca de vinte e cinco milhões de mortes, foram expostos após a queda de Hitler. Filmes e livros sem fim são criados tendo o genocídio perpetrado por Hitler como objeto. De outro lado, os crimes praticados pelos comunistas soviéticos continuam encobertos e em sigilo: obra da Desinformação[501].

A distinção estabelecida entre comunismo e nazismo também é fruto da Desinformação. Chega a ser risível o marxista imputar a outrem o rótulo de fascista por entender que a pessoa é "de direita". Evidentemente, os governos nazifascistas do período da Segunda Guerra Mundial nada tinham de direita, na medida em que sua estrutura de governo era profundamente antiliberal. Guardavam, pelo contrário, semelhanças impressionantes com as propostas marxistas: os dois estatizaram os meios de produção, controlaram rigidamente a economia, invadiram o âmbito sociocultural, restringiram o poder nas mãos de um partido

---

[501] "Os regimes comunistas cometeram crimes concernentes a aproximadamente 100 milhões de pessoas, contra 25 milhões de pessoas atingidas pelo nazismo. Essa simples constatação deve, pelo menos, provocar uma reflexão comparativa sobre a semelhança entre o regime que foi considerado, a partir de 1945, como o regime mais criminoso do século, e um sistema comunista que conservou, até 1991, toda a sua legitimidade internacional e que, até hoje, está no poder em alguns países, mantendo adeptos no mundo inteiro" (Courtois, Stéphane; Werth, Nicolas; Panné, Jean-Louis; Paczkowski, Andrzej; Bartosek, Karel; Margolin, Jean-Louis. O Livro Negro do Comunismo. Crimes, terror e repressão. Rio de Janeiro: Bertrand Brasil, 2018. 11a edição, p.28)

político, extinguiram as liberdades individuais, perseguiram os dissidentes, implantaram o policiamento político[502], exterminaram em massa as minorias étnicas. Os campos de concentração nazistas tiveram como modelo inspiratório justamente os gulags soviéticos[503]. Há, sim, diferenças entre ambos (os regimes comunistas foram em regra impostos por golpes de Estado, o nazifascismo pelo voto; o socialismo foi concebido como uma condição transitória para o comunismo, o nazifascismo é indeterminado no tempo), mas elas pouco os afastam um do outro. Mais do que próximos, são verdadeiros irmãos gêmeos, podendo até mesmo ser concluído que o nazismo e o fascismo foram filhos gerados pelo comunismo. "É um atestado do extraordinário sucesso da propaganda comunista — ela ser capaz de persuadir os intelectuais ocidentais médios de que o fascismo e o comunismo são excludentes, opostos, e de que há uma escala única de ideologia política distanciando a 'extrema esquerda' da 'extrema direita'. Assim, enquanto na verdade o comunismo está na extrema esquerda, é simplesmente mais uma fase ao longo da estrada que todos os intelectuais devem tomar, na medida em que estão opostos ao verdadeiro mal de nossos tempos, a visão de 'extrema direita' do inimigo fascista. É talvez mais fácil para um inglês que para um italiano enxergar esta perniciosa tolice e perceber o que ela pretende velar: a profunda similaridade estrutural entre fascismo e comunismo, tanto na teoria quanto na prática, e seu comum antagonismo às formas de governo constitucional, que são o intento e a realização dos Estados europeus. Mesmo se aceitamos a identificação, altamente fortuita, do nacional-socialismo com o fascismo italiano, falar de um ou de outro como o oposto político verdadeiro do comunismo é cair em uma ingenuidade perigosa. Comunismo, assim como fascismo, envolve a tentativa

---

502 O relato de um sobrevivente às perseguições comunistas e nazistas narra que: "A diferença entre a polícia secreta comunista e a dos nazistas — sou um dos felizes eleitos a ter experimentado ambas — não reside nos seus níveis de crueldade e de brutalidade. A sala de tortura de um cárcere nazista era idêntica à de um cárcere comunista. A diferença não se encontra aí. Se os nazistas o prendiam como dissidente político, queriam geralmente saber quais eram as suas atividades, quem eram os seus amigos, quais eram os seus planos e assim por diante. Os comunistas não perdiam tempo com isso. Sabiam já, ao prendê-lo, que tipo de confissão você iria assinar: —' Mas o senhor não sabia. Eu não podia jamais imaginar que seria transformado num....espião americano.' " (Courtois, Stéphane; Werth, Nicolas; Panné, Jean-Louis; Paczkowski, Andrzej; Bartosek, Karel; Margolin, Jean-Louis. O Livro Negro do Comunismo. Crimes, terror e repressão. Rio de Janeiro: Bertrand Brasil, 2018. 11ª edição, p. 481).

503 "A esse respeito, Rudolf Hoess, encarregado de criar o campo de Auschwitz, e também seu futuro comandante, sustentou afirmações bastante indicativas: 'A direção da Segurança fizera chegar aos comandantes dos campos uma detalhada documentação sobre os campos de concentração russos. Baseando-se nos testemunhos dos fugitivos, estavam expostas em todos os detalhes as condições reinantes no local. Destacava-se particularmente que os russos exterminavam populações inteiras utilizando-as em trabalhos forçados" (Courtois, Stéphane; Werth, Nicolas; Panné, Jean-Louis; Paczkowski, Andrzej; Bartosek, Karel; Margolin, Jean-Louis. O Livro Negro do Comunismo. Crimes, terror e repressão. Rio de Janeiro: Bertrand Brasil, 2018. 11a edição, p.28)

de criar um movimento popular de massa, unido a um Estado, submetido à regra do partido único, na qual haverá total coesão para o objetivo comum. Isto exige a eliminação da oposição, por quaisquer meios, e a substituição da disputa ordenada entre partidos pela 'discussão' clandestina dentro dos limites de uma única elite dominante. Envolve tomar conta — em 'nome do povo' — dos meios de comunicação e educação, bem como implantar um princípio de comando sobre a economia. Ambos os movimentos consideram a lei muito falível, e os parâmetros constitucionais muito irrelevantes — pois são essencialmente 'revolucionários', governados desde cima por uma 'disciplina de ferro'. Ambos buscam um novo tipo de ordem social, não mediada por instituições, e exemplificando uma coesão fraterna e imediata. E, na busca dessa associação ideal — chamada de fascio pelos socialistas italianos do Século XIX — cada movimento cria uma forma de governo militar, envolvendo a mobilização constante e total de toda a população, que não pode mais fazer nem mesmo as coisas aparentemente mais pacíficas — comer, andar, rezar ou se encontrar — exceto no espírito da guerra. A diferença mais importante, historicamente, é que, enquanto os governos fascistas mais frequentemente chegaram ao poder pela eleição democrática, os governos comunistas sempre o fizeram por meio de um golpe de Estado. A réplica seria que o comunismo talvez seja assim na prática, mas somente porque a prática traiu a teoria. É claro, o mesmo poderia ser dito do fascismo; mas foi uma importante estratégia da esquerda — e o maior componente da propaganda soviética pós-guerra — contrastar um comunismo puramente teórico com o fascismo 'realmente existente', de forma a reforçar a visão de que o comunismo e o fascismo são opostos. Assim, uma promessa de paraíso é contrastada com a realidade do inferno"[504].

Por ocasião da Segunda Guerra Mundial a Alemanha invadiu a Rússia, mas não teve êxito no intento dominador. Valendo-se desse fracasso, o bloco soviético viu abrir a oportunidade de criticar em peso o regime nazista, demonizando-o. Como todo o mundo havia se voltado contra Hitler, os ataques aderiram na consciência popular. O resultado colateral, deliberadamente buscado pela Desinformação soviética, foi que as pessoas afastaram o comunismo do nazismo quando, em verdade, os dois são essencialmente idênticos[505]. Não se

---

504 Scruton, Roger. Pensadores da Nova Esquerda. São Paulo, Brasil: É Realizações Editora, 2014, pp. 123-124.

505 "Nos últimos decênios do século 20, acendeu-se uma viva polêmica entre os que afirmavam que o comunismo e o nazifascismo não podiam ser comparados, e os que, ao contrário, sugeriam que se repensasse esta distinção à luz de duas

deve esquecer que antes de iniciar o conflito com a Alemanha, a União Soviética havia feito um acordo de não agressão, apoiando flagrantemente o regime nazista. "A antiga orientação pró-nazista pró-germânica não fora produto de uma ideologia, e a aliança, mesmo com uma Alemanha reacionária, contra os países 'poderosos', havia muito tempo, em princípio, era aceita pela maioria do Partido e do Exército"[506]. Esse acordo, aliás, guarda em sua base outra manobra de Desinformação: a União Soviética queria impedir de todo modo que os Estados Unidos ingressassem na Segunda Guerra Mundial. Quando assinou o pacto de não agressão, posteriormente frustrado por Hitler, tinha em mente a divisão da área de influência na região entre os dois países, com a intenção de posteriormente neles penetrar para implantar a política socialista. A presença dos norte-americanos poderia frustrar esse plano. "Assim, Stalin decidiu retratar os Estados Unidos como um reino sionista comprado com dinheiro judeu e governando por um ganancioso 'Conselho dos Sábios de Sião' (o epíteto ridículo que Stalin dava ao congresso americano), cujos mandachuvas militaristas queriam transformar o resto do mundo num feudo judeu (...) A

---

considerações: a primeira, de que ambas as ideologias partiam do mesmo pressuposto, isto é, da recusa e da perseguição ao diferente; a segunda, de que, com base neste pressuposto comum, tinham chegado aos mesmos resultados, à criação de uma fábrica de ódio, a um regime policialesco impiedoso e sanguinário, que culminou com a diabólica invenção do campo de concentração" (Ghirelli, Antônio. Tiranos. De Hitler a Pol Pot: os homens que ensanguentaram o século 20. Rio de Janeiro: Editora Bertrand Brasil Ltda. 2003, p.165).
"Para um conservador, o fascismo e o comunismo começam por se apresentar como tiranias gêmeas, ao partilharem a mesma concepção violenta e primária do exercício político" (Coutinho, João Pereira. As Ideias Conservadoras – explicadas a revolucionários e reacionários. São Paulo: Editora Três Estrelas, 2014, p. 98).
"Estado inchado, alto grau de intervenção nas empresas, controle de preços, congelamento de salários. Estas características do nazismo soam como música para muitos esquerdistas" (Sinotti, Evandro. Não, Sr. Comuna! Guia para desmascarar as falácias esquerdistas. Pirassununga/SP: 2015, pp. 28-29).
"O comunismo e o fascismo são gênios totalitários, são dois gêmeos totalitários. Não tens como falar do comunismo sem falares do fascismo, e vice-versa. Nasceram um do outro. Se no caso do comunismo dizemos que é uma patologia do universal, o nazismo, o fascismo representam uma patologia do particularismo" (Tismăneanu, Vladimir. Do comunismo. O destino de uma religião política. Campinas – SP: Vide Editorial, 2015, p. 16).
"O estatismo é o cerne da esquerda; e esse conceito é mais amplo que a mera ausência de eleições livres e 'democracia'. O estatismo preconiza a intervenção e a atuação intensas do Estado nas várias esferas da sociedade e se impõe sobre esta sem considerar se pessoas não aprovam sua estrutura ou não votaram a favor dela. Tendo em mente o fato de que Marx e Engels identificaram diferentes tipos de socialismo, pode-se concluir que tanto o comunismo quanto o nazismo são socialismos, sendo o primeiro um socialista de classe e internacional e o segundo um socialismo étnico e nacionalista (...)"É possível acrescentar aqui outras semelhanças entre os dois totalitarismos: o ódio à burguesia; a rejeição de toda a estrutura do Estado liberal e da representação partidária; a coletivização que almeja suprimir a individualidade; a 'propaganda totalitária', conforme denominada por Hannah Arendt, e a estética de massa; o culto do líder pelo uso da imagística religiosa; o direito de extirpar por meio da violência política o 'princípio maligno' que impede a chegada da sociedade perfeita, segundo Alain Besançon; o uso dos campos de concentração, que eram lugares de 'terror absoluto'; a criação do 'novo homem' por meio da reeducação ideológica; o militarismo; o nacionalismo; o neopaganismo e o antissemitismo" (Ferreira, Franklin. Contra a Idolatria do Estado. O papel do cristão da política. São Paulo: Vida Nova, 2016, pp. 92, 101-102).
506 Conquest, Robert. O Grande Terror. Os expurgos de Stalin. Rio de Janeiro: Editora Expressão e Cultura, 1970, p. 221.

principal tarefa de Vyshinsky foi unificar as máquinas de diplomacia e inteligência da União Soviética, e, usá-las, para criar uma forte aversão na Europa Ocidental pelo sionismo americano e seus mandachuvas militaristas, de modo a, afinal, forçar as tropas de 'ocupação' americanas a saírem do continente do Velho Mundo. Uma vez que se alcançasse o objetivo, Vyshinsky usaria o mesmo aparato de inteligência e diplomacia para ajudar a Europa Ocidental a 'decidir o seu próprio destino' (...) A principal tarefa de Panyushkin era persuadir os esquerdistas americanos a criar movimentos de paz nos Estados Unidos. Fazer movimentos em favor da paz para promover a guerra não era coisa nova. Antes da Segunda Guerra Mundial, houve um grande número de movimentos pela paz que eram alimentados por simpatizantes nazistas — eles não queriam impedir Hitler de conquistar a Europa, eles queriam impedir Washington de ir à guerra contra Hitler"[507]. Quando a Alemanha se voltou contra Stalin, os ataques contra o nazismo começaram[508].

Uma outra Desinformação que se verifica nos dias de hoje, especialmente no Brasil, é a crença de que o Socialismo Democrático seria uma forma de governo de direita. Para que se compreenda o equívoco da afirmação, os termos "direita" e "esquerda" merecem um breve esclarecimento. De um modo geral, a ideologia esquerdista crê que os homens nascem iguais e, por desvios gerados pelo sistema de poder constituído, encontram-se no mundo em posições diferentes. Para restabelecer o equilíbrio intrínseco aos homens, o Estado deve atuar para corrigir as dissonâncias através de medidas afirmativas como a reserva de vagas em concursos públicos e o estabelecimento de cotas para ingresso em escolas e universidades. Deve, ainda, evitar que as diferenças se acentuem, interferindo diretamente na atividade econômica. Há, em síntese,

---

[507] Pacepa, Ion Mihai e Rychlak, Ronald J. Desinformação. Ex-chefe de espionagem revela estratégias secretas para solapar a liberdade, atacar religião e promover o terrorismo. Campinas-SP: Vide Editorial, 2015, pp. 136-137.

[508] "Após 1945, o genocídio dos judeus apareceu como o paradigma da barbárie moderna, chegando mesmo a ocupar todo o espaço reservado à percepção do terror de massa no século XX. Após negarem, durante algum tempo, a especificidade da perseguição dos nazistas aos judeus, os comunistas compreenderam toda a vantagem que eles podiam tirar de um tal reconhecimento, reutilizando regularmente o antifascismo. O espetro do 'animal imundo cujo ventre é ainda fecundo' — segundo a fórmula famosa de Bertolt Brecht — foi agitado com frequência, com ou sem motivo justificado. Mais recentemente, o fato de ter sido posta em evidência a 'singularidade' do genocídio dos judeus, focalizando a atenção sobre sua atrocidade excepcional, também impediu que se percebessem outras realidades da mesma natureza no mundo comunista. Como imaginar que eles próprios, que tinham contribuído com sua vitória na destruição de um sistema de genocídio, pudessem também praticar os mesmos métodos? A reação mais corrente foi a recusa em admitir tal paradoxo" (Courtois, Stéphane; Werth, Nicolas; Panné, Jean-Louis; Paczkowski, Andrzej; Bartosek, Karel; Margolin, Jean-Louis. O Livro Negro do Comunismo. Crimes, terror e repressão. Rio de Janeiro: Bertrand Brasil, 2018. 11ª edição, p. 37).

uma atuação estatizante nítida. A concepção direitista, por sua vez, entende que os homens são naturalmente desiguais e que o Estado não deve, de modo algum, se envolver no âmbito de seus direitos privados e individuais. A sociedade deve ser aberta e livre, respeitando as escolhas pluralistas dos indivíduos.

Norberto Bobbio, que enfrentou o assunto sob a ótica da igualdade e da liberdade, apresentou o seguinte quadro ideológico: "Se me for concedido que o critério para distinguir a direita da esquerda é a diferente apreciação da ideia da igualdade, e que o critério para distinguir a ala moderada da ala extremista, tanto na direita quanto na esquerda, é a diferente postura diante da liberdade, pode-se então repartir esquematicamente o espectro em que se colocam doutrinas e movimentos políticos nas quatro seguintes partes:

A) na extrema-esquerda estão os movimentos simultaneamente igualitários e autoritários, dos quais o jacobinismo é o exemplo histórico mais importante, a ponto de se ter tornado uma abstrata categoria aplicável, e efetivamente aplicada, a períodos e situações históricas diversas;

B) no centro-esquerda, doutrinas e movimentos simultaneamente igualitários e libertários, para os quais podemos empregar hoje a expressão "socialismo liberal", nela compreendendo todos os partidos social-democratas, em que pesem suas diferentes práxis políticas;

C) no centro-direita, doutrinas e movimentos simultaneamente libertários e inigualitários, entre os quais se inserem os partidos conservadores, que se distinguem das direitas reacionárias por sua fidelidade ao método democrático, mas que, com respeito ao ideal da igualdade, se prendem à igualdade diante da lei, que implica unicamente o dever por parte do juiz de aplicar imparcialmente as leis, e à igual liberdade, que caracteriza aquilo que chamei de igualitarismo mínimo;

D) na extrema-direita, doutrinas e movimentos antiliberais e anti-igualitários (...)"[509]

Pormenorizando o tema, Franklin Ferreira explica que "a esquerda pode ser definida como aquele modelo do espectro político em que há pouca ou nenhuma liberdade pessoal e econômica, em que o Estado ou partido ganha uma dimensão transcendente, agindo para estender seu domínio sobre todas

---

509 Bobbio, Norberto. Direita e Esquerda. Razões e significados de uma distinção política. São Paulo: Editora Unesp, 1995, pp. 134-135

as esferas da sociedade. Já a direita privilegia a liberdade pessoal e econômica e a garantia dos direitos individuais, sendo os limites o respeito à vida, à propriedade e à liberdade dos demais. Os dois termos ganharam esses significados após o começo da Guerra Fria. Outra forma de enunciar a diferença seria a seguinte: a esquerda caracteriza-se pela crença na igualdade de poder. As diferenças econômicas seriam a manifestação de uma distribuição injusta de poder social e político na sociedade. De modo geral, a esquerda postula que a liberdade deve ser sacrificada em nome da igualdade. A liberdade está diretamente relacionada à liberdade econômica ou de iniciativa dos indivíduos e à propriedade privada. A direita, sobretudo o liberalismo clássico, enfatiza que a igualdade se encontra no estado de liberdade que os indivíduos têm de agir, empreender e seguir seus objetivos. Para este, a diferença material ou de poder é o resultado do sucesso de cada indivíduo e não sua causa (...) Por sua vez, o liberalismo preconiza: a necessidade de menos Estado, com seu consequente enxugamento e maior eficácia; a redução da interferência do Estado na economia ao mínimo necessário; a defesa da propriedade privada; a privatização das empresas estatais e de serviços públicos que possam ser oferecidos pela iniciativa privada; o livre mercado; e a redução das despesas do governo, com a consequente redução da carga tributária. Além disso, o liberalismo afirma o respeito ao império da lei, às liberdades individuais, à iniciativa privada e às diversas esferas que compõem a sociedade, além de defender o fomento às estruturas mediadoras (*intermediate bodies*)"[510].

Com isso, nota-se que a Social-Democracia é claramente uma posição política com raízes esquerdistas. Apoiam a intervenção maciça do Estado na economia, na educação, na saúde, na segurança e em todos os demais aspectos da vida coletiva nacional. Não bastasse, propugnam originariamente a implantação de uma sociedade socialista, embora rejeitem a luta armada. A própria história do seu nascimento denuncia tal. Esse movimento político nasceu no período pós-Primeira Guerra Mundial, como acima já visto, como uma alternativa à crise do marxismo ortodoxo.

A estratégia de Desinformação de condução da Social- Democracia para a direita nasceu no Brasil para deslocar o núcleo de debate nacional: como

---

[510] Em Ferreira, Franklin. Contra a Idolatria do Estado. O papel do cristão da política. São Paulo: Vida Nova, 2016, pp. 125-126 e 137.

praticamente não existe partido de direita, os partidos de esquerda sentiram-se à vontade e sem resistência para acusar os partidos de centro como direitistas, garantindo que o eixo político estivesse sempre focando na vertente gauchista. "Feito isso, o espectro político fica restrito à extrema esquerda, à esquerda e à centro-esquerda. E o centro torna-se extrema direita. Desse modo, as posições de esquerda podem ser percebidas como 'de centro' ou moderadas. Todo o sistema partidário passa a ser composto de 'linhas auxiliares' do projeto de tomada do poder e permanência nele por parte da esquerda. É na 'estratégia da tesoura', no aparente combate entre a 'direita' e a 'extrema esquerda', que se dá o golpe revolucionário na sociedade civil"[511].

Até no campo religioso há reflexos da Desinformação. Um exemplo foi a criação da "Teologia da Libertação" nos países da América Latina. "Nos anos 1950 e 1960, a maioria dos latino-americanos era pobre, camponeses religiosos que aceitavam o status quo, e Kruschev estava confiante de que poderiam ser convertidos ao marxismo através de uma manipulação hábil da religião. Em 1968, a KGB conseguiu manobrar um grupo de bispos esquerdistas latino-mericanos, fazendo-os sediar uma conferência em Medelín, na Colômbia. A pedido da KGB, o meu DIE deu apoio logístico aos organizadores. O propósito oficial da conferência era ajudar a eliminar a pobreza da América Latina. Sua meta não declarada era legitimar um movimento político criado pela KGB e apelidado de 'teologia da libertação', cuja missão secreta era incitar os pobres latino-americanos contra a 'violência institucionalizada da pobreza' gerada pelos Estados Unidos. A KGB tinha uma queda por movimentos de 'libertação': A Organização para a Libertação da Palestina (OLP), o Exército de Libertação Nacional da Colômbia (FARC) e o Exército de Libertação Nacional (ELN) da Bolívia são só uns poucos dos movimentos de "libertação" nascidos na KGB. A Conferência de Medelín efetivamente endossou a teologia da libertação, e os delegados a recomendaram para o Conselho Mundial de Igrejas (WCC), a fim de obter aprovação oficial. O WCC, sediado em Genebra, e a representar a Igreja Ortodoxa Russa e outras denominações menores em mais de 120 países, já tinha caído sob controle do serviço soviético de inteligência estrangeiro. Permanece politicamente sob controle do Kremlin de hoje, por meio dos muitos padres ortodoxos que são ao mesmo tempo membros eminentes do WCC e agentes

---

511 Ferreira, Franklin. Contra a Idolatria do Estado. O papel do cristão da política. São Paulo: Vida Nova, 2016, p. 98.

da inteligência russa. O padre russo dissidente Gleb Yakunin, que fora membro da *Duma* russa de 1990 a 1995, e a quem foi dado por pouco tempo acesso aos arquivos da KGB, vazou uma grande quantidade de informações em relatórios *samizdat*, identificando padres ortodoxos que eram agentes e descrevendo sua influência em questões do WCC. Por exemplo, em 1983 a KGB mandou 47 agentes participarem da Assembleia Geral do WCC, em Vancouver, e no ano seguinte reconheceu ter utilizado os seus agentes no comitê de seleção do WCC para conseguir que o homem certo fosse eleito para o secretariado geral da instituição. O secretário geral do Conselho Mundial de Igrejas, Eugene Carson Blake — ex-presidente do Conselho Nacional de Igrejas nos Estados Unidos —, endossou a teologia da libertação e a fez parte da agenda do WCC. Em março de 1970 e em julho de 1971, os primeiros congressos católicos latino-americanos dedicados à teologia da libertação ocorreram em Bogotá"[512].

Com todo esse panorama, fácil é perceber que os seres humanos vivem atualmente em um mundo de névoa, cujo olhar é completamente obscurecido pela fumaça ideológica que permeia todo o ambiente intelectual em que vivemos. Não é possível enxergar nada verdadeiramente sem que esse véu esfumaçado colocado por sobre os nossos olhos seja retirado. A Desinformação conseguiu, fatalmente, infiltrar-se nos meios de comunicação escritos e radio-televisivos e, hoje, a maioria absoluta dos ditos formadores de opinião apenas repete os chavões que, dissimuladamente, foram introduzidos no vocabulário supostamente culto do país.

Os principais efeitos da Desinformação, nesse contexto, são dois: de um lado, a formação de um grupo de ventríloquos iletrados que repete à população as máximas politicamente corretas que lhe foram dissimuladamente transmitidas por pessoas dolosamente preordenadas à subversão; de outro, um grupo de pessoas amorfas que, idolatrando os ícones culturais desinformados, endeusam todos os personagens por eles santificados e avalizam os ideais propagados, sem que tenha a mínima condição de estabelecer uma visão real e crítica das informações.

A Desinformação, destarte, é uma das razões pelas quais o marxismo permanece vivo, entre nós, até a época contemporânea. Criminosos terríveis são deificados,

---

[512] Pacepa, Ion Mihai e Rychlak, Ronald J. Desinformação. Ex-chefe de espionagem revela estratégias secretas para solapar a liberdade, atacar religião e promover o terrorismo. Campinas-SP: Vide Editorial, 2015, pp. 151-152.

bandidos terroristas têm o passado apagado. Foi ela que garantiu "um silêncio acadêmico sobre a catástrofe comunista que atingiu, há aproximadamente 80 anos, um terço da espécie humana, sobre quatro continentes"[513].

Somente abrindo os olhos para a realidade concreta, não para a fabricada, é que será possível olhar por detrás do manto de mentiras que nos foi e é incessantemente imposto.

---

[513] Courtois, Stéphane; Werth, Nicolas; Panné, Jean-Louis; Paczkowski, Andrzej; Bartosek, Karel; Margolin, Jean-Louis. O Livro Negro do Comunismo. Crimes, terror e repressão. Rio de Janeiro: Bertrand Brasil, 2018. 11ª edição, p. 31.

# CAPÍTULO 9

## Imposturas intelectuais

Impostura Intelectual é um termo cunhado por Alan Sokal e Jean Bricmont, dois professores de Física, o primeiro na Universidade de Nova Iorque, o segundo na Universidade de Louvain, na Bélgica, para denunciar os abusos que vários escritores atuais, por eles gentilmente batizados de "pós-modernos", adotam nos seus discursos teóricos. Restringindo a análise às áreas da Matemática e da Física, eles estabeleceram que muitos teóricos tentam demonstrar uma falsa erudição através do uso de termos específicos dessas áreas do conhecimento, assim se comportando apenas porque as palavras em si indicariam complexidade. Escrevem, assim, textos que pretendem sejam de difícil compreensão, como se essa fosse a marca do conhecimento, quando, na verdade, a análise individual revela que as expressões estão, nos textos, absolutamente desconectadas da verdadeira significação.

"Nossa intenção é chamar atenção para aspectos relativamente pouco conhecidos, isto é, o abuso reiterado de conceitos e terminologia provenientes da Matemática e da Física. Queremos analisar também determinadas confusões de pensamento que são frequentes nos escritos pós-modernistas e que se relacionam tanto com o conteúdo quanto com a Filosofia das Ciências Naturais. Para ser preciso, a palavra 'abuso' denota aqui uma ou mais das seguintes características:

1. Falar abundantemente de teorias científicas sobre as quais se tem, na melhor das hipóteses, uma ideia extremamente confusa. A tática mais comum é usar a terminologia científica (ou pseudocientífica) sem se incomodar muito com o que as palavras realmente *significam*;

2. Importar conceitos próprios das ciências naturais para o interior das ciências sociais ou humanidades, sem dar a menor justificação conceitual ou empírica. Se um biólogo quisesse empregar, em sua pesquisa, noções elementares de topologia matemática, teoria dos conjuntos ou geometria diferencial, ele teria de dar alguma explicação. Uma vaga analogia não seria tomada muito a sério pelos

seus colegas. Aqui, pelo contrário, aprendemos com Lacan que a estrutura do paciente neurótico é precisamente o toro (nada menos que a própria realidade, cf. p. 33); com Kristeva que a linguagem poética pode ser teorizada em termos da cardinalidade do *continuum* (p. 51) e com Baudrillard que a guerra moderna ocorre num espaço não euclidiano (p. 147) — tudo sem explicação.

3. Ostentar uma erudição superficial ao atirar na cara do leitor, aqui e ali, descaradamente, termos técnicos num contexto em que eles são totalmente irrelevantes. O objetivo é, sem dúvida, impressionar e, acima de tudo, intimidar os leitores não-cientistas. Mesmo alguns acadêmicos e comentaristas da imprensa caem nesta armadilha: Roland Barthes impressionou-se com a precisão do trabalho de Julia Kristeva (p. 49), e o *Le Monde* admira a erudição de Paul Virilio (p. 169);

4. Manipular frases e sentenças que são, na verdade, carentes de sentido. Alguns destes autores exibem uma verdadeira intoxicação de palavras, combinada com uma extraordinária indiferença para com o seu significado"[514].

Evidentemente, está abrangida na liberdade estética do autor a utilização de palavras emprestadas de outras áreas do conhecimento, mas, em casos tais, é necessário esclarecer esse aspecto ao leitor. Quando não o fazem, esses pretensos cultos revelam que, no fundo, querem é enganar os mais incautos. Para provar que essa situação está realmente presente no mundo atual, Sokal e Bricmont fizeram uma experiência que ficou conhecida como o "Caso Sokal". "Para responder a esse fenômeno, um de nós (Sokal) decidiu tentar uma experiência não-científica, mas original: submeter à apreciação de uma revista cultural americana da moda, a *Social Text*, uma caricatura de um tipo de trabalho que havia proliferado em anos recentes, para ver se eles o publicariam. O artigo, intitulado 'Transgredindo as fronteiras: em direção a uma hermenêutica transformativa da gravitação quântica', está eivado de absurdos e ilogismos flagrantes. Ademais, ele defende uma forma extrema de relativismo cognitivo: depois de ridicularizar o obsoleto 'dogma' de que 'existe um mundo exterior, cujas propriedades são independentes de qualquer indivíduo e mesmo da humanidade como um todo', proclama categoricamente que 'a realidade física, não menos que a realidade social, é no fundo uma construção social e

---

514 Sokal, Alan, e Bricmont, Jean. Imposturas Intelectuais. O abuso da ciência pelos filósofos pós-modernos. Rio de Janeiro: Editora Record, 2012, 5ª edição, pp. 18-19.

linguística'. Por meio de uma série de raciocínios de uma lógica espantosa, o artigo chega à conclusão de que 'o ϖ de Euclides e o G de Newton, antigamente imaginados como constantes e universais, são agora entendidos em sua inelutavel historicidade'. O restante prossegue na mesma linha. Apesar disso, o artigo foi aceito e publicado. Pior, foi publicado numa edição especial da Social Text destinada a refutar a crítica dirigida ao pós-modernismo e a construtivismo social por vários cientistas eminentes. É difícil imaginar, para os editores da Social Text, um meio mais radical de atirar nos próprios pés"[515].

## MODALIDADES

As falsas erudições não estão presentes apenas nas menções a termos de Matemática e Física, mas se espalham à abundância entre escritores que, propositalmente, adotam uma redação confusa e embaralhada, sem qualquer concatenação dos argumentos e das teses. O "estilo obscuro o torna dificilmente discutível: se algumas proposições são evidentemente absurdas, outras são formuladas de tal maneira que é impossível saber o que elas significam exatamente"[516]. Nesses casos a leitura é árdua, levando o leitor menos avisado a concluir que a inteligência do pensador e a profundidade de sua abordagem são muito superiores à capacidade interpretativa do intérprete.

Para evitar armadilhas como tais, antes de ler um texto que aparenta ser denso, é importante indagar se o autor realmente queria se fazer compreender ou não. Existem assuntos que são difíceis pelo próprio objeto, mas há aqueles tornados deliberadamente complexos. Um ótimo vetor interpretativo para tanto é organizar os apontamentos do escritor de forma lógica e cronológica: caso não seja possível ajustar essa linha sistemática, há o indicativo de que nem mesmo ele tem a sua lógica argumentativa bem definida.

Lacan fez uso dessa técnica de impostura. No seu trabalho, muito conectado com Habermas e Marcuse, ele "tem uma vaga ideia da matemática que ele invoca (e não muito mais). Não será com ele que um estudante aprenderá o que é um número natural ou um conjunto compacto, porém suas colocações, quando inteligíveis, nem sempre são falsas. Contudo, ele se excede (se é que podemos usar essa palavra) no segundo tipo de abuso relacionado em nossa introdução: suas

---

[515] Sokal, Alan, e Bricmont, Jean. Imposturas Intelectuais. O abuso da ciência pelos filósofos pós-modernos. Rio de Janeiro: Editora Record, 2012, 5ª edição, pp. 16-17.

[516] Pracontal, Michel de. A Impostura Científica em Dez Lições. São Paulo: Editora Unesp, 2002, p. 411.

analogias entre psicanálise e matemática são as mais arbitrárias que se possam imaginar, e delas não oferece absolutamente nenhuma justificação empírica ou conceitual (nem aqui nem em nenhum lugar de sua obra). Finalmente, como ostentação de uma erudição superficial e manipulação de sentenças sem sentido, os textos citados acima seguramente falam por si sós"[517].

Júlia Kristeva é outro exemplo. Essa conhecida psicanalista e filósofa, a quem se imputou inclusive a qualidade de agente secreta da Bulgária Comunista na França, nos anos 1970, atuando sob o codinome "Sabina"[518], "invoca noções técnicas relativas aos conjuntos infinitos, em cuja relevância para a linguagem poética é difícil penetrar, especialmente quando nenhum argumento é oferecido. Além do mais, sua exposição da matemática contém alguns erros grosseiros, por exemplo, no que diz respeito ao teorema de Gödel (...) nem sempre entende o sentido das palavras que utiliza. Contudo, o principal problema suscitado por esses textos é que ela não faz nenhum esforço para justificar a pertinência dos conceitos matemáticos nas áreas que pretende estudar — linguística, crítica literária, filosofia política, psicanálise —, na nossa opinião, pela simples razão de que não há justificação alguma"[519].

Habermas não poderia deixar de ser citado. Tentando homenagear a sustentação teórica de Horkheimer e de Adorno, que haviam condenado por completo a razão iluminista, mas ao mesmo tempo procurando salvar a razão de sua completa fulminação, ele desenvolveu a tese da razão comunicativa, não conseguindo, porém, sair do beco sem saída que criou para si mesmo. Nesse mister hercúleo, no qual insistiu bravamente, ele se fez muitas vezes absolutamente incompreensível, não sendo possível, em alguns momentos, trafegar em um só parágrafo com clareza e nitidez de raciocínio. "Um leitor que se depara com Habermas pela primeira vez, confrontando-se com seus hectares de sociologismo vazio, pode muito bem se surpreender com a afirmação de que ali, diante dele, está o cerne intelectual da esquerda alemã. Por

---

517 Sokal, Alan, e Bricmont, Jean. Imposturas Intelectuais. O abuso da ciência pelos filósofos pós-modernos. Rio de Janeiro: Editora Record, 2012, 5ª edição, p. 47.

518 <https://www1.folha.uol.com.br/mundo/2018/03/filosofa-julia-kristeva-foi-agente-secreta-da- bulgaria-comunista--na-franca.shtml, acesso em 24 de setembro de 2018>. <https://www.theguardian.com/world/2018/mar/28/julia-kristeva--communist-secret-agent- bulgaria-claims, acesso em 24 de setembro de 2018>. <https://www.nytimes.com/2018/04/01/arts/julia-kristeva-bulgaria-communist-spy.html, acesso em 24 de setembro de 2018>. <https://www.irishtimes.com/news/world/europe/julia-kristeva-was-a-communist-agent-bulgaria- claims-1.3443509, acesso em 24 de setembro de 2018>.

519 Sokal, Alan, e Bricmont, Jean. Imposturas Intelectuais. O abuso da ciência pelos filósofos pós-modernos. Rio de Janeiro: Editora Record, 2012, 5ª edição, pp. 49-50 e 58.

mais surpreendente que seja, é isso mesmo. E é importante compreender que o estilo burocrático não é, sob qualquer critério, dispensável. Ao contrário, ele é componente indissolúvel da mensagem. O estilo é o agente da legitimação — por meio dele é que a crítica habermasiana da sociedade burguesa garante suas credenciais acadêmicas. Aqui, o tédio é veículo de uma autoridade abstrata. O leitor espera, nos corredores da prosa de Habermas, como um suplicante a quem a verdade foi prometida, embora apenas sob forma abstrata, num documento que talvez já esteja obsoleto. A dificuldade de extrair significado da obra de Habermas é, ainda, agravada pela estrutura de seus livros, compostos de capítulos desconexos e argumentos que não são sustentados por mais de um parágrafo. Cada capítulo parece o 'relatório' de uma comissão designada a tratar de um assunto ao qual é, em ampla medida, indiferente"[520].

Exemplos dessa natureza notam-se à saciedade na pseudo-ciência atual.

## PARALAXE COGNITIVA

Paralaxe, do termo grego parallaxis, com o significado etimológico de "alteração", é um termo utilizado para indicar a diferença de posição de um determinado objeto pela sua observação em dois pontos e ângulos diferentes. O vocábulo era utilizado exclusivamente na Física, Astronomia e em outras ciências naturais, até que Olavo de Carvalho, sagaz e perspicazmente, adaptou-o para a filosofia para definir, nas suas palavras, o "afastamento entre o eixo da construção teórica e o eixo da experiência real do indivíduo que criou a teoria". Batizou-o, nesses casos, de "paralaxe cognitiva". São expoentes da paralaxe cognitiva aqueles pensadores que sustentam uma posição em seu discurso, mas, na própria vida, seguem rumo diametralmente contrário. Aqui se incluem as hipocrisias intelectuais dos teóricos que levaram à apoteose a máxima popular do "faça o que eu digo, mas não faça o que eu faço".

Karl Marx dizia que o proletariado era a classe superior, os operários eram os detentores da verdade absoluta e os únicos capazes de promover a revolução que mudaria a condição de vida do homem. Ele, obviamente, não era integrante do proletariado, embora se considerasse uma inteligência superior. Tinha sensível aversão ao trabalho[521]. Criticava intensamente

---

[520] Scruton, Roger. Pensadores da Nova Esquerda. São Paulo, Brasil: É Realizações Editora, 2014, pp. 180-181.

[521] "Jenny escreveu de Trier para Karl em 21 de junho dizendo que 'todos ainda esperam que você finalmente decida arranjar um emprego permanente" (Jones, Gareth Stedman. Karl Marx. Grandeza e Ilusão. São Paulo: Companhia das

o modo de vida burguês, mas buscava uma condição de vida pródiga, muito além de suas possibilidades financeiras, adotando o estilo de vida luxuoso que tanto criticava nos capitalistas[522]. Por épocas, dada sua prodigalidade e sua resistência em se sustentar com seu labor, viveu somente às custas do apoio financeiro de Engels[523].

Lenin idolatrava Marx e Engels e constantemente os rememorava nos seus escritos. Deificava o comunismo marxista. Não teve qualquer escrúpulo, entretanto, em instigar a revolução em um país, a Rússia, em que o capitalismo não estava desenvolvido a ponto de suas fragilidades ficarem nítidas e levarem os operários a tamanha indignação que fatalmente se uniriam e enfrentariam a burguesia. A Rússia era fundamentalmente agrícola e, nem de longe, as condições humanas dos trabalhadores ingleses e franceses se verificavam nesse país. Caso fosse uma personalidade fiel à sua crença e ao seu discurso, teria abandonado a ideia da revolução nesse território. Obviamente, não agiu assim, deu de ombros às adversidades e adaptou a teoria como bem lhe aprouve. O estopim revolucionário, por exemplo, foi o golpe de Estado promovido

---

Letras, 2016, p. 182).
"Sou obrigado a desperdiçar [...] meus dias trabalhando para ganhar a vida" (Jones, Gareth Stedman. Karl Marx. Grandeza e Ilusão. São Paulo: Companhia das Letras, 2016, p. 346).

522 "Heinrich alegava que os estudantes mais ricos gastavam menos de quinhentos táleres, enquanto Karl tinha ultrapassado os setecentos táleres" (Jones, Gareth Stedman. Karl Marx. Grandeza e Ilusão. São Paulo: Companhia das Letras, 2016, p. 83).
"Nos cinco anos seguintes à morte do pai, as relações de Karl com a família, especialmente com a mãe, pioraram muito. Quando estava em Trier, Karl se sentia mais à vontade na casa do futuro sogro, Ludwig von Wespthalen, do que na própria família" (Jones, Gareth Stedman. Karl Marx. Grandeza e Ilusão. São Paulo: Companhia das Letras, 2016, p. 107).
"Mas mesmo com essa mudança de sorte, os hábitos da família Marx não mudaram. Ao voltar da Holanda, a família mudou-se antes do fim de março para Modena Villas, número 1, em Maitland Park. O aluguel por três anos custava 65 libras por ano, mais taxas de quatro a oito xelins; um aumento de 80% em relação às despesas de Grafton Terrace. Jenny gastou quinhentas libras com móveis e acessórios, incluindo uma 'robusta faca de trinchar' para Engels. Um ano depois, porém, o padrão costumeiro já voltara a se impor. Em 31 de julho de 1865, Karl escreveu para Engels, justificando seu prolongado silêncio: 'Há dois meses vivido exclusivamente da loja de penhores, o que significa que uma fila de credores não para de bater à minha porta, tornando-se cada dia mais insuportável. Este fato não será nenhuma surpresa para você, quando levar em conta que, primeiro, tendo sido incapaz de ganhar um centavo esse tempo todo, e que, segundo, simplesmente saldar as dívidas e mobiliar a casa me custou umas quinhentas libras [...] Eu mesmo acho incrível que o dinheiro tenha desaparecido" (Jones, Gareth Stedman. Karl Marx. Grandeza e Ilusão. São Paulo: Companhia das Letras, 2016, p. 356).
"Nunca houve qualquer plano de morar numa casa puramente proletária. Quando Jenny chegou a Londres pela primeira vez, a família alugou um apartamento em Chelsea duas vezes mais caro do que o custo posterior de Grafton Terrace. Da mesma forma, em 1854, apesar das dívidas, gastou-se considerável montante com roupas novas para Jenny quando foi visitar a mãe, 'uma vez que ela naturalmente não poderia chegar a Trier parecendo uma maltrapilha' (...) Karl gostava de dar às visitas, especialmente as estrangeiras, a impressão de viver em confortáveis circunstâncias burguesas". (Jones, Gareth Stedman. Karl Marx. Grandeza e Ilusão. São Paulo: Companhia das Letras, 2016, pp. 357-358).

523 "Sua família tornou-se cada vez mais dependente da generosidade de Engels. E essa dependência não se limitava ao próprio Karl: Engels cuidava também das meninas, especialmente Laura, como já foi descrito" (Jones, Gareth Stedman. Karl Marx. Grandeza e Ilusão. São Paulo: Companhia das Letras, 2016, p. 597).

pelos revolucionários, com o apoio da sociedade que estava insatisfeita com o governo do Czar Nicolau II: os operários não tiveram nenhum envolvimento com a revolução. Mais uma adaptação foi feita por Lenin para atender aos seus próprios interesses: diante da heterogeneidade da classe operária, o Partido Comunista é que assumiria a liderança da revolução para, oportunamente, quando o proletariado estivesse mais preparado e apto para assumir o governo, transferir-lhe todo o poder. Aquilo que deveria ser a ditadura do proletariado contra a ditadura dos capitalistas, acabou sendo a ditadura do partido comunista sobre o proletariado.

Mao Tsé-Tung é descrito como o "Grande Timoneiro" da China, um homem preocupado com os camponeses, que dedicou sua vida à causa revolucionária, dando à China um novo rumo. Pregava uma vida absorta no trabalho manual com a humildade necessária para assegurar uma plena igualdade entre os habitantes. Sua vida pessoal, entretanto, era muito, mas muito distante desse discurso hipócrita. Mao vivia uma vida das mais burguesas, com direito a várias propriedades[524] e caprichos luxuosos[525].

Fidel Castro dizia que "não possuía nenhum patrimônio além de uma modesta 'cabana de pescador' em algum ponto da costa"[526]. Como já apontado

---

524 "Mao gostava de vilas, ou casas de campo. Durante os 27 anos em que esteve no poder, mais de cinquenta propriedades foram criadas para ele, não menos do que cinco em Pequim. Em muitas delas, jamais pôs os pés. Essas mansões situavam-se em terrenos enormes, a maioria em locais lindos. Assim, em muitos lugares de grande beleza, uma montanha inteira (como as colinas da Fonte de Jade, nos arredores de Pequim), ou longos trechos de lagos (como no famoso lado Ocidental, em Hangzhou), foram isolados para seu uso exclusivo. Com frequência, havia velhas casas de campo nesses lugares, muitas de arquitetura esplendorosa. Elas foram derrubadas para dar lugar a edificações novas, projetadas e construídas sob a supervisão de suas forças de segurança, tendo por prioridade a segurança e o conforto à la Mao. Essas edificações eram à prova de balas e bombas; algumas tinham profundos abrigos nucleares. A maioria tinha o mesmo estilo: um clone de armazém, com alas idênticas, uma para Mao e outra para sua esposa, com uma enorme sala de estar no meio. Eram todas térreas, pois Mao temia ficar preso no andar de cima" (Halliday, Jon e Chang, Jung. Mao – a história desconhecida. São Paulo: Editora Schwarcz Ltda. 2005, pp. 409-410).

525 "Mao não economizava nos aspectos da vida de que gostava. Era um gourmet e mandava buscar suas comidas favoritas em todo o país (ele e os altos líderes raramente iam a restaurantes, cujo número encolheu com o regime comunista). Um peixe especial de Wuhan que ele apreciava tinha de ser transportado vivo por mil quilômetros dentro de um saco de plástico cheio de água e mantido oxigenado. Quanto ao arroz, ele exigia que a membrana entre a palha e o grão fosse mantida, o que significava descascá-lo manualmente e com grande cuidado. Uma vez, reclamou que não estava sentindo o gosto da membrana e disse à sua governanta que havia adquirido beribéri em consequência disso. A governanta correu até a fazenda especial na Fonte de Jade e mandou descascar um pouco de arroz exatamente como Mao queria. Essa fazenda foi montada especialmente para plantar arroz para ele, pois supunha-se que a água de lá era a melhor. Nos velhos tempos, a fonte havia fornecido água às cortes imperiais. Agora, alimentava a plantação de arroz de Mao. As verduras de que ele gostava, assim como os frangos e o leite, eram produzidos em outra fazenda especial chamada Jushan. Seu chá tinha a fama de ser o melhor da China — Poço do Dragão — e as melhores folhas eram escolhidas para ele, no momento ideal" (Halliday, Jon e Chang, Jung. Mao — a história desconhecida. São Paulo: Editora Schwarcz Ltda. 2005, p. 412).

526 Sánchez, Juan Reinaldo. A vida secreta de Fidel. As revelações de seu guarda-costas pessoal. São Paulo: Editora Paralela, 2014, p. 16.

anteriormente, tinha uma ilha exclusiva em um paraíso caribenho e várias residências em Havana. "Numa avaliação rigorosa, objetiva e minimalista, limito-me às vinte casas que servem para uso exclusivo do comandante, as que conheço por tê-las visitado pessoalmente e por tê-las visto com meus próprios olhos, sem levar em conta outras moradias que poderiam mais parecer alojamentos de serviço"[527]. Mais um caso de paralaxe cognitiva.

Vários e vários jornalistas garantiram que Che Guevara era um homem abnegado, desprovido de interesses materiais, alguém que sacrificou todo o conforto de sua vida em prol da revolução. Não era bem essa a realidade. Com a vitória revolucionária, ele tomou para si uma "nova mansão em Tarara, a vinte e poucos quilômetros de Havana, à beira-mar de uma praia deserta — um local hoje reservado exclusivamente a turistas e membros de elite do Partido. 'A casa estava entre as mais luxuosas de Cuba', escreve o jornalista cubano Antonio Llano Montes. 'Até algumas semanas antes, a casa tinha pertencido ao mais bem-sucedido empreiteiro de Cuba. Ela possuía um ancoradouro para iates, uma grande piscina, sete banheiros, uma sauna, uma sala de massagem, e muitas salas de televisão...O jardim da mansão era quase uma selva de plantas importadas, piscina natural com cachoeira, tanques cheios de peixes exóticos e viveiros das aves mais diversas. O lugar parecia saído das páginas de As Mil e Uma Noites"[528].

---

[527] Sánchez, Juan Reinaldo. A vida Secreta de Fidel. As revelações de seu guarda-costas pessoal. São Paulo: Editora Paralela, 2014, pp. 181-182.

[528] Fontova, Humberto. O Verdadeiro Che Guevara. E os idiotas úteis que o idolatram. São Paulo: É Realizações Editora, 2015, p. 70.

# CAPÍTULO 10

## A sacralização do marxismo

Marx prometeu aos homens que ainda neste planeta alcançariam o cumprimento de todas as promessas de redenção que somente são concebíveis no plano celestial[529]. Para tanto, bastaria que o proletariado se livrasse das garras opressoras dos burgueses através de uma luta violenta e apocalíptica que, ao final, levaria ao advento do comunismo, o único remédio hábil à salvação do demoníaco poder do capitalismo. "Construir o comunismo quer dizer criar a abundância dos produtos industriais e agrícolas necessários à vida, quer dizer construir habitações confortáveis, sanatórios, palácios de cultura e estádios, que assegurem às pessoas longa vida e perfeita saúde, que embelezem a sua existência; significa estabelecer novas relações sociais entre os homens e também formar e educar o homem comunista, trabalhador infatigável, harmoniosa e integralmente desenvolvido, que reúne em si a riqueza intelectual, a integridade moral e a perfeição física"[530]. Evidentemente, um ambiente paradisíaco como o prometido é almejado por todos os seres humanos. O marxismo possui, assim, uma dimensão salvífica, no sentido de que o percurso do seu trilhar ideológico seria o único caminho possível para o homem galgar uma condição perfeita de existência humana e social.

Dizendo-se o único detentor da fórmula mágica da felicidade universal, Marx criou um manto protetor divino em torno de si mesmo e de seus escritos, repelindo integralmente todas as críticas que lhes eram dirigidas e também desaprovando as teses construídas para tentar atenuar as suas falhas. Com o argumento de que criara a única teoria científica para a explicação da história da humanidade, concluiu que "os adeptos do comunismo

---

529 "O comunismo achava que fundara o paraíso terrestre; de fato tratava-se de uma religião política (não conhecia ainda esse conceito), e uma soteriologia secular" (Tismăneanu, Vladimir. Do comunismo. O destino de uma religião política. Campinas – SP: Vide Editorial, 2015, p. 08).

530 Chakhnazárov, G. e Krássine, Iú. Fundamentos do Marxismo – Leninismo, p. 5.

estão na situação de não errar nunca, porque dominam os princípios da História"[531][532].

O sistema comunista é erigido, nesse patamar, em uma obra perfeita, livre de qualquer crítica, sagrada, a única possuidora da verdade absoluta que poderia levar a humanidade a um estágio superior de desenvolvimento, à paz e à harmonia perenes. Na imodesta opinião de seu projetista, os demais sistemas do mundo eram, sem exceção, incapazes de promover um mínimo de equilíbrio aos governados. As organizações socioeconômicas existentes nos demais países eram demonizadas, apontadas necessariamente como opressoras e incapazes de promover condições dignas aos operários[533]. Os que arriscaram tecer qualquer objeção à lógica marxista foram — e até hoje são — imediatamente classificados como burgueses, resistentes, obtusos e refratários à causa social.

Sob o argumento de que qualquer ataque à pretensão comunista é desprovido de razão por ser contaminado pela tradição capitalista, o regime protege a si mesmo com uma capa de blindagem e, mesmo diante de tantos revezes que tenha causado na história da humanidade, sobrevive insistentemente, ainda que por vezes adaptado. Nesse ponto, a doutrina adquire aspectos de verdadeira religião secular, apta a descrever a origem do mal do mundo e a forma de recuperar a paz perdida.

O caráter devocional é outro dos aspectos que garante a preservação do marxismo até os dias atuais.

## O MARXISMO COMO RELIGIÃO SECULAR

Karl Marx explicou a história do mundo e da humanidade de um modo que, no seu ponto de vista, era infalível. Depois de identificar o que julgava ser o móvel condutor das transformações sociais — a luta de classes, criou a receita

---

[531] Tismăneanu, Vladimir. Do comunismo. O destino de uma religião política. Campinas – SP: Vide Editorial, 2015, p. 17.

[532] "A visão ambiciosa, radical de Marx estava ligada pela sua convicção firme, principalmente depois de 1845, de que tinha o privilégio de conhecer o postulado da infalibilidade epistêmica, considerando que a sua Weltanchauung era essencialmente científica, ou seja, não utópica. Para Marx, a convicção de que a história era governada por leis significava que, uma vez aceitas essas leis, a Razão (o pensamento) e a Revolução (a ação) podiam-se fundir na mudança global, proletária, libertadora" (Tismăneanu, Vladimir. Do comunismo. O destino de uma religião política. Campinas – SP: Vide Editorial, 2015, p. 28).

[533] "Há um pressuposto subjacente de que os intentos do socialismo são moralmente irrepreocháveis. Todos os que aderem à causa socialista são absolvidos por conta de seu propósito, e, enquanto for possível, de um ponto de vista externo, abominar o socialismo precisamente por seu poder de canalizar boas intenções em uma corrente de desordem, mergulhar nessa corrente é deixar-se levar por uma percepção de generosidade, justiça e magnanimidade dos próprios objetivos" (Scruton, Roger. Pensadores da Nova Esquerda. São Paulo, Brasil: É Realizações Editora, 2014, p. 25).

do percurso a ser seguido para que se alcançasse a sociedade ideal: a grande e inevitável revolução que se avizinhava, gestada e orquestrada pelo proletariado, destruiria o modo de produção capitalista e daria origem a uma nova ordem econômica, marcada pela propriedade comum, pelo aumento natural da produção e pela distribuição livre dos resultados do trabalho humano. Em consequência, toda a superestrutura social, política, cultural e científica evoluiriam em direção à existência igualitária, equilibrada e justa da sociedade comunista.

Quando a revolução apocalíptica finalmente ocorresse, uma nova era de homens nasceria, responsáveis pela vida em paz e harmonia.

Com tal linha interpretativa, a doutrina marxista se aproximou sobremaneira de uma legítima religião: ostenta uma doutrina (o materialismo-histórico-dialético), uma ética (valores morais que lhe são peculiares) e um método (os ritos que devem ser praticados para a concretização da doutrina e da ética), apresentando sua própria cosmovisão (como o mundo se desenvolveu e por que o mal dele se apoderou) e uma especial soteriologia (como os homens caídos da situação de graça permanente poderiam ser salvos). "Todos os grandes temas da religião cristã — a queda, a felicidade original, o reencontro, a expiação, o sujeito messiânico — se reencontram no mito histórico-escatológico do marxismo. É um discurso fundamental da modernidade que contrapõe as assim ditas forças da reação ao barbarismo e ao declínio dos que representam o progresso histórico. Promete a salvação por intermédio da destruição de um sistema percebido como sendo baseado na dominação, na exploração e na alienação[534]. Nesta visão soteriológica, o proletariado é o salvador da humanidade ou, assim como Marx afirmou na sua própria juventude, a classe-Messias da história"[535].

O único ingrediente que verdadeiramente impede o reconhecimento do marxismo como uma religião propriamente dita é a ausência do elemento sobrenatural: enquanto nas religiões, em geral, os homens buscam o contato com o divino para com ele se religarem (essa a raiz, aliás, da palavra religião), o

---

[534] "Alienação significa a subjugação do homem por seu próprio trabalho, que assumiu o disfarce de uma coisa independente. O caráter de commodity dos produtos e sua expressão em forma de dinheiro (cf. Hess) teve o efeito de que o processo social de troca é regulado por fatores operacionais independentes do desejo humano, depois das leis naturais. Alienação dá lugar à propriedade privada e a instituições políticas. O Estado cria uma comunidade de ficção para substituir a falta de comunidade real na sociedade civil, onde as relações humanas inevitavelmente tomam a forma de um conflito de egoísmos. A escravização da coletividade aos seus próprios produtos implica o isolamento mútuo dos indivíduos" (Kolakowski, Leszek. Main Currents of Marxism. The Founders. The Golden Age. The Breakdown. New York: W. W. Norton & Company Inc, 2005, p. 147).

[535] Tismăneanu, Vladimir. Do comunismo. O destino de uma religião política. Campinas – SP: Vide Editorial, 2015, p. 16.

marxismo prega um total afastamento e uma rejeição absoluta de qualquer transcendência — não há qualquer espaço para uma entidade abstrata que seria responsável pelo desenvolvimento do mundo e da história. É, assim, uma "metafísica alternativa".

Embora não seja uma religião no sentido específico do termo, o marxismo pode ser entendido como uma "religião política secular"[536] [537], em cujo credo o proletariado é a classe messiânica incumbida de promover a salvação da humanidade; o operário é a representação da virtude, o ser humano ideal, justo, honesto e desprovido de qualquer raiz de maldade, a personificação da bondade e integridade; a burguesia é o mal, seus integrantes são homens guiados pelo desejo de reunir capital, egoístas e maldosos em sua própria essência, responsáveis pela entrada da barbárie no mundo; e o paraíso é a vida sem a propriedade privada, com os resultados da produção sendo livremente divididos entre as pessoas[538].

Nesse ambiente redentor, Marx foi o escolhido para trazer a cosmovisão comunista à humanidade e a vereda salvífica aos homens. Na qualidade de profeta, foi entronizado no sólio divino e adorado como herói portador da verdade absoluta. Semideus, tornou-se imune às críticas daqueles que, por se atreverem a tal, eram, e são, invariavelmente, taxados de preconceituosos e avessos aos ideais igualitários e fraternais. Essa característica teve raízes nos primórdios do marxismo e a fundação pode ser atribuída ao seu fiel escudeiro, Friedrich Engels. No discurso prolatado na ocasião do funeral de Marx, ele disse que " — A 14 de março, um quarto para as três da tarde, o maior pensador vivo deixou de pensar. Deixado só dois minutos apenas, ao chegar, encontramo-lo tranquilamente adormecido na sua poltrona — mas para sempre. O que o proletariado combativo europeu e americano, o que a ciência histórica perderam com [a morte de] este homem não se pode de modo nenhum

---

[536] Termo utilizado por Vladimir Tismăneanu no livro Do comunismo. O destino de uma religião política. Campinas – SP: Vide Editorial, 2015.

[537] "A Igreja prometia o perdão do pecado original e a salvação no Além, ou o fogo de um inferno sobrenatural. Marx acreditava numa auto-redenção prometéica da humanidade" (Courtois, Stéphane; Werth, Nicolas; Panné, Jean-Louis; Paczkowski, Andrzej; Bartosek, Karel; Margolin, Jean-Louis. O Livro Negro do Comunismo. Crimes, terror e repressão. Rio de Janeiro: Bertrand Brasil, 2018. 11ª edição., p. 894).

[538] "Essa pretensão profética conduziu à crença fanática, quase mística dos adeptos, que abraçaram a visão apocalíptica, quiliástica da matemática revolucionária do comunismo. Assim, o comunismo era, ao mesmo tempo, uma escatologia (uma doutrina de salvação da humanidade) e uma eclesiologia (uma ideologia do partido/do movimento revolucionário) (Tismăneanu, Vladimir. Do comunismo. O destino de uma religião política. Campinas – SP: Vide Editorial, 2015, p. 30).

medir. Muito em breve se fará sentir a lacuna que a morte deste [homem] prodigioso deixou. Assim como Darwin descobriu a lei do desenvolvimento da Natureza orgânica, descobriu Marx a lei do desenvolvimento da história humana: o simples fato, até aqui encoberto sob pululâncias ideológicas, de que os homens, antes do mais, têm primeiro que comer, beber, abrigar-se e vestir-se, antes de se poderem entregar à política, à ciência, à arte, à religião, etc.; de que, portanto, a produção dos meios de vida materiais imediatos (e, com ela, o estádio de desenvolvimento econômico de um povo ou de um período de tempo) forma a base, a partir da qual as instituições do Estado, as visões do Direito, a arte e mesmo as representações religiosas dos homens em questão, se desenvolveram e a partir da qual, portanto, têm também que ser explicadas — e não, como até agora tem acontecido, inversamente. Mas isto não chega. Marx descobriu também a lei específica do movimento do modo de produção capitalista hodierno e da sociedade burguesa por ele criada. Com a descoberta da mais-valia fez-se aqui de repente luz, enquanto todas as investigações anteriores, tanto de economistas burgueses como de críticos socialistas, se tinham perdido na treva. Duas descobertas destas deviam ser suficientes para uma vida. Já é feliz aquele a quem é dado fazer apenas uma de tais [descobertas]. Mas, em todos os domínios singulares em que Marx empreendeu uma investigação — e estes domínios foram muitos e de nenhum deles ele se ocupou de um modo meramente superficial —, em todos, mesmo no da matemática, ele fez descobertas autônomas. Era, assim, o homem de ciência. Mas isto não era sequer metade do homem. A ciência era para Marx uma força historicamente motora, uma força revolucionária. Por mais pura alegria que ele pudesse ter com uma nova descoberta, em qualquer ciência teórica, cuja aplicação prática talvez ainda não se pudesse encarar — sentia uma alegria totalmente diferente quando se tratava de uma descoberta que de pronto intervinha revolucionariamente na indústria, no desenvolvimento histórico em geral. Seguia, assim, em pormenor o desenvolvimento das descobertas no domínio da eletricidade e, por último, ainda as de Mare Deprez. Pois, Marx era, antes do mais, revolucionário. Cooperar, desta ou daquela maneira, no derrubamento da sociedade capitalista e das instituições de Estado por ela criadas, cooperar na libertação do proletariado moderno, a quem ele, pela primeira vez, tinha dado a consciência da sua própria situação e das suas necessidades, a consciência das condições da sua emancipação — esta era a sua real vocação de vida. A luta era o seu elemento. E lutou com uma paixão, uma tenacidade, um êxito, como poucos: A primeira Rheinische Zeitung em 1842, o Vorwärts! de Paris em 1844, a Brüsseler Deutsche Zeitung em 1847, a Neue Rheinische Zeitung em 1848-1849, o New-York Tribune em 1852-1861 — além disto, um conjunto de brochuras de combate, o trabalho em associações em Paris, Bruxelas e Londres, até que finalmente a grande Associação Internacional dos Trabalhadores surgiu como coroamento de tudo — verdadeiramente, isto era um resultado de que o seu autor podia estar orgulhoso, mesmo que não tivesse realizado mais nada. E, por isso, Marx foi o homem mais odiado e mais caluniado do seu tempo. Governos, tanto absolutos como republicanos, expulsaram-no; burgueses, tanto conservadores como democratas extremos, inventaram ao desafio difamações acerca dele. Ele punha tudo isso de lado, como teias de aranha, sem lhes prestar atenção, e só respondia se houvesse extrema necessidade. E morreu honrado, amado, chorado, por milhões de companheiros operários revolucionários, que vivem desde as minas da Sibéria, ao longo de toda a Europa e América, até à Califórnia; e posso atrever-me a dizê-lo: muitos adversários ainda poderia ter, mas não tinha um só inimigo pessoal. O seu nome continuará a viver pelos séculos, e a sua obra também! "[539].

Mesmo antes da morte do tutor intelectual, seu fiel discípulo já escrevia sobre o amigo de modo reverencial, pois os adjetivos que lhe são outorgados não escondem esse propósito: "Das muitas descobertas importantes com que Marx inscreveu o seu nome na história da ciência, podemos aqui pôr em evidência apenas duas. A primeira é o revolucionamento, por ele completado, em toda a concepção da história mundial. Toda a visão da história até aqui repousava sobre a representação de que era de procurar os fundamentos últimos de todas as mudanças históricas nas ideias, que mudam, dos homens, e que, de todas as mudanças históricas, de novo, as políticas seriam as mais importantes, dominando toda a história. De onde vêm, porém, aos homens as ideias e quais são as causas motoras das mudanças políticas, por isso nunca se tinha perguntado. Só à escola mais moderna de historiógrafos franceses e, em parte, também à dos ingleses se impôs a convicção de que, pelo menos, desde

---

[539] Engels, Friedrich. Discurso Diante do Tumulo de Karl Marx. 17 de março de 1883. Disponível em <https://www.marxists.org/portugues/marx/1883/03/22.htm, acesso em 07 de julho de 2018>.

a Idade Média, na história europeia, a força motora foi a luta da burguesia, que se desenvolvia, contra a nobreza feudal pela dominação social e política. Ora, Marx demonstrou que toda a história até aqui é uma história de lutas de classes, que em todas as múltiplas e complexas lutas políticas se trata apenas da dominação social e política de classes da sociedade, da manutenção da dominação pelo lado das classes mais antigas, da conquista da dominação pelo lado das classes recentemente ascendentes. Mas, por que nascem e continuam a existir estas classes? Pelas condições materiais, grosseiramente sensíveis, de cada altura, em que a sociedade, num dado tempo, produz e troca o sustento da sua vida (...) A segunda descoberta importante de Marx é o esclarecimento [Aufklärung] definitivo da relação de capital e trabalho, por outras palavras, a demonstração de como, na sociedade atual, no modo de produção capitalista existente, se completa a exploração [Ausbeutung] do operário pelo capitalista. Desde que a economia política estabeleceu o princípio de que o trabalho é a fonte de toda a riqueza e de todo o valor, tornara-se inevitável a pergunta: como é, então, conciliável com isso que o operário assalariado não receba toda a soma de valor criada pelo seu trabalho, mas tenha de entregar uma Parte dela ao capitalista? Tanto os economistas burgueses como os socialistas se esforçaram por dar uma resposta cientificamente sólida à pergunta, mas em vão, até que finalmente Marx avançou com a solução. Esta solução é a seguinte: o modo de produção capitalista hodierno tem por pressuposto a existência de duas classes da sociedade; de um lado, os capitalistas, que se encontram na posse dos meios de produção e dos meios de vida e, do outro lado, os proletários que, excluídos dessa posse, apenas têm para vender uma única mercadoria: a sua força de trabalho; e que, portanto, têm que vender esta sua força de trabalho para ficarem de posse de meios de vida. O valor de uma mercadoria é, porém, determinado pela quantidade de trabalho socialmente necessário incorporado na sua produção, portanto, também na sua reprodução; o valor da força de trabalho de um homem médio durante um dia, mês, ano, [é determinado], portanto, pela quantidade de trabalho que está incorporada na quantidade de meios de vida necessária para a manutenção desta força de trabalho durante um dia, mês, ano. Se admitirmos que os meios de vida do operário, para um dia, requerem seis horas de trabalho para a sua produção ou, o que é o mesmo, que o trabalho neles contido representa uma quantidade de trabalho de seis horas — então o valor da força de trabalho por um dia exprime-se numa soma de dinheiro que igualmente incorpora em si seis horas de trabalho. Se admitirmos, além disso, que o capitalista que emprega o nosso operário lhe paga essa soma, [paga-lhe], portanto, o valor completo da sua força de trabalho. Se, agora, o operário trabalha seis horas do dia para o capitalista, ele reembolsou de novo completamente esse seu desembolso — seis horas de trabalho por seis horas de trabalho. Com isto, não ficava por certo nada para o capitalista e este concebe por isso a coisa de uma maneira totalmente diferente: Eu comprei, diz ele, a força de trabalho deste operário, não por seis horas, mas por um dia todo e, em conformidade, faz o operário trabalhar, segundo as circunstâncias, 8, 10, 12, 14 e mais horas, de tal modo que o produto da sétima, oitava e seguintes horas seja um produto de trabalho não-pago e, que antes do mais, entra para o bolso do capitalista. Deste modo, o operário a serviço do capitalista reproduz, não apenas o valor da sua força de trabalho, pelo qual ele é pago, mas produz também, além e acima disso, uma mais-valia que, apropriada antes do mais pelo capitalista, no curso ulterior, se reparte pela classe toda dos capitalistas, segundo leis econômicas determinadas, e forma o fundo básico [Grundstock] de onde saem renda fundiária, lucro, acumulação de capital, em suma, todas as riquezas consumidas ou acumuladas pelas classes não-trabalhadoras"[540].

"Se até agora a verdadeira razão e a verdadeira justiça não governaram o mundo é simplesmente porque ninguém soube penetrar devidamente nelas. Faltava o homem genial, que agora se ergue ante a humanidade com a verdade, por fim descoberta. O fato de que esse homem tenha aparecido agora, e não antes, o fato de que a verdade tenha sido por fim descoberta agora, e não antes, não é, segundo eles, um acontecimento inevitável, imposto pela concatenação do desenvolvimento histórico, e sim porque o simples acaso assim o quis. Poderia ter aparecido quinhentos anos antes, poupando assim à humanidade quinhentos anos de erros, de lutas e de sofrimentos. Essas duas grandes descobertas — a concepção materialista da história e a revelação do segredo da produção capitalista através da mais-valia — nós as devemos a Karl Marx. Graças a elas o materialismo converte-se em uma ciência, que só nos resta desenvolver em todos os seus detalhes e

---

540 Engels, Friedrich. Karl Marx. Junho de 1877. Disponível em <https://www.marxists.org/portugues/marx/1877/06/marx.htm, acesso em 06 de julho de 2018>.

concatenações"[541].

Não só Marx, mas todos os líderes de governos marxistas posteriores consideraram-se verdadeiros deuses, o que se identificou em Stalin, Mao Tsé-Tung, Fidel Castro, dentre tantos outros. "Religião frequentemente comparece nas operações de líderes russos tradicionalmente cínicos, os quais têm-se considerado o único deus de que a humanidade precisa". Referindo-se a Lenin, Stéphane Courtois estabelece que "A partir de 1917, a sua política e a elaboração teórica que a acompanha tornam-se a palavra do Evangelho. A ideologia transforma-se em dogma, em Verdade absoluta e universal"[542].

Frédéric Bastiat, nos idos de 1850, captou brilhantemente essa tendência dos teóricos socialistas de se autodenominarem deuses: "os teóricos contemporâneos, especialmente os da escola socialista, fundamentam suas várias teorias sobre uma hipótese comum, que é certamente a ideia mais estranha e mais presunçosa que já foi parar em um cérebro humano: eles dividem a espécie em dois grupos. As pessoas, em geral, com exceção do teórico, formam o primeiro grupo. O teórico, e só ele, forma o segundo e mais importante grupo. Basicamente, os teóricos partem da suposição de que as pessoas não possuem em si mesmas nenhuma motivação para agir, nenhum meio de discernimento; são desprovidas de iniciativa, matéria inerte, moléculas passivas, átomos sem espontaneidade, em suma, vegetais indiferentes à própria forma de existência, suscetíveis a adotar, por influência da vontade e das mãos de outrem, um número infinito de formas mais ou menos simétricas, artísticas e acabadas. Além disso, nenhum deles hesita em imaginar que ele próprio, sob o nome de organizador, revelador, legislador, criador ou fundador é a vontade e a mão, o motor universal, o poder criador cuja sublime missão é reunir em sociedade esses materiais dispersos que são os homens (...) Os socialistas consideram as pessoas um material bruto para combinações sociais, fato tão verdadeiro que, se lhes acontece de ter dúvidas quanto ao sucesso de alguma combinação, exigem que uma pequena parte da humanidade seja considerada matéria para experiência"[543].

Domenico Losurdo, na década de 1940, chegou a conclusão semelhante, reconhecendo ser "inegável que a tendência messiânica e utópica do marxismo

---

541 Engels, Friedrich. Do Socialismo Utópico ao Socialismo Científico. Disponível em <http://www.dominiopublico.gov.br, acesso em 29 de julho de 2018>.

542 Courtois, Stéphane; Werth, Nicolas; Panné, Jean-Louis; Paczkowski, Andrzej; Bartosek, Karel; Margolin, Jean-Louis. O Livro Negro do Comunismo. Crimes, terror e repressão. Rio de Janeiro: Bertrand Brasil, 2018. 11ª edição, p. 876.

543 Bastiat, Frédéric. A Lei. Por que a esquerda não funciona? As bases do pensamento liberal. Barueri-SP: Faro Editorial, 2016, fls. 68-70.

ocidental se arrastou por um longo tempo"[544].

Mais grave do que o marxismo definir a si mesmo como messiânico, o que já é uma grande heresia, está a constatação de que ele se vê como uma religião secular exclusivista. Vale dizer, não há espaço para membros que não sejam do proletariado, muito menos para crentes de outras religiões. Embora o marxismo prometesse a redenção de toda a humanidade, esse termo deve ser bem compreendido. Ao garantir um mundo justo, fraterno e igualitário, os marxistas obviamente excluíam dessa nova dispensação os burgueses. Na qualidade de malfeitores e de inimigos do proletário, não fariam jus ao gozo das virtudes que estavam por vir à "humanidade". Portanto, "na teoria e na prática, Lenin e os seus seguidores excluíram claramente da humanidade o capitalismo, a burguesia, os contrarrevolucionários, etc."[545] A justiça pretendida, portanto, não era propriamente universal, mas restrita à classe que eles escolhessem como merecedoras. Todos os que se colocassem contra o proletariado eram, pela mera oposição, automaticamente rotulados de "burgueses" e, por isso, deveriam ser apartados, excluídos e, por fim, totalmente exterminados, porque indignos da nova ordem social.

Nessa concepção, a religião secular marxista autorizava e até recomendava as mortes em massa, uma vez que os seus opositores eram a representação do próprio mal, cuja permanência na Terra atrasaria ainda mais a nova era de bonança que tanto se aguardava. Classe ultrapassada e refratária ao avanço da dinastia marxista paradisíaca, a burguesia merecia o castigo da morte[546]. "A procura de uma humanidade unificada, purificada, sem antagonismos, de acordo com a dimensão messiânica do projeto marxista de unificação da humanidade no e através do proletariado. Esse projeto justifica a tentativa de uma unificação forçada — do Partido, da sociedade e depois do império —, que rejeite como refugo os que não se incluem no produto refinado. Passa-se,

---

544 Losurdo, Domenico. O Marxismo Ocidental. Como nasceu, como morreu, como pode renascer. São Paulo: Boitempo, 2018, p. 38.

545 Courtois, Stéphane; Werth, Nicolas; Panné, Jean-Louis; Paczkowski, Andrzej; Bartosek, Karel; Margolin, Jean-Louis. O Livro Negro do Comunismo. Crimes, terror e repressão. Rio de Janeiro: Bertrand Brasil, 2018. 11ª edição., p. 891.

546 "A doutrina tornou-se uma ideologia criminogênica pelo simples fato de negar um dado fundamental, a unidade daquilo a que Robert Antelme chama 'espécie humana', ou o que no preâmbulo da Declaração dos Direitos Humanos, de 1948, é chamado 'família humana' (...) Uma coisa é certa: o crime contra a humanidade é o resultado de uma ideologia que reduz o homem e a humanidade e uma condição não universal mas restrita: biológico-racial ou sócio-histórica" (Courtois, Stéphane; Werth, Nicolas; Panné, Jean-Louis; Paczkowski, Andrzej; Bartosek, Karel; Margolin, Jean- Louis. O Livro Negro do Comunismo. Crimes, terror e repressão. Rio de Janeiro: Bertrand Brasil, 2018. 11ª edição., p. 891).

muito rapidamente, de uma lógica de combate política para uma lógica de exclusão, depois para uma ideologia de eliminação e, finalmente, de extermínio de todos os elementos impuros. No final dessa lógica, está o crime contra a humanidade"[547]. "Ora, existe no comunismo um eugenismo sócio-político, um darwinismo social (...) A partir do momento em que se decreta, em nome de uma ciência — ideológica e político-histórica como o marxismo-leninismo —, que a burguesia representa uma etapa ultrapassada da evolução da humanidade, justifica-se a sua liquidação enquanto classe e, logo a seguir, a liquidação dos indivíduos que a constituem ou que são supostos de pertencer-lhe"[548].

Juan Cláudio Sanahuja há tempos já advertia, em seus cursos e conferências, que os grandes impérios da antiguidade sempre buscaram a unidade religiosa, fator imprescindível para a sua dominação plena. "Em tempos mais modernos, uma ideologia totalitária — absoluta e abarcante — como o marxismo, tem todas as características de um credo religioso"[549].

Tanto o marxismo se via como uma verdadeira entidade religiosa que seus ataques não se restringiram aos burgueses capitalistas inimigos: atingiram sensivelmente os membros dos demais credos religiosos, que não rendiam seus louvores ao profeta Marx e ao Messias proletariado. Essa lógica era aplicável em todos os países que adotaram o regime socialista.

Na União Soviética, "o primeiro czar soviético, Vladimir Lenin, matou milhares de padres e fechou a maioria das igrejas russas para fazer do marxismo-leninismo a única religião do país. Stalin, que deu continuidade a essa violência sangrenta, transformou a nova religião de Lenin em marxismo-leninismo-stalinismo e a utilizou para retratar a si próprio como um santo soviético, com o propósito de manter quieta sua população oprimida, esfomeada"[550]. Stalin, "por ordem do qual 168.300 clérigos ortodoxos russos tinham sido presos só durante os expurgos de 1936 a 1938, 100.000 dos quais tinham sido mortos. A Igreja Ortodoxa Russa, que tinha mais de 55 mil paróquias em 1914,

---

[547] Courtois, Stéphane; Werth, Nicolas; Panné, Jean-Louis; Paczkowski, Andrzej; Bartosek, Karel; Margolin, Jean-Louis. O Livro Negro do Comunismo. Crimes, terror e repressão. Rio de Janeiro: Bertrand Brasil, 2018. 11ª edição., p. 886.

[548] Courtois, Stéphane; Werth, Nicolas; Panné, Jean-Louis; Paczkowski, Andrzej; Bartosek, Karel; Margolin, Jean-Louis. O Livro Negro do Comunismo. Crimes, terror e repressão. Rio de Janeiro: Bertrand Brasil, 2018. 11ª edição, p. 890.

[549] Sarahuja, Juan Cláudio. Poder Global e Religião Universal. Campinas, SP: Ecclesiae, 2012, p. 28.

[550] Pacepa, Ion Mihai e Rychlak, Ronald J. Desinformação. Ex-chefe de espionagem revela estratégias secretas para solapar a liberdade, atacar religião e promover o terrorismo. Campinas-SP: Vide Editorial, 2015, p. 85.

passou a ter 500"⁵⁵¹. "Entre as outras categorias sociais excluídas da nova sociedade socialista figuravam principalmente os membros do clero. Os anos 1929-1930 viram se desenvolver, após a de 1918-1922, a segunda grande ofensiva do Estado Soviético contra a Igreja. No fim dos anos 20, apesar da contestação por um certo número de prelados, da declaração de fidelidade feita pelo metropolita Serge, sucessor do Patriarca Tikhon, ao poder soviético, a importância da Igreja Ortodoxa na sociedade permanecia forte. Das 54.692 igrejas ativas em 1914, cerca de 39.000 ainda estavam abertas ao culto no início de 1929. Emelian Iaroslavski, presidente da Liga dos Sem-Deus fundada em 1925, reconhecia que menos de dez milhões de pessoas, dos 130 milhões com que contava o país, 'haviam rompido' com a religião. A ofensiva anti-religiosa de 1929-1930 desenvolveu-se em duas etapas. A primeira, na primavera e no verão de 1929, foi marcada pelo recrudescimento e a reativação da legislação anti-religiosa dos anos 1918-1922. Em 8 de abril de 1929 foi promulgado um importante decreto que acentuava o controle das autoridades locais sobre a vida das paróquias e acrescentava novas restrições à atividade das organizações religiosas. A partir de então, toda atividade que ultrapassasse os limites da própria satisfação das aspirações 'religiosas' caía sob o jugo da lei e principalmente sob a alínea 10 do temível artigo 58 do Código Penal que estipulava que 'toda utilização dos preconceitos religiosos das massas [...] que vise enfraquecer o Estado' era passível de 'uma pena que ia de um mínimo de três anos de detenção até a pena de morte'. Em 26 de agosto de 1929, o Governo instituiu a semana de trabalho contínuo de cinco dias — cinco dias de trabalho, um de repouso — que eliminava o domingo como dia de repouso. Comum ao conjunto da população. Essa medida deveria 'facilitar a luta pela erradicação da religião'. Esses diversos decretos não eram mais que o prelúdio de ações mais diretas, segunda etapa da ofensiva anti-religiosa. Em outubro de 1929 foi ordenada a captura dos sinos: 'O som dos sinos infringe o direito ao repouso das grandes massas ateias das cidades e do campo'. Os adeptos do culto foram assimilados aos kulaks: sobrecarregados de impostos — a taxação popes decuplicou entre 1928 e 1930 —, privados de seus direitos civis, o que significava principalmente que eles estavam desse momento em diante privados de seus cartões de racionamento

---

551 Pacepa, Ion Mihai e Rychlak, Ronald J. Desinformação. Ex-chefe de espionagem revela estratégias secretas para solapar a liberdade, atacar religião e promover o terrorismo. Campinas-SP: Vide Editorial, 2015, p. 86.

e toda a assistência médica, eles foram frequentemente presos, depois exilados e deportados. Segundo dados incompletos, mais de 13 mil adeptos do culto foram 'deskulakizados' em 1930. Em muitos povoados e burgos, a coletivização começou simbolicamente com o fechamento da igreja e a deskulakização pelo pope. Um fato significativo é que cerca de 14% das rebeliões e sublevações camponesas registradas em 1930 tiveram como causa primeira o fechamento das igrejas e o confisco dos sinos. A campanha antirreligiosa atingiu seu apogeu durante o inverno de 1929-1930. Em 1.º de março de 1930, 6.715 igrejas haviam sido fechadas ou destruídas. Ora, após o famoso artigo de Stalin de 2 de março de 1930, 'A Vertigem do Sucesso', uma resolução do Comitê Central condenou cinicamente 'os desvios inadmissíveis na luta contra os preconceitos religiosos, particularmente o fechamento administrativo das igrejas sem o consentimento dos habitantes'. Contudo, essa condenação formal não teve nenhuma incidência sobre a sorte dos adeptos do culto deportados. Ao longo dos anos seguintes, as grandes ofensivas contra a Igreja cederam lugar a uma perseguição administrativa cotidiana dos adeptos do culto e das organizações religiosas"[552, 553, 554, 555].

---

552 Courtois, Stéphane; Werth, Nicolas; Panné, Jean-Louis; Paczkowski, Andrzej; Bartosek, Karel; Margolin, Jean-Louis. O Livro Negro do Comunismo. Crimes, terror e repressão. Rio de Janeiro: Bertrand Brasil, 2018. 11ª edição, p. 209.

553 "Para o poder comunista, as Igrejas representavam o mais importante problema no processo de controle e esmagamento dos organismos da sociedade civil. A sua história e o seu enraizamento eram multisseculares. A aplicação do modelo bolchevique foi mais difícil em certos países do que em outros que conheciam a tradição da Igreja Ortodoxa, a tradição bizantina do césaro-papismo, tendendo para a colaboração da Igreja com o poder estabelecido — afirmação que de forma alguma pretende subestimar a repressão sofrida pelos ortodoxos, tanto na Rússia como no conjunto da URSS. No caso da Igreja Católica, a sua organização internacional, dirigida a partir do Vaticano, representava um fenômeno insuportável para o 'campo socialista' emergente. A confrontação entre as duas grandes Internacionais da fé, com as suas duas capitais, Moscou e Roma, era, portanto, e logicamente, fatal. A estratégia de Moscou estava bem definida: romper os laços existentes entre as Igrejas Católica ou Greco-Católica e o Vaticano, submetendo-as ao poder e transformando-as em Igrejas 'nacionais'. É o que deixam entender as consultas com os responsáveis soviéticos quando da reunião do Bureau de Informação dos Partidos Comunistas, em junho de 1948, relatada por Rudolf Slansky, secretário-geral do PCT. Para atingir o seu objetivo — a redução da influência das Igrejas sobre a vida social, submetê-las ao controle meticuloso do Estado e transformá-las em instrumento da sua política —, os comunistas combinaram repressão, tentativas de corrupção e limpeza da hierarquia; a abertura de arquivos permitiu desmascarar, por exemplo, na Tchecoslováquia, numerosos eclesiásticos, principalmente bispos, como colaboradores da polícia secreta. Terão alguns querido, com isso, evitar o pior?" (Courtois, Stéphane; Werth, Nicolas; Panné, Jean-Louis; Paczkowski, Andrzej; Bartosek, Karel; Margolin, Jean-Louis. O Livro Negro do Comunismo. Crimes, terror e repressão. Rio de Janeiro: Bertrand Brasil, 2018. 11ª edição., p. 570).

554 "Segundo fontes eclesiásticas, 2.691 padres, 1.962 monges e 3.447 freiras foram mortos em 1922"(Courtois, Stéphane; Werth, Nicolas; Panné, Jean-Louis; Paczkowski, Andrzej; Bartosek, Karel; Margolin, Jean-Louis. O Livro Negro do Comunismo. Crimes, terror e repressão. Rio de Janeiro: Bertrand Brasil, 2018. 11ª edição, p. 155).

555 "Os padres também sempre enfrentaram dificuldades sob o regime soviético. Com o expurgo tornaram-se quase suspeitos imediatos de cumplicidade em crimes capitais. Julgamentos de padres eram anunciados através de toda a URSS. Em um destes julgamentos, em Orel, no verão de 1937, envolvendo um bispo, dois padres e outros acusados, figurava a acusação de que os réus haviam 'publicado orações em eslavônico arcaico'. Outras acusações mereciam menos crédito. Três bispos, sentenciados em fevereiro de 1938, haviam 'causado agitação tentando a reabertura das igrejas anteriormente fechadas', mas suas posteriores acusações passaram a incluir sabotagem. A principal autoridade

Na China, "os residentes estrangeiros são particularmente visados: em 1950, são detidos 13.800 'espiões', sobretudo eclesiásticos, entre os quais um bispo italiano, condenado à prisão perpétua. Resultado, os missionários católicos passam, de 5.500 em 1950, para uma dezena em 1955 — os fiéis chineses poderão então sofrer plenamente o choque da repressão, sem testemunhas incômodas: 20.000 detenções, pelo menos, em 1955, mas centenas de milhares de cristãos de todas as Ordens serão encarcerados durante as duas décadas seguintes"[556].

Na Romênia, "A imaginação delirante de Turcanu se excitava sobretudo com os estudantes religiosos, que se recusavam a renegar Deus. Alguns eram 'batizados' todas as manhãs da seguinte maneira: enfiavam-lhes a cabeça num tonel cheio de urina e fezes enquanto os outros presos recitavam em volta a fórmula do batismo. Para que o torturado não se asfixiasse, de tempos em tempos a sua cabeça era levantada do tonel, para que ele pudesse respirar, e de novo a mergulhavam no magma repugnante. Um dos que sistematicamente sofreram essa tortura criara o seguinte automatismo, que durou cerca de dois meses: era ele próprio que todas as manhãs imergia a cabeça no tonel, sob as gargalhadas dos reeducadores. Quanto aos seminaristas, Turcanu obrigava-os a oficiar nas missas negras que ele próprio encenava, sobretudo durante a Semana Santa, na vigília pascal. Alguns desempenhavam o papel de meninos do coro, outros de padres. O texto litúrgico de Turcanu era, evidentemente, pornográfico e parafraseava de forma demoníaca o original. A Virgem Maria era referida como 'a grande prostituta', e Jesus 'o imbecil que morreu na cruz'. O seminarista que desempenhava o papel de padre devia despir-se completamente; depois ele era envolvido por um lençol sujo de excrementos e lhe penduravam no pescoço um falo confeccionado com sabão, miolo de pão e pulverizado com DDT. Na noite que antecedeu a Páscoa de 1950, os estudantes em curso de reeducação foram obrigados a passar diante do 'padre' e a beijar o falo, dizendo: Cristo ressuscitou"[557].

---

soviética daquela época assegurava que os budistas normalmente eram agentes do Japão, ocupados em sabotar pontes e fazendas coletivas. Também era afirmado que 'as atividades contrarrevolucionárias do clero muçulmano na URSS era dirigida pelo serviço secreto japonês. Muitos foram acusados de sabotagem nas ferrovias. As autoridades também haviam destruído 'não poucos ninhos de espiões dirigidos por santos padres da Igreja Católica', responsáveis pela sabotagem em fábricas, pontes e ferrovias, assim como as demais atividades de espionagem" (Conquest, Robert. O Grande Terror. Os expurgos de Stalin. Rio de Janeiro: Editora Expressão e Cultura, 1970, p. 299).

556 Courtois, Stéphane; Werth, Nicolas; Panné, Jean-Louis; Paczkowski, Andrzej; Bartosek, Karel; Margolin, Jean-Louis. O Livro Negro do Comunismo. Crimes, terror e repressão. Rio de Janeiro: Bertrand Brasil, 2018. 11ª edição., p. 570.

557 Courtois, Stéphane; Werth, Nicolas; Panné, Jean-Louis; Paczkowski, Andrzej; Bartosek, Karel; Margolin, Jean-Louis. O Livro Negro do Comunismo. Crimes, terror e repressão. Rio de Janeiro: Bertrand Brasil, 2018. 11ª edição., p. 495.

No Camboja, "Os monges, enquadramento tradicional desse país budista, representavam uma força concorrente inaceitável. Os que não renunciaram foram sistematicamente eliminados. Assim, de um grupo de 28 religiosos evacuados de um povoado da província de Kandal, apenas um sobrevivia em 1979. Em escala nacional, de 60.000 ficariam reduzidos a cerca de um milhar"[558] [559].

Nesse ponto, o Marxismo da Religião Secular exclusivista deu a seus seguidores fiéis o pretexto que necessitavam para executar todos os concorrentes. Assegurados pelos profetas máximos de que as suas condutas não eram reprováveis — pelo contrário, pecaminosa seria a omissão —, os comunistas prendiam, escravizavam e matavam aos milhões todos aqueles que acreditavam estar em posição contrária ao marxismo. Vale lembrar que essa doutrinação partiu do próprio Marx, não podendo ser apontada como um revisionismo[560].

## O TEÍSMO CRISTÃO (ACIDENTAL) DE MARX

O objetivo deste capítulo é demonstrar como a sacralização do marxismo foi um dos elementos que fez com que a teoria, embora repleta de falhas e apesar dos desastres práticos onde instalada, permanecesse viva no mundo. Como um imenso parênteses, porém, não se poderia deixar de anotar, neste instante do estudo, um aspecto curioso: apesar de todo o terror e matança indiscriminados praticados em nome do marxismo, o seu profeta e expoente máximo, Karl Marx, abertamente ateísta, com suas crenças, findou por, inadvertidamente, confirmar

---

558 Courtois, Stéphane; Werth, Nicolas; Panné, Jean-Louis; Paczkowski, Andrzej; Bartosek, Karel; Margolin, Jean-Louis. O Livro Negro do Comunismo. Crimes, terror e repressão. Rio de Janeiro: Bertrand Brasil, 2018. 11ª edição., p. 703.

559 "O punhado de católicos cambojanos foi, segundo Sliwinski, o grupo étnico ou religioso mais martirizado: 48,6% de desaparecidos". (Courtois, Stéphane; Werth, Nicolas; Panné, Jean-Louis; Paczkowski, Andrzej; Bartosek, Karel; Margolin, Jean-Louis. O Livro Negro do Comunismo. Crimes, terror e repressão. Rio de Janeiro: Bertrand Brasil, 2018. 11ª edição, p. 706).

560 "Na visão de Karl, com a ruína da pólis e a perda de conhecimento ou de memória de participação numa comunidade política, os habitantes do mundo pós-clássico construíram uma espécie de religião baseada em práticas provenientes do interesse pessoal e da pura necessidade. O 'judaísmo', segundo Karl, foi a religião que legitimou essas práticas e suposições. Segundo o seu relato, o judaísmo desprezava a natureza, não tinha interesse pela arte ou pelo amor, exceto pelo valor financeiro que pudessem conter, e o seu interesse pela lei resumia-se a saber como burlá-la. Mas uma religião que simplesmente racionalizava as práticas diárias não tinha capacidade de abranger uma realidade maior do que ela ou de transformá-la. Daí a emergência do cristianismo, que completou a ruptura do homem com todos os vínculos da espécie. Nesse sentido, o ensaio é uma denúncia não apenas do judaísmo, mas de todo o desenvolvimento judaico-cristão, que veio em seguida à queda da república antiga" (Jones, Gareth Stedman. Karl Marx. Grandeza e Ilusão. São Paulo: Companhia das Letras, 2016, p. 188). "A proximidade dos pontos de vista de Karl e Bauer durante esse período é atestada pelo prefácio da sua tese, no qual Karl declara seu ódio contra 'todos os deuses celestes e terrenos que não reconhecem a autoconsciência humana como a mais alta divindade'" (Jones, Gareth Stedman. Karl Marx. Grandeza e Ilusão. São Paulo: Companhia das Letras, 2016, p. 115).

aspectos típicos do teísmo cristão. Assim se comportou quando revelou crer em valores morais objetivos, na consciência da corrupção do mundo e quando sonhou com uma redenção futura[561].

A doutrina comunista de Marx foi construída no pilar da insatisfação com o mundo de sua época. Ele observou a condição social da população e entendeu que não havia justiça. Os industriais não eram bondosos para com o proletariado: pelo contrário, exploravam-nos intensa e abertamente. A justiça e a bondade inundavam a consciência de Marx e o confronto entre ambas com a vida concreta levou-o a desenvolver sua teorização, com o objetivo final explícito de extinguir a dissonância entre o ideal e o real. Ele, de algum modo tinha, dentro de si, uma preconcepção do que seria uma existência boa e justa para o homem.

A pré-ciência de alguns princípios que são universalmente aceitos como virtudes, o que foi atestado pelo próprio Marx, é inata ao homem. As várias cabeças pensantes no mundo chegam a concepções individuais peculiares acerca de inúmeros assuntos. Há quem ache bonita uma certa paisagem, outro a acha feia; há quem entenda interessante uma música, outro não a suporta. Esses juízos ou pensamentos que compõem as características de uma pessoa e que determinam a sua forma de portar-se no mundo e de interagir com outros seres humanos são os seus valores. Eles são moldados pela educação recebida, pelo ambiente em que a pessoa cresceu, pelas tradições que lhes foram herdadas, pelo seu raciocínio. Quando esses valores são direcionados para a definição do que é certo ou errado quanto à conduta, eles se transformam em valores morais. Tanto os juízos em geral quanto os valores morais são essencialmente subjetivos, na exata medida em que cada indivíduo possui a sua própria e única personalidade.

Existem, entretanto, alguns atributos considerados universais, pois aceitos pela quase totalidade da humanidade como certos ou errados. Bondade, justiça, autossacrifício, generosidade, piedade, dignidade, fraternidade e liberdade, por exemplo, são mundialmente considerados louváveis. Em outro extremo, há atos objetivamente repulsivos: salvo os portadores de uma moral seriamente deturpada, não há quem julgue correta a atitude de prender uma pessoa inocente

---

561 Marx, filho de judeus convertidos ao cristianismo, no início de suas publicações revelou uma propensão cristã. Redigiu poemas em que exaltava a figura de Deus e chegou a escrever uma obra chamada "A União dos Fiéis com Cristo". Em 1841, porém, verte toda sua energia para uma postura não só ateísta, mas profundamente anticristã, chegando por vezes a culpar Deus pelos seus insucessos, como se nota no poema "Invocação de Alguém em Desespero".

em um campo de concentração para que trabalhe até sua morte ou o estupro de uma criança. Esses padrões que, não importando a opinião da pessoa, são invariavelmente bons ou maus em todos os cantos da Terra, são chamados de *valores morais objetivos*.

C. S. Lewis faz uma exposição muito clara sobre o assunto, mostrando que realmente trazemos dentro de nós tais valores, chamando-os de "lei natural". "Todo o mundo já viu pessoas discutindo. Às vezes, a discussão soa engraçada; em outras, apenas desagradável. Como quer que soe, acredito que possamos aprender algo muito importante ouvindo os tipos de coisas que elas dizem. Dizem, por exemplo: 'Você gostaria que fizessem o mesmo com você?'; 'Desculpe, esse banco é meu, eu sentei aqui primeiro'; 'Deixe-o em paz, que ele não lhe está fazendo nada de mal'; 'Por que você teve de entrar na frente?'; 'Dê-me um pedaço da sua laranja, pois eu lhe dei um pedaço da minha'; e 'Poxa, você prometeu!' Essas coisas são ditas todos os dias por pessoas cultas e incultas, por adultos e crianças. O que me interessa em todos estes comentários é que o homem que os faz não está apenas expressando o quanto lhe desagrada o comportamento de seu interlocutor; está também fazendo apelo a um padrão de comportamento que o outro deveria conhecer. E esse outro raramente responde: 'Ao inferno com o padrão!' Quase sempre tenta provar que sua atitude não infringiu este padrão, ou que, se infringiu, ele tinha uma desculpa muito especial para agir assim. Alega uma razão especial, em seu caso particular, para não ceder o lugar à pessoa que ocupou o banco primeiro, ou alega que a situação era muito diferente quando ele ganhou aquele gomo de laranja, ou, ainda, que um fato novo o desobriga de cumprir o prometido. Está claro que os envolvidos na discussão conhecem uma lei ou regra de conduta leal, de comportamento digno ou moral, ou como quer que o queiramos chamar, com a qual efetivamente concordam. E eles conhecem essa lei. Se não conhecessem, talvez lutassem como animais ferozes, mas não poderiam 'discutir' no sentido humano desta palavra. A intenção da discussão é mostrar que o outro está errado. Não haveria sentido em demonstrá-lo se você e ele não tivessem algum tipo de consenso sobre o que é certo e o que é errado, da mesma forma que não haveria sentido em marcar a falta de um jogador de futebol sem que houvesse uma concordância prévia sobre as regras do jogo. Ora, essa lei ou regra do certo e do errado era chamada de Lei Natural"[562].

Como breve conclusão, tem-se por inequívoca a existência uma lei natural inata, consubstanciada em valores morais objetivos. De que modo explicar que todos os homens sejam imbuídos dessa consciência? C. S. Lewis mais uma vez leciona que há "a evidência de Algo que dirige o universo e que se manifesta em mim como uma lei que me incita a praticar o certo e me faz sentir incomodado e responsável pelos meus erros. Segundo me parece, temos de supor que esse Algo é mais parecido com uma mente do que com qualquer outra coisa conhecida — porque, afinal de contas, a única outra coisa que conhecemos é a matéria, e ninguém jamais viu um pedaço de matéria dar instruções a alguém"[563]. Esse "algo" de C. S. Lewis é o próprio Deus. Somente a existência de um Ser que seja o expoente máximo e o padrão incorrupto de cada um dos predicados positivos — o perfeitamente bom, perfeitamente justo, perfeitamente misericordioso, perfeitamente digno — é que pode justificar a presença deles em todos os seres humanos. Por isso são globalmente tidos por positivos ou negativos independentemente do que nós pensamos sobre eles. "O caráter de Deus é definitivo quanto à bondade moral; ele serve de paradigma de bondade moral. Portanto, o que é moralmente bom/mau é determinado com base na natureza de Deus; o que é moralmente certo/errado é determinado com base em sua vontade"[564].

Obviamente, não é necessário que a pessoa creia em Deus para que pratique valores morais nobres: um ateu pode perfeitamente levar uma vida digna e justa, respeitando seus pares. Entretanto, é necessário que Deus exista para que esses valores possam ter um fundamento lógico.

Abstraindo-se a existência de Deus, não haverá uma explicação razoável para a existência de um padrão que envolva esses valores morais. "Em face da arbitrariedade e da implausibilidade das afirmações não explicativas, no tocante à objetividade dos valores e dos deveres humanos, somos levados a indagar se os valores e deveres morais podem ser ancorados, de modo plausível, em algum fundamento transcendente e não teísta. Vamos chamar esse ponto de vista de platonismo moral ateu. Os defensores dessa posição afirmam que os

---

562 Lewis, C. S. Cristianismo Puro e Simples. São Paulo: Editora Martins Fontes, 2005, p. 10.
563 Lewis, C. S. Cristianismo Puro e Simples. São Paulo: Editora Martins Fontes, 2005, p. 17.
564 Craig, William Lane. Apologética Contemporânea. A veracidade da fé cristã. São Paulo: Editora Vida Nova, 2012. 2ª edição, p. 177.

valores morais objetivos existem de fato, mas não se acham fundamentados em Deus. Eles não têm fundamento algum. Simplesmente existem. Trata-se de uma posição difícil de entender. O que significa, por exemplo, dizer que o valor moral *Justiça* existe simplesmente? Não é uma coisa muito fácil de entender. Quando se diz que alguém é justo, a ideia é clara, mas tudo fica muito confuso quando se diz que mesmo na ausência de quaisquer pessoas, a *Justiça* existe por si mesma. Os valores morais parecem existir como propriedades das pessoas, e não como meras abstrações — seja como for, é difícil saber o que significa um valor moral existir como mera abstração. Curiosamente, uma vez que o objeto abstrato *Justiça* não é justo ele mesmo, a conclusão desse raciocínio parece ser a de que, na ausência de pessoas, a justiça não existe — o que parece contradizer a hipótese. Os plantonistas morais ateus parecem carecer de um fundamento adequado na realidade para os valores morais, o que os leva a deixá-los flutuando de forma ininteligível.

Esses valores morais objetivos foram introjetados na totalidade dos seres humanos desde a criação do primeiro homem. Para a compreensão dessa asserção, uma breve incursão no campo da Teologia é imprescindível.

Foi Deus quem criou o Universo e todas as coisas que existem[565]. Fez o homem e, por muito amá-lo, criou-o à Sua imagem e semelhança[566]. Deus é livre e a criação à sua similitude exige a liberdade de ação do ser criado. Somente quem ama verdadeiramente concede à criatura a opção de voluntariamente corresponder ou não a esse amor prévio[567], permanecendo unido ao Criador por suas próprias faculdades volitivas e intelectuais. Embora criado como um espelho do Divino, o homem foi feito de carne e osso. Deus, por sua vez, é espírito[568]. Não seria possível, por essa dissonância substancial, que o homem material tivesse uma relação verdadeira com o Deus imaterial. Para superar esse obstáculo, Ele inseriu, dentro de cada pessoa, um espírito que Lhe é

---

565 "No princípio Deus criou os céus e a terra" (Genesis 1.1).

566 "Então disse Deus: 'Façamos o homem à nossa imagem, conforme a nossa semelhança'" (Gênesis 1:26, 1ª parte). "Criou Deus o homem à sua imagem, à imagem de Deus o criou; homem e mulher os criou" (Gênesis 1:27). "Esse é o livro das gerações de Adão. No dia em que Deus criou o homem, à semelhança de Deus o fez" (Gênesis 5:1).

567 "Vivam como pessoas livres, mas não usem a liberdade como desculpa para fazer o mal" (1 Pedro 2:16, 1ª parte). "Tudo me é permitido, mas nem tudo convém. Tudo me é permitido, mas eu não deixarei que nada me domine". (1 Coríntios 6:12). "Irmãos, vocês foram chamados para a liberdade" (Gálatas 5:13, 1ª parte).

568 "Deus é Espírito, e importa que os que o adoram o adorem em espírito e em verdade" (João 4:24).

semelhante[569]. Portador de um espírito, ficou atendido o pressuposto de identidade essencial entre Criador e criatura. Além do corpo e do espírito, o homem também possui uma alma, o centro de decisões em que estão a razão, a emoção e a vontade. O ser humano, portanto, é tripartido[570]: possui um corpo físico[571], onde estão os nossos cinco sentidos; um componente espiritual semelhante a Deus que permite o contato com Ele[572]; e, por fim, uma parte imaterial, diversa dessas duas, onde residem nossas emoções[573], nossa mente racional[574] e a nossa vontade[575 576].

No nosso espírito habitam a intuição[577], a consciência[578] e a comunhão com Deus[579]. A consciência do espírito é que nos dá a segurança de que existem valores morais objetivos e a obrigação moral de respeitá-los, por refletirem justamente o caráter de Deus em nós inserido[580].

Temos um senso de justiça inerente à nossa condição de ser humano porque "Deus é justo"[581] e um senso de bondade porque "Deus é bom"[582].

Em suma, a existência de um padrão para os valores morais, acima de todas as opiniões subjetivas, e a sua existência em absolutamente todos os homens, provam a existência do próprio Criador. É exatamente aqui, como dito acima, que o anseio de Marx, explicitamente ateísta, por justiça e bondade, mais atestou a existência de Deus do que a afastou. Afinal, insatisfeito com o modelo social

---

569 "Se ele pusesse o seu coração contra o homem, e recolhesse para si o seu espírito e o seu fôlego, toda a carne juntamente expiraria, e o homem voltaria para o pó" (Jó 34:14,15).
"Na verdade, há um espírito no homem, e a inspiração do Todo Poderoso o faz entendido" (Jó 32:8). "Deus é espírito, e importa que os que o adoram o adorem em espírito e em verdade" (Jó 4:24).

570 1 Tessalonicenses 5:23.

571 "E formou o Senhor Deus o homem do pó da terra" (Gênesis 2:7, 1ª parte).

572 "e soprou em suas narinas o fôlego da vida" (Gênesis 2:7, 2ª parte).

573 1 Samuel 30:6; Cantares de Salomão 1:7; Salmos 42:1; Salmos 107:18; 2 Samuel 5:8; Ezequiel 36:5; Isaías 61:10.

574 Provérbios 2:10; Provérbios 19:2; Provérbios 24:14.

575 Jó 7:15; 6:7; 1 Crônicas 22:19.

576 "e o homem foi feito alma vivente" (Gênesis 2:7, parte final).

577 1 Coríntios 2:11; Marcos 2:8; João 11:33.

578 Romanos 9:1; Romanos 8:16; 1 Coríntios 5:3; Salmos 51:10, Salmos 34:18; Deuteronômio 2:30 x

579 João 4:24; Romanos 1:9; Romanos 7:6; Efésios 6:18; Lucas 1:47; 1 Coríntios 6:17.

580 "Porque, quando os gentios, que não têm a lei, fazem naturalmente as coisas que são da lei, não tendo eles lei, para si mesmos são lei; os quais mostram a obra da lei escrita em seus corações, testificando justamente a sua consciência, e os seus pensamentos, quer acusando-os, quer defendendo-os" (Romanos 2:14,15).

581 Deuteronômio 32:4; Números 9:33; Salmos 7:9; Salmos 143:1,2.

582 Êxodo 33:19; Deuteronômio 7:9; Salmos 31:19; Salmos 145:3; Isaías 63:7; Romanos 11:22; Efésios 2:6,7.

então vigente, ele findou por comprovar que todos os homens, inclusive ele, possuem valores morais objetivos implantados por Deus. Esse é um ponto incongruente de sua teoria que, por certo, jamais foi por ele alcançando.

A consciência da condição deturpada do mundo externada por Marx findou por, igualmente, afiançar duas máximas bíblicas: a corrupção do mundo e a promessa de redenção.

O homem possui liberdade decisória desde sua criação. Ela era essencial para um Deus que amou o homem e que esperava o mesmo sentimento voluntário em fluxo contrário. Amar é uma decisão e, sem livre-arbítrio, nenhum ser humano poderia jamais tomá-la. Somente é autenticamente feliz quem é livre para poder tomar os rumos que bem entender. A prerrogativa de livre decisão, infelizmente, foi utilizada pelo homem em franco atentado a Deus. Quando da criação, Ele expressamente disse que a condição para que a relação de comunhão fosse mantida era a obediência integral[583], fundamentada na íntima crença, por parte do homem, de que o Deus de amor criara o melhor ambiente possível para a existência humana. A pena para o descumprimento seria a morte[584].

O homem não creu em Deus e desobedeceu esse mandamento. Por consequência, sobreveio a morte prometida: não a física — tanto que os primeiros seres humanos permaneceram vivos por muitos anos mais —, mas a morte espiritual, ocorrida no exato momento em que a vida de Deus deixou de ser compartilhada com o homem. A morte do espírito rompeu o único canal de comunicação que permitia o relacionamento íntimo entre ambos e o homem passou a andar dependendo de si só na Terra.

A desobediência foi voluntária, mas não espontânea. Foi induzida e instigada pelo inimigo de Deus, um ser espiritual que, materializado na forma de uma serpente[585], já havia sido anteriormente expulso de Sua presença[586]. Como

---

583 "E ordenou o Senhor Deus ao homem, dizendo: De toda a árvore do jardim comerás livremente, mas da árvore do conhecimento do bem e do mal, dela não comerás; porque no dia em que dela comeres, certamente morrerás" (Gênesis 2:16,17).

584 "mas da árvore do conhecimento do bem e do mal, de não comerás; porque no dia em que dela comeres, certamente morrerás" (Gênesis 2:17).

585 "Ele prendeu o dragão, a antiga serpente, que é o Diabo e Satanás, e amarrou-o por mil anos" (Apocalipse 20:2).

586 "Ora, a serpente era mais astuta que todas as alimárias do campo que o Senhor Deus tinha feito. E esta disse à mulher: É assim que Deus disse: 'Não comereis de toda a árvore do jardim?' E disse a mulher à serpente: 'Do fruto das árvores do jardim comeremos, mas do fruto da árvore que está no meio do jardim, disse Deus: 'Não comereis dele, nem nele tocareis para que não morrais. Então a serpente disse à mulher: Certamente não morrereis. Porque Deus sabe que no dia em que dele comerdes se abrirão os vossos olhos, e sereis como Deus, sabendo o bem e o mal. E viu a mulher que aquela árvore era boa para se comer, e agradável aos olhos, e árvore desejável para dar entendimento; tomou do seu

Deus havia dado toda a criação de presente para o homem[587], outorgando-lhe a condição de administrador, a partir do momento em que houve a obediência à serpente o homem entregou voluntariamente ao inimigo[588] a condição de diretor da criação que lhe havia sido transferida. A corrupção do mundo sobreveio em função da regra espiritual de que "aquele a quem oferecemos para obedecer, dele somos servos"[589]: Por isso o mundo[590], que era inicialmente bom e agradável[591], tornou-se imperfeito e desajustado, pois jaz no maligno[592].

O mundo está, realmente, em frontal oposição à Deus[593]. Marx sabia disso. Ele esperava uma mudança radical a ser promovida pelo proletariado justamente porque as condições sociais que ele observava eram por demais cruéis e injustas.

O mundo não permanecerá assim para sempre. Em mais esse aspecto Marx confirmou a promessa divina de alteração do panorama concreto que assistimos diariamente, embora ele o tenha feito de forma diversa da prometida no relato bíblico.

A condenação que recaiu sobre o primeiro homem e que levou à morte do seu espírito alcançou toda a sua descendência. Isso é absolutamente compreensível e até óbvio: quem não tem uma determinada característica genética, por exemplo, não pode passá-la para seus filhos. A partir de seu primogênito, destarte, o homem não teve mais a imagem e semelhança divinas, mas as do seu pai biológico terreno[594]: ele nascia sem o espírito operante, sem a

---

fruto, e comeu, e deu também a seu marido, e ele comeu com ela" (Gênesis 3:1-6).

587 "E Deus os abençoou, e Deus lhes disse: Frutificai e multiplicai-vos, e enchei a terra, e sujeitai-a, e dominai sobre os peixes do mar e sobre as aves dos céus, e sobre todo o animal que se move sobre a terra" (Gênesis 1:28).

588 "E o diabo, levando-o a um alto monte, mostrou-lhe num momento de tempo todos os reinos do mundo. E disse-lhe o diabo: dar-te-ei a ti todo este poder e a sua glória; porque a mim me foi entregue, e dou-o a quem quero" (Lucas 4: 5-6).

589 "Não sabeis vós que a quem vos apresentardes por servos para lhe obedecer, sois servos daquele a quem obedeceis" (Romanos 6:16, 1ª parte).

590 A Bíblia usa quatro termos para se referir ao mundo: "Geo", que indica a terra geográfica, física (por isso as palavras geografia, geologia, dentre outras, usam esse prefixo); "Aion", envolvendo a ideia de período de tempo; "Oikoumene", referindo-se às pessoas em geral; e, por fim, "Kosmos", com a conotação de sistema, arranjo, organização. O significado utilizado no estudo ora em análise é o último. Vale dizer, a organização do mundo está nas mãos do maligno.

591 Gênesis 1:10, 12, 18, 21, 25 e 31.

592 "Sabemos que somos de Deus, e que todo o mundo está no maligno" (1 João 5:19); "Agora é o juízo deste mundo; agora será expulso o príncipe deste mundo" (João 12:31); "Já não falarei muito convosco, porque se aproxima o príncipe deste mundo, e nada tem em mim" (João 14:30).

593 Tiago 4:4; 1 João 2:15-17.

594 "E Adão viveu cento e trinta anos, e gerou um filho à sua semelhança, conforme a sua imagem, e pôs-lhe o nome de Sete" (Gênesis 5:3).

presença de Deus no seu ser. Por isso é que a Bíblia diz que todos pecaram, que não há um justo sequer[595], e que todos estão separados de Deus[596] [597]. Aquele que morresse nessa condição ficaria eternamente separado de Deus.

O homem havia errado e, assim, a execução da pena capital advertida por Deus (a morte do espírito) era justa. O Criador poderia abandonar a criatura, dada a sua desobediência. Mas não foi o que Ele fez. Deus tanto amou o homem, e o ama até hoje, que bolou um plano de retomada da comunhão original perdida. Esse projeto deveria atender três condições imprescindíveis para que a sua própria Palavra e promessa originais não fossem descumpridas e Ele fosse acusado de injusto ou mentiroso:

A) o homem (não um animal ou anjo) havia errado e merecia a pena (logo, Deus não poderia meramente perdoá-lo);

B) a pena era capital (logo não poderia haver a comutação da sanção de morte por outra mais leve);

C) para ser retomado o contato o espírito do homem deveria renascer (algo que somente poderia ser feito pelo próprio Deus, já que o homem não deteria a mínima condição de fazê-lo por si só, por absoluta impossibilidade física).

O plano foi elaborado e colocado em prática. Ele consistiu no próprio Deus tornar-se ser humano e cumprir a pena capital no lugar do homem. Jesus, Deus Filho, ganhou um corpo físico, fez-se legalmente ser humano, nascendo de mulher[598]. Tomou sobre Si, durante a Sua vida, a condenação à pena capital que era devida ao homem, cumprindo a justiça que Deus exigia. Morreu na Cruz, pagando a dívida de toda a raça humana[599]. "Porque, como pela desobediência

---

595 Romanos 3:10,11; 1 João 1:8; Eclesiastes 7:20.

596 Romanos 3:23.

597 "Portanto, como por um homem entrou o pecado no mundo, e pelo pecado a morte, assim também a morte passou a todos os homens por isso que todos pecaram" (Romanos 5:12).

598 "E o Verbo se fez carne, e habitou entre nós, e vimos a sua glória, como a glória do unigênito do Pai, cheio de graça e de verdade" (João 1:14); "Mas, vindo a plenitude dos tempos, Deus enviou seu Filho, nascido de mulher, nascido sob a lei" (Gálatas 4:4).

599 "Certamente, ele tomou sobre si as nossas enfermidades e as nossas dores levou sobre si; e nós o reputávamos por aflito, ferido de Deus e oprimido. Mas ele foi traspassado pelas nossas transgressões e moído pelas nossas iniquidades; o castigo que nos traz a paz estava sobre ele, e pelas suas pisaduras fomos sarados." (Isaías 53:4,5); "Mas Deus prova o seu amor para conosco, em que Cristo morreu por nós, sendo nós ainda pecadores" (Romanos 5:8); "Deus o ofereceu como sacrifício para propiciação mediante a fé, pelo seu sangue, demonstrando a sua justiça. Em sua tolerância, havia deixado impunes os pecados anteriormente cometidos" (Romanos 3:25); "tendo os olhos fitos em Jesus, autor e consumador da nossa fé. Ele, pela alegria que lhe fora proposta, suportou a cruz, desprezando a vergonha, e assentou-se à direita do trono de Deus" (Hebreus 12:2); "Ele mesmo levou em seu corpo os nossos pecados sobre o madeiro, a fim de que morrêssemos para os pecados e vivêssemos para a justiça; por suas feridas vocês foram curados" (1 Pedro 2:24); "Pois o que primeiramente lhes transmiti foi o que recebi: que Cristo morreu pelos nossos pecados,

de um só homem, muitos foram feitos pecadores, assim, pela obediência de um, muitos serão feitos justos"[600]. Jesus morreu, mas não foi derrotado pela morte. Ressuscitou no terceiro dia e retornou para junto do Pai[601], como anteriormente profetizado inúmeras vezes nas Escrituras, dando início a uma nova raça de seres humanos[602], livres da marca do pecado original.

Para que essa nova raça habite nas pessoas de hoje, ou seja, para que o espírito renasça, basta que o homem aceite a obra efetuada por Jesus[603]. Quando assim procede, Deus lhe sopra um novo espírito, tal como fizera quando da criação do primeiro homem, e essa nova raça, com o espírito ressuscitado, está preparada para viver para sempre junto de Deus[604].

Deus, em síntese, foi o Juiz que aplicou a pena e o homem que a cumpriu no lugar de toda a raça humana. Quando alguém aceita esse sacrifício feito em seu favor, o espírito do homem nasce de novo e ele volta a poder ter comunhão com o Criador. Esse é o novo nascimento[605]. Desse momento em diante, a marca de Jesus crucificado é selada na pessoa e a comunhão com Deus restabelecida. Jesus, portanto, restabeleceu o caminho de volta para Deus[606].

Não apenas o homem será restaurado, mas toda a criação, contaminada pela entrada do mal. O mundo, com efeito, suportou as consequências de estar

---

segundo as Escrituras" (1 Coríntios 15:3); "E, achado na forma de homem, humilhou-se a Si mesmo, sendo obediente até à morte, e morte de cruz" (Filipenses 2:8).

600 Romanos 5:19.

601 "Olhando para Jesus, autor e consumador da fé, o qual, pelo gozo que lhe estava proposto, suportou a cruz, desprezando a afronta, e assentou-se à destra do trono de Deus" (Hebreus 12:2).

602 "E, assim, se alguém está em cristo, é nova criatura; as coisas antigas já passaram; eis que se fizeram novas." (2 Coríntios 5:17)

603 "A saber: Se com a tua boca confessares ao Senhor Jesus, e em teu coração creres que Deus o ressuscitou dentre os mortos, serás salvo" (Romanos 10:9); "Porque Deus amou o mundo de tal maneira que deu o seu Filho unigênito, para que todo aquele que nele crê não pereça, mas tenha a vida eterna" (João 3:16); "Quem crê nele não é condenado; mas quem não crê já está condenado, porquanto não crê no nome do unigênito Filho de Deus" (João 3:18); "Aquele que crê no Filho tem a vida eterna; mas aquele que não crê no Filho não verá a vida, mas a ira de Deus sobre ele permanece" (João 3:36); "E, tirando-os para fora, disse: Senhores, que é necessário que eu faça para me salvar? E eles disseram: Crê no Senhor Jesus Cristo e serás salvo, tu e a tua casa" (Atos 16:30, 31).

604 "Na verdade, na verdade vos digo que quem ouve a minha palavra, e crê naquele que me enviou, tem a vida eterna, e não entrará em condenação, mas passou da morte para a vida" (João 5:24); "Esta é a vida eterna: que te conheçam, o único Deus verdadeiro, e a Jesus Cristo, a quem enviaste" (João 17::3); "E este é o testemunho: Deus nos deu a vida eterna, e esta vida está em seu Filho. Quem tem o filho tem a vida; quem não tem o filho de Deus, não tem a vida" (1 João 5:11,12).

605 "Em resposta, Jesus declarou: digo a verdade: ninguém pode ver o Reino de Deus, se não nascer de novo" (João 3:3); "Respondeu Jesus: digo a verdade: ninguém pode entrar no Reino de Deus se não nascer da água e do Espírito. O que nasce da carne é carne, mas o que nasce do Espírito é espírito. Não se surpreenda pelo fato de eu ter dito: é necessário que vocês nasçam de novo" (João 3:5-7).

606 "Disse-lhe Jesus: Eu sou o caminho, e a verdade e a vida; ninguém vem ao Pai, senão por mim" (João 14:6).

sendo dominado pelo maligno e ficou sobremaneira abalado, de uma forma negativa[607]. Se vemos injustiça, violência, inimizade, impiedade e tantos defeitos na raça humana e no universo, tudo pode ser imputado à entrada do mal no mundo. Um dia, porém, novos céus e nova Terra serão criados[608].

Fundamental compreender que novos céus e nova Terra serão criados por Deus: eles não surgirão espontaneamente, como resultado natural de uma revolução. Aqui se distingue essencialmente a escatologia bíblica da escatologia marxista: para Marx, alicerçado na dialética hegeliana (que ousou denominar de "Teoria da Destruição"), a nova existência seria um fruto necessário ao extermínio do atual sistema. Ora, pouco é preciso raciocinar para concluir que da morte nada nasce. Nem mesmo a semente, quando cai ao solo e germina, é um exemplo em sentido contrário, porque ela não está realmente morta ao dar origem ao broto. A mera observação da natureza prova que a morte é o fim físico, não o início de algo. E, se há vida após a morte, ela se deve à imortalidade da alma e do espírito, que permanecem vivos quando o corpo se esvai.

Enfim. Fechando o grande parênteses que se abriu no início do tópico, conclui-se que o ateísta convicto Karl Marx, ao crer em valores morais objetivos; ao ter consciência da corrupção do mundo; e ao sonhar com uma redenção futura, provou que o relato bíblico é absolutamente infalível no que tange a esses temas. E é perfeitamente compreensível que Marx não tenha se conformado com o mundo que vira porque, com os valores objetivos da justiça e da igualdade que foram por Deus plantados, ele constatara que havia algo de errado com o sistema de organização em vigor — algo que foi claramente apontado pela Bíblia há mais de quatro mil anos.

A sua cosmovisão comunista, portanto, foi exatamente o caminho advertido por James W. Siran: "Eles anseiam pelo que não podem mais aceitar como verdade. A lacuna deixada pela perda do centro na vida é como o abismo no coração de uma criança que perdeu o pai. Como desejam, os que não mais

---

607 "E a Adão disse: Porquanto deste ouvidos à voz de tua mulher, e comeste da árvore de que te ordenei, dizendo: Não comerás dela, maldita é a terra por causa de ti; com dor comerás dela todos os dias da tua vida" (Gênesis 3:17).

608 "Mas os céus e a terra que agora existem pela mesma palavra se reservam como tesouro, e se guardam para o fogo, até o dia do juízo, e da perdição dos homens ímpios" (2 Pedro 3:7).
"Mas nós, segundo a sua promessa, aguardamos novos céus e nova terra, em que habita a justiça" (2 Pedro 3:13).
"Porque, eis que eu crio novos céus e nova terra; e não haverá mais lembrança das coisas passadas, nem mais se recordarão" (Isaías 65:17).
"E vi um novo céu, e uma nova terra. Porque já o primeiro céu e a primeira terra passaram, e o mar já não existe" (Apocalipse 21:1)

creem em Deus, algo que possa preencher esse vazio"[609].

---

[609] em O Universo ao Lado. Um Catálogo Básico sobre Cosmovisão. Brasília, DF: 2018. 5a edição, pp. 22-23.

# CONCLUSÃO

Em sede de conclusão, duas tarefas revelam-se imprescindíveis. A primeira é sistematizar o que fora até aqui exposto; a segunda é contextualizar as duas afirmações que epigrafam o título deste livro.

Dando conta da primeira empreitada, foi visto nos capítulos iniciais o que realmente é o marxismo. Embora muitas pessoas atualmente confessem-se comunistas ou socialistas, apenas a compreensão do que é essa cosmovisão permite uma perfeita autoidentificação. Afinal, ser revolucionário ou crítico do capitalismo, por si só, não é elemento suficiente para permitir a plena inclusão no restrito círculo marxista. Por isso, foi buscada a idealização da doutrina, lá na sua origem, apontando-se quais foram as forças e sistemas filosóficos, políticos e econômicos que influenciaram Karl Marx, dentre eles o materialismo filosófico, a filosofia clássica alemã, a economia política inglesa e o socialismo utópico francês. A partir daí, passo a passo, mostrou-se como Marx ajustou cada uma dessas visões para a sua própria, criando um "Materialismo Histórico, Dialética, Socialista e Econômico". Extraindo a essência do seu raciocínio, em um exercício de extrema síntese, poder-se-ia apontar que ele, basicamente, acreditava que: a) a história da humanidade resume-se a um conflito entre duas classes, a detentora dos meios de produção e a por ela explorada; b) uma revolução iminente surgiria para inverter a lógica do poder polarizado nas mãos do "capitalista burguês".

O comunismo não apenas projetou essa tese, buscou sua concretude. Marx, Engels e demais asseclas procuraram incansavelmente conferir ao proletariado todos os elementos necessários para que se conscientizassem e efetivamente iniciassem a revolução socialista a que estavam predestinados, crença que deu origem ao maior panfleto da história, o "Manifesto Comunista".

Como complemento necessário para a compreensão integral da doutrina, adentrou-se na esfera da revolução socialista transitória que, superada, daria origem ao mundo comunista ideal. Em continuação, foram apontadas as falhas teóricas e os desastres práticos do marxismo dogmático, que entrou em decadência e foi sucedido por linhas revisionistas (Marxismo Ocidental) que, bem delineadas, culminaram no núcleo ideológico da Escola de Frankfurt.

Assim caminhou toda a Primeira Parte deste estudo.

Na Segunda Parte, preocupou-se em discutir como o marxismo corrompeu os valores ocidentais. Nessa questão de fundo, necessário lembrar que, na vertente materialista, o marxismo excluiu por completo qualquer idealismo, não admitindo a existência de seres sobrenaturais, inclusive Deus. No foco dialético, compreendeu que toda a atividade destrutiva na história foi fundamental para a superveniência de uma ordem superior (o que foi por diversas vezes abordado no texto chamado de "Teoria da Destruição"). No campo socialista, assegurou um papel intervencionista, inicialmente do Estado e depois diretamente do próprio proletariado ou por quem lhe faz as vezes, para igualar artificialmente as condições naturalmente desiguais dos seres humanos. No viés econômico, viu o determinismo econômico na delimitação das classes em luta (linha ortodoxa) que, posteriormente, cedeu espaço à primazia da superestrutura cultural como mecanismo excludente e alienante (linha revisionista).

Pela complexidade e profundidade, o marxismo, mais que uma doutrina ou uma mera ideologia, é uma verdadeira cosmovisão, ou seja, uma interpretação subjetiva que o homem estrutura acerca do Cosmos, de si mesmo e de seus pares, conferindo-lhe respostas pessoais sobre as questões filosóficas fundamentais e sobre os rumos que deve seguir. Indo ainda mais longe: ao inserir aspectos materiais como alternativas para a crença no sobrenatural, o marxismo transformou-se em uma religião secular, dando aos homens todas as alternativas que julgam capazes de responder às perguntas fundamentais da humanidade sem que seja necessário recorrer a Deus. Para que se considere integrante devoto dessa religião, é pressuposto:

A) rejeitar qualquer espiritualidade, adotando-se o ateísmo;

B) acreditar que o homem não foi a causa principal de todos os fenômenos históricos mundiais, mas sim uma causa que lhe é externa — a luta de classes;

C) negar qualquer forma de propriedade privada, por ser ela a raiz de todos os males;

D) lutar pela destruição de todo valor moral atualmente vigente, pois foi imposto pela classe capitalista como forma de manutenção no poder, adotando, como princípio ético a ser seguido, tudo aquilo que seja bom para a causa comunista;

E) negar toda manifestação social, artística, cultural e econômica vigente, por serem frutos da sociedade burguesa que quer se manter no poder.

Em uma análise mais cuidadosa, observa-se que todos esses valores que compõem o marxismo são totalmente incompatíveis com a base ética-moral que nos foi legada por gerações. Dado o caráter prático e transformador, o marxismo apresenta-se com uma ideia exclusivista, vale dizer, considera a si mesmo como o único e exclusivo remédio para a salvação do mundo. Assim sendo, todos os demais caminhos salvíficos existentes devem ser excluídos e destruídos. Essa concretude de sua doutrina e a exclusividade de suas ideias levaram a um empenho acentuado de destruição de todos os valores que são contrários ao seu catecismo. A base da sociedade ocidental, entretanto, é sedimentada em valores a ele antagônicos.

A visão marxista maniqueísta do mundo, no sentido de que do lado do bem estão os marxistas e do lado do mal os opositores, impôs a destruição de todos os valores que lhe eram contrários, incluindo aqueles que foram construídos a duro custo ao longo dos séculos. A sociedade em que vivemos sustentou-se em três pilares básicos que formaram sua identidade: os valores judaico-cristãos, a cultura romana e a filosofia grega.

As principais religiões existentes no ocidente são o judaísmo, o cristianismo católico romano e o protestantismo. A fonte normativa comum dos três credos é o Antigo Testamento, havendo diferenças no que toca à aceitação inspirada do Novo Testamento (admitida pelo catolicismo romano e pelo protestantismo) e ao valor da tradição (colocada em um papel secundário na visão protestante, desde a Reforma). De básico e fundamental nos três credos é a pressuposta existência de um ser sobrenatural supremo que criou os céus, a Terra e os homens, e que mantém o curso da história sob seu controle desde o início dos tempos. Pouco é preciso discorrer para se compreender que esta concepção é diametralmente oposta ao marxismo, que recusa qualquer sobrenatural.

O mundo ocidental também é profundamente marcado pela herança romana. A invasão dos povos bárbaros nos séculos IV e V, que culminou com a queda do Império Romano do Ocidente, não destruiu esse legado porque vários dos costumes foram incorporados pelos povos germânicos. Os vândalos, alanos, suevos, francos, godos, ostrogodos e demais povos invasores, que ainda estavam em uma fase rudimentar de desenvolvimento (sem escrita, sem organização política e sem cidades organizadas, por exemplo), ao notarem o alto nível de desenvolvimento e de sofisticação dos romanos, rapidamente adotaram muitos dos seus costumes. Por isso é que, até hoje, continuamos falando predominantemente uma língua latina de base românica, consubstanciada no italiano, francês, português, espanhol, romeno; contamos com um Direito inspirado nos valores jurídicos daquela época, a começar pela divisão em Direito Público e Direito Privado; lidamos diariamente com algarismos romanos, expressos nas letras I, V, X, L, C, D e M; presenciamos inúmeras obras arquitetônicas apoiadas em estética romana, como os arcos, colunatas, frontões e estradas. Isso sem mencionar o calendário juliano, o nome de alguns meses (julho e agosto, por exemplo), a mitologia. A própria Igreja Católica muito colaborou para a manutenção desses valores, na medida em que herdou as tradições do império e, com a queda do poder político romano, passou a ser a visualização exterior de uma cultura superior. Tanto que, em 496 d.C, Clóvis, rei dos francos, e, na época, o mais poderoso governante do ocidente, converteu-se e foi batizado em Reims, dando início a uma tradição que se manteve por séculos.

Por fim, a filosofia grega nos serviu de base para o próprio desenvolvimento do conhecimento. Considera-se que ela tenha nascido na Grécia, aproximadamente no século VI a.C, quando pensadores denominados de "Pré-Socráticos" refletiram sobre o mundo em que viviam e passaram a apresentar possíveis hipóteses sobre a matéria que compunha o Universo e sobre a natureza das coisas que existem. Tales, proveniente de Mileto, cidade grega na atual Turquia, foi o primeiro que se tem notícia a desenvolver esse pensamento metafísico, sugerindo que tudo seria composto de água. Heráclito de Éfeso, Parmênides de Eleia, Demócrito de Abdera e outros filósofos seguiram essa ótica, até que, com Sócrates, houve uma mudança da tendência metafísica para a humana. Ele refletiu sobre a vida e sobre o que efetivamente somos. Platão, seu discípulo, desenvolveu a lógica, refinou a definição de valores como justiça e virtude, estudou política, enveredou-se na metafísica e deixou um legado preciosíssimo e incomparável — é a partir dele, aliás, que se tem conhecimento de Sócrates, que não deixou nenhum texto escrito. Aristóteles, que estudou na academia de Platão, foi o mentor de Alexandre, o Grande, que ao dominar quase que a integralidade do mundo então conhecido, propagou e difundiu o conhecimento grego, o que ficou conhecido como helenização. As ideias gregas foram adotadas pelos romanos, sobreviveram aos ataques dos bárbaros e à Idade Média (em parte graças à preservação do conhecimento nos redutos monásticos), e foram finalmente resgatados quando do Renascimento. Assim chegaram até os dias atuais, alicerçando grande parte da consciência do mundo ocidental.

Demorou para o marxista concluir que a implantação de sua cosmovisão exigiria a supressão da base cultural em que o ocidente está assentado. Embora Marx tenha visto na família a origem da luta de classes, e nada obstante Lukács tenha embrionariamente concebido a necessidade de uma penetração cultural, foi com Gramsci que esta lógica ficou explícita e detalhada. Para ele, os pilares civilizacionais ocidentais, de tão arraigados na mente das pessoas, eram um impedimento natural à disseminação dos ideais revolucionários, motivo pelo qual a técnica da dominação cultural deveria ser implantada para, uma vez destruídos os impedimentos socioculturais, o marxismo ser implantado. Essa tendência se fez presente, como tônica, também nos trabalhos dos teóricos da Escola de Frankfurt.

Fácil, portanto, é entender porque houve a corrupção dos valores ocidentais: porque eles atentam contra o marxismo. São tão incompatíveis entre si que não há espaço para ambos, um deve ceder para que o outro prevaleça. Logo, a adoção de uma posição marxista ou de uma postura tradicional reside basicamente na escolha entre a manutenção do alicerce cultural, que nos manteve vivos e íntegros até os dias de hoje, ou entre o aniquilamento de todo o nosso passado com a promessa vaga e utópica (e, ademais, não concretizada nos locais em que adotada) de um mundo melhor após a completa destruição de nossa identidade. Prosseguiu-se na exposição para consignar como funciona a moral comunista, tecendo-se comentários sobre a Propaganda e a Desinformação.

Essas foram as justificativas para a manutenção das influências negativas e perigosas do marxismo entre nós.

As consequências do marxismo para a humanidade foram tão terríveis, atrozes, hediondas, cruéis e miseráveis que, com a retirada da perversa capa romântica nele vestida, qualquer pessoa que tenha um resquício mínimo de valor moral terá condições de concluir, autonomamente, que essa teoria abjeta não pode jamais ser tolerada entre nós. Essa é a modesta pretensão a que este estudo se destina.

Conservadores de todo o mundo, uni-vos!

# BIBLIOGRAFIA

ADORNO, Theodor e HORKHEIMER, Max. Dialética do Esclarecimento, Rio de Janeiro: Zahar, 2006.

ADORNO, Theodor. O Fetichismo na Música e a Regressão da Audição. Coleção "Os Pensadores". 1ª edição. São Paulo: Abril Cultural, 1975.

ADORNO, Theodor. Conferência sobre Lírica e Sociedade. Coleção "Os Pensadores". 1ª edição. São Paulo: Abril Cultural, 1975.

ALBRIGHT, Willian Foxwell. From Stone Age to Christianity: Monotheism and the historical process. 2. ed. Maryland, USA: Johns Hopkins Press, 1957.

ALLEN, GARY e ABRAHAM, LARRY. Política, Ideologia e Conspirações. A sujeira por trás das ideias que dominam o mundo. Barueri-SP: Faro Editorial, 2017.

ANDRADE, H. (2010). O Realismo Socialista e suas (in) Definições. Literatura e Sociedade, 15(13), 152-165. https://doi.org/10.11606/issn.2237-1184.v0i13p152-165.

BASTIAT, Frédéric. A Lei. Por que a esquerda não funciona? As bases do pensamento liberal. Barueri-SP: Faro Editorial, 2016.

BEISER, Frederick C (org). Hegel. São Paulo: Editora Ideias & Letras, 1993.

BENJAMIN, Walter. Passagens. 1º volume. Belo Horizonte: Editora UFMG, 2018.

BENJAMIN, Walter. Passagens. 2º volume. Belo Horizonte: Editora UFMG, 2018.

BENJAMIN, Walter. Passagens. 3º volume. Belo Horizonte: Editora UFMG, 2018.

BERLIN, Isaiah. Karl Marx. Lisboa: Edições 70, 2014.

BILLINGTON, James H. Fire in The Minds of Men. Origins of the revolutionary faith. New Brunswick, New Jersey: 2007, 7ª edição.

BIZOT, François. O Silêncio do Algoz. São Paulo: Companhia das Letras, 2014.

BOBBIO, Norberto. Direita e Esquerda. Razões e significados de uma distinção política. São Paulo: Editora Unesp, 1995, pp. 134-135.

BOLDYRIEV, Nikolai Ivanovich. A Formação da Moral Comunista. Coleção Revolucionários, vol II.

BOUCHER, Geoff. Marxismo. Série Pensamento Moderno. Petrópolis: Editora Vozes Ltda. , 2012.

BRETON, André e ARAGON, Louis. Surrealismo Frente a Realismo Socialista. Barcelona-ES: Tusquets Editor, 1973.

BRION, Marcel. A Ressurreição das Cidades Mortas. Coleção Grandes Civilizações Desaparecidas. Vol. 3. Rio de Janeiro: Editions Ferni, 1979.

CARVALHO, Olavo de. A Nova Era e a Revolução Cultural. Fritjof Capra & Antonio Gramsci.

Campinas-SP: Vide Editorial, 2014, 4ª edição.

CARVALHO, Olavo de. O Futuro do Pensamento Brasileiro. Estudos sobre o nosso lugar no mundo. Campinas-SP: Vide Editorial, 2016.

CARVALHO, Olavo de. A Filosofia e Seu Inverso & outros estudos. Campinas-SP: Vide Editorial, 2012.

CARVALHO, Olavo de. O Jardim das Aflições. De Epicuro à ressurreição de César: ensaio sobre o materialismo e a religião civil. Campinas, SP: Vide Editorial, 2015. 3ª edição.

CERAM, C. W. História Ilustrada da Arqueologia. São Paulo: Melhoramentos, 1977.

CHAKHNAZÁROV, G. e KRÁSSINE, IÚ. Fundamentos do Marxismo - Leninismo. Moscou: Edições Progresso, 1985.

CLEWS. John C. Técnicas da Propaganda Comunista. Rio de Janeiro: Edições O Cruzeiro, 1966.

COLLINS, Paul. From Egypt to Babylon: the international age 1550-500 b.C London, England: The British Museum Press, 2008.

CONQUEST, Robert. O Grande Terror. Os expurgos de Stalin. Rio de Janeiro: Editora Expressão e Cultura, 1970.

COURTOIS, Stéphane; WERTH, Nicolas; PANNÉ, Jean-Louis; PACZKOWSKI, Andrzej; BARTOSEK, Karel; MARGOLIN, Jean-Louis. O Livro Negro do Comunismo. Crimes, terror e repressão. Rio de Janeiro: Bertrand Brasil, 2018. 11ª edição.

COUTINHO, João Pereira. As Ideias Conservadoras – explicadas a revolucionários e reacionários. São Paulo: Editora Três Estrelas, 2014.

COUTINHO, Sérgio. A Revolução Gramscista no Ocidente. A Concepção Revolucionária de Antônio Gramsci em Cadernos do Cárcere. Rio de Janeiro: Biblioteca do Exército, 2012.

CRAIG, Willian Lane. Apologética Contemporânea – A Veracidade da Fé Cristã. 2 ed. São Paulo: Editora Vida Nova, 2012.

DALRYMPLE, Theodore. Nossa Cultura...ou o que Restou Dela. São Paulo: É Realizações Editora, 2015.

DALRYMPLE, Theodore. A Vida na Sarjeta. O círculo vicioso da miséria moral. São Paulo: É Realizações Editora, 2014.

DECTER, MOSHE. Cartilha de Comunismo – Teoria e Prática. Rio de Janeiro: Edições GRD, 1964.

DIKÖTTER, Frank. A Grande Fome de Mao. A história da catástrofe mais devastadora da China, 1958-62. Rio de Janeiro: Editora Record, 2017.

ENGELS, Friedrich. Princípios Básicos do Comunismo. Novembro de 1847. Disponível em https://www.marxists.org/portugues/marx/1847/11/principios.htm, acesso em 02 de julho de 2018.

ENGELS, Friedrich. Carta a Augusto Bebel. Março 1875 Fonte: The Marxists Internet Archive. Disponível em www.dominiopublico.gov.br, acesso em 04 de julho de 2018. ENGELS, Friedrich. Carta a Karl Kautsky. Fevereiro de 1891 Fonte: The Marxists Internet Archive. Disponível em www.

dominiopublico.gov.br, acesso em 03 de julho de 2018.

ENGELS, Friedrich. Do Socialismo Utópico ao Socialismo Cientifico. 1880. Fonte: The Marxists Internet Archive. Disponível em www.dominiopublico.gov.br, acesso em 01 de julho de 2018.

ENGELS, Friedrich. Prefácio à Edição de 1895 da Crítica do Programa de Gotha. Janeiro de 1891 Fonte: The Marxists Internet Archive. Disponível em www.dominiopublico.gov.br, acesso em 03 de julho de 2018.

ENGELS, Friedrich. Um Salário Justo Para Uma Jornada de Trabalho Justa. 1881. Fonte: The Marxists Internet Archive. Disponível em www.dominiopublico.gov.br, acesso em 08 de julho de 2018.

ENGELS, Friedrich. A Pérsia e a China. Maio 1857. Disponível em www.dominiopublico.gov.br, acesso em 05 de julho de 2018.

ENGELS, Friedrich. Anti-Dühring. 1877. Fonte: The Marxists Internet Archive. Disponível em www.dominiopublico.gov.br, acesso em 04 de julho de 2018, acesso em 07 de julho de 2018

ENGELS, Friedrich. Para a Crítica da Economia Política. Disponível em https://www.marxists.org/portugues/marx/1859/08/15.htm, acesso em 02 de julho de 2018.

FILHO, Tácito da Gama Leite. As Religiões Antigas: babilônios, egípcios, fenícios, gregos, romanos, persas, germanos, astecas, incas, maias. Rio de Janeiro: JUERP, 1994.

FONTOVA, Humberto. O Verdadeiro Che Guevara. E os idiotas úteis que o idolatram. São Paulo: É Realizações Editora, 2015.

FROMM, Erich. Análise do Homem. Rio de Janeiro: Zahar Editores S.A, 1981. 13ª Edição.

FROMM, Erich. Psicanálise da Sociedade Contemporânea. Rio de Janeiro: Zahar Editores S.A, 1959.

FROMM, Erich. O Espírito de Liberdade. Rio de Janeiro: Zahar Editores S.A, 1967.

FROMM, Erich. O Dogma de Cristo. Rio de Janeiro: Editora Guanabara, 1986. 5ª edição.

GASSET, José Ortega Y. O Homem e os Outros. Campinas-SP: Vide Editorial, 2017.

GASSET, José Ortega Y. Origem e Epílogo da Filosofia. Campinas-SP: Vide Editorial, 2018.

GASSET, José Ortega Y. A Rebelião das Massas. Campinas-SP: Vide Editorial, 2016, 5ª edição.

GELLATELY, Robert. A Maldição de Stalin. O projeto de expansão comunista na segunda guerra mundial e seus ecos para além da guerra fria. Rio de Janeiro: Editora Record, 2017.

GHIRELLI, Antônio. Tiranos. De Hitler a Pol Pot: os homens que ensanguentaram o século 20. Rio de Janeiro: Editora Bertrand Brasil Ltda. 2003.

GOLITSYN, Anatoliy. Meias Verdades, Velhas Mentiras. A estratégia comunista de embuste e desinformação. Campinas-SP: Vide Editorial, 2014.

GORDON, Flávio. A Corrupção da Inteligência – intelectuais e poder no Brasil. Rio de Janeiro: Editora Record Ltda, 2017.

HABERMAS, Jürgen. Consciência Moral e Agir Comunicativo. Rio de Janeiro: Tempo Brasileiro, 2003.

HABERMAS, Jürgen. O Ocidente Dividido. São Paulo: Editora Unesp, 2011.

HALLIDAY, Jon e CHANG, Jung. Mao – a história desconhecida. São Paulo: Editora Schwarcz Ltda. 2005.

HAYEK, F.A. Os Erros Fatais do Socialismo. Porque a teoria não funciona na prática. Barueri- SP: Faro Editorial, 2017

HENN, Leonardo Guedes. A Internacional Comunista e a Revolução na América Latina. Estratégias e táticas para as colônias e semicolônias (1919-1943). São Paulo: Editora Edgard Blücher Ltda, 2010.

HORKHEIMER, Max. Teoria Crítica I – Uma documentação. Tomo I. São Paulo: Perspectiva, 2015. Coleção "Estudos, Estudos, Estudos". 1ª edição, 6ª reimpressão.

HORKHEIMER, Max. Eclipse da Razão. São Paulo: Editora Unesp, 2015.

HORKHEIMER, Max. Teoria Tradicional e Teoria Crítica. Coleção "Os Pensadores". 1ª edição. São Paulo: Abril Cultural, 1975.

JEFFRIES, Stuart. Grande Hotel Abismo. A escola de Frankfurt e seus personagens. São Paulo: Editora Schwarcz 2018.

JONES, Gareth Stedman. Karl Marx. Grandeza e Ilusão. São Paulo: Companhia das Letras, 2016.

KINCAID, Cliff. A Espada da Revolução e o Apocalipse Comunista. Editora Libertatem, 2017.

KOLAKOWSKI, Leszek. Main Currents of Marxism. The Founders. The Golden Age. The Breakdown. New York: W. W. Norton & Company Inc, 2005.

KORSCH, Karl. Marxismo e Filosofia. Rio de Janeiro: Editora UFRJ, 2008.

KREEFT, Peter. Como Vencer a Guerra Cultural. Um plano de batalha cristão para uma sociedade em crise. Campinas-SP: Ecclesiae, 2011.

LAMOUNIER, Bolívar. Liberais e Antiliberais. A luta ideológica do nosso tempo. São Paulo: Companhia das Letras, 2016.

LAURANS, Beátrice e GHOZLAND, Freddy. Moscou S'Afiche. Perestroïk Art. Toulouse- FR: Éditions Milan, 1991.

LENIN, V. I. Marxismo e Revisionismo. 16 de abril de 1908. Disponível em https://www.marxists.org/portugues/lenin/1908/04/16.htm, acesso em 17 de julho de 2018.

LENIN, Vladimir. Que Fazer? Disponível em https://www.marxists.org/portugues/lenin/1902/quefazer/index.htm, acesso em 29 de agosto de 2018.

LEWIS, C.S. A Abolição do Homem. São Paulo: Editora WMF Martins Fontes Ltda., 2014. LEWIS, C.S. Cristianismo Puro e Simples. São Paulo: Editora WMF Martins Fontes Ltda., 2005.

LORENZATO, Rodolfo. Dossiê Fidel Castro – Vida, aventuras e desventuras do último grande revolucionário da história. São Paulo: Universo dos Livros, 2009.

LOSURDO, Domenico. O Marxismo Ocidental. Como nasceu, como morreu, como pode renascer. São

Paulo: Boitempo, 2018.

LUKÁCS, Györg. Consciência de Classe. Disponível em http://www.dominiopublico.gov.br, acesso em 17 de julho de 2018.

LUKÁCS, Gyorg. A Teoria do Romance. Coleção Espírito Crítico. São Paulo: Editora 34 Ltda, 2000, 1ª edição.

MAGNOLI, Demétrio. A Vida Louca dos Revolucionários. São Paulo: LeYa, 2013.

MARCOU, Lilly. A Vida Privada de Stalin. Rio de Janeiro: Zahar, 2013.

MARCUSE, Herbert. Eros e Civilização. Uma interpretação filosófica do pensamento de Freud. Rio de Janeiro: Editora LTC, 2018. 8ª edição,

MARCUSE, Herbert. O Homem Unidimensional. São Paulo: Edipro, 2015. 1ª edição.

MARX, Karl e ENGELS, Friedrich. A Ideologia Alemã. Disponível em http://www.dominiopublico.gov.br, acesso em 29 de julho de 2018.

MARX, Karl e ENGELS, Friedrich. Sobre a Comuna. 1871 Fonte: The Marxists Internet Archive. Disponível em www.dominiopublico.gov.br, acesso em 08 de julho de 2018.

MARX, Karl. Reflexões de um Jovem sobre a Escolha de uma Profissão.10/16 de Agosto de 1835. https://www.marxists.org/portugues/marx/1835/08/16.htm, acesso em 08 de julho de 2018.

MARX, Karl. Crítica da Filosofia do Direito de Hegel. 1843. https://www.marxists.org/portugues/marx/1844/critica/index.htm, acesso em 08 de julho de 2018.

MARX, Karl. Manuscritos Econômico-Filosóficos. Agosto de 1844. https://www.marxists.org/portugues/marx/1844/manuscritos/index.htm, acesso em 03 de julho de 2018.

MARX, Karl. Luta de Classes e Luta Política. Abril 1847. https://www.marxists.org/portugues/marx/1847/04/luta-class-luta-polit.htm, acesso em 03 de julho de 2018.

MARX, Karl. Miséria da Filosofia Resposta à Filosofia da Miséria do Sr. Proudhon. 1847. https://www.marxists.org/portugues/marx/1847/miseria/index.htm, acesso em 03 de julho de 2018.

MARX, Karl. Perseguição de Estrangeiros em Bruxelas. 12 de março de 1848. https://www.marxists.org/portugues/marx/1848/03/12.htm, acesso em 03 de julho de 2018.

MARX, Karl. A Crise e a Contra-Revolução. 12 de setembro de 1848. https://www.marxists.org/portugues/marx/1848/09/12.htm, acesso em 05 de julho de 2018.

MARX, Karl. A Revolução na China e na Europa. 14 de julho 1853. https://www.marxists.org/portugues/marx/1853/07/14.htm, acesso em 05 de julho de 2018.

MARX, Karl. Maquinaria e Trabalho Vivo (Os Efeitos da Mecanização Sobre o Trabalhador). 1861-1863. https://www.marxists.org/portugues/marx/1863/05/maquinaria.htm, acesso em 04 de julho de 2018.

MARX, Karl. Sobre o Direito de Herança, em Face dos Contratos e da Propriedade Privada. 2-3 de agosto de 1869.

https://www.marxists.org/portugues/marx/1869/08/03.htm), acesso em 04 de julho de 2018.

MARX, Karl. A Revolução na China e na Europa. Julho 1853 Fonte: The Marxists Internet Archive Tradução: Jason Borba. Disponível em www.dominiopublico.gov.br, acesso em 07 de julho de 2018.

MARX, Karl. Carta a Wilhelm Bracke. Maio 1875 Fonte: The Marxists Internet Archive. Disponível em www.dominiopublico.gov.br, acesso em 07 de julho de 2018.

MARX, Karl. Comentários marginais ao programa do Partido Operário Alemão. Abril 1875 Fonte: The Marxists Internet Archive. Disponível em www.dominiopublico.gov.br, acesso em 07 de julho de 2018.

MARX, Karl. Crítica ao Programa de Gotha Marx. Disponível em www.dominiopublico.gov.br, acesso em 03 de julho de 2018.

MARX, Karl. O 18 de Brumário de Louis Bonaparte. Dezembro de 1851 a março de 1852. Fonte: The Marxists Internet Archive. Disponível em www.dominiopublico.gov.br, acesso em 06 de julho de 2018.

MISES, Ludwig Von. A Mentalidade Anticapitalista. São Paulo: LVM, 2018.

MUSTO, Marcello. O Velho Marx. Uma biografia de seus últimos anos (1881-1883). São Paulo: Boitempo Editorial, 2018.

NOSELLA, Paolo. A Escola de Gramsci. 5ª edição. São Paulo: Cortez, 2016.

PACEPA, Ion Mihai e RYCHLAK, Ronald J. Desinformação. Ex-chefe de espionagem revela estratégias secretas para solapar a liberdade, atacar religião e promover o terrorismo. Campinas-SP: Vide Editorial, 2015.

PENNA, J. O. de Meira. A Ideologia do Século XX. Ensaios sobre o nacional-socialismo, o marxismo, o terceiro-mundismo e a ideologia brasileira. Campinas-SP: Vide Editorial, 2017, 2ª edição.

POSADA, Francisco. Lukács. Brecht e a Situação Atual do Realismo Socialista. Rio de Janeiro: Civilização Brasileira, 1970.

PRACONTAL, Michel de. A Impostura Científica em Dez Lições. São Paulo: Editora Unesp, 2002.

QUINTELA, Flávio. Mentiram e Muito para Mim. Campinas-SP: Vide Editorial, 2014.

RONALDO, Poletti. Direito Romano em Gramsci. Revista de Informação Legislativa, v. 28, n. 109, p. 235-246, jan/mar 1991. Disponível em http://www2.senado.leg.br/bdsf/handle/id/175855.

ROTHBARD, Murray. Esquerda & Direita: Perspectivas para a Liberdade. Campinas- SP: Vide Editorial, 2016.

RUSH, Fred. (org). Teoria Crítica. São Paulo: Editora Ideias & Letras, 2008.

SÁNCHEZ, Juan Reinaldo. A Vida Secreta de Fidel. As revelações de seu guarda-costas pessoal. São Paulo: Editora Paralela, 2014.

SARAHUJA, Juan Cláudio. Poder Global e Religião Universal. Campinas, SP: Ecclesiae, 2012, p. 28.

SCRUTON, Roger. Beleza. São Paulo, Brasil: É Realizações Editora, 2013.

SCRUTON, Roger. Pensadores da Nova Esquerda. São Paulo, Brasil: É Realizações Editora, 2014.

SERVICE, Robert. Trotski. Uma Biografia. Rio de Janeiro: Editora Record, 2009.

SILVA, Nelson Lehmann da. A Religião Civil do Estado Moderno. Campinas-SP: Vide Editorial, 2016.

SIM, Stuart e LOON, Borin Van. Entendendo Teoria Crítica. Um guia ilustrado. São Paulo: LeYa, 2013.

SINOTTI, Evandro. Não, Sr. Comuna! Guia para desmascarar as falácias esquerdistas. Pirassununga/SP: 2015.

SIRE, James W. O Universo ao Lado. Um Catálogo Básico sobre Cosmovisão. Brasília, DF: 2018. 5ª edição.

SKOUSEN, W. Cleon. O Comunista Exposto. Desvendando o Comunismo e Restaurando a Liberdade. Campinas, SP. Vide Editorial, 2018.

TISMĂNEANU, Vladimir. Do Comunismo. O destino de uma religião política. Campinas – SP: Vide Editorial, 2015.

TISMĂNEANU, Vladimir. O Diabo na História. Comunismo, Fascismo e Algumas Lições do Século XX. Campinas – SP: Vide Editorial, 2017.

TROTSKI, Leon. A Nossa Moral e a Deles. 1938. Disponível em http://www.direitoshumanos.usp.br/index.php/Documentos-n%C3%A3º- Inseridos-nas-Delibera%C3%A7%C3%B5es-da-ONU/leon-trotski--a-nossa-moral-e- a-deles-1938.html, acesso em 08 de julho de 2018.

TROTSKI, Leon. Terrorismo e Comunismo o Anti-Kautsky. Rio de Janeiro: Editora Saga S.A, 1969.

TUNG, Mao Tsé. O Livro Vermelho. Citações do Comandante Mao Tsé-Tung. São Paulo: Editora Martin Claret, 2002.

WITTE, Bernd. Walter Benjamin. Uma biografia. Belo Horizonte-MG: Autêntica Editora, 2017.

Esta obra foi composta por Maquinaria Editorial na família tipográfica Freight
Capa em cartão triplex 250g/m² - Miolo em Pólen 70g/m² / Soft LD
Impresso pela gráfica Eskenazi Industria Grafica LTDA em janeiro de 2020.